Piense y Hágase Rico

Napoleon Hill

El Hombre Mas Rico de Babilonia

George S. Clason

Piense y Hágase Rico

Napoleon Hill

Piense y hágase rico

Napoleon Hill

DERECHOS RESERVADOS © Título Original: Think and Grow Rich & As a Man Thinketh – Traducción: Michelle Reich

Publicado originalmente en inglés por The RALSTON UNIVERSITY PRESS MERIDEN, CONN. © Copyright 1937

© Copyright 2006 – BN Publishing

Visite nuestra tienda online en:

www.bnpublishing.com

info@bnpublishing.com

IMPRESO EN U.S.A.

Ninguna parte de esta publicación, incluido el diseño de la portada, puede ser reproducida por ningún medio, sin el previo consentimiento del editor.

All rights reserved. No part of this publication may be reproduced, stored in a retrieval system, or transmitted in any form or by any means, electronic, mechanical, photocopying or otherwise, without the prior permission of the copyright owner.

PIENSE Y HÁGASE RICO

Enseñando por primera vez, la famosa formula de Andrew Carnegie para ganar dinero basada en los PROBADOS TRECE PASOS para lograr HACERSE RICO.

Organizado durante 25 años de investigación, en colaboración con más de 500 hombres distinguidos de grandes riquezas, quienes probaron mediante sus propios resultados que está filosofía es aplicable.

¿QUÉ ES LO QUE MÁS DESEA?

¿Es Dinero, Fama, Poder, Satisfacción, Personalidad, Paz Mental, Felicidad?

Los Trece Pasos para Lograr Hacerse Rico descritos en este libro ofrecen la más concisa y confiable filosofía para alcanzar el logro personal nunca antes presentada, para beneficio del hombre o mujer que está buscando un objetivo final en su vida.

Antes de empezar el libro, se beneficiará en gran parte si usted reconoce el hecho de que éste no fue escrito para entretener. Usted no puede asimilar el contenido en forma adecuada en una semana o un mes.

Después de leer el libro enteramente, el Dr. Miller Reese Hutchison, ingeniero consultor de renombre en en Norteamérica y socio durante largo tiempo de Thomas A. Edison, dijo: "Esta no es una novela. Es un libro de texto relacionado con el logro individual que proviene directamente de las experiencias de miles de los hombres más exitosos de América. Debería ser estudiado, asimilado y meditado. No se debería leer más de un capítulo en una noche. El lector debería subrayar las frases que le impresionan más.

Más adelante, el lector debería volver a leer las líneas marcadas. Un verdadero estudiante no solamente leería el libro, éste debería absorber su contenido y asimilarlo. Esta obra debería ser adoptada por todas las escuelas secundarias, y no debería permitirse que ningún niño o niña se gradúe sin haber aprobado un examen de éste. Esta filosofía no tomará el lugar de las materias enseñadas en los colegios, pero permitirá organizar y aplicar el conocimiento adquirido, para convertirlo en un servicio útil.

El Dr. John R. Turner, Decano del Colegio de la Ciudad de Nueva York, después de haber leído este libro, dijo: "El mejor ejemplo de la profundidad de esta filosofía es su propio hijo, Blair, cuya historia dramática ha sido relatada en el capítulo sobre el deseo".

El Dr. Turner ha hecho referencia al hijo del autor, quien nació sin la capacidad auditiva normal, y quien no solamente evitó convertirse en un sordomudo, sino que convirtió su discapacidad en un recurso invalorable al aplicar la filosofía descrita aquí.

Después de leer la historia, usted se dará cuenta que poseerá una filosofía que se puede transformar en riqueza, o estará su disposición para darle paz mental, entendimiento, armonía espiritual y, en algunos casos, como en el caso del hijo del autor, le podrá ayudar a manejar condiciones físicas.

El autor descubrió, a través de analizar personalmente miles de hombres exitosos, que todos ellos adoptaron el hábito de intercambiar ideas, mediante lo que comúnmente se denomina "conferencias". Cuando tuvieron problemas que debían ser resueltos, se sentaban juntos y hablaban libremente hasta que descubrían, por su contribución conjunta de ideas, un plan que podría servir a su propósito.

Usted, que lee este libro, le sacará el mayor provecho al poner en práctica los principios descritos en él. Esto puede hacerse (como otros lo están haciendo en forma exitosa), formando un grupo de estudio, que incluya un número a determinar de personas amistosas y armoniosas. El grupo se debería reunir en periodos regulares, tan a menudo como una vez a la semana. El procedimiento debería consistir en leer un capítulo del libro en cada reunión, después del cual, el contenido del capítulo debería ser discutido libremente por todos sus miembros. Cada miembro debería tomar notas, ANOTANDO TODAS LAS IDEAS inspiradas por la discusión. Cada miembro debería leer y analizar detalladamente cada capítulo varios días antes de su lectura abierta y discusión conjunta en el grupo. La lectura en el grupo debería ser hecha por una persona que lea bien y entienda como dar realce y sentimiento a la lectura.

Al seguir este plan, cada lector obtendrá de sus páginas no solamente la suma total del mejor conocimiento organizado de las experiencias de miles de hombres exitosos, sino que, todavía más importante, lo conectará a nuevas fuentes de conocimiento en su propia mente y también adquirirá conocimiento de un valor incalculable DE CADA OTRA PERSONA QUE ESTÁ PRESENTE EN LA REUNIÓN.

Si usted sigue este plan en persistentemente, puede tener casi absoluta certeza que descubrirá y logrará adquirir la formula secreta por medio de la que Andrew Carnegie obtuvo su enorme fortuna, como se mencionó en la introducción del autor.

TRIBUTOS AL AUTOR DE GRANDES LÍDERES AMERICANOS

"PIENSE Y HAGASE RICO" demoro 25 años en concretarse.

Su trabajo y escritura han sido alabados por grandes líderes del mundo de las finanzas, la educación, la política y el gobierno.

Corte Suprema de Washington, D.C. en Estados Unidos

Estimado Sr. Hill:

He tenido la oportunidad de terminar de leer sus libros de texto de Éxito y me gustaría expresar mi apreciación por el espléndido trabajo realizado en la organización de esta filosofía.

Seria muy útil si cada político en el país asimilará y pusiera en práctica los 17 principios en los que están basadas sus enseñanzas. Contiene cierto material de muy alta calidad que cada líder en cualquier área de la vida debería comprender.

Estoy contento de haber tenido el privilegio de darle un poco de ayuda en la organización de este espléndido curso de filosofía del "sentido común".

Atentamente,

    (El Ex-Presidente y ex Jefe de Justicia de los Estados Unidos)

REY DE LAS TIENDAS DE 5 Y 10 CENTAVOS

"Al aplicar muchos de los 17 principios de la filosofía del Éxito, hemos construido una gran cadena de prósperas tiendas. Presumo que no sería una exageración si digo que el Edificio Woolworth podría correctamente considerarse como un monumento a la solidez de estos principios".

F. W. WOOLWORTH

UN GRAN MAGNATE DE BUQUES A VAPOR

"Me siento fuertemente endeudado por el privilegio de haber leído su Filosofía del Éxito.

Si es que hubiera tenido esta filosofía hace cincuenta años atrás, supongo que podría haber logrado lo que he realizado en la mitad del tiempo. Sinceramente deseo que el mundo la descubra y se recompense con ella".

ROBERT DOLLAR

LÍDER SINDICAL AMERICANO FAMOSO

"Dominar la filosofía de la Ley del Éxito es el equivalente a una póliza de seguros contra el fracaso".

SAMUEL GOMPERS

UN EX-PRESIDENTE DE LOS ESTADOS UNIDOS

"No puedo más que felicitarlo por su tenacidad. Cualquier hombre que le dedique tanto tiempo a una tarea de este tipo, debe, por necesidad, hacer descubrimientos de gran valor para los demás. Estoy profundamente impresionado por su interpretación de los principios que usted ha descrito de manera tan clara".

WOODROW WILSON

UN PRÍNCIPE COMERCIANTE

"Se que sus 17 principios de éxito son legítimos porque los he estado aplicando en mi negocio durante más de 30 años".

JOHN WANAMAKER

EL MÁS GRANDE FABRICANTE DE CÁMARAS DEL MUNDO

"Se que usted está mejorando el mundo con su Ley del Éxito. No me importaría fijarle un valor monetario a esta capacitación, porque le entrega al estudiante cualidades que no pueden ser medidas sólo por el dinero"

GEORGE EASTMAN

UN JEFE DE NEGOCIOS CONOCIDO NACIONALMENTE

"Todo éxito que he alcanzado, se lo debo íntegramente a la aplicación de sus 17 principios de la Ley del Éxito. Yo creo tener el honor de ser su primer estudiante".

WM. WRIGLEY, JR.

PREFACIO DEL EDITOR NORTEAMERICANO

Este libro transmite la experiencia de más de 500 hombres de gran fortuna, que comenzaron de cero, para obtener riquezas, excepto PENSAMIENTOS, IDEAS y PLANES ORGANIZADOS.

Aquí usted tiene toda la filosofía para ganar dinero, tal como fue organizada por los logros de los hombres más exitosos conocidos en Norteamérica durante el siglo XX. ¡Describe QUÉ HACER y también CÓMO HACERLO!

Presenta completas instrucciones sobre CÓMO VENDER SUS SERVICIOS PERSONALES.

Entrega un sistema perfecto de auto-análisis que le revelará fácilmente cual ha sido el obstáculo entre usted y el dinero en el pasado.

Describe la famosa formula de logro personal de Andrew Carnegie, por medio de la cual él acumulo cientos de millones de dólares y que hizo millonarios a los hombres a quienes les contó su secreto.

Quizás usted no necesita todo lo que se encuentra en este libro - ninguno de los 500 hombres, cuyas experiencias están escritas aquí, lo necesitaba-, pero puede ser que usted sí lo necesite. Una IDEA, PLAN o SUGERENCIA para llevarlo hacia su meta. En alguna parte de este libro usted encontrará este estimulo.

El libro fue inspirado por Andrew Carnegie, después que hiciera sus millones y se retirara. Fue redactado por el hombre al que Carnegie le divulgó el asombroso secreto de su riqueza - el mismo hombre al que 500 hombres de grandes fortunas le relevaron la fuente de sus riquezas.

En este libro usted encontrará los trece principios primordiales para ganar dinero para cada persona que desea acumular lo suficiente para garantizar su independencia financiera. Se estima que la investigación que se ocupó para la preparación, antes de haber escrito este libro,-investigación que cubre más de veinticinco años de continuos esfuerzos- no podría haber sido duplicado a un costo menor que USD $100.000.

Por otra parte, el conocimiento contenido en el texto no se podrá duplicar nunca, a ningún costo, debido a que más de la mitad de los 500 hombres que suministraron la información han fallecido.

Las riquezas no siempre pueden medirse en dinero.

Hay grandes tesoros en las amistades duraderas, la armonía en las relaciones familiares, la simpatía y la comprensión entre las personas, y en la armonía interna que da la paz interior, todos ellos valores mensurables en un plano más bien espiritual.

Los conceptos básicos de "Piense y Hágase Rico" lo prepararán para atraer y disfrutar de estos estados superiores que siempre han sido y serán inaccesibles a todo el que no esté preparado para ellos.

Cuando comience a poner en práctica los principios de Piense y hágase rico, esté preparado para una existencia diferente, en la que no sólo las dificultades y tensiones se suavizarán, sino que estará predispuesto a la acumulación de riquezas en abundancia.

EL EDITOR

PREFACIO DEL AUTOR

En cada capítulo de este libro se revela el secreto que ha hecho fortunas para cientos de hombres extraordinariamente ricos, a quienes he analizado de manera exhaustiva durante muchísimos años.

El secreto me lo señaló Andrew Carnegie, hace más de medio siglo. El viejo escocés, sagaz y encantador, me lo entregó cuando yo era apenas un niño. Luego se sentó en la silla, con un asomo de alegría en la mirada, y me miró detenidamente para ver si yo había comprendido el significado cabal de lo que me acababa de decir.

Al ver que yo había captado la idea, me preguntó si estaría dispuesto a pasarme veinte años o más preparándome para ofrecérselo al mundo, a hombres y mujeres que, sin esa información, podían llevar una vida de fracasos. Le respondí que sí, y con la ayuda del señor Carnegie, he mantenido mi promesa.

Este libro contiene ese secreto, comprobado por centenares de personas de casi todas las clases sociales. Fue idea del señor Carnegie que esta fórmula mágica, que le proporcionó una fortuna espléndida, debía ponerse al alcance de quienes no tienen tiempo para investigar cómo ganan los hombres el dinero, y fue su deseo que yo pusiera a prueba y demostrara la eficacia de la fórmula a través de la experiencia de hombres y mujeres de todas las esferas. Él opinaba que la fórmula debía enseñarse en todo establecimiento educacional, y expresaba la opinión de que, si fuese enseñada de manera óptima, revolucionaría el sistema educativo al punto de que el tiempo que pasamos en la escuela se vería reducido a menos de la mitad.

Su experiencia con Charles M. Schwab, y otros hombres jóvenes del mismo tipo que el señor Schwab, convencieron a Carnegie que la mayoría de lo que enseñan en los colegios carece de valor en relación con la manera de ganarse la vida o acumular riqueza. Llegó a esta conclusión, debido a que él ha llevado a su negocio un joven después del otro, muchos de ellos con poca educación, y al adiestrarlos en el uso de esta formula, desarrolló en ellos un raro liderazgo. Por otra parte, sus enseñanzas dejaron fortunas para cada uno de ellos que siguió sus instrucciones.

En el capítulo sobre la fe, usted leerá la sorprendente historia de la organización de la gigantesca Corporación de Acero de los Estados Unidos, tal como fue concebida y llevada a cabo por uno de los jóvenes a través de los que Carnegie demostró que su fórmula funcionaría con todo el que estuviera preparado para ella. Esta sola aplicación del secreto, ejecutada por Charles M. Schwab, le dio una fortuna enorme, tanto en dinero como en oportunidades. Para decirlo secamente, esa particular aplicación de la fórmula le valió seiscientos millones de dólares.

Estos hechos, bien sabidos por la mayoría de las personas que conocieron al señor Carnegie, dan una idea bastante completa de lo que la lectura de este libro puede reportarle, suponiendo que usted sepa qué es lo que quiere.

El secreto fue revelado a centenares de hombres y mujeres que lo han empleado para su beneficio personal, tal como el señor Carnegie había planeado. Algunos han hecho fortunas con él. Otros lo han puesto en práctica con éxito para lograr la armonía en el hogar. Un sacerdote lo empleó con tal eficacia que le reportó unos ingresos de más de 75.000 dólares anuales.

Arthur Nash, un sastre de Cincinnati, usó su negocio casi en bancarrota como conejillo de indias para poner a prueba la fórmula. El negocio reflotógió y permitió a su dueño hacer una fortuna. Todavía continúa prosperando, aunque el señor Nash se haya ido. El experimento resultó tan sorprendente que los medios de comunicación le hicieron publicidad por valor de más de un millón de dólares.

El secreto fue revelado a Stuart Austin Wier, de Dallas, Texas. Él estaba preparado para recibirlo, hasta el punto de incluso abandonar su profesión y ponerse a estudiar leyes. ¿Que si tuvo éxito? También relatamos esa historia.

Le otorgué el secreto a Jenni ngs Randolph, el día que se gradúo de la Universidad, y él lo ha usado en forma tan exitosa que ahora está en su tercer periodo como Miembro del Congreso, con una excelente probabilidad de seguir usándolo hasta llegar a la Casa Blanca.

Cuando trabajaba como director de publicidad de La Salle Extension University, que entonces era apenas algo más que un nombre, tuve el honor de ver cómo J. G. Chapline, presidente de la Universidad, usaba la fórmula con tanto éxito que hizo de La Salle una de las universidades a distancia más importantes del país.

El secreto al que me refiero es mencionado no menos de un centenar de veces a lo largo de este libro. No se lo nombra directamente, ya que parece funcionar con más éxito cuando se lo descubre y surge evidente, cuando quienes están preparados pueden percibirlo en su búsqueda. Por eso, el señor Carnegie me lo señaló de forma tan discreta, sin darme su nombre específico.

Si usted está preparado para ponerlo en práctica, reconocerá este secreto al menos una vez en cada capítulo. Me gustaría tener el privilegio de señalarle cómo sabrá si está preparado, pero eso le privaría de muchos de los beneficios que recibirá cuando haga el descubrimiento según su criterio personal.

Mientras estaba escribiendo este libro, mi propio hijo, que en ese momento estaba terminando su último año de su trabajo de universidad, tomó el manuscrito del capítulo dos, lo leyó, y descubrió el secreto. Ocupó la información en forma tan efectiva que pasó directamente a una posición de responsabilidad a un salario inicial mayor que lo que el hombre promedio nunca podrá ganar. Su historia se ha descrito brevemente en el capítulo dos. Cuando usted lo lea, tal vez se despedirá de cualquier sentimiento que haya albergado sobre la aparente grandilocuencia del libro. Si ha estado desanimado o ha tenido que superar inusuales problemas, si tras varios intentos ha fracasado, si se ha visto menoscabado por la enfermedad o por defectos físicos, la historia del descubrimiento de mi hijo y la aplicación de la fórmula Carnegie pueden demostrarle que en el desierto de la esperanza perdida existe el oasis que ha estado buscando.

Este secreto fue utilizado por el presidente Woodrow Wilson durante la Primera Guerra Mundial. Fue revelado a cada soldado que luchó en el frente, cuidadosamente transmitido en el entrenamiento que recibieron antes de ir a pelear. El presidente Wilson me dijo que ésto fue un factor importante en la obtención de los fondos necesarios para la guerra.

Hace más de veinte años atrás, Hon. Manuel L. Quezon (en ese entonces comisionado residente para las Islas Filipinas), fue inspirado por el secreto de ganar libertad para su pueblo. El ganó libertad para las Islas, y fue su primer Presidente en un Estado libre.

Un razgo peculiar de este secreto es que quienes lo adquieren y lo emplean se ven literalmente arrastrados hacia el éxito. Si usted lo duda, lea los nombres de quienes lo han puesto en práctica, donde sea que se mencionen; constate sus logros y se convencerá.

¡Nunca obtendrá algo a cambio de nada!

El secreto al que me refiero no se puede recibir sin pagar un precio, aunque éste sea muy inferior a su valor. No pueden alcanzarlo a ningún precio aquellos que no lo estén buscando intencionadamente. Es imposible conocerlo a la ligera, y no se puede comprar con dinero, porque viene en dos partes. Una de ellas está ya en posesión de quienes se encuentran preparados para él.

El secreto sirve por igual a todos aquellos que estén listos para recibirlo. La educación no tiene nada que ver aquí. Mucho antes de que yo naciera, el secreto alcanzó a ser propiedad de Thomas Alva Edison, el cual lo utilizó de manera tan perspicaz que llegó a ser el inventor más destacado del mundo, aunque apenas tenía tres meses de escolarización.

El secreto fue transmitido a Edwin C. Barnes, un socio de Edison, quien lo utilizó con tanta eficacia que, aunque sólo ganaba unos doce mil dólares anuales, acumuló grandes riquezas y se retiró del mundo de los negocios siendo todavía muy joven. Se encontrará con esta historia al comienzo del primer capítulo. Usted se convencerá de que la riqueza no está fuera de su alcance; que todavía puede llegar a ser lo que sueña; que el dinero, la fama, el reconocimiento y la felicidad pertenecen a todo aquel que esté preparado y decidido a tener esos beneficios.

¿Cómo sé yo esas cosas? Usted deberá saberlo antes de que haya terminado este libro. Quizás lo descubra en el primer capítulo, o en la última página.

Mientras llevaba a cabo una tarea de veinte años de investigación, con la que me había comprometido a instancias del señor Carnegie, analicé a centenares de hombres famosos, y muchos de ellos admitieron que habían acumulado sus vastas fortunas mediante la ayuda del secreto de Carnegie; entre aquellos hombres se encontraban:

HENRY FORD	GEORGE EASTMAN
CYRUS H. K. CURTIS	JOHN W. DAVIS
THEODORE ROOSEVELT	CHARLES M. SCHWAB
ARTHUR BRISBANE	JOHN WANAMAKER
WILLIAM WRIGLEY JR.	HARRIS F. WILLIAMS

ELBERT HUBBARD

WOODROW WILSON

JAMES J. HILL

DOCTOR FRANK

WILBUR WRIGHT GUNSAULUS

GEORGE S. PARKER

WILLIAM HOWARD TAFT

WILLIAM JENNINGS

DANIEL WILLARD BRYAN

LUTHER BURBANK

E. M. STATLER

KING GILLETTE

DOCTOR DAVID STARR

EDWARD W. BOK JORDAN

RALPH A. WEEKS

HENRY L. DOHERTY

FRANK A. MUNSEY

J. ODGEN ARMOUR JUEZ

DANIEL T. WRIGHT

ELBERT H. GARY

CORONEL ROBERT A.

JOHN D. ROCKEFELLER

DOCTOR ALEXANDER DOLLAR

DOCTOR FRANK CRANE

GRAHAM BELL

EDWARD A. FILENE

THOMAS A. EDISON

GEORGE M. ALEXANDER

JOHN H. PATTERSON

EDWIN C. BARNES

FRANK A. VANDERLIP

J. G. CHAPLINE

JULIUS ROSENWALD

ARTHUR NASH

F. W. WOOLWORTH

SENADOR JENNINGS STUART AUSTIN

RANDOLPH WIER

CLARENCE DARROW

Estos nombres representan apenas una pequeña parte de los centenares de estadounidenses renombrados cuyos logros, sean financieros o de otra índole, demuestran que quienes entienden y aplican el secreto de Carnegie logran posiciones elevadas en la vida. No he conocido a alguien que, inspirado por el secreto, no alcanzara un éxito notable en el campo de su elección. Jamás conocí a ninguna persona distinguida, ni que acumulara riquezas de ninguna índole, que no estuviese en conocimiento del secreto. A partir de estos dos hechos he llegado a la conclusión de que el secreto es más importante, como parte del conocimiento esencial para la autodeterminación, que cualquier otro concepto que uno reciba por medio de lo que se conoce como "educación".

En todo caso, ¿Qué es la educación? Esto ha quedado explicado con todo detalle.

En relación a la enseñanza, muchos de estos hombres tuvieron muy poca. John Wanamaker me contó una vez que con la poca educación con la que partió. Él logró adquirir su fortuna de la misma forma como una locomotora moderna carga agua, al "vaciarla a medida que funciona". Henry Ford nunca llegó a la enseñanza media, menos a la universidad. Yo no estoy intentando disminuir el valor de la educación formal, pero sí estoy tratando de expresar mi creencia de que aquellos que dominan y aplican el secreto llegarán a altas posiciones, acumularán riquezas, y negociarán con la vida bajo sus propios términos, incluso si su enseñanza ha sido escasa.

En alguna sección del libro, a medida que vaya leyéndolo, el secreto al cual me refiero resaltará en la página y se tornará evidente ante usted, si está preparado para ello. Cuando aparezca, lo reconocerá. Tanto si capta la señal en el primero o en el último capítulo, deténgase un momento cuando se le presente, y celébrelo, porque esa ocasión representará el hito más importante de su existencia.

Ahora pasamos al Capítulo Uno, y a la historia de mi querido amigo, que generosamente ha reconocido haber visto la señal mística; y cuyos logros comerciales son evidencia suficiente. A medida que lea su historia, así como la de otros, recuerde que ellas tratan sobre los importantes problemas de la vida y la experiencia de las personas que surgen de un intento por ganarse la vida, encontrar la esperanza, coraje, satisfacción y paz mental; acumular riquezas y disfrutar de la libertad de cuerpo y espíritu.

Recuerde a medida que avance en la lectura, que todo esto tiene que ver con hechos y no con ficción; y que su propósito consiste en transmitir una gran verdad universal mediante la cual, quienes estén preparados, podrán enterarse de qué hacer y cómo hacerlo. También recibirán el estímulo necesario para dar el primer paso.

Como recomendación final de preparación antes de que empiece el primer capítulo, ¿Puedo ofrecerle una breve sugerencia que tal vez le de una clave para reconocer el secreto de Carnegie? Ésta es: ¡Todo logro, toda riqueza ganada, tiene su principio en una idea! Si usted está preparado para el secreto, ya posee la mitad; por lo tanto, reconocerá la otra mitad con facilidad en el momento en que alcance sus pensamientos.

CONTENIDO

1 INTRODUCCIÓN 20

2 EL DESEO, PUNTO INICIAL DE TODO LOGRO................................33

3 LA FE - VISUALIZACIÓN Y CREENCIA EN LA CONSECUCIÓN DEL DESEO..51

4 LA AUTOSUGESTIÓN - EL VEHÍCULO PARA INFLUIR EN EL SUBCONSCIENTE..69

5 EL CONOCIMIENTO ESPECIALIZADO...75

6 LA IMAGINACIÓN - EL TALLER DE LA MENTE................................89

7 LA PLANIFICACIÓN ORGANIZADA..102

8 DECISIÓN..144

9 PERSEVERANCIA..156

10 EL PODER DEL TRABAJO EN EQUIPO..172

11 EL MISTERIO DE LA TRANSMUTACIÓN DEL SEXO......................180

12 EL SUBCONSCIENTE...205

13 EL CEREBRO - UNA ESTACIÓN RECEPTORA Y EMISORA PARA EL PENSAMIENTO...213

14 EL SEXTO SENTIDO...219

15 CÓMO ENGAÑAR A LOS SEIS FANTASMAS DEL MIEDO............230

1. INTRODUCCIÓN

EL HOMBRE QUE "PENSÓ" EN LA MANERA DE ASOCIARSE CON THOMAS A. EDISON

Desde luego, "los pensamientos son cosas", cosas muy poderosas, cuando se combinan con la exactitud del objetivo, la perseverancia y un imperioso deseo de convertirlas en capital, o en otros objetos materiales.

Hace algunos años, Edwin C. Barnes descubrió que los hombres que realmente piensan, se hacen ricos. Su descubrimiento no surgió repentinamente, sino que fue apareciendo poco a poco, empezando por un ferviente deseo de llegar a ser socio del gran Edison.

Una de las características principales del deseo de Barnes es que era preciso. Quería trabajar con Edison, no para él. Observe con detenimiento la descripción de cómo fue transformando su deseo en realidad, y tendrá una mejor comprensión de los principios que conducen a la riqueza.

Cuando este DESEO surgió por primera vez en su mente, Barnes no estaba en posición de actuar según ese impulso del pensamiento. Dos factores obstaculizaban su camino: No conocía a Edison y no tenía bastante dinero para pagarse el pasaje en tren hasta Orange, New Jersey.

Estas dificultades hubieran bastado para desanimar a la mayoría de los hombres en el intento de llevar a cabo su anhelo. ¡Pero el suyo no era un deseo ordinario! Él estaba tan determinado a encontrar una forma de llevar a cabo su sueño, que finalmente decidió viajar en un tren de carga en lugar de fracasar.

Barnes se presentó en el laboratorio de Edison y anunció que había ido a hacer negocios con el inventor. Hablando de su primer encuentro con Barnes, Edison comentaba, años más tarde, que "estaba de pie ante mí, con la apariencia de un vagabundo, pero había algo en su expresión que transmitía el efecto de que estaba decidido a conseguir lo que se había propuesto. Yo había aprendido, tras años de experiencia, que cuando un hombre desea algo tan imperiosamente que está dispuesto a apostar todo su futuro a una sola carta para añcanzarlo, tiene asegurado el éxito. Le di la oportunidad que me pedía, porque vi que él estaba decidido a no ceder hasta triunfar. Los hechos posteriores demostraron que no me equivoqué".

No podía haber sido el aspecto del joven lo que le proporcionara su comienzo en el despacho de Edison, ya que ello estaba definitivamente en su contra. Lo importante era lo que él pensaba.

Si el significado de esta afirmación se podría llevar a cada persona que la lee, no habría necesidad del recordatorio de este libro.

Barnes no consiguió su asociación con Edison en su primera entrevista. Obtuvo la oportunidad de trabajar en el despacho de Edison, a un sueldo muy nominal, realizando una labor que no era significativa para Edison, pero muy importante para Barnes. Esto, porque le daba una oportunidad de mostrar su "mercancía", donde su prospecto "socio" podría verlo.

Transcurrieron los meses. En apariencia, nada había sucedido que se aproximase al codiciado objetivo que Barnes tenía en mente como su propósito inicial y preciso. Pero algo determinante estaba aconteciendo en los pensamientos de Barnes. Intensificaba constantemente su deseo de convertirse en socio de Edison.

Los sicólogos han afirmado, con todo acierto, que "cuando uno está realmente preparado para algo, aparece". Barnes se hallaba listo para asociarse con Edison. Además, estaba decidido a seguir así hasta conseguir lo que buscaba.

No se decía a sí mismo: "Vaya, para que sirve todo esto. Supongo que acabaré por cambiar de idea y probaré con un trabajo de vendedor". En cambio, se decía: "He venido aquí a asociarme con Edison, y eso es lo que haré aun cuando me lleve el resto de la vida". ¡Estaba convencido de ello! ¡Qué historia tan diferente contarían los hombres si adoptaran un propósito definido, y mantuvieran ese propósito hasta que el tiempo lo convirtiese en una obsesión!

Quizás el joven Barnes no lo supiera en aquel entonces, pero su determinación imperturbable, su perseverancia en mantenerse firme en su único deseo, estaba destinada a acabar con todos los impedimentos, y a proporcionarle la oportunidad que buscaba.

Cuando la ocasión llegó, esta surgió de una forma disímil y desde una dirección distinta de las que Barnes había esperado. Ése es uno de los trucos de la oportunidad. Tiene el curioso hábito de asomar por la puerta de atrás y, a menudo, viene disimulada con la forma del infortunio o de la derrota temporal. Tal vez por eso hay tanta gente que no consigue reconocerla.

Edison acababa de perfeccionar un nuevo invento, conocido en aquella época como la Máquina de Dictar de Edison (llamada también Edifono).

Sus vendedores no mostraron entusiasmo por el aparato. No confiaban en que se pudiera vender fácilmente. Barnes vio su oportunidad, que había surgido discretamente, escondida en una máquina extraña que no interesaba más que a Barnes y al inventor.

Barnes supo que podría comercializar el atrefacto de Edison. Se lo sugirió a éste y, de inmediato, obtuvo su oportunidad. Vendió la máquina. En realidad, lo hizo con tanto éxito que Edison le dio un contrato para distribuirla y venderla por todo el país. A partir de aquella asociación surgió el slogan "Hecho por Edison e Instalado por Barnes". La alianza comercial ha funcionado por más de treinta años. A partir de este acuerdo, Barnes se hizo millonario, pero también consiguió algo mucho más importante: demostró que uno, realmente, puede "pensar y hacerse rico".

No tengo manera de saber cuánto dinero en efectivo reportó a Barnes su deseo. Tal vez fueran dos o tres millones de dólares, pero la cantidad, cualquiera que sea, se torna insignificante cuando se la compara con la posesión que adquirió en forma de conocimiento definido de que un impulso intangible se puede convertir en ganancias concretas por medio de la aplicación de principios conocidos.

¡Barnes literalmente se pensó en asociación con el gran Edison! Se pensó dueño de una fortuna. No tenía con qué empezar, excepto la capacidad de saber lo que quería, y la determinación de permanecer fiel a ese deseo hasta haberlo alcanzado.

No tenía dinero para empezar. Tenía poca educación. No tenía influencias. Pero sí tenía iniciativa, fe y deseo de ganar. Con estas fuerzas intangibles, se transformó en el número uno, como el inventor más grande que jamás ha vivido.

Ahora veamos una situación completamente diferente, y estudiemos un hombre que tuvo una total evidencia tangible de riqueza, pero la perdió, debido a que se detuvo tres pies antes de llegar a la meta que estaba persiguiendo.

A UN METRO DEL ORO

Una de las causas más comunes del fracaso es el hábito de abandonar cuando uno se ve preso de un fracaso temporal. Todos son culpables de este error en un momento u otro.

Un tío de R. V. Darby se vio ilusionado con la "fiebre del oro" en los días en que era una condición endémica. Se fue al Oeste a cavar para hacerse rico. No sabía que se ha sacado más oro de los pensamientos de las personas que de la tierra. Obtuvo una licencia y se fue a trabajar con el pico y la pala. El camino era dificultoso, pero su deseo de oro era categórico.

Después de varios meses de trabajo obtuvo la recompensa de descubrir una veta de brillante mineral. Necesitaba maquinaria para extraer el elemento. Con discreción, cubrió la mina, volvió sobre sus pasos a su hogar en Williamsburg, Maryland, y les contó a sus parientes y a algunos vecinos del "hallazgo". Todos reunieron el dinero necesario para la maquinaria, y la enviaron a la mina. Darby y su tío volvieron a trabajar en ella.

Extrajeron el primer carro de mineral y lo mandaron a un fundidor. ¡Las utilidades demostraron que poseían una de las minas más ricas de Colorado!

Con unos pocos carros más de mineral saldarían todas las deudas. Entonces empezarían a ganar dinero en grande.

¡Hacia abajo fueron los taladros! ¡Muy alto llegaron las esperanzas de Darby y de su tío! Entonces ocurrió algo. ¡La veta de oro desapareció! Habían llegado al final del arco iris, y la olla de oro no estaba allí. Perforaron en un desesperado intento por encontrar la veta nuevamnete, pero fue en vano.

Finalmente, acordaron abandonar.

Vendieron la maquinaria a un chatarrero por unos pocos cientos de dólares, y tomaron el tren de vuelta a casa. El chatarrero llamó a un ingeniero en minas para que observara la mina e hiciera una inspección. El ingeniero informó de que el proyecto había fracasado porque los dueños no estaban familiarizados con las "vetas falsas". Sus cálculos indicaban que la veta reaparecería ¡a un metro de donde los Darby habían dejado de perforar! ¡Allí fue exactamente donde fue hallada!

El chatarrero extrajo millones de dólares en oro de aquella mina porque supo buscar el asesoramiento de un experto antes de renunciar.

La mayor parte del dinero que entró en el mecanismo fue adquirida a través de los esfuerzos de R. U. Darby, que en ese entonces era un hombre muy joven. El dinero vino de sus parientes y vecinos, debido a la fe que le tenían.

Él devolvió cada dólar de éste, a pesar de que le tardó muchos años.

Tiempo después, Darby se recuperó sobradamente de su pérdida, cuando descubrió que el deseo se puede transmutar en oro. Eso le ocurrió después de que entrara en el negocio de la venta de seguros de vida.

Recordando que había perdido una inmensa fortuna por haber dejado de perforar a un metro del oro, Darby aprovechó esa experiencia en el trabajo que había elegido, con el sencillo método de decirse a sí mismo: "Me detuve a un metro del oro, pero nunca me detendré porque me digan "no" cuando yo intente venderles un seguro".

Darby se convirtió en uno de los pocos hombres que venden un millón de dólares anuales en seguros. Su perseverancia se la debía a la lección que había obtenido de su deserción en el negocio de la minería.

Antes de que el éxito aparezca en la vida de cualquier persona, es seguro que éste se encontrará con muchas frustraciones temporales, y tal vez con algún fracaso. Cuando la frustración se adueña del hombre, lo más fácil y lógico que puede hacerse es retirarse. Es lo que la mayoría hace.

Más de quinientos de los hombres más prósperos que han conocido los Estados Unidos le dijeron al autor que sus mayores éxitos surgieron un paso más allá del punto en que la frustración se había apoderado de ellos. El fracaso es un patrañero con un mordaz sentido de la ironía y la malicia. Goza haciéndonos tropezar cuando el éxito está casi a nuestro alcance.

UNA LECCIÓN DE PERSISTENCIA DE CINCUENTA CENTAVOS

Poco después de que Darby se doctorase en la "Universidad de los Tropiezos", y decidiera aprovechar su experiencia en el asunto de la mina de oro, tuvo la buena suerte de estar presente en una ocasión que le demostró que la palabra "no", no significa, necesariamente, no.

Una tarde asistía a su tío a moler trigo en un viejo molino. Éste dirigía una gran granja, donde vivían algunos granjeros arrendatarios de color. La puerta se abrió silenciosamente y una niña de color, hija de uno de los arrendatarios, entró y se paró junto a la puerta.

El tío levantó la vista, miró a la niña y gritó con rudeza:

-¿Qué quieres?

-Mi mamá dice que le mande cincuenta centavos- respondió, humilde, la niña.

-Ni hablar- replicó el tío-, y ahora vete a tu casa.

-Sí, señor -dijo la niña, pero no se movió.

El tío siguió con su trabajo, tan ocupado que no prestó atención a la niña y no se dio cuenta de que seguía ahí. Cuando volvió a levantar la vista y la vio allí parada, gritó:

-¡He dicho que te marches a tu casa! Ahora, vete o te daré una paliza.

-Sí, señor -dijo la niña, pero siguió inmóvil

El tío dejó un saco de grano que estaba por echar en la tolva del molino, cogió una tablilla de barril y empezó a acercarse a la niña con una expresión poco tranquilizadora.

Darby contuvo el aliento. Estaba seguro de encontrarse a punto de presenciar un asesinato. Sabía que su tío tenía un carácter tremendo.

Cuando su tío llegó donde estaba la niña, ella dio un rápido paso al frente, le miró a los ojos, y gritó con todas sus fuerzas:

- ¡Mi mamá necesita esos cincuenta centavos! El tío se detuvo, la miró unos instantes, y luego dejó lentamente la tablilla de barril a un lado, se metió la mano en el bolsillo, sacó medio dólar y se lo ofreció a la niña.

Ella tomó el dinero y se encaminó despacio hacia la puerta, sin quitar los ojos del hombre al que acababa de derrotar. Después de que la niña se hubo ido, el tío se sentó en una caja y permaneció mirando por la ventana durante más de diez minutos. Estaba cavilando, sorprendido, sobre la derrota que acababa de sufrir.

Darby también se hallaba reflexivo. Ésa era la primera vez en su vida que había visto a un niño de color dominar a un blanco adulto. ¿Cómo lo había hecho? ¿Qué le había ocurrido a su tío para que perdiera su ferocidad y se volviera dócil como un cordero? ¿Qué extraño poder había empleado esa niña para hacerse dueña del momento? Estas y otras preguntas similares llenaban la mente de Darby, pero no halló las respuestas hasta muchos años después, cuando me relató la historia.

Curiosamente, el relato de esa extraña experiencia la escuché en el viejo molino; el mismo sitio donde su tío recibió la lección. Extraordinariamente también, dediqué casi un cuarto de siglo al estudio del poder que le permitía a una analfabeta niña de color conquistar a un adulto inteligente.

En aquel polvoriento y viejo molino, el señor Darby me relató la historia del extraño triunfo, y terminó preguntándome:

-¿Cómo entiende esto? ¿Qué oculto poder guardaba esa niña, para dominar por completo a mi tío? La respuesta a esa interrogante la encontrará en los principios que se describen en este libro. La respuesta es categórica y completa. Contiene detalles e instrucciones suficientes para que cualquiera entienda y aplique la misma fuerza con la que la niña se encontró de forma accidental.

Manténgase alerta, y observará el extraño poder que acudió en ayuda de la niña. Tendrá un vistazo de ese potencial en el próximo capítulo. En alguna parte del libro encontrará una idea que avivará su capacidad receptiva, y pondrá a su alcance, para su propio beneficio, ese mismo poder irresistible. La comprensión del mismo puede aparecer ante usted en el primer capítulo, o tal vez surja en su conciencia más adelante. Puede presentarse en forma de una sola idea. O quizá la encuentre en la naturaleza de un plan, o en un propósito. Una vez más, puede hacerle volver sobre sus pasadas experiencias de frustración o de fracaso, para aportar alguna lección mediante la cual usted recupere todo lo que había perdido en su derrota.

Después de haberle explicado al señor Darby el poder que la niña de color había empleado, quizá sin saberlo, él repasó de inmediato sus treinta años de experiencia en la venta de seguros de vida, y estuvo francamente de acuerdo en que su éxito en ese campo se debía, en gran parte, a la lección que había aprendido de la muchacha.

El señor Darby señaló:

-Cada vez que un posible comprador trataba de deshacerse de mí, sin hacerse el seguro, yo visualizaba a la niña, parada en el viejo molino, con sus ojazos desafiantes, y me decía a mí mismo: "Tengo que conseguir esta venta". La mejor parte de las ventas que he hecho han sido a personas que me habían dicho que no.

El señor Darby asimismo recordó su error al detenerse a un escaso metro del oro:

-Pero esa experiencia tenía una bendición oculta. Me enseñó a seguir perseverando sin importar las dificultades. Fue una lección que necesité aprender antes de lograr éxito en cualquier ámbito.

Esta historia del señor Darby y de su tío, de la niña y de la mina de oro, probablemente la leerán centenares de hombres que se ganan la vida como vendedores de seguros de vida; y el autor desea ofrecer a ellos la sugerencia de que Darby le debe a esas dos experiencias su capacidad para vender más de un millón de dólares anuales en seguros de vida.

La vida es extraña ¡y a menudo inestimable! Ambos, los éxitos y fracasos tienen su origen en experiencias. Las del señor Darby fueron bastante comunes y triviales y, no obstante, contienen la clave de su destino en la vida. Por eso fueron tan importantes para él como su propia vida. Sacó partido de ellas porque las analizó y supo encontrsarles la enseñanza. Pero ¿qué pasa con el hombre que no cuenta con el tiempo ni la inclinación para estudiar el fracaso en busca del conocimiento que pueda conducirlo al éxito? ¿Dónde y cómo va a aprender el arte de convertir los errores en escalones hacia la oportunidad?

Para responder a esas interrogantes, se ha escrito este libro.

La respuesta se expone en una descripción de trece principios, mas recuerde, a medida que vaya leyendo, que la respuesta que quizás está usted buscando a las preguntas que le han hecho reflexionar sobre los misterios de la vida, puede encontrarla en usted mismo, a través de alguna idea, plan o propósito que tal vez surja en su cerebro durante la lectura.

Todo lo que se necesita para alcanzar el éxito es una buena idea. Los principios descritos en este texto contienen medios y formas de crear ideas útiles.

Antes de seguir adelante con nuestro enfoque para detallar esos principios, creemos que vale la pena recibir esta importante sugerencia:

Cuando las riquezas empiezan a aparecer, lo hacen con tanta rapidez, y en tal abundancia, que uno se pregunta dónde habían estado ocultas durante todos esos años de penurias.

Ésta es una afirmación asombrosa, y tanto más si tenemos en cuenta la creencia popular de que la fortuna premia sólo a quienes trabajan mucho durante demasiado tiempo.

Cuando usted comience a pensar y a hacerse rico, observará que la riqueza surge de un estado mental, con un propósito determinado, con poco trabajo duro, o sin trabajo duro alguno. Usted, o cualquier otra persona, puede estar interesado en saber cómo adquirir ese estado mental que atraerá la riqueza. He pasado veinticinco años investigando, analizando a más de 25.000 personas, porque también yo quería saber "cómo los ricos llegan a ser ricos".

Sin esa investigación, este libro no podría haber sido escrito.

Deténgase aquí en una verdad muy significativa:

La depresión financiera de 1929 continuó registrando un récord de destrucción, hasta que un tiempo después llegó al poder el Presidente Roosevelt. Luego, la depresión fue desapareciendo. Al igual que cuando un eléctrico en un teatro enciende las luces tan gradualmente que la oscuridad se hace luz antes que usted se percate de ello, así lo hizo el periodo del miedo en las mentes de las personas, que gradualmente se desvaneció y se convirtió en fe.

Observe con gran atención, tan pronto como domine los principios de esta manera de pensar, y empiece a seguir las instrucciones para aplicar esos principios, que su nivel económico empezará a aumentar, y que todo lo que usted toque comenzará a transmutarse en haberes para su propio beneficio. ¿Imposible? ¡De ninguna manera!

Una de las mayores debilidades de la especie humana es la típica familiaridad del hombre con la palabra "imposible". Él conoce todas las reglas que no darán resultado. Sabe todas las cosas que no pueden hacerse. Este libro se escribió para quienes buscan las reglas que han hecho de otras personas de provecho, y están dispuestos a jugárselo todo con esas reglas.

Hace muchos años, compre un fino diccionario. Lo primero que hice fue buscar la palabra "imposible," y cuidadosamente removerla del libro. Eso sería algo bastante inteligente que usted podría hacer.

El éxito le llega a las personas que se vuelven CONSCIENTES DE ÉL.

El fracaso le llega a las personas que se permiten volverse CONCIENTES DEL FRACASO.

El propósito de este libro es ayudar a quien quiera aprender el arte de cambiar de enfoque: del fracaso al triunfo.

Otra debilidad que se encuentra en demasiadas personas es el hábito de medirlo todo -y a todos- por sus propias impresiones y creencias.

Quienes lean esto creerán que jamás podrán pensar y hacerse ricos, porque sus hábitos de pensamiento se han empantanado en la pobreza, el deseo, la miseria, los errores y la derrota.

Estas personas, lamentablemete, me recuerdan a un chino distinguido que fue a los Estados Unidos a recibir una educación americana. Acudía a la Universidad de Chicago. Un día, el presidente Harper se encontró con ese joven oriental en el campus, se detuvo a charlar con él unos minutos, y le preguntó qué le había impresionado como la característica más destacable del pueblo estadounidense.

-Bueno- replicó el estudiante-, la extraña forma de sus ojos. ¡Tienen unos ojos rarísimos! ¿Qué decimos nosotros de los chinos?

Nos negamos a creer lo que no entendemos. Pensamos neciamente que nuestras propias limitaciones son el patrón adecuado de las limitaciones. Por supuesto, los ojos de los demás "son rarísimos", porque no son como los nuestros.

Millones de personas ven los logros de Henry Ford, después que él llego, y lo envidian, debido a su buena fortuna, suerte o genio o lo que sea a lo que se debe la fortuna de Ford. Quizás una persona de cada cientos de miles saben el secreto del éxito de Ford, y aquellos que lo conocen son muy modestos o muy reticentes a hablar sobre ello, debido a su simplicidad. Una sola transacción ilustraría el "secreto" perfectamente.

Hace varios años, Ford decidió producir su ahora famoso motor V8. Eligió construir un motor con los ocho cilindros alojados en un sólo bloque, y dio instrucciones a sus ingenieros para que fabricaran un prototipo. El proyecto estaba ya plasmado sobre el papel, pero los ingenieros acordaron que era simplemente imposible alojar ocho cilindros en un motor de un sólo bloque.

-Prodúzcanlo de todas maneras- dijo Ford.

-Pero ¡es imposible! -respondieron ellos.

-Adelante -ordenó Ford-, y no dejen de trabajar hasta haberlo conseguido, no importa cuánto tiempo haga falta.

Los ingenieros siguieron trabajando. No tenían otra opción si querían seguir perteneciendo al equipo de Ford. Seis meses transcurrieron y nada ocurría. Pasaron otros seis meses y todavía no nada sucedía. Los ingenieros probaron todos los planes concebibles para llevar a cabo las órdenes, pero aquello parecía incuestionable: ¡imposible!

Al concluir un año, Ford se reunió con los ingenieros, que volvieron a informarle de que no habían encontrado una manera de cumplir sus órdenes.

-Sigan con el trabajo -dijo Ford-, quiero ese motor, y lo tendré.

Continuaron haciendo pruebas y, entonces, como por arte de magia, el secreto quedó desvelado.

¡La tenacidad de Ford había vencido una vez más!

Quizás esta historia no esté descrita con precisión detallada, pero las circunstancias y el resultado son los correctos. Deduzca de ella, usted que desea pensar y hacerse rico, el secreto de los billones de Ford, si puede. No tendrá que buscar tan lejos.

Henry Ford tuvo éxito porque comprendió y aplicó los principios del éxito. Uno de ellos es el deseo; saber lo que uno quiere. Recuerde esta historia de Ford mientras lee, y señale las líneas en que se describe el secreto de su extraordinaria obra. Si puede hacer esto, si usted es capaz de poner el dedo en el particular grupo de principios que hicieron rico a Henry Ford, puede igualar sus logros en casi cualquier oficio para el cual esté capacitado.

USTED ES EL "MAESTRO DE SU DESTINO, EL CAPITAN DE SU ALMA", PORQUE...

Cuando Henley escribió las proféticas líneas, "Soy el Maestro de mi destino, Soy el capitán de mi alma," debió habernos comunicado que somos los Maestros de nuestro destino, los capitanes de nuestras almas, porque tenemos el poder para controlar nuestros pensamientos.

Debió habernos dicho que el cosmos en el cual esta pequeña tierra flota, en el cual nos movemos y vivimos nuestra existencia, es una forma de energía en movimiento a una frecuencia altísima de vibración, y que este cosmos está repleto de una forma de poder universal que se ADAPTA a sí misma a la naturaleza del pensamiento que tenemos en nuestras mentes; y nos INFLUENCIA, de maneras naturales, a transformar nuestros pensamientos en su equivalente físico.

Si el poeta nos hubiese enseñado esta gran verdad, hubiésemos sabido POR QUË somos los Maestros de nuestro destino, los Capitanes de nuestras Almas. Él nos debería haber indicado, poniendo gran énfasis, que este poder no intenta discriminar entre los pensamientos destructivos y constructivos, que nos urgen a traducir en realidad física los pensamientos de pobreza, tan rápidamente como nos influencian a actuar sobre nuestros pensamientos de riqueza. Debería habernos enseñado, también, que nuestros cerebros se vuelven magnetizados con los pensamientos que dominan nuestras mentes por mecanismos que no conoce el ser humano. Estos "magnetos" nos atraen a las fuerzas, personas y circunstancias de la vida que están en equilibrio con la naturaleza de nuestros pensamientos predominantes.

El debió decirnos que antes que podamos acumular fortunas en gran abundancia, debemos magnetizar nuestras mentes con un intenso DESEO por riquezas, que debemos volvernos "concientes de la riqueza" hasta que el DESEO por ella nos impulse a crear estrategias definitivas para tenerla.

Pero al ser un poeta y no un filósofo, Henley se conformó señalando una gran verdad en forma poética, dejando que sus seguidores interpreten el contenido filosófico de estas líneas.

Poco a poco, la verdad ha ido desvelándose, hasta que ahora parece cierto que los principios descritos en este libro contienen el secreto del dominio sobre nuestro destino económico.

Ahora estamos listos para examinar el primero de estos principios. Mantenga usted un espíritu de apertura mental y recuerde mientras lee que estos principios no son invento de hombre alguno. Estos fueron acumulados de la experiencia de vida de más de 500 hombres que realmente acumularon grandes riquezas en cantidades descomunales; hombres que comenzaron en la pobreza, con poca educación y sin influencias. Los principios funcionaron para estos hombres. Usted puede ponerlos a funcionar por su propio beneficio permanente.

Verá cuán fácil es.

Antes de leer el siguiente capitulo, quiero señalar que este transmite información verdadera que podría fácilmente cambiar su destino financiero, como definitivamente ha traído cambios de impresionantes proporciones para dos personas descritas.

Quiero mencionarle además, que la relación entre estos dos hombres y yo es tal, que no podría haberme tomado ninguna libertad con los hechos, incluso si es que así lo hubiera deseado.

Uno de ellos ha sido mi amigo personal por más de 25 años. El otro es mi propio hijo. El éxito inusual de ambos, éxito al cual generosamente le dan crédito al principio descrito en el capitulo siguiente, es una justificación más que suficiente a esta referencia personal como un medio de destacar el poder de este principio.

Hace más de 25 años, pronuncié un discurso en la ceremonia de graduación en el Salem College, en Salem, Virginia Oeste. Enfaticé el principio detallado en el capitulo siguiente con tanta pasión que uno de los miembros de la clase que se graduaba, se apropió del mismo, haciéndolo parte de su filosofía de vida. Este joven es hoy parte del Congreso y un elemento importante para la presente administración (Franklin D. Roosevelt). Justo antes de que este libro fuera entregado al editor, él me escribió una carta en la que expresa claramente su opinión sobre el principio delineado en el capitulo siguiente. Decidí publicar su carta como introducción a dicho capitulo. Esta entrega una idea de los beneficios que le aguardan.

Estimado Napoleón:

Mi servicio como miembro del Congreso me ha entregado una visión más profunda sobre los problemas de hombres y mujeres. Estoy escribiendo para ofrecer una sugerencia que puede ser de ayuda a millares de personas.

Con disculpas, debo asegurar que el consejo, si se actúa de acuerdo a él, significará varios años de trabajo y responsabilidad para usted. Sin embargo, hago la sugerencia, debido a que conozco su gran amor por ofrecer un servicio útil.

En 1922, usted pronunció un discurso en la ceremonia de graduación en el Salem College, fecha en la cual yo era miembro de dicha clase. En aquel discurso, usted sembró en mi mente una idea que ha sido responsable de la oportunidad que yo tengo ahora de servir a la gente de mi patria y que será responsable, en gran medida, de cualquier éxito que pueda lorgar en el futuro.

La sugerencia que tengo en mente es que usted ponga en un libro lo más importante del discurso que pronunció en la Universidad de Salem, para, de esta forma, darle a los ciudadanos de América una oportunidad de beneficiarse por sus muchos años de experiencia y asociación con los hombres que, por su grandeza, han hecho de América la nación más rica del planeta.

Recuerdo como si fuese ayer, la maravillosa descripción que entregó del método con el cual Henry Ford, con muy pocos estudios, sin un dólar, sin amigos influyentes, ascendió a grandes alturas. Entonces decidí, incluso antes de que usted hubiera acabado su discurso, que me haría un lugar en la vida, sin que importara cuántas penurias tuviera que afrontar.

Miles de jóvenes terminarán sus estudios universitarios este año, y en los años venideros. Cada uno de ellos estará buscando un mensaje tan alentador como el que yo recibí de usted. Querrán saber dónde ir, qué hacer, cómo lanzarse a la vida. Usted puede decírselo, porque ha ayudado a resolver los problemas de muchas personas.

Si hay alguna manera posible en la que usted pudiese entregar este gran servicio, permítame ofrecerle la sugerencia de incluir en cada libro uno de sus Cuadros de Análisis Personales, de manera tal que el lector del libro obtenga el beneficio de un completo auto inventario, señalando, tal como usted lo hizo hace muchos años atrás, exactamente qué hay en el camino al éxito.

Un servicio como este, proveería a los lectores una imagen completa e imparcial de sus defectos y virtudes. Significaría para ellos la diferencia entre el éxito y el fracaso. El servicio sería invaluable.

Millones de personas están encarando ahora el problema de volver atrás, debido a la depresión, y hablo por experiencia personal cuando digo que conozco que estas personas formales le darán la bienvenida a la oportunidad de contar sus problemas, y de recibir sus sugerencias en busca de una salida.

Usted conoce los problemas de quienes enfrentan la necesidad de comenzar desde cero. Existen miles de personas, hoy, en América, que quisieran saber cómo pueden convertir sus ideas en dinero, gente que debe comenzar con mucha dificultad, sin financiamiento, y amortizar sus perdidas. Si alguien puede ayudarles, es usted.

Si publica el libro, me gustaría tener el primer ejemplar que salga de la imprenta, autografiado por usted.

Con mis mejores deseos, créame,

cordialmente suyo

JENNINGS RANDOLPH

2. EL DESEO, PUNTO INICIAL DE TODO LOGRO

EL PRIMERO PASO HACIA LA RIQUEZA

Cuando Edwin C. Barnes descendió del tren de carga en Orange, New Jersey, hace más de 30 años, quizás parecía un vagabundo, sin embargo, !sus pensamientos eran los de un rey!

Mientras se dirigía desde los rieles del ferrocarril a la oficina de Thomas A. Edison, su mente trabajaba sin descanso. Él lograba verse a sí mismo parado frente a Edison. Se escuchaba a sí mismo solicitándole al Sr. Edison una oportunidad para llevar a cabo la única e intensa OBSESIÓN DE SU VIDA, UN DESEO ARDIENTE de convertirse en socio en los negocios del gran inventor.

¡El deseo de Barnes no era una mera esperanza! Era un entusiasta y vibrante DESEO, que trascendió a cualquier cosa. Era claro y determinante.

El deseo no era nuevo cuando se él se acercó a Edison. Este había sido su deseo dominante por un largo período. En un comienzo, cuando el deseo apareció por primera vez en su mente, debe haber sido -probablemente lo fue- sólo un deseo. No obstante, no era sólo un deseo cuando se apareció frente a Edison con él.

Algunos años después, Edwin C. Barnes estuvo parado nuevamente frente a Edison, en la misma oficina donde por primera vez conoció al inventor. Esta vez su DESEO se había convertido en realidad. Ya era socio de Edison. El sueño dominante de su vida se había hecho realidad. Hoy, personas que conocen a Barnes lo envidian debido al "quiebre" que produjo en su vida. Ellos lo ven en sus días de gloria, sin tomarse la molestia de investigar las causas de su éxito.

Barnes tuvo éxito porque eligió un objetivo claro, puso toda su energía, todo el poder de su voluntad y toda su energía en pos de dicho objetivo. No se convirtió en socio de Edison el día en que llegó. Se contentó con partir en el más humilde trabajo, en la medida en que éste le proveyese la oportunidad de tomar inclusive un sólo paso hacia su anhelado fin.

Pasaron cinco años antes de que la ocasión que estaba buscando hiciera su aparición. A lo largo de dichos años no hubo ni siquiera un rayo de esperanza, ni una sola promesa de lograr su DESEO se le había presentado. Para cualquiera, excepto para él, parecía solamente otro rodamiento en la rueda de los negocios de Edison. Pero, en su propia mente, ÉL ERA EL SOCIO DE EDISON EN TODO MOMENTO, desde el primer día en que fue a trabajar ahí por primera vez.

Es una ejemplificación notable del poder de un DESEO CLARO. Barnes logró su meta porque anhelaba ser socio del Sr. Edison más que cualquier otra cosa. Creó un plan con el cual lograr dicho propósito. Y muy importante, QUEMÓ TODOS LOS PUENTES TRAS ÉL.

Mantuvo su DESEO hasta que se convirtió en la OBSESIÓN DOMINANTE EN SU VIDA y posteriormente, un hecho.

Cuando fue a Orange, no se dijo a sí mismo, "Voy a tratar de convencer a Edison para que me de algún tipo de trabajo, el que sea". Él dijo, "Veré a Edison y le avisaré que he venido a ser su socio".

Él no dijo, "Voy a trabajar ahí por unos pocos meses, y si es que no tengo estímulos, renunciaré y buscaré un empleo en otro lado". El dijo, "Partiré donde sea, haré lo que Edison me diga, y antes de que me de cuenta, me convertiré en su socio".

Él no dijo, "Voy a mantener mis ojos abiertos a otra oportunidad, en caso de que falle en obtener lo que quiero en la empresa de Edison". Él dijo, "Hay tan solo UNA cosa en este mundo que estoy determinado a obtener y es una asociación con Thomas A. Edison. Voy a quemar todos los puentes tras de mí, y arriesgar TODO MI FUTURO en mi capacidad para alcanzar lo que busco".

El no dejó posibilidad alguna para retroceder. Tenía dos posibilidades: ¡vencer o perecer!

¡Ésa es toda la historia del éxito de Barnes!

Hace mucho tiempo, un gran guerrero enfrentó una situación en la cual tuvo que tomar una decisión que aseguró su éxito en el campo de batalla. Estaba a punto de enviar su ejército para enfrentar a un poderoso contrincante, que tenía muchos más soldados de los que él contaba. Subió a sus soldados en botes, desembarcó en el país enemigo, bajó a su soldado y su equipamiento y posteriormente dio la orden de quemar los botes que los habían traído. Dirigiéndose a sus hombres antes de la primera batalla dijo "¿Ustedes alcanzan a ver cómo se queman los botes? ¡Eso significa que no tenemos cómo irnos de estas costas vivos a no ser que ganemos la batalla! Debemos tomar una determinación ¡Vencer o morir!

Vencieron.

Cada persona que gana en cualquier emprendimiento, debe estar dispuesta a quemar sus botes y eliminar todas las posibilidades de dar pie atrás. Sólo así puede tener la convicción de mantener ese estado mental conocido como DESEO ARDIENTE DE VENCER, fundamental para lograr el triunfo.

La mañana siguiente después del gran incendio en Chicago, un grupo de comerciantes se paró en la State Street, observando los restos humeantes de lo que habían sido sus negocios. Se reunieron para decidir si tratarían de reconstruir o abandonarían Chicago para comenzar de cero en alguna locación más prometedora del país. Tomaron la decisión –todos excepto uno: abandonar Chicago.

El comerciante que decidió quedarse y reconstruir apuntó con un dedo a los restos de su tienda y le dijo a los demás, "Caballeros, en ese exacto lugar construiré la tienda más grande del mundo, no importa las veces que pueda quemarse".

Eso fue hace casi un siglo. La tienda fue construida. Todavía sigue en pie, una torre, un monumento al poder de ese estado mental conocido como DESEO ARDIENTE. Lo más sencillo que Marshall Field podría haber hecho era imitar a sus colegas. Cuando las perspectivas aparecían como difíciles, y el futuro se veía adverso, se retiraron adonde las cosas lucieran más fáciles.

Es importante notar la diferencia entre Marshall Field y los otros comerciantes, puesto que es la misma diferencia que distingue a Edwin C. Barnes de los miles de jóvenes que trabajaron en la compañía de Edison. Es lo mismo que distingue a prácticamente todos quienes tienen éxito de aquellos que fracasan.

Cada persona que alcanza la edad de comprender el propósito del dinero, de seguro quiere obtenerlo. Simplemente desear no es lo que trae las riquezas. Sin embargo, desear con un estado mental en el cual el deseo se convierte en una obsesión, el planificar maneras concretas para adquirirlas y ejecutar dichos planes con una persistencia tal que no acepta fracasos, de seguro traerá fortunas.

El método por el cual los DESEOS por riquezas pueden transmutarse a su equivalente financiero consta de seis pasos prácticos:

Primero: Fije en su mente el monto exacto de dinero que desea. No basta con decir "quiero mucho dinero". Debe ser una cifra precisa. (Hay una razón sicológica para esto que será descrita en el capítulo siguiente).

Segundo: Determine exactamente lo que esta dispuesto a entregar a cambio del dinero que quiere. (No existe 'algo por nada').

Tercero: Establezca una fecha concreta en la cual pretende poseer el dinero que busca.

Cuarto: Trace un plan concreto para lograr su deseo, y comience inmediatamente a ponerlo en acción, sin importar si está o no preparado.

Quinto: Escriba un enunciado claro sobre la cantidad de dinero que pretende adquirir, establezca el tiempo límite para dicha adquisición, establezca lo que está dispuesto a entregar a cambio del dinero y detalle claramente el plan que ejecutará para acumularlo.

Sexto: Lea su declaración en voz alta, dos veces al día, una antes de acostarse en la noche y otra antes de levantarse en la mañana. MIENTRAS LEA –DEBE SENTIR Y CREER QUE ESE DINERO YA ESTÁ EN SU PODER.

Es primordial que siga estos seis pasos. Deténgase especialmente en seguir las instrucciones del paso seis. Usted podría alegar que se le hace imposible "verse en posesión del dinero" antes de realmente tenerlo. Aquí es donde un DESEO ARDIENTE lo ayudará. Si usted REALMENTE desea el dinero tan fervientemente que su deseo es una obsesión, no tendrá dificultad en convencerse de que lo va a adquirir. El objetivo es desear el dinero, y llegar a estar tan determinado a poseerlo que se convenza de que lo tendrá.

Sólo aquellos que "toman conciencia del dinero" alguna vez, acumulan grandes fortunas. "El tomar conciencia del dinero" quiere decir que la mente se ha saturado completamente con el DESEO por el dinero, de modo que uno puede verse a sí mismo poseyéndolo.

Para el no iniciado, que no se ha educado en los fundamentos principales de la mente humana, quizás estas instrucciones parezcan poco prácticas. Para quienes no consigan reconocer la validez de estos seis puntos, puede ser útil saber que la información que difunden fue revelada por Andrew Carnegie, quien empezó como un obrero común en una siderúrgica; pero se las arregló, pese a sus humildes comienzos, para que estos principios le rindieran una fortuna de más de cien millones de dólares.

Como ayuda adicional quizá le sirva saber que los seis puntos recomendados aquí, fueron detenidamente analizados por el fallecido Thomas A. Edison, quien puso su sello de aprobación en ellos por ser esenciales no sólo para la acumulación de dinero, sino para la obtención de cualquier meta.

Estos pasos no implican un "trabajo duro". Tampoco sacrificio. No exigen que uno se vuelva ridículo ni crédulo. Su aplicación no requiere de mucha escolaridad. Sin embargo, el éxito en la aplicación de estos seis pasos necesita de la imaginación suficiente que permita ver y comprender que la acumulación de dinero no puede ser dejada al azar.

Uno debe tomar conciencia de que todos quienes han acumulado grandes fortunas, primero tuvieron una cierta medida de sueños, anhelos, deseos y planificación antes de que pudiesen adquirirla.

A estas alturas, usted deberá saber que nunca tendrá riquezas en grandes cantidades a menos que pueda llegar a ser la viva expresión del deseo quemante por el dinero, y que realmente crea que lo poseerá.

Usted podría saber, además, que todo gran líder, desde el comienzo de la civilización hasta el presente ha sido un soñador. Por ejemplo, el Cristianismo es un gran poder en el mundo actual, puesto que su fundador tuvo un deseo tan fuerte que lo pudo transmutar en su forma física.

Si usted no puede ver riquezas en su imaginación, jamás podrá verlas en su balance bancario.

Nunca, en toda la historia de América, ha habido una oportunidad tan grande para los soñadores prácticos como ahora. El colapso económico de seis años ha reducido a todos los hombres, substancialmente, al mismo nivel. Está a punto de nacer una nueva raza. Las apuestas representan enormes fortunas que se acumularán dentro de los próximos diez años. Las reglas de la raza han cambiado, debido a que ahora vivimos en un MUNDO CAMBIANTE que definitivamente favorece a las masas, aquellos que han tenido poca o ninguna oportunidad para ganar bajo las condiciones existentes durante la depresión, cuando el miedo paralizó el progreso y el crecimiento.

A nosotros, que nos encontramos en esta carrera por la obtención de riquezas, debería motivarnos el hecho de que este cambiado mundo en el cual vivimos demanda nuevas ideas, nuevas maneras de hacer las cosas, nuevos liderazgos, nuevos inventos, nuevos métodos para enseñar, nuevos métodos de mercadeo, nuevos libros, nueva literatura, nuevos programas de radio, nuevas ideas para películas.

Tras toda esta demanda de nuevas y mejores cosas, existe una cualidad que se debe poseer para triunfar y esta es la CERTEZA DEL PROPÓSITO, el conocimiento de lo que uno quiere y el DESEO ARDIENTE de poseerlo.

La depresión financiera marco la muerte de una era, y el nacimiento de otra. Este mundo cambiante necesita soñadores prácticos que pongan sus sueños en acción. Los soñadores prácticos siempre han sido, y siempre serán, los modeladores de la civilización.

Los que deseamos acumular riqueza debemos recordar que los verdaderos líderes del mundo han sido siempre hombres que han sabido dominar, para su uso práctico, las fuerzas invisibles e intangibles de la oportunidad que está por surgir, y han convertido esas fuerzas (o impulsos de pensamiento) en rascacielos, fábricas, aviones, automóviles, y toda forma de recursos que hacen la vida más llevadera.

La tolerancia y una mente abierta son necesidades prácticas de un soñador en estos días. Aquellos que tienen miedo de las nuevas ideas están condenados antes de empezar. Nunca ha existido un momento más propicio para los emprendedores que el presente. La verdad, no hay un salvaje oeste que debe ser conquistado, como en los días de la Carreta Cubierta. Sin embargo, hay un mundo de negocios, financiero e industrial para ser remodelado y redirigido por nuevos y mejores caminos.

Al planear la obtención de su porción de riqueza, no se deje influenciar por quienes menosprecien sus sueños. Para lograr grandes ganancias en este mundo cambiante, uno debe captar el espíritu de los grandes pioneros de antaño, cuyos sueños le han dado a la civilización todo lo que tiene de provechoso, el espíritu que infunde energía en nuestro propio país, en las oportunidades de usted y en las mías, para alimentar y vender nuestro talento.

No olvidemos que Colón soñó con un mundo desconocido, apostó su vida en la existencia de ese mundo ¡y lo descubrió!

Copérnico, el gran astrónomo, soñó con una multiplicidad de mundos, ¡y los reveló! Nadie lo denunció como "poco práctico" después que había triunfado. En lugar de esto, el mundo lo veneró, probando así que una vez más el ÉXITO NO REQUIERE DE DISCULPAS, PERMISOS POR FRACASO NI COARTADAS.

Si lo que usted quiere hacer está bien, y usted cree en ello, ¡adelante, hágalo! Lleve a cabo sus sueños, y no haga caso de lo que "los demás" puedan decir si usted se topa en algún momento con tropiezos. Tal vez, "los demás" no sepan que cada fracaso lleva consigo la semilla de un éxito equivalente.

Henry Ford, pobre e ignorante, soñó con una carroza sin caballos, se fue a trabajar con las herramientas que tenía, sin esperar una oportunidad que lo favoreciera; y ahora la evidencia de su sueño está en todo el planeta. El puso más ruedas en funcionamiento que cualquier otro hombre, porque no tenía miedo de respaldar sus sueños.

Thomas Edison soñaba con una lámpara que pudiese ser operada con electricidad, empezó donde estaba parado y puso su sueño en acción. A pesar de más de 10 mil fallas, perseveró en su sueño hasta que lo convirtió en una realidad física. ¡Los soñadores prácticos no claudican!

Whelan soñaba con una cadena de tiendas de cigarros, transformó su sueño en acción, y ahora las United Cigar Stores ocupan algunas de las mejores locaciones de las ciudades estadounidenses.

Lincoln soñó en la libertad para los esclavos de color, puso su sueño en acción, y casi no vivió para ver un Norte y Sur unidos que tradujeron su sueño en realidad.

Los hermanos Wright soñaron con una máquina que volase a través del aire. Hoy en día podemos ver la evidencia por todas partes, de que sus sueños se han cumplido.

Marconi soñaba con un sistema para dominar las intangibles fuerzas del éter. Las pruebas de que no soñaba en vano podemos encontrarlas en cada aparato de radio que existe en el mundo. Quizá le interese saber que los "amigos" de Marconi lo pusieron bajo custodia y fue examinado en un hospital para psicópatas cuando anunció que había descubierto un principio mediante el cual podría enviar mensajes a través del aire, sin la ayuda de cables ni algún otro medio físico de comunicación. A los soñadores de hoy en día les va mejor.

El mundo está lleno de una abundancia de oportunidades que los soñadores del pasado jamás conocieron.

Un deseo ardiente de ser y de hacer es el punto inicial desde el cual el soñador debe lanzarse. Los sueños no están hechos de apatía, pereza, ni falta de ambición.

El mundo ya no se burla del soñador, ni los llama utópicos. Si piensa que sí lo son, viaje a Tennessee y sea testigo de lo que un Presidente soñador ha hecho en la forma de aprovechar y usar el gran poder del agua de América. Muchos años atrás, un sueño como éste podría haber parecido una chifladura.

Usted se ha desilusionado, ha sido derrotado durante la depresión, ha sentido que su gran corazón se ha roto hasta sangrar. Tenga coraje, ya que estas experiencias han dispuesto el metal espiritual del cual usted está hecho, estos son recursos invaluables.

Recuerde, además, que todos quienes consiguieron el éxito en la vida, tuvieron un mal comienzo y pasaron muchas dificultades antes de que pudiesen "llegar". El cambio en la vida de la gente exitosa suele surgir en el momento de alguna crisis, a través de la cual les es develado su "otro yo".

John Buynan escribió Pilgrim's Progress, que se cuenta entre lo mejor de la literatura inglesa, después de haber estado confinado en prisión y haber sido fuertemente castigado a causa de sus ideas sobre la religión.

Henry descubrió el genio que dormía en su interior después de haber conocido terribles infortunios, y estar encarcelado en Columbus, Ohio. Forzado, a través de la desgracia, a conocer a su "otro yo", y a usar su imaginación, descubrió que era un gran autor en vez de un criminal indigno. Los caminos de vida son extraños y variados, y extrañas también son las formas de Infinita Inteligencia, a través de las cuales los hombres son algunas veces forzados a pasar por todo tipo de puniciones antes de descubrir sus propios cerebros, y su propia capacidad para crear ideas útiles a través de la imaginación.

Edison, el mayor inventor y científico del mundo, fue un operador de telégrafo "vago". Él falló innumerables veces antes que fue impulsado, posteriormente, hacia el descubrimiento del genio que dormía dentro de su cerebro.

Charles Dickens empezó pegando etiquetas en latas de betún. La tragedia de su primer amor penetró las profundidades de su alma, para convertirlo en uno de los más grandiosos autores del planeta. Esa tragedia produjo, primero, David Coperfield, y luego una sucesión de obras que entregan un mundo mejor y más rico a todo el que lee sus libros. La desilusión por amor, generalmente tiene el efecto de llevar al hombre a tomar, y a la mujer a la ruina. Esto, debido a que la mayoría de las personas nunca asimilaron el arte de transformar sus más fuertes emociones en sueños de naturaleza constructiva.

Hellen Keller se quedó sorda, muda y ciega después de nacer. Pese a su terrible adversidad, ha escrito su nombre con letras indelebles en las páginas de la historia de los grandes. La totalidad de su vida es una evidencia de que nadie está vencido hasta que la derrota es aceptada como una realidad.

Robert Burns era un campesino analfabeto. Sufrió la maldición de la pobreza y creció para ser un borracho. El mundo fue mejor gracias a su vida, porque vistió de prendas hermosas sus pensamientos poéticos y, por tanto, arrancó un espino para plantar un rosal en su lugar.

Booker T. Washington nació en la esclavitud, discapacitado por raza y color. Debido a que él era tolerante, tenía una mente abierta en todo momento, y era un SOÑADOR, dejó su impresión de humanidad en toda una raza.

Beethoven era sordo, y Milton ciego, pero sus nombres perdurarán en el tiempo, porque soñaron y tradujeron sus sueños en ideas constituidas.

Antes de pasar al siguiente capítulo, encienda nuevamente en su mente el fuego de la esperanza, fe, coraje y tolerancia. Si tiene estos estados de mente, y un conocimiento de trabajo de los principios explicados, todo lo otro que usted necesita vendrá a usted, cuando usted esté LISTO para ello. Deje a Emerson afirmar el pensamiento en estas palabras, "Cada proverbio, cada libro, refrán que te pertenece para la ayuda y confort, seguramente vendrá a casa a través de pasajes abiertos. Cada amigo que no tiene un deseo fantástico, sino que una gran y tierna alma en su súplica, se deberá encerrar en su aceptación".

Existe una diferencia entre DESEAR algo y estar LISTO para recibirlo. Nadie está listo para algo, hasta que cree fehacientemente que lo puede conquistar. El estado mental debe ser de CREENCIA ABSOLUTA, no simplemente esperanza o anhelo. Tener apertura de mente es esencial para tener creencia total. Las mentes cerradas no inspiran fe, ni coraje, ni creencia absoluta.

Recuerde, no se requiere más esfuerzo para apuntar alto en la vida, para reclamar abundancia y prosperidad, del que hace falta para aceptar la miseria y la escasez. Un gran poeta ha expresado acertadamente esta verdad universal en unas pocas líneas:

Negocié un centavo a la Vida,

y la Vida no me dio más.

Por mucho que le imploré a la noche

cuando contaba mis escasos bienes.

Porque la Vida es un amo justo

que te da lo que le pides,

pero cuando has fijado el precio,

debes aguantar la faena.

Trabajé por un salario de jornalero

sólo para descubrir, perplejo,

que cualquier paga que hubiera pedido a la Vida,

ésta me la hubiese pagado de buen grado.

Como clímax adecuado de este capítulo, quiero introducir a una de las personas más excepcionales que he conocido. Lo vi por primera vez pocos minutos después de que hubiera nacido. Vino a este mundo sin ningún rastro físico de orejas, y el médico admitió -cuando le pedí su opinión sobre el caso- que el niño sería sordo y mudo de por vida.

Me opuse a la opinión del médico. Estaba en mi derecho. Yo era el padre del niño. Tomé una determinación y me formé una opinión, pero expresé esa opinión en silencio, en el fondo de mi corazón. Tome la decisión de que mi hijo podría escuchar y hablar. La naturaleza podrá haberme mandado un hijo sin oídos. Sin embargo, la naturaleza no puede inducirme a aceptar la realidad de esa amargura.

En mi interior supe que mi hijo oiría y hablaría. ¿Cómo? Estaba cierto de que tenía que haber una manera, y sabía que la hallaríA. Pensé en las palabras del inmortal Emerson: "El curso de las cosas acontece para enseñarnos la fe. Sólo necesitamos poner atención. Hay indicadores, claves, para cada uno de nosotros, y si escuchamos con humildad, oiremos la palabra justa".

¿La palabra justa? ¡Deseo! Mucho más que ninguna otra cosa, yo deseaba que mi hijo no fuera sordomudo. De ese deseo no renegué jamás, ni por un segundo.

Hace muchos años atrás escribí, "Nuestras únicas limitaciones son aquellas que nos fijamos en nuestras mentes". Por primera vez, me pregunté si esa afirmación era verdad. Acostado en la cama frente a mí estaba un niño recién nacido, sin la capacidad natural de la audición. Aunque él podía escuchar y hablar, obviamente estaba desfigurado de por vida. Seguramente, esta era una limitación que el niño no se había fijado en su mente.

¿Qué podía hacer? Encontraría alguna manera de trasplantar a ese niño mi propio deseo ardiente de dar con maneras y medios de hacer llegar el sonido a su cerebro sin la necesidad de los oídos.

Tan pronto como el niño fuese lo bastante mayor para cooperar, le llenaría la cabeza de tal manera de ese deseo ardoroso, que la naturaleza lo traduciría en realidad con sus propios métodos.

Todos estos pensamientos pasaron por mi mente, pero no comenté de ello con nadie. Cada día renovaba la promesa que me había hecho de que mi hijo no sería sordomudo.

Cuando creció y empezó a percibir las cosas que lo rodeaban, descubrimos que mostraba débiles indicios de que oía. Cuando alcanzó la edad en que los niños suelen empezar a emitir palabras, no hizo intento alguno de hablar, pero de sus actos podíamos deducir que percibía ciertos sonidos. ¡Eso era todo lo que yo quería saber! Estaba convencido de que, si podía oír, aunque fuese débilmente, sería capaz de desarrollar una mayor capacidad auditiva. Entonces ocurrió algo que me llenó de esperanza. Surgió de algo totalmente inesperado.

UN "ACCIDENTE" QUE CAMBIÓ UNA VIDA

Compramos un fonógrafo. Cuando el niño oyó la música por vez primera, entró en éxtasis, y muy pronto se apropió del aparato. En una oportunidad estuvo poniendo un disco una y otra vez, durante casi dos horas, de pie delante del fonógrafo, mordiendo un borde de la caja. La importancia de esa costumbre que adquirió no se nos hizo patente sino hasta años después, porque nunca habíamos oído hablar del principio de la "conducción ósea" del sonido. Poco después de que se apropiase del fonógrafo, me di cuenta de que podía oírme con claridad cuando le hablaba con los labios junto a su hueso mastoideo, en la base del cráneo. Estos descubrimientos me dieron los medios necesarios mediante los que comencé a traducir en realidad mi Vehemente Deseo de ayudar a mi hijo a desarrollar la audición y el habla. Para ese entonces, él estaba haciendo esfuerzos para decir ciertas palabras. La perspectiva estaba lejos de ser alentadora, pero el DESEO RESPALDADO POR LA FE no entiende lo que es la palabra "imposible".

Una vez que hube descubierto que podía oír perfectamente el sonido de mi voz, empecé prontamente a transferirle mi deseo de que oyese y hablase. Pronto descubrí que el niño disfrutaba cuando yo le contaba cuentos antes de dormirse, de manera que me puse a trabajar para idear historias que estimularan su confianza en sí mismo, su imaginación, y un agudo deseo de oír y de ser normal.

Había un cuento en particular, en el que yo hacía hincapié dándole un renovado matiz dramático cada vez que se lo relataba. Lo había inventado para sembrar en su mente la idea de que su dificultad no era una pesada carga, sino una ventaja de gran valor. Pese al hecho de que todas las maneras de pensar que yo había examinado señalaban que cualquier adversidad contiene la semilla de una ventaja equivalente, debo confesar que no tenía ni la menor idea de cómo se podía convertir esa dificultad en una ventaja. Sin embargo, continúe mi práctica de dedicarme a esa filosofía en historias para dormir, esperando que viniera el momento donde él encontrará un plan para que su discapacidad pudiera servir para algún propósito útil.

La razón me decía claramente, que no había compensación alguna por la falta de oídos y equipo de audición natural. El DESEO respaldado por la FE, empujó a la razón hacia el lado y me inspiró a seguir adelante.

¡GANÓ UN MUNDO NUEVO CON SEIS CENTAVOS!

Al analizar la experiencia retrospectivamente, puedo ver que su fe en mí tuvo mucho que ver con los extraordinarios resultados. Él no cuestionaba nada que yo le dijera. Le vendí la idea de que tenía una ventaja original sobre su hermano mayor, y que esa ventaja se reflejaría de muchas maneras. Por ejemplo, los maestros en la escuela se darían cuenta de que no tenía orejas, y por ese motivo le dedicarían una atención especial y lo tratarían con una amabilidad y una benevolencia asombrosas. Siempre lo hicieron. También le vendí la idea de que cuando fuese lo suficientemente mayor para vender periódicos (su hermano mayor era ya vendedor de periódicos), tendría una gran ventaja sobre este, porque la gente le pagaría más por su mercancía, debido a que verían que era un niño brillante y emprendedor pese al hecho de carecer de orejas.

Cuando tenía unos siete años, mostró la primera prueba de que nuestro método de apoyo rendía sus frutos. Durante varios meses imploró el privilegio de vender periódicos, pero su madre no le daba el consentimiento.

Entonces se ocupó por su cuenta del asunto. Una tarde en que estaba en casa con los sirvientes, trepó por la ventana de la cocina, se deslizó hacia fuera y sé estableció por su cuenta. Le pidió prestados seis centavos al zapatero remendón del barrio, los invirtió en periódicos, los vendió, reinvirtió el capital, y repitió la operación hasta el anochecer. Después de hacer el balance de sus negocios y de devolverle a su banquero los seis centavos que le había fiado, se encontró un beneficio de cuarenta y dos centavos. Cuando volvimos a casa aquella noche, lo encontramos durmiendo en su cama, apretando el dinero en un puño.

Su madre le abrió la mano, cogió las monedas y se puso a llorar. Me sorprendió. Llorar por la primera victoria de su hijo me pareció fuera de lugar. Mi reacción fue la inversa. Reí de buena gana, porque supe que mi empresa de inculcar en la mente de mi hijo una actitud de fe en sí mismo había rendido frutos.

Su madre veía a un niño sordo que, en su primera aventura comercial, se había escapado a la calle y había puesto en peligro su vida para ganar dinero. Yo veía un hombrecito de negocios valiente, ambicioso y lleno de confianza en sí mismo, cuyo valor intrínseco se había incrementado en un cien por cien, al haber ido a negociar por su cuenta y haber ganado. La transacción me complació, porque había dado pruebas de una riqueza de recursos que lo acompañaría toda su vida. Más tarde los eventos probaron que esto era cierto. Cuando su hermano mayor quería algo, él se acostaría en el piso, golpearía sus piernas en el aire, lloraría y –finalmente- lo obtendría. Cuando el "pequeño niño sordo" quería algo, planificaría una manera de ganarse el dinero, luego comprárselo para si mismo. Hasta el día de hoy, ¡todavía sigue este plan!

En realidad, mi propio hijo me ha enseñado que las incapacidades pueden ser convertidas en escalones en los que uno puede trepar para alcanzar una meta valiosa, a menos que sean aceptados como obstáculos, y usados como coartadas,

EL NIÑO SORDO QUE OYÓ

El pequeño sordo asistió a la escuela, al instituto y a la universidad, sin que fuese capaz de oír a sus maestros, excepto cuando le gritaban fuerte, a corta distancia. No lo llevaron a una escuela para sordos. No le permitimos que aprendiese el lenguaje de los sordomudos. Habíamos decidido que viviese una vida normal, y mantuvimos esa disposición, aunque nos costó muchas discusiones acaloradas con funcionarios escolares.

Cuando estaba en el instituto, probó un aparato eléctrico para mejorar la audición, pero no le dio resultado, debido a que, nosotros creemos, que es por una condición expuesta cuando el niño tenía seis años de edad, por el Dr. J. Gordon Wilson, de Chicago, cuando él operó un lado de la cabeza del niño, y vio que no había señales del equipo de audición natural.

Durante su última semana en la universidad, sucedió algo que marcó el hito más importante de su vida. En lo que pareció una mera casualidad, entró en posesión de otro aparato eléctrico para oír mejor, que le remitieron para probar. Estuvo indeciso en probar el aparato, debido a su decepción con otro similar. Finalmente lo tomó, se lo puso en la cabeza, le conectó las baterías, y ¡sorpresa!, como por arte de magia, su deseo de toda la vida de oír normalmente se convirtió en realidad. Por primera vez oía tan bien como cualquier persona con audición normal.

Alborozado con el mundo diferente que acababa de percibir a través de ese aparato auditivo, se precipitó al teléfono, llamó a su madre, y oyó su voz a la perfección. Al día siguiente oía con claridad las voces de sus profesores en clase, ¡por primera vez en su vida! Por primera vez en su vida, también, mi hijo podía charlar con la gente, sin necesidad de que le hablaran con voz de trueno. Realmente, había entrado en posesión de un mundo distinto.

El deseo había comenzado a pagar dividendos, pero la victoria todavía no era cabal. El muchacho tenía que encontrar todavía una manera definida y práctica de convertir su desventaja en una ventaja equivalente.

IDEAS QUE OBRAN MILAGROS

Sin apenas darse cuenta de la importancia de lo que acababa de obtener, pero extasiado con la satisfacción del descubrimiento de ese mundo de sonidos, escribió una entusiasta carta al fabricante del audífono, relatándole su experiencia. Algo en ella hizo que la compañía lo invitase a Nueva York. Cuando llegó, lo llevaron a conocer la fábrica, y mientras hablaba con el ingeniero jefe, contándole de su mundo recién descubierto, una corazonada, una idea o una inspiración, llámesela como se quiera, destelló en su cerebro. Era ese impulso del pensamiento que convertía su dificultad en una ventaja, destinada a pagar dividendos en dinero y en dicha por millares durante todo el tiempo venidero.

El resumen y el núcleo de ese impulso de pensamiento era así: se le ocurrió que él podría ser de gran ayuda para los millones de sordos que viven sin el beneficio de audífonos, si pudiera encontrar una manera de narrarles la historia de su descubrimiento del mundo.

Durante un mes entero llevó a cabo una intensa investigación, durante la cual analizó todo el sistema de ventas del fabricante de audífonos e ideó formas y medios de comunicarse con los duros de oído de todo el mundo, resuelto a compartir con ellos su nuevo mundo recién descubierto. Una vez lo tuvo hecho, puso por escrito un plan bienal, basado en sus investigaciones. Cuando lo presentó a la compañía, al momento le dieron un puesto de trabajo para que llevara a cabo su ambición.

Poco había soñado, cuando empezó a trabajar, que estaba destinado a llevar esperanza y aliento a millares de sordos que, sin su ayuda, se hubieran visto condenados para siempre a la sordera.

Un poco después se asoció con el fabricante de su equipo de audición, quien me invitó a asistir a una clase conducida por su empresa, que tenía el propósito de enseñarle a sordo mudos a escuchar y hablar. Yo nunca había escuchado de ese tipo de educación, por lo tanto, visite la clase, escéptico, pero esperanzado de que mi tiempo no fuera totalmente desperdiciado. Aquí presencie una demostración que me dio una mayor visión de lo que yo había despertado y mantenido vivo en la mente de mi hijo, el DESEO para escuchar normalmente. Yo vi sordo mudos que estaban siendo enseñados a escuchar y hablar al aplicar el mismo auto principio que yo había utilizado, hace más de veinte años atrás, para salvar a mi hijo del mutismo por sordera.

De este modo, a través de un raro giro en la Rueda de la Fortuna, mi hijo Blair y yo, hemos estado destinados a ayudar a corregir el mutismo por sordera para aquellos que aún no han nacido, porque somos los únicos seres humanos, que yo conozco, que hemos establecido definitivamente el hecho de que el mutismo por sordera se puede corregir hasta el grado de restaurar la vida normal de aquellos que sufren de esta aflicción. Esto se ha hecho para uno; entonces podría ser hecho también para otros.

No me cabe duda de que Blair hubiera sido sordomudo toda su vida si su madre y yo no nos las hubiésemos rebuscado para formar su mente como lo hicimos. El doctor que lo atendió al nacer nos dijo, confidencialmente, que podía ser que el niño nunca escuchará ni hablará. Hace unas pocas semanas atrás, el, Dr. Irving Voorhees, un especialista renombrado en dichos casos, examinó a Blair muy detalladamente; y quedó sorprendido cuando vio lo bien que ahora escuchaba y hablaba mi hijo. Dijo que su examen indicaba que "teóricamente" el niño no debería haber escuchado del todo, pero el chico sí escuchaba, a pesar del hecho que los rayos X mostraban que no había abertura en el cráneo, por las cuales sus oídos podían pasar al cerebro.

Cuando sembré en su interior el anhelo de oír, de hablar y de vivir como una persona normal, alguna extraña influencia hubo en ese impulso que hizo que la naturaleza tendiese una especie de puente para salvar el golfo del silencio que separaba su cerebro del mundo exterior, por algunos medios que los más agudos especialistas médicos no habían sido capaces de descifrar. Sería un sacrilegio para mí hacer conjeturas de cómo la Naturaleza había llevado a cabo este milagro. Sería imperdonable si yo me negará a decirle al mundo todo lo que sé de la humilde parte que asumo en esta extraña experiencia. Es mi deber, y un privilegio decir que creo, y no sin razón alguna, que nada es imposible para la persona que respalda el DESEO con una FE perdurable.

En verdad, el deseo ardiente tiene maneras tortuosas de transmutarse en su equivalente físico. Blair deseaba una audición normal ¡Ahora la tiene! Nació con una minusvalía que fácilmente hubiera desviado a alguien, con un deseo menos definido, a la calle, con un puñado de lápices en una mano y una lata vacía en la otra. Esta incapacidad ahora promete servir como medio a través del cual él concederá un servicio útil a muchos millones que sufren complicaciones para escuchar, y también para darles un empleo útil con una compensación financiera adecuada para el resto de su vida.

La pequeña "mentira piadosa" que sembré en su mente cuando él era un niño, llevándolo a creer que su defecto se convertiría en una gran ventaja que podría capitalizar, se justificó sola. Ciertamente, no hay nada, correcto o equivocado, que la confianza, sumada a un deseo ardiente, no pueda hacer realidad. Estas cualidades están al alcance de todos.

En toda mi experiencia de tratar con hombres y mujeres con problemas personales, nunca manejé un caso que demostrará más definitivamente el poder del DESEO. Los autores algunas veces cometen el error de escribir sobre temas, que conocen muy poco o solo superficialmente. Ha sido mi buena fortuna el haber tenido el honor de probar la solidez del PODER DEL DESEO, a través de la aflicción de mi propio hijo. Tal vez fue providencial que la experiencia viniera como lo hizo, ciertamente nadie esta mejor preparado que él, de servir como un ejemplo de lo que pasa cuando el DESEO es puesto a prueba. ¿Si es que la Madre Naturaleza se doblega al poder del deseo, es lógico que el hombre puede derrotar a un candente deseo?

¡El poder de la mente humana es extraño e imponderable! No entendemos el método por el cual usa cada circunstancia, cada persona, cada cosa física dentro de su alcance, como un medio de transformar el DESEO en su contrapartida material. Tal vez la ciencia descubrirá este misterio.

Yo le implante en la mente de mi hijo, el DESEO de escuchar y hablar como cualquier persona normal. Este DESEO ahora se volvió una realidad. Le implante en su mente el DESEO de convertir su mayor discapacidad en su mayor recurso. Ese DESEO ha sido realizado. La forma de operar a través de la cual fue alcanzado este sorprendente resultado no es muy difícil de describir. Consistió en tres hechos muy definitivos; primero, yo MEZCLE LA FE con el DESEO de escuchar normalmente, que le traspase a mi hijo. Segundo, le comunique mi deseo a él en toda forma concebible que estaba disponible a través de esfuerzos persistentes y continuos durante varios años. Tercero, ¡ÉL CREYO EN MÍ!

LA "QUÍMICA MENTAL" HACE MAGIA

Un breve párrafo en un despacho de noticias en relación con madame Schumann-Heink da la clave del estupendo éxito de esta mujer como cantante. Cito el párrafo porque la clave que contiene no es otra que el deseo.

Al comienzo de su carrera, madame SchumannHeink visitó al director de la ópera de Viena para que le realizara una prueba de voz. Pero él no la probó. Después de echar un vistazo a la desgarbada y pobremente vestida muchacha, dijo, nada cordial:

—Con esa cara, y sin ninguna personalidad, ¿cómo espera tener éxito en la ópera? Señorita, olvide esa idea. Cómpre una máquina de coser, y póngase a trabajar. Usted nunca podrá ser cantante.

¡Nunca es demasiado tiempo! El director de la ópera de Viena sabía mucho sobre la técnica del canto. Sabía muy poco del poder del deseo, cuando éste asume las proporciones de una obsesión. Si hubiera conocido mejor ese poder, no hubiese cometido el equívoco de condenar el genio sin darle una oportunidad.

Hace varios años, uno de mis socios enfermó. Se puso cada vez peor a medida que el tiempo transcurría y, finalmente, lo llevaron al hospital para operarlo. El médico me advirtió que había muy pocas probabilidades de que yo volviera a verlo con vida. Pero ésa era la opinión del médico, y no la del paciente. Poco antes de que se lo llevaran al quirófano, me susurró con voz débil: "No se preocupe, jefe, en pocos días habré salido de aquí". Una enfermera me miró cabizbaja. Pero el paciente se recuperó satisfactoriamente.

Cuando todo hubo terminado, su médico me dijo: "No lo salvó otra cosa que su deseo de vivir. Nunca hubiera salido de este trance si no se hubiese negado a aceptar la posibilidad de la muerte".

Creo en el poder del deseo respaldado por la fe, porque he visto cómo ese poder elevaba a hombres desde comienzos humildes a posiciones de poder y riqueza; lo he visto cómo saqueaba la tumba de sus víctimas; cómo servía de medio para que los hombres llevaran a cabo su rehabilitación después de haber fracasado en un centenar de formas distintas; lo he visto darle a mi propio hijo una vida normal, feliz y llena de éxito, a pesar de que la naturaleza lo mandase a este mundo sin orejas.

¿Cómo se puede dominar y usar el poder del deseo? Eso queda explicado en este capítulo y los subsiguientes de este libro. Este mensaje esta saliendo al mundo al final del más largo, y tal vez, más devastador periodo de depresión que América haya nunca conocido. Es razonable suponer que el mensaje llamará la atención de muchos que han sido heridos por la depresión, aquellos que han perdido sus capitales, otros que han perdido sus cargos, y muchos que deben reorganizar sus planes y preparar un retorno. A todos ellos, quiero llevarles el pensamiento que todo logro, sin importar su naturaleza o propósito, debe comenzar con un intenso DESEO VEHEMENTE por algo definitivo.

Mediante algún extraño y poderoso principio de "química mental" que nunca ha divulgado, la naturaleza envuelve en el impulso del deseo ardiente "ese algo" que no reconoce la palabra "imposible", ni acepta el fracaso como factible.

NO HAY LIMITACIONES PARA LA MENTE EXCEPTO LAS QUE ACEPTAMOS

LA POBREZA Y LA RIQUEZA SON VÁSTAGOS DEL PENSAMIENTO

3. LA FE - VISUALIZACIÓN Y CREENCIA EN LA CONSECUCIÓN DEL DESEO

EL SEGUNDO PASO HACIA LA RIQUEZA

La fe es el elemento químico principal de la mente. Cuando la fe se une con el pensamiento, el subconsciente capta la vibración, la traduce en su equivalente espiritual, y la transmite a la Inteligencia Universal, como sucede en el caso de la plegaria.

La fe, el amor y el sexo son las más poderosas entre las principales emociones positivas. Cuando las tres se mezclan las tres, tienen el efecto de "colorear" el pensamiento de tal manera que éste alcanza al momento el subconsciente, y allí se transforma en su equivalente espiritual, la forma singular que gatilla una respuesta de la Inteligencia Infinita.

El amor y la fe son físicos; relacionados con el lado espiritual del hombre. El sexo es puramente biológico y tiene relación sólo con lo físico. La mezcla o combinación de estas tres emociones abre una línea directa de comunicación entre la mente pensante finita del hombre y la Inteligencia Infinita.

CÓMO ACRECENTAR LA FE

Tenemos un planteamiento que le ayudará a entender con mayor cabalidad la importancia que el principio de autosugestión tiene en la transmutación del deseo en su equivalente físico o monetario: la fe es un estado mental que se puede inducir, o crear, con la afirmación o con las repetidas instrucciones al subconsciente, a través del principio de autosugestión.

Como ejemplo, considere el propósito por el que presumiblemente usted está leyendo este libro. El objetivo es, por supuesto, adquirir la capacidad de convertir el pensamiento intangible del impulso del deseo en su contrapartida física, el dinero.

Al llevar a cabo las instrucciones descritas en los capítulos sobre la autosugestión y el subconsciente, resumidas en el capítulo de la autosugestión, usted puede convencer al subconsciente de que cree que recibirá lo que está requiriendo, y ello actuará en esa creencia, que su subconsciente le devolverá en forma de "fe", acompañada de planes concretos para procurar eso que usted quiere.

El método a través del cual uno desarrolla la FE, donde ya no existe, es extremadamente difícil de describir, casi tan difícil, de hecho, como sería describir el color rojo a un hombre ciego que nunca ha visto el color, y no tiene nada con que compararlo. La fe es un estado mental que usted puede incrementar a voluntad, una vez que haya dominado los trece principios, pues se trata de un estado mental que crece a voluntad, a través de la aplicación de estos principios.

La repetición de órdenes afirmativas a su subconsciente es el único método conocido para el crecimiento voluntario de la emoción de la fe.

Quizás el concepto le quede más claro con la siguiente explicación de la forma en que los hombres, a veces, se convierten en criminales. Para decirlo con las palabras de un famoso criminalista: "Cuando los hombres entran por primera vez en contacto con el delito, éste les repugna. Si siguen en contacto con él durante algún tiempo, se acostumbran, y lo toleran. Y si permanecen en contacto con el crimen durante el tiempo suficiente, acaban por aceptarlo y se dejan influir por él".

Es el equivalente de decir que cualquier impulso de pensamiento que sea repetidamente encauzado hacia el subconsciente resulta aceptado e influye en el subconsciente, que procede a traducir ese impulso en su equivalente físico por el procedimiento más práctico que encuentre a disposición.

En relación con esto, reconsidere la proposición de que todos los pensamientos que han tenido "emociones" (cargados emocionalmente) y mezclados con la fe empiezan inmediatamente a traducirse en su equivalente física o en su contrapartida.

Las emociones, o la porción "sentimental". de los pensamientos, son los factores que dan vitalidad y acción a éstos. Mezcladas con cualquier impulso de pensamiento, las emociones de la fe, el amor y el sexo le agregan más energía de la que tendría por sí sola.

No sólo los impulsos de pensamiento que se hayan mezclado con la fe, sino los que se mezclan con cualquiera de las emociones positivas, o de las negativas, pueden alcanzar el subconsciente, e influir en él.

NADIE ESTÁ "CONDENADO" A LA MALA SUERTE

A partir de esta afirmación, usted comprenderá que el subconsciente traducirá en su equivalente físico un impulso de pensamiento de naturaleza negativa o destructiva con tanta naturalidad como actuaría con pensamientos de naturaleza positiva o constructiva. Esto explica el extraño fenómeno que millones de personas experimentan, denominado "infortunio" o "mala suerte".

Hay millones de personas que se creen "condenadas" a la pobreza y al fracaso, por culpa de alguna fuerza extraña que creen incontrolable. Ellos son los creadores de su propio "infortunio", a causa de esta creencia negativa, que su subconsciente adopta y traduce en su equivalente físico.

Este es un momento apropiado para sugerirle nuevamente que usted puede beneficiarse, transmitiendo a su subconsciente cualquier deseo que quiera traducir en su equivalente físico o monetario, en un estado de esperanza o convicción de que la transformación tendrá lugar. Su convicción, o su fe, es el elemento que determina la acción de su subconsciente. No hay nada que le impida "embaucar" a su subconsciente al darle instrucciones a través de la autosugestión, tal como yo "engañé" al subconsciente de mi hijo.

Para llevar a cabo este "engaño" de manera más realista, cuando se dirija a su subconsciente, compórtese tal como si ya estuviera en posesión del objeto material que está pidiendo.

Su subconsciente traducirá en su equivalente físico, por el medio más práctico y directo, cualquier orden que se le dé en un estado de convicción o de fe en que la orden se realizará.

Claramente, se ha dicho bastante para señalar un punto de partida desde el cual uno puede, mediante la experimentación y la práctica, adquirir la capacidad de mezclar la fe con cualquier orden que se le dé al subconsciente. La perfección llegará a través de la Práctica. No puede aparecer por el mero hecho de leer las instrucciones.

Si fuera verdad que uno puede convertirse en un ladrón por asociarse con el crimen, (y esto es un hecho conocido), sería igualmente cierto que uno podría desarrollar la fe al voluntariamente sugerirle a la mente subconsciente que uno tiene fe. La mente finalmente toma la naturaleza de las influencias que la dominan. Entienda esta verdad y sabrá por qué es esencial para usted que estimule sus emociones positivas como fuerzas dominantes de su mente, y quite importancia y elimíne emociones negativas.

Una mente dominada por emociones positivas se convierte en una morada favorable para el estado mental conocido como fe. Una mente así puede -a voluntad- darle al subconsciente instrucciones que éste aceptará y ejecutará con prontitud.

LA FE ES UN ESTADO MENTAL QUE SE PUEDE INDUCIR MEDIANTE LA AUTOSUGESTIÓN

Durante todas las épocas, las religiones han exhortado a la humanidad en conflicto a "tener fe" en este o aquel dogma o credo, pero no han logrado explicar a las multitudes cómo tener fe. No han afirmado que "la fe es un estado mental que se puede inducir mediante la autosugestión".

En un lenguaje que cualquier persona normal podrá entender, describiremos todo lo conocido sobre el principio mediante el cual la fe puede aparecer donde no existe.

Tenga fe en usted; fe en el infinito.

Antes de empezar, debería recordar que: ¡La fe es el "elixir eterno" que da vida, poder y acción al impulso del pensamiento!

Vale la pena leer el enunciado anterior una segunda vez, y una tercera, y una cuarta. ¡Merece la pena leerlo en voz alta!

¡La fe es el punto inicial de toda acumulación de riquezas!

¡La fe es la base de todos los "milagros" y de todos los misterios que no se pueden analizar con los parámetros científicos!

¡La fe es el único antídoto conocido contra el fracaso!

¡La fe es el elemento, el "componente químico" que, combinado con la plegaria, nos proporciona comunicación directa con la Inteligencia Infinita!

¡La fe es el elemento que transforma la vibración ordinaria del pensamiento, creada por la mente finita del hombre, en su equivalente espiritual!

¡La fe es el único factor a través del cual el hombre puede dominar la fuerza de la Inteligencia Infinita, y usarla!

¡CADA UNA DE LAS AFIRMACIONES ANTERIORES ES CAPAZ DE SER PROBADA!

LA MAGIA DE LA AUTOSUGESTIÓN

La prueba es simple y fácil de comprobar. Va unida al principio de autosugestión. Por lo tanto, centremos la atención en el tema de la autosugestión, para descubrir qué es y lo que se puede alcanzar con ella.

Se sabe que uno llega, finalmente, a creer cualquier cosa que se repita a sí mismo, sea la afirmación verdadera o falsa. Si un hombre repite una mentira una y otra vez, con el tiempo aceptará esa mentira como verdad. Más aún, creerá que es cierta. Todo hombre es lo que es a causa de los pensamientos dominantes que permite ocupen su mente. Los pensamientos que un hombre adopta deliberadamente, y que anima con entusiasmo, y con los que combina una emoción o más, ¡constituyen las fuerzas motivadoras que dirigen y controlan cada uno de sus movimientos, actos y hazañas!

Aquí tenemos el enunciado de una verdad muy importante:

Los pensamientos combinados con cualquiera de las emociones constituyen una fuerza "magnética" que atrae otros pensamientos similares o relacionados.

Un pensamiento así "magnetizado" con la emoción se puede comparar con una semilla que, cuando es plantada en terreno fértil, germina, crece y se multiplica una y otra vez, hasta que aquello que en un principio fue una semillita ¡se convierte en innumerables millones de semillas de la misma especie!

El éter es una gran masa cósmica de fuerzas eternas de vibración. Está hecho tanto de vibraciones destructivas como constructivas. Transporta, en todo momento, vibraciones de miedo, pobreza, enfermedad, fracaso, miseria, así como DE prosperidad salud, éxito y dicha, también, ciertamente transporta el sonido de cientos de orquestas de música y cientos de voces humanas, todas las cuales mantienen su propia individualidad, y medios de identificación a través de la radio.

La mente humana está constantemente atrayendo vibraciones que armonicen con aquella que la domina. Cualquier idea, plan, pensamiento o propósito que uno albergue atrae infinidad de ideas afines, adhiere estas ideas a su propia fuerza, y crece hasta convertirse en el propósito maestro que domina y motiva al individuo en cuya mente se ha alojado.

Volvamos ahora al punto inicial, para informarnos de cómo se puede plantar en la mente la semilla original de una idea. La información es fácil de entender: cualquier idea, plan o propósito se puede injertar en la mente mediante la repetición del pensamiento. Por eso le damos instrucciones para que ponga por escrito un planteamiento de su propósito principal, u objetivo primordial y preciso, lo memorice y lo repita en voz alta diariamente, hasta que las vibraciones auditivas hayan alcanzado su subconsciente.

Somos lo que somos, debido a las vibraciones del pensamiento que tomamos y registramos a través de los estímulos de nuestro ambiente cotidiano.

Decídase a dejar de lado las influencias de su ambiente que sean desfavorables para construir su propia vida a medida. Al hacer un inventario de sus recursos y capacidades mentales, quizás descubra que su mayor debilidad sea su falta de confianza en sí mismo. Esta desventaja puede ser superada, y la timidez transformada en coraje a través de la ayuda que el principio de la autosugestión proporciona. La aplicación de este principio puede ejecutarse mediante la sencilla enunciación de los impulsos de pensamiento puestos por escrito, memorizados y repetidos hasta que lleguen a formar parte del instrumental del que la facultad inconsciente de su mente tenga acceso.

FÓRMULA DE LA CONFIANZA EN UNO MISMO

Primero: sé que tengo la capacidad de alcanzar el objeto definido de mi vida; por lo tanto, exijo de mí mismo acción perseverante y continua hasta conseguirlo, y aquí y ahora prometo ejecutar tal acción.

Segundo: me doy cuenta de que los pensamientos dominantes de mi mente se reproducirán con el paso del tiempo en actos externos y materiales para transformarse en una realidad física. Por esto, enfocaré mis pensamientos durante treinta minutos cada día en la tarea de pensar en la persona en que me propongo convertirme, creando así una imagen mental clara.

Tercero: sé que, mediante el principio de la autosugestión, cualquier deseo que abrigue con perseverancia buscará expresarse a través de ciertos medios prácticos para obtener el objeto que haya tras él. Por lo tanto, dedicaré diez minutos al día a pedirme el incremento de la confianza en mí mismo.

Cuarto: he escrito con claridad una descripción del objetivo primordial de mi vida, y nunca dejaré de esforzarme, hasta haber conseguido la suficiente confianza en mí mismo para alcanzarlo.

Quinto: comprendo con claridad que no hay riqueza ni posición que pueda durar mucho tiempo, a menos que se haya formado sobre la lealtad y la justicia. Entonces, no me comprometeré en ninguna transacción que no beneficie a todos a los que afecte. Tendré éxito atrayendo hacia mí las fuerzas que deseo emplear, y la cooperación de otras personas. Induciré a otros a servirme, por obra de mi disposición de servir a otros. Eliminaré el desprecio, la envidia, los celos, el egoísmo y el cinismo y cultivaré el amor por toda la humanidad, porque sé que una actitud negativa hacia los demás nunca me dará el éxito. Haré que los demás crean en mí, porque yo creeré en ellos y en mí mismo.

Firmaré esta fórmula con mi nombre, la memorizaré y la repetiré en voz alta una vez cada día, con la fe absoluta de que influirá gradualmente en mis pensamientos y mis actos para que yo me transforme en una persona que confía en sí misma y que goza del privilegio del éxito.

Tras esta fórmula hay una ley de la naturaleza que ningún hombre ha sido todavía capaz de explicar. El nombre por el que dicha ley se conoce tiene poca importancia. Lo que importa de ella es que... FUNCIONA, para la gloria y el progreso de la especie humana, si es usada de forma constructiva. Por otra parte, si se la usa destructivamente, destruirá con la misma facilidad. En esta afirmación podemos encontrar una verdad muy importante: quienes se hunden en la frustración y acaban su vida en la pobreza, la miseria y la angustia, lo hacen a causa de la aplicación negativa del principio de la autosugestión. La causa se encuentra en el hecho de que todos los impulsos de pensamiento tienden a vestirse de su equivalente físico.

EL DESASTRE DEL PENSAMIENTO NEGATIVO

El subconsciente no distingue entre impulsos de pensamiento positivos o negativos. Trabaja con el material que le suministramos, a través de nuestros impulsos de pensamiento. El subconsciente traducirá en algo real un pensamiento manejado por el miedo con tanta facilidad como transformaría en realidad un pensamiento regido por el coraje, o por la fe.

Las páginas de historia médica están llenas de ilustraciones de casos de suicidio "sugestivo". Un hombre puede siucidarse a través de sugerencias negativas, al igual que mediante otros medios. En una ciudad del oeste medio, un hombre llamado Joseph Grant, un funcionario bancario, "pidió prestado" una gran suma de dinero al banco, sin el consentimiento de los directores. Él perdió el dinero a través de las apuestas. Una tarde, el Evaluador del Banco empezó a revisar las cuentas. Grant se fue del banco, tomo una pieza en un hotel local, y cuando lo encontraron, tres días después, él estaba acostado en la cama, gimiendo y lamentándose, repitiendo una y otra vez estas palabras, "Mi Dios, esto me matará! No puedo soportar la desgracia". En un corto periodo de tiempo, se murió. Los doctores lo declararon públicamente como un caso de "suicidio mental".

Tal como la electricidad hace girar las ruedas de la industria, y rinde servicios útiles si se la emplea correctamente, o acaba con la vida si se hace mal uso de ella, así, la ley de la autosugestión nos llevará a la paz y la prosperidad o nos arrastrará hacia el valle de la miseria, el fracaso y la muerte, de acuerdo con el grado de comprensión y aplicación que tengamos de ella.

Si uno se llena la cabeza de miedos, dudas y desconfianza en su capacidad para conectar y usar la fuerza de la Inteligencia Infinita, la ley de la autosugestión adoptará ese espíritu de desconfianza y lo utilizará como patrón mediante el cual el subconsciente lo traducirá en su equivalente físico.

¡ESTA AFIRMACIÓN ES TAN VERDADERA COMO LA AFIRMACIÓN QUE DOS MÁS DOS SON CUATRO!

Así como el viento arrastra una nave hacia el Este y otra hacia el Oeste, usted será elevado o hundido por la ley de la autosugestión según con la manera en que usted oriente las velas de su pensamiento.

La ley de la autosugestión, que puede elevar a cualquier persona a niveles asombrosos de realización, queda bien descrita en los siguientes versos. Si piensas que estás vencido, lo estás.

Si piensas que no te atreves, así es.

Si te gusta ganar, pero piensas que no puedes, es casi seguro: no ganarás.

Si piensas que perderás, estás perdido, pues el mundo nos enseña que el éxito empieza en la voluntad del hombre... Todo está en el estado anímico.

Si piensas que eres superior, lo eres.

Has tenido que pensar alto para ascender. Has tenido que estar seguro de ti mismo antes de ganar premio alguno.

Las batallas de la vida no siempre favorecen al hombre más fuerte o al más rápido, pero tarde o temprano el hombre que gana es el hombre que PIENSA QUE PUEDE! Observe las palabras que se han destacado, y captará el profundo significado que el poeta expresa.

¿QUÉ GENIO YACE DORMIDO EN SU CEREBRO?

En algún rincón de su carácter está latente, dormida, la semilla de la realización que, si germinara y se pusiera en movimiento, lo elevaría a niveles que tal vez usted nunca soñó alcanzar.

Así como un virtuoso puede arrancar las melodías más hermosas de las cuerdas de su violín, usted puede despertar al genio que yace dormido en su mente, y hacer que lo conduzca hacia arriba, hacia cualquier objetivo que desee.

Abraham Lincoln fue un fracasado en todo lo que intentó..., hasta después de haber alcanzado los cuarenta años. Fue un Don Nadie, de Ninguna Parte, hasta que una gran experiencia entró en su vida y despertó al genio dormido que había en su corazón y en su cerebro, para darle al mundo uno de sus hombres realmente grandiosos. Esa "experiencia" estaba combinada con las emociones de la aflicción y el amor. Le aconteció a través de Ann Rutledge, la única mujer a quien amó realmente.

Es sabido que la emoción del amor está ligada al estado de ánimo conocido como la fe, y esto se debe a que el amor se aproxima mucho a traducir los impulsos de pensamiento propios en su equivalente espiritual. Durante su labor de investigación, el autor ha descubierto; a partir del análisis de la vida y obra y realizaciones de centenares de hombres de posiciones destacadas: que detrás de casi cada uno de ellos existía la influencia del amor de una mujer.

Si quiere pruebas del poder de la fe, examine las realizaciones de los hombres y mujeres que se han valido de ella.

Si hay fenómenos "milagrosos", ¡se producen sólo a través del estado mental conocido como la fe!

Consideremos el poder de la fe, tal como nos la mostró un hombre bien conocido por toda la humanidad: el Mahatma Gandhi, de la India. En este hombre, el mundo tuvo uno de los ejemplos más sorprendentes de las posibilidades de la fe que conozca la humanidad. Gandhi ostentó más poder potencial que ningún otro de sus contemporáneos, y ello a pesar del hecho de que no contó con ninguna de las herramientas ortodoxas del poder, tales como dinero, barcos de guerra, soldados o material bélico. Gandhi no tenía dinero, ni casa, ni siquiera ropas, pero tenía poder. ¿Cómo lo obtuvo?

Lo creó a partir de su comprensión del principio de la fe, y mediante su capacidad para trasplantar esa fe al espíritu de doscientos millones de personas.

Gandhi consiguió la increíble proeza de influir en doscientos millones de mentes para formar un conglomerado humano que se moviese al unísono, como un solo ser.

¿Qué otra fuerza de este mundo, aparte de la fe, puede lograr tanto?

Llegará el día cuando los empleados, así como los empleadores, descubrirán las posibilidades de la FE. Ese día es el comienzo. Todo el mundo ha tenido una amplia oportunidad, durante la reciente depresión económica, de ser testigo que es lo que la FALTA DE FE hará a los negocios.

Seguramente, la civilización ha producido un número suficiente de personas inteligentes para que usen esta gran lección que la depresión le enseñó al mundo. Durante esta depresión, el mundo tuvo evidencia de sobra que el MIEDO dispersado paralizará las ruedas de la industria y los negocios.

De esta experiencia se originarán líderes en los negocios y la industria que se beneficiarán por el ejemplo que Gandhi ha establecido para el mundo, y aplicarán a los negocios las mismas tácticas que él ha usado para construir el mayor seguimiento conocido en la historia de la humanidad. Estos líderes provendrán del rango y grupo de hombres desconocidos, que ahora trabajan en las plantas de acero, las minas de carbón, las fabricas de automóviles y en los pequeños pueblos y ciudades de América.

El negocio es suficiente para una reforma, ¡no cometa errores con esto! Los métodos del pasado basados en las combinaciones económicas de FUERZA y MIEDO, serán reemplazados por los mejores principios de FE y cooperación. Quienes trabajan van a recibir más que salarios diarios; ellos recibirán dividendos de los negocios, lo mismo que aquellos que suministren el capital para los negocios; pero antes ellos deben DARLE MÁS A SUS EMPLEADORES, y parar esta disputa y regateo por la fuerza, a costa del público. ¡Ellos deben ganarse el derecho a los dividendos!

Por otra parte, y esto es lo más importante de todo - ELLOS SERÁN LLEVADOS POR LÍDERES QUE ENTENDERÁN Y APLICARÁN LOS PRINCIPIOS

EMPLEADOS POR MAHATMA GANDHI. Solamente así, los líderes podrán obtener de sus seguidores el espíritu de COMPLETA cooperación que constituye el poder en su forma más alta y perenne.

Esta fabulosa era en la que nosotros vivimos, y de la cual estamos sólo surgiendo, ha tomado el alma de los hombres. Sus líderes han conducido a las personas como si fueran piezas de una maquinaria fría. Ellos fueron forzados a hacer esto por sus empleados que han regateado, a costa de todos los involucrados, a obtener y no dar. El lema del futuro será FELICIDAD Y SATISFACCIÓN HUMANA, y cuando se haya alcanzado este estado mental, la producción se hará cargo de sí misma, en forma más productiva que cualquier cosa que alguna vez se haya cumplido donde los hombres no pueden y no podrían mezclar la FE y el interés individual con su trabajo.

CÓMO UNA IDEA CONSTRUYÓ UNA FORTUNA

Debido a la necesidad de la fe y de la cooperación en el funcionamiento de los negocios y de la industria, será tan interesante como provechoso estudiar un hecho que nos proporciona un excelente ejemplo para la comprensión del método por el cual los individualistas y los hombres de negocios acumulan grandes riquezas al dar antes de intentar obtener. El suceso elegido para este ejemplo data de comienzos de siglo, cuando se estaba formando la United States Steel Corporation (Corporación del Acero de Estados Unidos). A medida que lea la historia, tenga presente esos hechos fundamentales, y comprenderá cómo las ideas se han convertido en vastas fortunas.

Primero, la enorme Corporación de Acero de Estados Unidos nació en la mente de Charles M. Schwab, en la forma de una IDEA que él creo a través de su IMAGINACIÓN! Segundo, mezclo FE con su IDEA. Tercero, formuló un PLAN para transformar su IDEA en una realidad física y financiera. Cuarto, puso su plan en acción con su famoso discurso en la University Club. Quinto, aplicó y siguió a través de su PLAN con PERSISTENCIA; y lo respaldo con una firme DECISIÓN hasta llevarlo a cabo íntegramente. Sexto, preparó el camino para el éxito mediante un VEHEMENTE DESEO por lograrlo.

Si usted es de los a menudo se ha preguntado cómo se han acumulado las grandes fortunas, esta historia de la creación de la United States Steel Corporation le resultará esclarecedora. Si tiene alguna duda de que las personas pueden pensar y hacerse ricos, esta historia disipará esa duda, porque podrá ver con claridad en la historia de la United States Steel Corporation, la aplicación de una porción importante de los principios que se describen en este libro.

El asombroso relato del poder de una idea ha sido escrito de forma magistral por John Lowell, del New York World-Telegram, y la transcribimos con su venia:

UN BONITO DISCURSO DE SOBREMESA POR MIL MILLONES DE DÓLARES

Aquella noche del 12 de diciembre de 1900, en la que unos ochenta miembros de la sociedad financiera se reunieron en el salón de banquetes del University Club, en la Quinta Avenida, para hacer los honores a un hombre joven del Oeste de Estados Unidos, ni media docena de los invitados supuso que estaban a punto de presenciar el episodio más importante de la historia de la industria norteamericana.

J. Edward Simmons y Charles Stewart Smith, llenos de gratitud por la pródiga hospitalidad con que Charles M. Schwab les había regalado durante una reciente visita a Pittsburgh, habían organizado la cena para presentar a aquel empresario del acero de treinta y ocho años a la sociedad de banqueros del Este de Estados Unidos.

Pero no esperaban que magnetizara de tal modo la convención. De hecho, le advirtieron que los corazones que rellenaban las camisas de Nueva York no reaccionarían a la oratoria, y que si no quería aburrir a los Stilman y los Harriman y los Vanderbilt, sería conveniente que se limitara a quince o veinte minutos de intrascendencias amables, nada más.

Incluso John Pierpoint Morgan, sentado a la derecha de Schwab, como indicaba su dignidad imperial, se contentó con agradecer muy brevemente su presencia en la mesa del banquete. Y en lo que se refería a la prensa y al público, todo el asunto presentaba tan poco interés que los periódicos del día siguiente ni lo publicaron.

De manera que los dos anfitriones y sus distinguidos invitados probaron los habituales siete u ocho platos. Hubo poca conversación y, versara sobre lo que versase, fue parca y discreta. Aunque algunos de los banqueros y agentes de Bolsa habían visto antes a Schwab, cuya carrera había florecido en los Bancos de Monongahela, ninguno lo conocía bien. Pero, antes de que la velada acabara, ellos y "Money Master Morgan" quedarían admirados, y un bebé de mil millones de dólares, la United States Steel Corporation, nacería.

Quizá sea una lástima para la historia que no se haya hecho ninguna grabación del discurso de Charlie Schwab en aquella cena. El repetirá algunas partes de éste en una fecha posterior durante una reunión similar de banqueros de Chicago. E incluso después, cuando el Gobierno entable un juicio para disolver el Steel Trust, él dio su propia versión, como testigo, de las observaciones que estimularon a Morgan en un frenesí de actividad financiera.

Sin embargo, tal vez se tratara de un discurso "casero", con incorrecciones gramaticales (pues los perfeccionismos del lenguaje nunca le interesaron a Schwab), lleno de refranes y compaginado con ingenio. Pero, pese a eso, obtuvo una fuerza y un efecto impresionantes sobre los cinco mil millones de dólares de capital estimado que los comensales representaban. Cuando terminó, y la reunión vibraba todavía con sus palabras, aunque Schwab había hablado durante noventa minutos, Morgan condujo al orador a una ventana apartada donde, balanceando las piernas en un alto e incómodo asiento, charlaron durante una hora más.

La magia de la personalidad de Schwab se había puesto en acción con toda su potencia, pero lo más importante y perdurable fue el programa detallado y explícito que presentó para el engrandecimiento del acero. Muchos otros hombres habían tratado de interesar a Morgan en montar juntos un fondo del acero a partir de combinaciones con empresas de pastelería, cables y flejes, azúcar, goma, whisky, aceite o goma de mascar. John W. Gates, el apostador, lo había urgido a esto, pero Morgan no había confiado. Los hermanos Moore, Bill y Jim, mayoristas de Chicago que habían fusionado una fosforera y una corporación de galletitas, habían tratado de convencerlo, fracasando en su intento. Elbert H. Gary, el sacrosanto abogado del Estado, quiso atraerlo a su terreno, pero no llegó a ser lo bastante grande como para impresionarlo. Hasta que la elocuencia de Schwab elevó a J. P. Morgan a las alturas desde donde pudo visualizar los sólidos resultados del proyecto financiero más atrevido que se hubiera concebido nunca, la idea era considerada un delirante sueño de especuladores ingenuos.

El magnetismo financiero que, hace una generación, comenzó a atraer a miles de compañías pequeñas y a veces ineficazmente dirigidas a combinaciones más .grandes y competitivas, se ha vuelto operativo en el mundo del acero gracias a los artilugios de aquel jovial pirata de los negocios, John W. Gates. Este había formado ya la American Steel and Wire Company con una cadena de pequeñas empresas, y junto con Morgan había creado la Federal Steel Company.

Pero al lado del tremendo fondo vertical de Andrew Carnegie, dirigido por sus cincuenta y tres accionistas, esas otras combinaciones resultaban insignificantes. Podían combinarse como mejor les pareciese, pero ni todas juntas harían mella en la organización de Carnegie, y Morgan lo sabía.

El viejo escocés excéntrico también lo sabía. Desde las majestuosas alturas de Skibo Castle había visto, primero divertido y luego con resentimiento, los intentos de las pequeñas compañías de Morgan entremetiéndose en sus negocios. Cuando esos intentos se tornaron demasiado importantes, el mal genio de Carnegie se convirtió en ira y deseos de venganza. Decidió duplicar cada fábrica suya por cada una que sus rivales poseyeran. Hasta entonces no había tenido interés en cables, tubos, flejes ni planchas. En cambio, se conformaba con venderle el acero en bruto a esas compañías y las dejaba que trabajaran en la especialización que prefirieran. Ahora, con Schwab como jefe y lugarteniente capaz, planeaba arrinconar a sus enemigos contra la pared.

Así fue como Morgan vio la solución a su problema de combinaciones en el discurso de Charles M. Schwab. Un fondo sin Carnegie, el gigante, no sería ningún fondo, sino un pastel de ciruelas sin ciruelas.

El discurso de Schwab de aquella noche del 12 de diciembre de 1900 aportó la sugerencia, que no la solicitud, de que el vasto imperio Carnegie podía llegar a estar bajo la sombra de Morgan. Habló del futuro mundial del acero, de reorganización en aras de la eficiencia, de especialización, de deshacerse de compañías improductivas, de la concentración del esfuerzo en las propiedades florecientes, de ahorros en el tráfico de mineral bruto en los departamentos directivos y administrativos, de atraer mercados extranjeros.

Más aún, les dijo a los bucaneros que había entre ellos dónde estaban los errores de su piratería habitual. Sus propósitos, suponía él, habían sido crear monopolios, aumentar los precios y pagarse a sí mismos dividendos exagerados más allá de todo privilegio. Con su estilo campechano, Schwab condenó ese sistema. La estrechez de miras de semejante política, dijo a su auditorio, residía en el hecho de que restringía el mercado en un momento en que todo pugnaba por la expansión. Abaratando el costo del acero, explicó, se formaría un mercado expansivo; se idearían más usos para el acero y se captaría una parte considerable del mundo de la industria. En verdad, aunque él no lo supiese, Schwab era un apóstol de la moderna fabricación en serie.

Así acabó la cena en el University Club. Morgan se fue a su casa, para pensar en las predicciones de progreso de Schwab. Schwab regresó a Pittsburgh, a dirigir el negocio siderúrgico para "Wee Andra Carnegie", mientras Gary y todos los demás volvían a sus teletipos, para especular, anticipándose al próximo movimiento.

No tardó mucho en suceder. A Morgan le llevó más o menos una semana digerir el festín de razonamientos que Schwab le había puesto en frente. Cuando se aseguró de que no iba a sufrir ninguna "indigestión financiera", llamó a Schwab..., y se encontró con un hombre bastante reticente. Al señor Carnegie, le dijo Schwab, quizá no le alegrara mucho descubrir que el presidente de su conglomerado de empresas había estado coqueteando con el emperador de Wall Street, el barrio que Carnegie había resuelto nunca pisar. Entonces John W. Gates, que hacía de intermediario entre Morgan y Schwab, sugirió que si Schwab estuviera casualmente de paso por el Belle Vue Hotel, de Filadelfia, J. P. Morgan podía "coincidir" con él en el mismo lugar. Sin embargo, cuando Schwab llegó, Morgan estaba enfermo en su casa de Nueva York, y, presionado por el hombre mayor, Schwab viajó a Nueva York y se presentó ante la puerta de la biblioteca del financiero.

En la actualidad, ciertos historiadores de la economía han expresado la sospecha de que esta historia, desde el principio al fin, fue planificada por Andrew Carnegie, que la cena en honor de Schwab, el célebre discurso, la reunión del domingo por la noche entre Schwab y el rey del dinero fueron sucesos que el sagaz escocés había preparado de antemano. La verdad es justamente lo contrario. Cuando Schwab fue llamado a cerrar el trato, ni siquiera sabía si el "jefecito", como llamaban a Andrew, prestaría atención a una oferta de vender, en particular a un grupo de hombres a quienes Andrew consideraba dotados de algo menos que la beatitud. Pero Schwab acudió a la reunión con seis hojas escritas de su puño y letra, llenas de datos que, según él, representaban el valor físico y potencial de rendimiento de cada compañía metalúrgica que él consideraba una estrella esencial en el nuevo firmamento del metal.

Cuatro hombres sopesaron esos esquemas durante toda la noche. El jefe, por supuesto, era Morgan, firme en su credo del derecho divino del dinero. Con él estaba su socio aristocrático, Robert Bacon, un erudito y un caballero. El tercero era John W. Gates, a quien Morgan calificaba de apostador y utilizaba como herramienta. El cuarto era Schwab, que sabía más sobre el proceso de elaborar y vender acero que cualquier grupo de hombres de su época. A lo largo de la conferencia, los esquemas del hombre de Pittsburgh no se cuestionaron nunca. Si él decía que una compañía valía tanto, así era, y punto. También insistió en incluir en la combinación sólo las empresas que él tenía nominadas. Había concebido una corporación sin dobleces, donde ni siquiera quedaba lugar para satisfacer la codicia de amigos que deseaban descargar sus compañías sobre los anchos hombros de Morgan.

Al amanecer, Morgan se puso de pie y se desperezó. Sólo quedaba un asunto pendiente. -¿Cree que puede persuadir a Andrew Carnegie de vender? -preguntó.

-Puedo intentarlo -repuso Schwab.

-Si usted consigue que venda, me comprometeré en todo este asunto -aseguró Morgan. Hasta allí todo iba bien. Pero ¿vendería Carnegie? ¿Cuánto pediría? (Schwab pensaba en unos 320 millones de dólares). ¿Cómo se efectuaría el pago? ¿En acciones ordinarias o preferentes? ¿En bonos? ¿En efectivo? Nadie podía reunir trescientos veinte millones de dólares en efectivo. En enero fueron a un partido de golf en los helados prados de St. Andrews, en Westchester, Andrew envuelto en jerséis, bien abrigado, y Charlie conversando de trivialidades, para ejercitar el buen humor. Pero no se pronunció ni una palabra sobre negocios hasta que la pareja se sentó en la cálida sala de la cabaña que Carnegie poseía cerca de allí. Entonces, con el mismo poder de convencimiento con que había hipnotizado a ochenta millonarios en el University Club, Schwab dejó caer rutilantes promesas de retiro y comodidad, de los innumerables millones que satisfarían los caprichos sociales del viejo escocés. Carnegie estuvo de acuerdo, escribió algo en un trozo de papel y dijo:

-Muy bien, venderemos por este precio.

La cifra era de unos 400 millones de dólares y surgió a partir de los 320 millones que Schwab había previsto como precio básico, añadiéndole 80 millones para recuperar el valor aumentado sobre el capital previsto durante los últimos dos años.

Más tarde, en la cubierta de un transatlántico, el escocés le decía arrepentido a Morgan: -Ojalá te hubiera pedido cien millones más. -Si me los hubieras pedido, te los hubiese dado -le respondió Morgan, amable.

Hubo cierto alboroto, claro está. Un corresponsal británico envió un cable diciendo que el mundo del acero extranjero estaba "aterrado" ante la gigantesca corporación. El presidente Hadley, de Yale, declaró que a menos que se regulasen los fondos, el país tendría "un emperador en Washington durante los próximos veinticinco años". Pero ese hábil agente de Bolsa que Keene era se aplicó a su trabajo de impulsar tan vigorosamente las nuevas acciones hacia el público, que todo el exceso de liquidez, estimado por algunos en cerca de 600 millones de dólares, fue absorbido en un abrir y cerrar de ojos. De manera que Carnegie obtuvo sus millones; el sindicato de Morgan consiguió 62 millones por todos sus "problemas", y todos los "muchachos", desde Gates a Gary, también ganaron sus millones.

Schwab, de 38 años, obtuvo su recompensa. Fue nombrado presidente de la nueva corporación, y ocupó el cargo hasta 1930.

LA RIQUEZA EMPIEZA CON UNA IDEA

La impresionante historia del gran negocio que usted acaba de leer es un ejemplo perfecto del método por el cual el deseo puede transformarse en su equivalente físico.

Me imagino que algunos lectores cuestionarán la afirmación de que un mero e intangible DESEO puede convertirse en su equivalente físico. En forma dudosa algunos dirán, "¡Usted no puede transformar NADA en ALGO!" La respuesta está en la historia del Acero de Estados Unidos.

Esa gigantesca organización se creó en la imaginación de una persona. El plan por el que le proporcionaban a la organización hornos de acero que aportaban su estabilidad financiera se creó en la mente del hombre. Su fe, deseo, imabinación y perseverancia fueron los verdaderos ingredientes esenciales que conformaron la United States Steel Corporation. Los hornos y los equipos mecánicos adquiridos por la empresa, después de haber surgido a la existencia legal, fueron incidentales, pero un análisis cuidadoso revelará el hecho de que el valor aumentado de las propiedades adquiridas por la corporación se incrementó en unos seiscientos millones de dólares, por la sóla transacción que los consolidaba bajo una misma gerencia.

En otras palabras, la idea de Charles M. Schwab, sumada a la fe con la que contagió a J. P. Morgan y a los demás, había dado utilidades por unos seiscientos millones de dólares. ¡No es una suma insignificante por una sola idea!

Lo que le pasó a algunos de los hombres que tomaron su parte de los millones de dólares de ganancias producto de esta transacción, es un tema en el que no estamos interesados ahora. La característica destacable de este sorprendente logro es que sirve como evidencia no cuestionable de la solidez de la filosofía descrita en este libro, debido a que esta filosofía era la cubierta y la trama de toda la transacción. Por otra parte, la viabilidad de la filosofía ha sido establecida por el hecho que la United States Steel Corporation prosperó hasta convertirse en una de las empresas más ricas y poderosas de Estados Unidos, dando empleo a miles de personas, desarrollando nuevas aplicaciones para el acero, y abriendo nuevos mercados, demostrando así que los seiscientos millones de beneficio que la idea de Schwab produjo estaban bien merecidos.

¡La riqueza empieza a partir de una idea!

La cantidad está dada sólo por la persona en cuya mente esa idea se pone en movimiento.. ¡La fe elimina las limitaciones! Cuando esté preparado para negociarle a la vida lo que usted desee, recuerde: usted es el que pone el precio por obtener lo que quiere.

Recuerde también que el hombre que creo la Corporación de Acero de los Estados Unidos era prácticamente desconocido en ese momento. Era simplemente la "Mano Derecha" de Andrew Carnegie hasta que creo su famosa IDEA. Después de esto, rápidamente pasó a tener una posición de poder, fama y riqueza.

NO HAY LIMITACIONES PARA LA MENTE EXCEPTO LAS QUE NOSOTROS RECONOCEMOS

TANTO LA POBREZA COMO LA RIQUEZA SON RESULTADO DEL PENSAMIENTO

4. LA AUTOSUGESTIÓN - EL VEHÍCULO PARA INFLUIR EN EL SUBCONSCIENTE

EL TERCER PASO HACIA LA RIQUEZA

Autosugestión es un término que se aplica a todas las sugestiones y a todos los estímulos autoadministrados que alcanzan la propia mente a través de los cinco sentidos. vale decir, la autosugestión es la sugestión de uno mismo. Es el agente de comunicación entre esa parte de la mente donde la parte consciente tiene lugar y aquella otra que sirve de asiento de la acción para el subconsciente.

A través de los pensamientos dominantes que uno permite que se mantengan en la mente consciente (que estos pensamientos sean positivos o negativos no altera el mecanismo), el principio de la autosugestión alcanza voluntariamente el subconsciente e interviene en esos pensamientos.

NINGÚN PENSAMIENTO, ya sea que sea negativo o positivo, PUEDE ENTRAR A LA MENTE SUBCONSCIENTE SIN LA AYUDA DEL PRINCIPIO DE AUTOSUGESTIÓN, salvo los pensamientos recogidos del éter. Dicho de otra manera, todas las impresiones de sentido que son percibidas a través de los cinco sentidos, son detenidas por la mente pensante CONSCIENTE, y podrían ser pasadas a la mente subconsciente o rechazadas, a voluntad. Por consiguiente, la facultad consciente sirve como una barrera externa al enfoque del subconsciente.

La naturaleza ha creado al hombre de tal manera que tenga control total sobre el material que llega a su subconsciente, a través de sus cinco sentidos; aunque esto no quiere decir que deba interpretarse como una afirmación de que el hombre siempre ejercite ese control. En casi todos los casos, no lo ejercita, y ello explica por qué tanta gente vive en la pobreza.

Recuerde lo que se ha dicho sobre la semejanza del subconsciente con un jardín fértil, en donde las hierbas crecen en abundancia si no se siembran semillas de plantas más deseables. La autosugestión es el agente de control por medio del cual un individuo puede alimentar voluntariamente su subconsciente con pensamientos de naturaleza constructiva o, por negligencia, permitir que los pensamientos de naturaleza corrosiva se infiltren en ese rico jardín de la mente.

VEA Y SIENTA EL DINERO EN SUS MANOS

En los últimos seis pasos descritos en el capítulo sobre el deseo, usted ha recibido instrucciones para que lea en voz alta dos veces por día el enunciado escrito de su deseo de dinero, y para que se vea y se sienta ya en posesión del mismo. Al seguir esas instrucciones, usted comunica el objeto de su deseo directamente a su subconsciente en un estado de fe absoluta. Mediante la repetición de este proceso, usted crea con su voluntad hábitos de pensamiento que son favorables a sus esfuerzos para mutar el deseo en su equivalente monetario.

Retroceda a esos seis pasos que se describen en el capítulo dos, para volver a leerlos con mucha atención antes de seguir adelante. Luego (cuando llegue a esa parte), lea detenidamente las cuatro instrucciones para la organización de su "equipo de trabajo", que se describen en el capítulo sobre la planificación organizada. Al comparar esos dos conjuntos de instrucciones, usted se dará cuenta de que ambos se basan en el principio de la autosugestión.

Recuerde, por lo tanto, cuando lea en voz alta el enunciado de su deseo (mediante el cual usted se empeña en desarrollar una "conciencia del dinero"), que la mera lectura de estas palabras no tendrá consecuencias..., a menos que las funda con la emoción, con el sentido de sus palabras. Su subconsciente reconoce y actúa sólo en los pensamientos que usted ha combinado con la emoción, con el sentimiento.

Este es un hecho tan importante como para garantizar la repetición prácticamente en cada capítulo, porque la falta de comprensión de esto es la razón principal de que la mayoría de la gente que trata de aplicar el principio de la autosugestión no logre los resultados esperados.

Las palabras indiferentes, recitadas sin emoción, no influyen en el subconsciente. Usted no obtendrá resultados visibles a menos que aprenda a llegar a su subconsciente con pensamientos o palabras habladas que hayan sido cargadas con la emoción de la convicción.

No se desanime si no puede controlar y dirigir sus emociones la primera vez que trate de hacerlo. Recuerde que no existe la posibilidad de obtener algo por nada. Por más que quiera, no podrá engañarse. El precio de la capacidad para llegar a su subconsciente es la perseverancia incansable en la aplicación de los principios que se describen aquí. Usted no podrá formarse esa capacidad deseada por un precio menor. Usted, y sólo usted, debe decidir si la recompensa por la que se está esforzando (la "conciencia del dinero") vale el precio que debe pagar por ella con su esfuerzo.

La sabiduría y la "destreza" por si solas, no atraerán ni retendrán dinero, salvo en pocos casos muy excepcionales, cuando la ley de promedios favorezca la atracción del dinero a través de estas fuentes. El método para atraer dinero descrito aquí, no depende de la ley de promedios. Además, el método no tiene favoritismos. Funcionará para una persona tan efectivamente como lo hará para otra. Donde se experimenta fracaso, es la persona, no el método, quien ha errado. Si usted lo intenta y falla, haga otro esfuerzo, e incluso otro más, hasta que tenga éxito.

Su habilidad para ocupar el principio de la autosugestión dependerá, en gran parte, de su capacidad para concentrarse en un deseo dado hasta que ese deseo se vuelva una ardiente obsesión.

CÓMO REFORZAR SUS PODERES DE CONCENTRACIÓN

Cuando empiece a seguir las instrucciones de los seis pasos enunciados en el segundo capítulo, será necesario que haga uso del principio de la concentración.

Así pues, le ofreceremos sugerencias para el uso de la concentración eficaz. Cuando comience a realizar el primero de los seis pasos, cuyas instrucciones son "determine la cantidad exacta de dinero que desea", mantenga el pensamiento concentrado en esa cantidad de dinero, o fijada la atención en él, con los ojos cerrados hasta que, en realidad, pueda ver el aspecto físico del dinero. Haga eso por lo menos una vez al día. A medida que progrese en estos ejercicios, siga las instrucciones dadas en el capítulo de la fe, ¡y véase a sí mismo en posesión del dinero!

Aquí hay un punto muy importante: el subconsciente asume cualquier orden que se le de en un estado mental de fe absoluta, y actúa siguiendo esas órdenes, aunque deban presentársele a menudo una y otra vez, mediante la repetición, antes de que el subconsciente las interprete.

Teniendo en cuenta la afirmación anterior, considere la posibilidad de jugarle un "truco" perfectamente legítimo a su subconsciente, y hágale creer, porque usted cree en ello, que usted debe obtener esa cantidad de dinero que está visualizando, que esa cantidad de dinero espera que usted sea su dueño, y que el subconsciente debe proporcionarle estrategias prácticas para conseguir una suma que ya es suya.

Endósele la idea sugerida en el párrafo anterior a su imaginación, y vea cómo su inventiva puede, o podrá, crear planes prácticos para la acumulación de dinero mediante la transformación de su deseo.

No espere un plan definido, mediante el cual se propondrá intercambiar servicios o mercaderías a cambio del dinero que usted visualiza. En cambio, empiece a verse en posesión del dinero, esperando y exigiendo mientras tanto que su subconsciente le proporcione los planes que necesite. Esté alerta en espera de esos planes, y póngalos en acción tan pronto surjan. Cuando los planes aparezcan, "destellarán" en su mente a través del sexto sentido, con la forma de una "inspiración". Trátelos con respeto, y actúe según ellos inmediatamente cuando los reciba.

En el cuarto de los seis pasos, se indica que "cree un plan preciso para llevar a cabo su deseo, y empiece de inmediato a poner ese plan en práctica".

Debe seguir esta instrucción de la manera descrita en el párrafo anterior. No confíe en "la razón" a la hora de crear su plan para acumular dinero a través de la transmutación del deseo. Su facultad de razonamiento puede ser perezosa, y si depende por completo de sus servicios, quizá resulte defraudado.

Al visualizar el dinero que se propone acumular (con los ojos cerrados), véase a sí mismo prestando el servicio, o proporcionando la mercancía que se propone dar a cambio de su dinero ¡Esto es importante!

RESUMEN DE LAS INSTRUCCIONES

El hecho de que usted esté leyendo este libro es una señal que usted seriamente busca el conocimiento. También indica que usted es un estudiante de este tema. Si usted es sólo un estudiante, hay una posibilidad que usted pueda aprender mucho de lo que no sabe. Pero aprenderá solamente si asume una actitud humilde. Si escoge seguir algunas de las instrucciones, pero niega o rechaza seguir las otras, ¡usted fallará! Para obtener resultados satisfactorios, se deben seguir TODAS las instrucciones en un espíritu de FE.

Resumiremos ahora las instrucciones dadas en relación con los seis pasos del segundo capítulo, y las combinaremos con los principios presentados en éste.

Primero: elija un sitio tranquilo (preferiblemente en la cama, por la noche), donde no vayan a distraerlo ni a interrumpirlo, cierre los ojos, y repita en voz alta (de manera que usted pueda oír sus propias palabras) el enunciado escrito de la cantidad de dinero que se propone acumular, el plazo para esta acumulación y una descripción de los servicios o de las mercancías que pretende dar a cambio del dinero. Al realizar estas instrucciones, véase a sí mismo ya en posesión del dinero.

Por ejemplo, suponga que se propone acumular 50.000 dólares para el primero de enero de dentro de cinco años, que se propone prestar servicios personales a cambio del dinero, en carácter de vendedor. El enunciado escrito de su propósito deberá ser más o menos como el siguiente:

"El primer día de enero de 19.., seré poseedor de 50.000 dólares, que llegarán a mí en diversas sumas de tiempo en tiempo durante ese lapso de cinco años.

"A cambio de ese dinero brindaré los servicios más eficientes de que soy capaz, girando la mayor cantidad posible, y proporcionando la mejor calidad de servicios como vendedor de... (describa el servicio o la mercadería que se propone vender).

"Confío en que tendré la posesión de ese dinero. Mi fe es tan fuerte que puedo verlo ahora ante mis ojos. Puedo tocarlo con las manos. Ahora está esperando ser de mi propiedad en el momento y en la proporción en que yo proporcione el servicio que estoy dispuesto a entregar a cambio de él. Espero un plan con el que acumular esa suma, y lo ejecutaré tan pronto como aparezca".

Segundo: repita este programa de noche y de mañana hasta que pueda ver (en su imaginación) el dinero que ha decidido acumular.

Tercero: ponga una copia de su enunciado escrito en donde pueda verla por la noche y por la mañana, y léala justo antes de dormirse y antes de levantarse hasta que la sepa de memoria.

Al seguir estas instrucciones recuerde que está aplicando el principio de la autosugestión para darle órdenes a su subconsciente. Recuerde, además, que su subconsciente acatará sólo instrucciones que estén cargadas emocionalmente, dirigidas hacia él con "sentimiento". La fe es la más fuerte y productiva de las emociones. Siga las instrucciones del capítulo dedicado a ella.

Al principio, estas instrucciones pueden parecer abstractas. No se inquiete por eso. Siga las instrucciones, sin prestar atención a lo abstractas o lo poco prácticas que puedan parecerle. Pronto llegará el momento en que, si ha hecho lo que se le ha indicado, tanto en espíritu como en actos, todo un nuevo universo de poder se desplegará ante usted.

EL SECRETO DEL PODER DE LA MENTE

El escepticismo, en relación con las nuevas ideas, es una característica de todos los seres humanos. Pero si sigue las instrucciones indicadas, su escepticismo pronto se convertirá en convicción, que a su vez se materializará en fe absoluta. Luego, llegará al punto donde usted realmente dirá, "¡yo soy el maestro de mi destino, yo soy el capitán de mi alma!"

Muchos filósofos han afirmado que el hombre es el dueño de su propio destino terrenal, pero casi ninguno ha conseguido decir por qué lo es. La razón de que el hombre pueda ser dueño de su propio estatus terrenal, y en especial de su nivel económico, queda expresada con todo detalle en este capítulo. El hombre puede convertirse en el dueño de sí mismo y de su ambiente, porque tiene el poder de intervenir en su propio subconsciente.

Usted ahora esta leyendo el capítulo que representa la clave del arco de esta filosofía. Las instrucciones contenidas en este capítulo deben ser entendidas y APLICADAS CON PERSISTENCIA, si usted tiene éxito en convertir el deseo en dinero.

Llevar a cabo la transmutación del deseo en dinero implica el empleo de la autosugestión como agente mediante el cual se puede alcanzar el inconsciente e influir en él. Los otros principios son simples herramientas con las que aplicar la autosugestión. Atesore esta idea y siempre tendrá conciencia de la importancia del principio de la autosugestión en sus esfuerzos para acumular dinero mediante los métodos que se describen acá.

Siga estas instrucciones como si usted fuera un niño pequeño. Inyecte en sus esfuerzos un poco de FE de un niño. El autor ha sido muy cuidadoso, de ver que no se incluyan instrucciones poco prácticas, debido a su sincero deseo de ser útil.

Una vez haya leído el libro completo, vuelva a este capítulo y, tanto en espíritu como en actos, siga estas instrucciones:

Cada noche lea el capítulo entero en voz alta una vez, hasta que llegue a estar plenamente convencido de que el principio de la autosugestión se basa en la verdad y en el buen juicio, que obtendrá para usted todo lo que usted ha pedido. Mientras lea, subraye con un lápiz cada frase que le impresione para bien.

Siga las instrucciones anteriores al pie de la letra, y el camino se le abrirá hacia una comprensión completa y el dominio de los principios del éxito.

CADA ADVERSIDAD, CADA FRACASO Y CADA ANGUSTIA LLEVAN CONSIGO LA SEMILLA DE UN BENEFICIO EQUIVALENTE O MAYOR

5. EL CONOCIMIENTO ESPECIALIZADO

EXPERIENCIAS PERSONALES U OBSERVACIONES

EL CUARTO PASO HACIA LA RIQUEZA

Hay dos tipos de conocimiento. Uno es el conocimiento general. El otro, el especializado. El conocimiento general, con independencia de lo vasto y variado que pueda ser, no resulta muy útil para la acumulación de dinero. Las facultades de las grandes universidades poseen, en conjunto, casi todas las formas del conocimiento general al alcance de la civilización. La mayoría de los profesores no poseen mucho dinero. Se especializan en enseñar el conocimiento, pero no se especializan en la organización de ese conocimiento ni en su empleo.

El conocimiento no atraerá el dinero, a menos que esté organizado e inteligentemente dirigido mediante planes prácticos de acción, para el objetivo preciso de la acumulación de dinero. La falta de entendimiento de este hecho ha sido una fuente de confusión para millones de personas que creen equivocadamente que "el conocimiento es poder". ¡Ni hablar! El conocimiento es sólo poder en potencia. Sólo se convierte en poder si está organizado en planes definidos de acción y dirigido hacia una meta definida.

El "eslabón perdido" de todos los sistemas educativos se puede encontrar en el fracaso de las instituciones educacionales en enseñar a sus estudiantes cómo organizar y usar ese conocimiento una vez que lo adquirieron.

Muchas personas cometen el error de suponer que, porque Henry Ford tenía pocos "estudios", no era un hombre "educado". Los que cometen esta falta no comprenden el significado real de la palabra "educado". Esa palabra deriva de la palabra latina educo, que significa sacar, extraer, adquirir de adentro.

Un hombre educado no es, necesariamente, quien tiene abundancia de conocimientos generales o especializados. Un hombre educado es el que ha cultivado las facultades de su mente de manera que puede adquirir cualquier objetivo que se proponga, o su equivalente, sin violar los derechos de los otros.

EL "IGNORANTE" QUE AMASÓ UNA FORTUNA

Durante la Primera Guerra Mundial, un periódico de Chicago publicó ciertos editoriales en los que, entre otras cosas, a Henry Ford -se le calificaba de "ignorante pacifista". El señor Ford objetó esas afirmaciones y entablóa demanda por difamación contra el periódico. Cuando el juicio tuvo lugar, los abogados del medio de comunicación exigieron una justificación y llamaron al propio señor Ford al banquillo de los testigos, con el propósito de demostrarle al jurado que efectivamente era un ignorante. Los abogados le hicieron a Ford una gran variedad de preguntas, todas dirigidas a demostrar, sin lugar a dudas, que si bien quizá poseyese una cantidad considerable de conocimientos especializados en lo que se refería a la manufactura de automóviles, básicamente era un iletrado.

A Ford le hicieron preguntas del estilo de: "¿Quién fue Benedict Arnold?", y "¿Cuántos soldados enviaron los británicos a las colonias americanas para sofocar la rebelión de 1776?". En respuesta a esta última pregunta, el señor Ford contestó: "Ignoro la cantidad exacta de soldados que los británicos enviaron, pero he oído decir que fue una cifra considerablemente mayor que la de los que regresaron".

Al final, el señor Ford acabó por cansarse de ese tipo de preguntas, y, para contestar una particularmente ofensiva, se inclinó hacia adelante, señaló con el dedo al abogado que había hecho la pregunta y dijo: "Sí de veras quisiera responder la pregunta boba que acaba de hacerme, o cualquiera de las otras que me ha hecho, permítame recordarle que en mi escritorio tengo una hilera de botones y que apretando el adecuado puedo llamar en mi auxilio a hombres capaces de responder cualquier pregunta que quiera hacerles en lo que concierne al negocio al que he dedicado casi todos mis esfuerzos. Ahora, dígame para qué necesito llenar mi cabeza con conocimientos generales, con el fin de contestar preguntas, cuando dispongo de hombres a mi alrededor que pueden proporcionarme cualquier información que les pida".

Innegablemente, ésa fue una respuesta con mucha lógica.

Y dejó confundido al abogado. Todas las personas que había en la sala se dieron cuenta de que no era la contestación de un ignorante, sino de un hombre educado. Cualquier hombre es educado si sabe dónde obtener el conocimiento cuando lo precisa, y cómo organizar ese conocimiento en planes definidos de acción. Mediante la asistencia de sus "equipos de trabajo", Henry Ford tenía a su alcance todo el conocimiento que necesitó para convertirse en uno de los hombres más ricos de Estados Unidos. No era esencial que tuviese esos conocimientos en la mente. Seguramente ninguna persona que tiene suficiente inclinación e inteligencia para leer un libro de este tipo puede posiblemente perderse el significado de esta ilustración.

USTED PUEDE OBTENER TODO EL CONOCIMIENTO QUE NECESITE

Antes de que pueda estar seguro de su capacidad para transmutar el deseo en su equivalente monetario, usted requerirá conocimientos especializados del servicio, mercancía o profesión que se propone ofrecer a cambio de su fortuna. Quizá necesite muchos más conocimientos especializados de los que tiene capacidad o inclinación para adquirir y, en ese caso, podrá superar su debilidad a través de la asistencia de su "equipo de trabajo".

Andrew Carnegie afirmó que él, personalmente, no sabía nada sobre el final técnico del negocio de acero. Más aún, a él particularmente no le interesaba saber sobre esto. El conocimiento especializado que él requería para fabricar y vender el acero, lo encontró disponible a través de las unidades individuales de su GRUPO MASTER MIND.

La acumulación de grandes patrimonios requiere poder; y éste se adquiere mediante el conocimiento especializado, inteligentemente dirigido y organizado, pero esos conocimientos no tienen por qué estar en posesión de la quien acumula la fortuna.

El párrafo precedente debe dar ánimos y esperanza al que, con la ambición de acumular una fortuna, que no ha adquirido la "educación" necesaria para emplear ese conocimiento especializado como probablemente precise. Los hombres a veces pasan por esta vida sufriendo "complejos de inferioridad" porqué no son "educados". El hombre que pueda organizar y dirigir un "equipo de trabajo", un grupo de hombres que posee conocimientos útiles para el acopio de dinero, es tan educado como cualquiera de los que componen el grupo.

Thomas A. Edison tuvo sólo tres meses de "escolarización" durante toda su vida. No le faltó educación ni murió pobre.

Henry Ford no llegó al sexto curso de la escuela primaria, pero se las arregló muy bien en el plano económico.

El conocimiento especializado es uno de los servicios más abundantes y baratos a nuestro alcance. Si usted no está muy convencido de ello, consulte el tablón de anuncios de cualquier universidad.

CONVIENE SABER CÓMO OBTENER CONOCIMIENTOS

Antes que nada, decida el tipo de conocimientos especializados que necesita y el por qué de esa necesidad. En gran medida, el propósito primordial de su vida, el objetivo por el cual se está esforzando, lo ayudará a determinar qué información requiere. Con esta pregunta planteada, su próximo paso precisa que tenga datos exactos sobre fuentes de información fiables. Las más importantes son:

a) Las propias experiencias y educación.

b) Experiencia y educación disponibles a través de la cooperación de otras personas ("equipos de trabajo").

c) Escuelas técnicas y universidades.

d) Bibliotecas públicas (libros y publicaciones periódicas donde pueden encontrarse todos los conocimientos organizados).

e) Cursos especiales de aprendizaje (en escuelas nocturnas y academias por correspondencia). A medida que los conocimientos se van adquiriendo, deben organizarse con el fin de emplearlos para un propósito definido, mediante planes prácticos. El conocimiento no tiene otro valor que el que se puede aprovechar de su aplicación en aras de un objetivo meritorio.

Si usted considera la posibilidad de cursar estudios adicionales, determine la finalidad por la que desea esos conocimientos que está buscando y, luego, averigüe dónde pueden obtenerse esa clase de conocimientos, de fuentes fiables.

En todos los niveles sociales, las personas que tienen éxito nunca dejan de adquirir conocimientos especializados, relacionados con su objetivo principal, negocio o profesión. Aquellos que no triunfan suelen cometer el error de creer que la etapa de adquisición de conocimientos acaba cuando uno termina la escuela. La verdad es que la escuela hace muy poco más que mostrarnos el camino de cómo adquirir conocimientos prácticos.

Con este Mundo Cambiante que comenzó al final del colapso económico, también vinieron cambios sorprendentes en las necesidades de educación.

¡La orden del día es la especialización! Esta verdad fue puesta en evidencia por Robert P. Moore, antiguo director de empleo de la Universidad de Columbia, en un artículo periodístico.

LOS ESPECIALISTAS MÁS BUSCADOS

Los candidatos más apetecidos por las agencias de empleo son los que se han especializado en algún campo: diplomados en escuelas empresariales que tengan experiencia en contabilidad y estadística, ingenieros de todo tipo, periodistas, arquitectos, químicos, y también líderes destacados y hombres mayores, enérgicos y activos.

El hombre que ha sido activo durante sus estudios, cuya personalidad le permite llevarse bien con toda clase de gente y que ha hecho un trabajo adecuado con sus estudios, tiene un perfil más favorable que el estudiante estrictamente académico. Algunos, gracias a sus variadas calificaciones, han recibido múltiples ofertas de trabajo, y varios, hasta seis.

Al apartarse del concepto de que el estudiante con "buenas notas" era sin duda el que iba a tener la opción de los mejores empleos, el Sr. Moore dijo que la mayoría de las compañías no solamente toman en cuenta los registros académicos sino que también los registros de actividad y personalidades de los postulantes.

En una carta al señor Moore, relativa a posibles egresados de su universidad, una de las mayores compañías industriales, líder en su campo, decía: "Estamos interesados sobre todo en encontrar hombres capaces de lograr progresos excepcionales en niveles de gerencia. Por esta razón prestamos particular atención a cualidades de carácter, inteligencia y personalidad, por encima de formaciones educacionales determinadas".

Al proponer un sistema de "aprendizaje" para estudiantes en oficinas, tiendas y ocupaciones industriales durante las vacaciones estivales, el señor Moore afirmaba que, después de dos o tres meses de estudios universitarios, a cada estudiante hay que pedirle que elija un curso determinado para el futuro, o que abandone los estudios si no ha hecho más que derivar sin propósito definido por su curriculum sin especialización académica.

"Los colegios y las universidades tienen que enfrentar la consideración práctica de que todas las profesiones y ocupaciones hoy en día exigen especialistas", decía, tratando de fomentar el hecho de que las instituciones educacionales acepten más directamente la responsabilidad de la orientación vocacional.

Una de las fuentes más fiables y prácticas de conocimientos al alcance de aquellos que necesitan educación especializada son las escuelas nocturnas, que funcionan en muchas ciudades grandes. La enseñanza por correspondencia proporciona conocimientos especializados en cualquier sitio adonde llegue el correo, y sobre todos los temas que se pueden tratar por el método de enseñanza a distancia. Una de sus ventajas es la flexibilidad del sistema, que permite estudiar durante el tiempo libre.

Otra ventaja de trabajar en casa (si se ha elegido una academia adecuada) es el hecho de que la mayoría de los cursos que las academias de enseñanza por correo ofrecen, incluyen generosos privilegios de consulta que pueden ser invaluables para quien necesita conocimientos especializados. Con independencia del lugar de residencia, uno puede aprovechar esas ventajas.

UNA LECCIÓN DE UNA AGENCIA DE COBROS

Por lo general nunca se aprecia lo que se adquiere sin esfuerzo ni costo alguno; y muchas veces se lo desacredita. Tal vez ésta sea una de las razones por las que aprovechamos tan poco de nuestra increíble oportunidad en las escuelas públicas. La autodisciplina que uno recibe de un programa de estudios especializados compensa hasta cierto punto la oportunidad desperdiciada cuando el conocimiento estaba a nuestra disposición gratuitamente. Las escuelas por correspondencia son instituciones comerciales muy organizadas. Sus tarifas de matrícula y de enseñanza suelen ser tan bajas que se ven forzadas a insistir en la puntualidad y obligatoriedad de los pagos. El verse obligado a pagar, al margen de que se obtengan buenas notas o no, tiene sobre el estudiante el efecto de seguir adelante con el curso, incluso cuando desearía dejarlo. Las escuelas por correspondencia no han resaltado lo suficiente este punto, pero lo cierto es que sus departamentos de cobro constituyen la clase más exquisita de entrenamiento en aspectos tales como decisión, prontitud y el hábito de terminar lo que se empieza.

Aprendí esto por experiencia propia hace ya más de cuarenta y cinco años. Me matriculé en un curso por correspondencia sobre publicidad. Después de haber terminado ocho o diez lecciones, dejé de estudiar, pese a lo cual la escuela no dejó de enviarme las facturas. Aun más, insistió en que yo efectuara mis pagos al margen de si continuaba estudiando o no. Decidí que, puesto que debía cancelar de todos modos un curso (a lo que me había comprometido legalmente), completaría las lecciones y obtendría por ellas el valor de mi dinero. En aquellos momentos tuve la sensación de que el sistema de cobro de la escuela estaba demasiado bien organizado, pero más tarde aprendí en la vida que eso formó una parte valiosa de mi entrenamiento, para la cual no había tenido que pagar. Al verme obligado a pagar, seguí adelante y terminé el curso en cuestión. Más tarde descubrí que el eficiente sistema de pago de aquella escuela también fue provechoso para mí, puesto que acabé por recuperar con creces el dinero pagado, ganándolo gracias al curso de publicidad que había terminado con tan poca voluntad.

EL CAMINO HACIA EL CONOCIMIENTO ESPECIALIZADO

Se dice que en Estados Unidos existe el mayor sistema de escuela pública del mundo. Una de las cosas más extrañas acerca de los seres humanos es que sólo damos valor a lo que tiene un precio. Precisamente porque son gratuitas, las escuelas y bibliotecas públicas gratuitas de Estados Unidos no impresionan a la gente. Esa es la principal razón por la que a muchos les parece necesario adquirir conocimientos adicionales después de haber abandonado la escuela e iniciado la vida laboral. También es una de las razones principales por las que los patrones dan una mayor consideración a aquellos empleados que se matriculan en cursos por correspondencia. Saben, por experiencia propia, que cualquiera que tenga la ambición de emplear una parte de su tiempo libre para estudiar en casa, posee esas características que son necesarias para el liderazgo.

Hay en la gente una debilidad para la que no existe cura alguna. ¡Es la debilidad universal de la falta de ambición! Las personas, en especial las asalariadas, que programan su tiempo libre para dedicarse a estudiar en casa, raras veces permanecen durante mucho tiempo en los puestos bajos. Su acción les abre el camino hacia la posibilidad de ascender, les elimina numerosos obstáculos y les permite ganarse el amistoso interés de quienes tienen el poder de colocarlos en el camino de la oportunidad.

El método de estudiar en casa para obtener conocimientos resulta particularmente apropiado para las necesidades de las personas asalariadas que, tras haber abandonado la escuela, sienten la necesidad de adquirir conocimientos especializados, pero que no disponen de tiempo libre para volver a la escuela. La cambiante situación económica que prevalece desde la depresión, han hecho necesario para miles de personas encontrar nuevas o adicionales fuentes de ingresos. Para la mayoría de estos, la solución a su problema podría ser encontrada sólo al obtener un conocimiento específico. Se forzará a muchas personas a cambiar completamente su ocupación. Cuando un comerciante encuentra que cierta línea de mercadería no se está vendiendo, usualmente la reemplazará por otra que sí esté en demanda. La persona que tenga un negocio relacionado con la venta de servicios personales también debe ser un comerciante eficiente. Si sus servicios no traen retornos suficientes en una ocupación, deberá cambiar a otra donde tenga mayores oportunidades.

Stuart Austin Wier se preparó como ingeniero de la construcción y siguió esta línea de trabajo hasta que la Depresión limitó su mercado al punto que ya no podía ganar lo mínimo necesario. Entonces hizo un inventario de sí mismo y decidió cambiar de profesión y pasarse al Derecho. Volvió a la escuela y siguió cursos especiales con los que se preparó como abogado mercantil. Completó su preparación y pasó los exámenes finales para obtener el título. A partir de ahí no tardó en labrarse una carrera muy lucrativa con la práctica de la abogacía.

Sólo para dejar las cosas bien claras y para anticiparme a las justificaciones de quienes dirían: "Yo no podría ir a la escuela porque tengo que mantener a una familia", o bien: "Soy demasiado viejo para esas cosas", añadiré que el señor Wier tenía más de cuarenta años y estaba casado cuando regresó a estudiar a la escuela. Al seleccionar cursos altamente especializados en las universidades que estaban mejor preparadas para enseñar los temas elegidos, el señor Wier completó en dos años el trabajo para el que la mayoría de los estudiantes de leyes necesitan emplear cuatro. ¡Vale la pena saber cómo adquirir el conocimiento!

La persona que deja de estudiar solamente porque termino el colegio esta condenada para siempre a la mediocridad, sin importar cual sea su vocación. El camino al éxito es el camino de la búsqueda constante de conocimiento.

UNA IDEA SENCILLA QUE DIO RESULTADO

Consideremos un caso puntual:

Un vendedor de una charcutería se encontró de pronto sin empleo. Como tenía un poco de experiencia en teneduría de libros, se matriculó en un curso de contabilidad especial, se familiarizó con las últimas novedades en teneduría y equipos de oficina, y se puso a trabajar como independiente. Empezó con el charcutero para el que había estado trabajando, e hizo contratos con más de 100 pequeños comerciantes para llevarles la contabilidad, cobrándoles una tarifa mensual muy pequeña. Su idea era tan práctica que pronto empezó a prepararse una oficina portátil en un pequeño camión de reparto, equipado con máquinas modernas de teneduría de libros. En la actualidad dispone una "flota" de estas oficinas rodantes, y cuenta con un extenso equipo de ayudantes. Así puede proporcionar a los pequeños comerciantes un servicio de contabilidad equivalente a los mejores, a un precio más que conveniente.

El conocimiento especializado, sumado a la imaginación, fue el ingrediente de este negocio original y provechoso. El año pasado, el propietario de ese negocio pagó en impuestos sobre la renta casi diez veces más de lo que el charcutero para quien trabajaba le pagaba cuando perdió su trabajo.

¡El comienzo de ese lucrativo negocio fue una idea!

Ya que tuve el privilegio de proporcionarle esa idea al vendedor sin empleo, me tomo ahora el privilegio mayor de sugerir otra idea que entraña la posibilidad de ingresos incluso mayores.

Ésta me la sugirió el vendedor que dejó las ventas para meterse en el negocio de la teneduría de libros como ocupación principal. Cuando le sugerí ese plan como solución a su problema de desempleo, exclamó en seguida:

-Me gusta la idea, pero no sabría cómo transformarla en dinero efectivo.

En otras palabras, se estaba quejando de que no sabía cómo comercializar sus conocimientos de contabilidad después de haberlos adquirido.

Así, eso generaba otro obstáculo que resolver. Con la ayuda de una joven mecanógrafa que podía escribir toda la idea, preparó un librito muy atractivo donde se describían las ventajas del nuevo sistema de teneduría de libros. Las páginas estaban cuidadosamente mecanografiadas y pegadas en un álbum que se usaba como una especie de vendedor mudo, donde la historia de este nuevo negocio se relataba con tanta eficacia que prontamente su propietario empezó a tener más clientes de los que podía atender.

UN PLAN EFICAZ PARA DAR CON EL TRABAJO IDEAL

Hay miles de personas en todo el país que requieren los servicios de un especialista en ventas capaz de prepararles un curriculum atractivo para ofrecer sus servicios personales. El ingreso anual agregado de dicho servicio podría fácilmente exceder aquel recibido por la mayor agencia de empleos, y los beneficios del servicio podrían ser bastante mayores para el comprador que cualquiera que sea adquirido de una agencia de empleos.

La idea que se describe aquí nació de la necesidad de subsanar una emergencia que había que superar, pero no le ha sido útil sólo a esa persona. La mujer que creó la idea tenía una imaginación brillante. En su recién nacida idea vio una nueva profesión que serviría a miles de personas que buscan asesoramiento práctico para vender sus servicios personales.

Empujada a la acción por el éxito instantáneo de su primer "plan para vender servicios personales", esta enérgica mujer se abocó a la solución de un problema similar para un hijo suyo que acababa de salir de la universidad, pero que había sido incapaz de encontrar una manera de ofrecer sus servicios. El plan que ella ideó para que el joven se empleara ha sido el mejor plan para vender servicios personales que yo haya visto.

Cuando completó el curriculum, contenía cincuenta páginas de información mecanografiada, perfectamente organizada, que contaba la historia de las capacidades innatas de su hijo, sus estudios, sus experiencias personales, y una gran variedad de otras informaciones demasiado largas para describirlas. El curriculum además contenía una descripción completa del puesto de trabajo que su hijo deseaba, y un esquema del plan que pondría en práctica para alcanzar ese puesto.

La preparación del libro del curriculum requirió varias semanas de trabajo, durante las cuales su creador enviaba a su hijo a la biblioteca pública casi a diario a buscar datos que ella necesitaba para preparar el plan de venta de sus servicios. También lo mandaba a visitar a todos sus competidores para el empleo, y de ellos reunió información vital en lo concerniente a sus métodos de venta, lo que fue de gran valor en la formación del plan que intentaba usar para alcanzar la posición que buscaba. Cuando el plan quedó listo, contenía más de media docena de excelentes sugerencias para uso y beneficio del aspirante al trabajo.

NO HAY POR QUÉ EMPEZAR DESDE ABAJO

Uno podría sentirse tentado de preguntar: "¿Por qué todas estas complicaciones para asegurarse un trabajo?". La respuesta va derecho al punto, además es dramática, porque trata de un tema que supone la proporción de una tragedia con millones de hombres y mujeres, cuya única fuente de ingresos son los servicios personales.

La respuesta es: "¡Hacer bien una cosa nunca es una complicación!". El plan que esa mujer preparó para beneficio de su hijo ayudó a éste a conseguir el trabajo para el que se había presentado, en la primera entrevista, con el salario que él mismo había definido.

Además (y esto también es importante), ese puesto implicaba que el joven no empezara desde abajo. Comenzó como ejecutivo junior, con un salario de ejecutivo.

Pero, ¿por qué todos estos problemas?

Por una razón: la presentación planificada con que solicitó ese trabajo le ahorró no menos de diez años del tiempo que le hubieran hecho falta para llegar a la misma posición desde la que ahora empezaba si hubiese "comenzado desde abajo".

La idea de empezar desde abajo y forjarse el propio camino puede parecer buena, pero la principal objeción que se le puede hacer es que son demasiados los que empiezan desde abajo y nunca se las arreglan para asomar la cabeza lo bastante alto como para que la ocasión los vea, de modo que se quedan ahí. También hay que recordar que la perspectiva que se observa desde abajo no es ni muy brillante ni muy estimulante. Tiene tendencia a matar la ambición. Es lo que llamamos "el recorrido de la noria", lo que significa que aceptamos nuestro destino porque nos formamos el hábito de la rutina, un hábito que llega a ser tan poderoso que acabamos por no intentar ya sustraernos a él. Y ésa es otra razón por la que conviene empezar dos o tres escalones por encima del de "abajo". Al hacerlo de este modo, uno se forma el hábito de estar atento al entorno, de observar cómo progresan los otros, de buscar la oportunidad y de no dejarla huir.

HAGA QUE EL TRABAJO INSATISFACTORIO FUNCIONE A SU FAVOR

Dan Halpin es un ejemplo fabuloso de lo que voy a exponer. Durante sus años de universidad, trabajó como gerente del famoso equipo de fútbol Notre Dame, que fue campeón nacional en 1930, cuando se encontraba bajo la dirección de Knute Rockne. Tal vez él fue inspirado por el gran entrenador de fútbol para apuntar alto, y NO ERRORES DE DERROTAS TEMPORALES QUE LLEVAN AL FRACASO, igual que Andrew Carnegie, el gran líder industrial, que inspiró a sus jóvenes negociantes a fijarse metas elevadas. Halpin terminó sus estudios universitarios en un momento sumamente desfavorable, pues la Depresión había creado una grave cesantía, así que, después de aventurarse un poco en las inversiones y en el mundo del cine, aprovechó la primera oportunidad con un futuro potencial, vendiendo audífonos a comisión. Cualquiera podía empezar en un trabajo como ese, y Halpin lo sabía, pero ese trabajo le bastó para abrir las puertas a la oportunidad.

Durante casi dos años siguió haciendo lo mismo de mala gana, y nunca hubiera progresado si no hubiese hecho algo con respecto a su inconformidad. En un principio aspiró al puesto de gerente de ventas de su compañía, y obtuvo el trabajo. Aquel paso hacia arriba lo colocó lo bastante por encima de los demás como para permitirle ver una oportunidad todavía mayor. Además, lo puso en un lugar donde la oportunidad podía verlo.

Alcanzó una cifra tan elevada de ventas de audífonos, que A. M. Andrews, el directivo principal de Dictograph Products Company, una empresa competidora de la compañía para la que Halpin trabajaba, quiso conocer a ese hombre llamado Dan Halpin, que estaba aumentando tanto las ventas de la Dictograph Company. Mandó llamar a Halpin. Cuando la entrevista terminó, Halpin era el nuevo gerente de ventas de la Acousticon Division. Entonces, para poner a prueba los bríos del joven Halpin, Andrews se fue por tres meses a Florida, dejándolo a su suerte, a ver si nadaba o se hundía. ¡Pero no se hundió! La filosofía de Knute Rockne de que "todos adoran al ganador, pero no tienen tiempo para el perdedor", lo inspiró para esforzarse tanto que lo eligieron vicepresidente de la compañía, un puesto que muchos hombres estarían muy orgullosos de lograr tras diez años de leales esfuerzos. Halpin consiguió eso en poco más de medio año.

Es difícil decir si el Sr. Andrews o el Sr. Halpin son más merecedores de halagos, debido a que ambos evidencian tener una abundancia de esa muy rara cualidad conocida como IMAGINACIÓN. El Sr. Andrews merece el crédito por ver en el joven Halpin, una "persona dinámica" del mayor orden. Halpin merece el crédito por NEGARSE A COMPROMETERSE CON LA VIDA AL ACEPTAR Y PERMANECER EN UN TRABAJO QUE NO LE AGRADABA. Uno de los puntos importantes que intento destacar con esta manera de ver las cosas es que escalamos hasta las posiciones más elevadas o nos quedamos abajo por condiciones que podemos manejar, si lo deseamos.

SUS SOCIOS PUEDEN SER INAPRECIABLES

También estoy tratando de destacar otro tema, y es el siguiente: ¡tanto el éxito como el fracaso son, en gran parte, fruto de la costumbre! No me cabe ninguna duda de que la estrecha asociación de Dan Halpin con el mejor equipo de Estados Unidos plantó en la mente de Halpin el mismo tipo de deseo por destacar que hizo del Notre Dame un equipo mundialmente famoso. Desde luego, hay algo en la idea del culto al líder que resulta útil, en el supuesto de que uno admire a los ganadores.

Mi creencia en la teoría de que las asociaciones comerciales son factores vitales, tanto en el fracaso como en el éxito, fue claramente demostrada cuando mi hijo Blair estuvo negociando con el señor Halpin su puesto de trabajo. Halpin le ofreció un sueldo inicial de más o menos la mitad de lo que hubiera obtenido en una compañía rival. Yo ejercí mi presión como padre para inducirlo a aceptar su trabajo junto a Halpin, porque estoy convencido de que el vínculo estrecho con alguien que se niega a comprometerse con circunstancias que no son de su agrado es un bien que nunca se puede medir en términos de dinero.

Estar "abajo" es hallarse en un sitio pesado, inaprovechable y monótono para cualquiera. Por eso me he tomado tiempo para detallar la forma en que los comienzos desde abajo se pueden esquivar con una adecuada organización. También esta es la razón por la que se ha dedicado tanto espacio a la descripción de esta nueva profesión, creada por una mujer que se inspiró en hacer un trabajo fino de PLANIFICACIÓN, debido que quería que su hijo tuviera un favorable "descanso".

HAGA QUE SUS IDEAS RINDAN BIEN A TRAVÉS DEL CONOCIMIENTO ESPECIALIZADO

Con las variables introducidas por el colapso económico mundial, también aparecieron nuevas y mejores formas de vender los SERVICIOS PERSONALES. Es difícil establecer por qué alguien no ha descubierto antes esta estupenda necesidad, en vista del hecho que más dinero ha cambiado de manos en retorno por servicios personales que por cualquier otro propósito. La suma pagada mensualmente, para las personas que trabajan por un sueldo y salario es tan grande que llega a cientos de millones, y la distribución anual llega a billones.

¡Tal vez algunos encontrarán, en la IDEA descrita acá concisamente, el núcleo de la riqueza que tanto DESEAN! Ideas con mucho menos mérito han sido las bases sobre las que han nacido grandes riquezas. Por ejemplo, la idea de la Tienda de Cinco y

Diez Centavos de Woolworth ha tenido bastante menos mérito, pero acumuló una fortuna para su creador.

Aquellos que vieron una OPORTUNIDAD latente en esta sugerencia encontrarán una valiosa ayuda en el capítulo de Planificación Organizada. A propósito, un comerciante eficiente de servicios personales encontrará una demanda creciente para sus servicios donde sea que hayan hombres y mujeres en busca de mercados más atractivos para entregar sus servicios.

Al aplicar el principio Master Mind, unas pocas personas con talento adecuado, podrían formar una alianza, y tener un negocio con ganancias muy rápidamente. Uno necesitaría ser un escritor justo, con un instinto para la publicidad y la venta, diestro al mecanografiar y escribir a mano, y uno debería ser una persona con iniciativa en los negocios de primera clase, que hará que el mundo sepa sobre el servicio. Si una persona tiene todas estas habilidades, podría llevar a cabo el negocio sin ayuda, hasta que el mismo lo sobrepase.

La mujer que preparó el "Plan de ventas de servicios personales" para su hijo recibe ahora cartas de todas las partes del país en las que le piden su cooperación para preparar planes similares para otros que quieren comercializar sus servicios personales por más dinero. Ella tiene un personal de dactilógrafos, artistas y escritores especializados y hábiles en dramatizar la historia de casos en forma tan efectiva, que los propios servicios personales se pueden vender por mucho más que los salarios de mercado para servicios similares. Ella está tan confiada en su habilidad que acepta, como la mayor porción de su honorario, un porcentaje del aumento del pago que ayuda a ganar a sus clientes.

No debe suponerse que su plan consiste sólo en una política de ventas inteligente, mediante la cual ayuda a las personas a pedir y recibir más dinero por los mismos servicios por los que hasta ahora habían ganado menos. Se hace cargo de los intereses del contratante, además de los del vendedor de los servicios personales, y prepara sus planes para que el empleador reciba un valor contundente por el dinero adicional que paga. El método por medio del cual alcanza este sorprendente resultado es un secreto profesional que ella no divulga a nadie, excepto a sus propios clientes.

Si usted tiene imaginación y busca una salida más provechosa para sus servicios personales, esta sugerencia puede ser el estímulo que ha estado buscando. La idea es capaz de proporcionarle unas entradas mucho mayores que las del médico, el ingeniero o el abogado "estándar", cuya educación ha requerido varios años de universidad. La idea es vendible a aquellos que buscan nuevas posiciones, en prácticamente todas las que requieren habilidades gerenciales o ejecutivas; y quienes desean el reordenamiento de los ingresos en sus actuales trabajos.

¡No existe un precio fijo para las buenas ideas! Detrás de todas las ideas hay conocimientos específicos. Por desgracia, para aquellos que no encuentran riqueza en abundancia, el conocimiento especializado es más abundante y se adquiere con mayor facilidad que las ideas. Debido a esta verdad universal, hay una gran demanda y oportunidades cada vez mayores para las los que son capaces de ayudar a los demás a vender ventajosamente sus servicios personales. La capacidad entraña imaginación, cualidad necesaria para combinar los conocimientos especializados con las ideas en forma de planes organizados, pensados para alcanzar la fortuna.

Si usted tiene imaginación, este capítulo puede presentarle una idea que sea suficiente para servirle como punto de partida a las riquezas que desea. Recuerde que la idea es la pieza principal. Los conocimientos especializados se pueden encontrar a la vuelta de la esquina, ¡de cualquier esquina!

6. LA IMAGINACIÓN - EL TALLER DE LA MENTE

EL QUINTO PASO HACIA LA RIQUEZA

La imaginación es el taller donde se plasman todos los planes creados por la persona. Al impulso, al deseo, se les da forma, perfil y acción mediante la ayuda de la facultad imaginativa de la mente.

Se ha dicho que el hombre es capaz de crear cualquier cosa que pueda imaginar.

De todas las épocas de la civilización, esta es la más favorable para el desarrollo de la imaginación, porque es una época de cambios rápidos. En cada mano se pueden contactar estímulos que desarrollan la imaginación.

Mediante la ayuda de imaginativaza imaginación, el hombre ha descubierto y dominado más fuerzas de la naturaleza durante los últimos cincuenta años que durante la historia de todo el género humano anterior a esos cincuenta años. Ha conquistado el espacio aéreo de tal manera que los pájaros resultan pobres competidores. Ha analizado y pesado el sol a una distancia de millones de kilómetros y ha determinado, por medio de la imaginación, los elementos que lo componen. Ha aumentado la velocidad de locomoción hasta poder viajar a velocidades de más de mil kilómetros por hora. Ya vendrán los tiempos cuando un hombre pueda tomar desayuno en Nueva York, y almorzar en San Francisco.

La única limitación del ser humano, en su facultad de razonamiento, es el grado de desarrollo de su imaginación y el uso que haga de ella. Todavía no ha alcanzado la cima del desarrollo y del uso de su facultad inventiva. Apenas ha descubierto que la tiene, y tan sólo ha comenzado a usarla de una manera muy elemental.

DOS FORMAS DE IMAGINACIÓN

La facultad imaginativa funciona de dos maneras. Una se conoce con el nombre de "imaginación sintética", y la otra, como la "imaginación creativa".

La imaginación sintética

Por medio de ésta, uno puede compaginar viejos conceptos, ideas o planes en nuevas combinaciones. Esta facultad no crea. Funciona con el material de la experiencia, la educación y la observación con que se la alimenta. Es la facultad que más usa el inventor, con la excepción del "genio", que recurre a la imaginación creativa cuando no puede resolver su problema mediante la imaginación sintética.

La imaginación creativa

A través de la facultad de la imaginación creativa la mente limitada del hombre tiene comunicación directa con la Inteligencia Infinita. Es la facultad mediante la cual se reciben los "presentimientos" y las "inspiraciones". Por medio de esta facultad, un individuo puede "sintonizarse" o comunicarse con el subconsciente de otros hombres.

La imaginación creativa trabaja de forma automática, de la manera que se describe en páginas siguientes. Esta capacidadfunciona sólo cuando la mente consciente está trabajando a un ritmo extremadamente rápido, como, por ejemplo, cuando es estimulada por medio de la emoción de un deseo poderoso.

La facultad creativa se vuelve más alerta en proporción según el desarrollo que adquiere a través del uso. ¡Esta afirmación es significativa! Medite sobre ésta antes de continuar.

Tenga presente al seguir estos principios, que toda la historia de cómo uno puede convertir el DESEO en dinero no se realiza sobre la base de una afirmación. La historia estará completa, solamente cuando uno haya VENCIDO, ASIMILADO y EMPEZADO A USAR todos los principios.

Los grandes líderes de los negocios, la industria y las finanzas, y los grandes artistas, músicos, poetas y escritores han llegado al lugar que ahora tienen porque han desarrollado la facultad de la imaginación creativa.

Tanto la imaginación creativa como la sintética se agudizan cada vez más por el uso, de la misma forma que lo hace cualquier músculo u órgano del cuerpo.

El deseo es sólo un pensamiento, un impulso. Es nebuloso y efímero. Es abstracto, y no tiene valor hasta que se ha transformado en su contrapartida física. Si bien la imaginación sintética es la que se usará más frecuentemente en el proceso de transformar el impulso del deseo en dinero, usted debe tener presente el hecho de que puede afrontar circunstancias y situaciones que exijan el empleo de la imaginación creativa.

EJERCITE SU IMAGINACIÓN

Su facultad imaginativa puede haberse debilitado a causa de la falta de actividad. Se la puede revivir y estimular mediante el uso. Esta facultad no muere, aunque puede llegar a la inactividad total por falta de incentivo.

Centre su atención en el desarrollo de la imaginación sintética porque es la facultad que más usará en el proceso de convertir el deseo en dinero.

La transformación del impulso intangible, del deseo, en una realidad tangible, el dinero, exige el uso de un plan o más. Éste debe realizarse con ayuda de la imaginación y, sobre todo, con la facultad sintética de ella.

Léase todo el libro, y luego vuelva a este capítulo, y empiece en seguida a poner a trabajar la imaginación en la construcción de uno o varios planes, para la transformación de su deseo en dinero. Casi en cada capítulo se han dado detalladas instrucciones para elaborarlos. Siga las instrucciones que mejor se ajusten a sus necesidades. Ponga su estrategia por escrito, si aún no lo ha hecho. En el momento en que complete eso, habrá dado forma definitiva y concreta a un deseo intangible. Lea una vez más el enunciado anterior, léalo en voz alta, muy lentamente y, a medida que lo hace, recuerde que en el momento en que reduce la afirmación de su deseo y planifica su realización sobre un papel, ha dado el primer paso que le permitirá convertir ese pensamiento en realidad.

LAS LEYES QUE CONDUCEN A LA FORTUNA

La Tierra sobre la que usted vive y todas las otras cosas materiales son el resultado de los cambios de la evolución, mediante los cuales las partículas microscópicas de materia se han organizado y acomodado de manera estructurada.

Por otra parte (y esta afirmación es de fundamental importancia), este planeta, cada una de los miles de millones de células del cuerpo de usted, y cada átomo de materia, empiezan como una forma intangible de energía.

¡El deseo es el impulso del pensamiento! Los impulsos del pensamiento son formas de la energía. Cuando empieza a acumular dinero con un impulso del pensamiento, el deseo, usted está poniendo a su servicio el mismo "material" que la naturaleza utilizó para crear este planeta y todas las formas materiales del universo, incluido el cuerpo y el cerebro en los que los impulsos de pensamiento funcionan.

Desde que la ciencia ha sido capaz de determinar, todo el universo consiste en dos elementos, materia y energía.

A través de la combinación de energía y materia, se ha creado todo lo perceptible al hombre, desde la estrella más grande que flota por los cielos hasta el ser humano.

Ahora usted está comprometido en la tarea de tratar de aprovecharse del método de la Naturaleza. Usted está (esperamos que sinceramente y vehementemente) tratando de adaptarse a las leyes de la Naturaleza, al tratar de convertir el DESEO en su equivalente físico o monetario.

¡NO LO PUEDE HACER! HA SIDO HECHO CON ANTERIORIDAD!

Usted puede amasar riquezas mediante la ayuda de leyes que son inmutables. Pero primero debe familiarizarse con esas leyes, y aprender a usarlas. A través de la repetición, y ofreciendo la descripción de estos principios desde todos los ángulos concebibles, el autor desea revelarle el secreto mediante el cual se han conseguido todas las grandes fortunas. Por extraño y paradójico que pueda parecer, el "secreto" no es tal. La propia naturaleza nos lo pone delante, en la Tierra donde vivimos, en las estrellas, en los planetas suspendidos en sus órbitas, en los elementos que nos rodean, y en todas las formas de vida que tenemos a nuestra disposición.

La naturaleza divulga este "secreto" en términos de biología, en la conversión de una célula diminuta, tan pequeña que se puede perder en la punta de un alfiler, en el SER HUMANO que está leyendo ahora esta línea. La conversión del deseo en su equivalente físico, ¡ciertamente no es más milagrosa!

No se desanime si no entiende completamente todo lo que ha sido declarado. A menos que usted haya sido un estudiante de la mente durante mucho tiempo, no se espera que asimile todo lo que esta en este capítulo en una primera lectura.

Pero con el tiempo hará buenos avances.

Los principios que presentamos a continuación le abrirán el camino a la comprensión de la imaginación. Asimile los que consiga entender, a medida que lee por primera vez esta manera de ver las cosas. Luego, cuando repase el texto y lo estudie nuevamente, descubrirá que ha pasado algo que clarifica las cosas y le da una comprensión más amplia de todo. Pero, sobre todo, no se detenga, no dude en sus estudios de estos principios, hasta que haya leído el libro al menos unas tres veces, porque, para entonces, ya no querrá detenerse.

CÓMO HACER USO PRÁCTICO DE LA IMAGINACIÓN

Las ideas son el punto inicial de todas las fortunas. Las ideas son productos de la imaginación. Examinemos algunas bien conocidas que han dado origen a fortunas inmensas, en la esperanza de que estos ejemplos transmitirán la información precisa de lo que se refiere al método a través del cual se puede usar la imaginación para crear riquezas.

LA TETERA ENCANTADA

Hace cincuenta años, un viejo médico de campo se fue a caballo hasta el pueblo, ató su montura, entró sigilosamente en la botica por la puerta trasera y empezó a "regatear" con el joven dependiente. Su misión estaba destinada a producir grandes riquezas a muchas personas. Estaba destinado a llevar al Sur el más grande beneficio desde la Guerra Civil.

Durante más de una hora, tras el mostrador, el viejo doctor y el dependiente hablaron en voz baja. Después, el doctor salió. Fue hasta el caballo y regresó a la tienda con una gran tetera antigua, y con una paleta de madera (que se usaba para revolver el contenido de la tetera), y las dejó en la parte trasera de la tienda.

El dependiente inspeccionó la tetera, buscó en su bolsillo interior, sacó un rollo de billetes y se lo alargó al doctor. El rollo contenía quinientos dólares, ¡todos los ahorros del dependiente! El doctor le dio un pedazo de papel en el que aparecía escrita la fórmula secreta. ¡Las palabras de aquel trozo de papel bien valían el rescate de un rey! ¡Pero no para el doctor! Esas palabras mágicas eran necesarias para que la tetera empezara a hervir, pero ni el doctor ni el joven dependiente sabían qué fortunas fabulosas estaban destinadas a brotar de aquella tetera.

El viejo médico estaba contento de vender esos objetos por quinientos dólares. El dependiente se arriesgaba mucho apostando todos sus ahorros a un trocito de papel y a una tetera vieja. Nunca había soñado que su inversión comenzaría con una tetera que rebosaría de oro y que un día sobrepasaría el milagroso fenómeno de la lámpara de Aladino.

¡Lo que el dependiente había comprado, en realidad, era una idea!

La vieja tetera, y la cuchara de madera y el mensaje secreto escrito en el trocito de papel eran cosas incidentales. Las curiosas cualidades de aquella tetera comenzaron a manifestarse después de que su nuevo propietario mezclara, según las instrucciones secretas, un ingrediente sobre el cual el doctor no sabía nada.

Trate de descubrir qué fue lo que el joven añadió al mensaje secreto, que hizo que la tetera rebosara de oro. Ésta es una historia de hechos, más extraños que la ficción, que se inician en la forma de una idea.

Veamos las vastas fortunas que esta idea ha producido. Ha rendido, y sigue rindiendo, fortunas inmensas a hombres y mujeres que se ocupan de cultivar caña de azúcar y de refinar y comercializar el azúcar.

La vieja tetera consume, anualmente, millones de botellas, proporcionando trabajo a un enorme número de trabajadores del vidrio. La vieja tetera da empleo a un ejército de dependientes, taquígrafos, escritores y expertos en publicidad en toda la nación. Ha obtenido fama y fortuna para muchísimos artistas que han creado cuadros fabulosos que describen el producto.

La vieja tetera ha transformado a un pequeño pueblo del sur de los Estados Unidos en la capital sureña de los negocios, donde ahora beneficia directa o indirectamente cada negocio y casi a cada residente de la ciudad.

La influencia de esta idea beneficia ahora a todas las urbes civilizadas del mundo, vertiendo un flujo continuo de oro para todo aquel que la toca.

El oro de la tetera construye y mantiene una de las universidades más importantes del sur de los Estados Unidos, donde millares de jóvenes reciben el entrenamiento esencial para el éxito.

Old Kettle ha hecho otras cosas sorprendentes. Durante toda la depresión mundial, cuando las fabricas, bancos y casas comerciales estaban liquidando y renunciando por miles, el dueño de esta Tetera Encantada siguió avanzando, dando empleos continuos, a un ejercito de personas en todas partes del mundo, y pagando porciones extras de oro a aquellos que, hace mucho tiempo, tuvieron fe en la idea.

Si el producto de esa vieja tetera de bronce pudiera hablar, nos contaría escalofriantes historias de novela, en todos los idiomas. Novelas de amor, novelas de negocios, novelas de hombres y mujeres profesionales, que se ven estimulados a diario por ese producto. El autor está seguro de una de esas novelas por lo menos, pues tiene parte en ella, y todo empezó cerca de donde el dependiente le compró al médico la vieja tetera. Allí fue donde el autor conoció a su esposa, y ella le habló por primera vez de la tetera encantada. Era el producto de aquella tetera lo que estaban bebiendo cuando él le pidió que lo aceptase "para lo mejor o lo peor".

Ahora que usted sabe que el contenido de la Tetera Encantada es un afamado trago mundial, es apropiado que el autor confiese que la ciudad natal del trago le dio una esposa, y que también el trago en sí le dio estimulación de pensamiento sin intoxicación, y por consiguiente le sirve para refrescarle la mente, lo que requiere el autor para hacer un mejor trabajo.

Sea usted quien fuere, viva en donde viva, y sea cualquiera la ocupación a la que se dedique, recuerde en el futuro, cada vez que vea las palabras "Coca Cola", que su vasto imperio de riqueza e influencia ha surgido de una sola idea, y que el misterioso ingrediente con que el dependiente de la droguería -Asa Candler- mezcló la fórmula secreta era... ¡la imaginación! Deténgase a pensar en ello por un instante.

Recuerde, además, que los pasos hacia la riqueza que se describen en este libro han sido los medios por los que la influencia de Coca-Cola se ha extendído a cada ciudad, pueblo, aldea y encrucijada del mundo, y que cualquier idea que usted pueda crear, tan buena y meritoria como la Coca-Cola, tiene la posibilidad de duplicar el récord de ese refresco mundialmente difundido.

En realidad, los pensamientos son cosas, y su alcance de operación es el mundo en sí.

QUÉ HARÍA YO SI TUVIESE UN MILLÓN DE DÓLARES

Esta historia demuestra la veracidad de aquel antiguo adagio: "Donde hay una voluntad, hay un camino". Esto me lo decía ese apreciado educador y clérigo, el extinto Frank W. Gunsaulus, que comenzó su carrera de predicador en los corrales de ganado de la región de Chicago.

Mientras el doctor Gunsaulus estudiaba en la universidad, observó muchos defectos en nuestro sistema educativo, fallas que creía que podría corregir, si fuera director de un colegio. Su deseo más profundo era convertirse en la persona guía de una institución educacional en donde jóvenes hombres y mujeres "serán enseñados a aprender al hacer cosas".

Se propuso organizar un nuevo colegio donde llevar a cabo sus ideas particulares, sin los obstáculos de los métodos ortodoxos de la educación. ¡Necesitaba un millón de dólares para poner su proyecto en marcha! ¿Hacia dónde necesitaría tender las manos para obtener semejante suma? Esa era la cuestión que absorbió la mayor parte de las reflexiones de ese joven y ambicioso predicador.

Pero no parecía que consiguiese progreso alguno. Todas las noches se acostaba pensando en lo mismo, y al día siguiente se levantaba con la misma idea. Siguió dándole vueltas, hasta que se convirtió en una obsesión. Un millón de dólares es mucho dinero. El reconoce ese hecho, pero también reconoce que la única limitación es la que uno se pone en su propia mente.

Al ser un filósofo, además de un predicador, el doctor Gunsaulus reconocía, tal como todos aquellos que tienen éxito en la vida, que un propósito definido es el punto de partida. Reconocía, también, que esa definición del propósito adquiere animación, vida y poder cuando está respaldada por un deseo ardiente de traducir ese propósito en su equivalente material.

Él conocía todas esas grandes verdades, y, sin embargo, no sabía dónde, ni cómo encontrar un millón de dólares. El procedimiento natural hubiera sido ceder y olvidarse del asunto, diciendo: "En fin, mi idea es buena, pero no puedo hacer algo con ella porque nunca podré juntar un millón de dólares". Eso es exactamente lo que la mayoría de la gente hubiese dicho, pero no lo que el doctor Gunsaulus. Lo que dijo e hizo son cosas tan importantes que ahora se lo presento al lector, para que él mismo sea quien lo explique.

"Un sábado por la mañana me senté en mi habitación pensando maneras de conseguir el dinero necesario para llevar a cabo mis planes. Durante casi dos años había estado pensando, ¡pero no había hecho otra cosa que pensar!

"¡Había llegado el momento de la acción!

"En aquel momento decidí que reuniría ese millón de dólares en el plazo de una semana. ¿Cómo? Eso no me intimidaba. Lo más importante era la decisión de conseguirlo en un plazo determinado, y quiero destacar que en el instante en que alcancé esa decisión, una extraña sensación de seguridad se apoderó de mí, de una manera que jamás había vivido. Algo en mi interior parecía decir: "¿Por qué no has tomado esa decisión antes? Hace tiempo que ese dinero te espera".

"Los acontecimientos se precipitaron. Llamé a los periódicos y anuncié que a la mañana siguiente pronunciaría un sermón titulado "Qué haría si tuviese un millón de dólares".

"Me puse a trabajar en seguida en el sermón, pero debo decir, con franqueza, que la tarea no era difícil, porque había estado preparándolo durante casi dos años.

"Mucho antes de la medianoche lo había terminado. Me fui a la cama y me dormí con un sentimiento de confianza, porque podía verme a mí mismo en posesión del millón de dólares.

"A la mañana siguiente me levanté temprano, me metí en el baño, leí el sermón y me arrodillé para pedir que mi sermón despertara la atención de alguien que me proporcionase el dinero que necesitaba.

"Mientras estaba rezando volví a sentir la seguridad de que el dinero estaba a punto de llegar. En mi excitación, salí sin el sermón, y no descubrí mi descuido hasta que estuve en el púlpito, dispuesto a leerlo.

"Era demasiado tarde para volver por mis notas, ¡y fue una suerte que no pudiese hacerlo! En vez de ellas, mi subconsciente me dio el material que requería. Cuando me puse de pie pronunciar mi sermón, cerré los ojos y hablé con todo el corazón y el alma de mis sueños. No sólo hablé para mi audiencia, también me dirigí a Dios. Dije lo que haría con un millón de dólares, si Alguien me pusiera esa suma en mis manos. Describí el plan que había ideado para hacer funcionar una gran institución educacional, donde la gente joven aprendería a hacer cosas prácticas, al mismo tiempo que acumulaban conocimientos.

"Cuando terminé y me senté, un hombre se levantó lentamente de su asiento, a unas tres filas de los asientos traseros, y se acercó al púlpito. Me pregunté qué pensaría hacer. Entró en el púlpito, me tendió la mano y me dijo: "Reverendo, su sermón me ha gustado. Creo que puede hacer todo lo que usted ha dicho que haría si tuviera un millón de dólares. Para demostrarle que creo en su sermón y en usted, si viene a mi oficina mañana por la mañana, le daré el millón de dólares. Me llamo Phillip D. Armour".

El joven Gunsaulus acudió a la oficina del señor Armour y le dieron el millón de dólares. Con ese dinero fundó el Armour Institute of Technology, conocido en la actualidad como Illinois Institute of Technology.

Eso es más dinero que la mayoría de los predicadores han visto en toda su vida, a pesar de que el pensamiento del dinero fue creado por la mente de un predicador joven en menos de un minuto.

El millón de dólares necesario surgió como resultado de una idea. Detrás de ella estaba el deseo que el joven Gunsaulus había abrigado en su interior durante casi 24 meses.

Observe este importante hecho: consiguió el dinero al cabo de treinta y seis horas de haber alcanzado la decisión definitiva de obtenerlo ¡y de decidir un plan definido para ello!

No había algo novedoso ni peculiar en la vaga idea del joven Gunsaulus en lo que se refería al millón de dólares, y en sus débiles deseos de conseguirlo. Otros antes que él, y muchos más desde entonces, han tenido pensamientos similares. Pero hubo algo muy especial y diferente en cuanto a la decisión que alcanzó aquel sábado memorable, cuando dejó de lado toda indecisión, y se dijo, convencido: "Conseguiré ese dinero en el plazo de una semana".

¡Dios parece estar de lado del hombre que sabe exactamente que es lo que quiere, si está determinado a obtener SÓLO ESO!

Además, ¡el principio por el cual el doctor Gunsaulus obtuvo el millón de dólares todavía sigue vigente! ¡Está a su disposición! La ley universal funciona hoy con tanta eficacia como cuando el joven predicador la empleó de manera tan provechosa. Este libro describe, paso a paso, los trece elementos de esta gran ley, y sugiere como utilizarlos.

CÓMO TRANSFORMAR IDEAS EN DINERO EFECTIVO

Observe que Asa Candler y el doctor Frank Gunsaulus compartían una característica.. Ambos conocían la sorprendente verdad de que las ideas se pueden convertir en dinero efectivo por medio del poder de un propósito claro, y de unos planes concretos.

Si usted es de los que creen que el trabajo duro y la honradez, por sí solos, le proporcionarán riqueza, ¡está muy equivocado! La riqueza, cuando llega en grandes cantidades, nunca es sólo como resultado del trabajo duro. Cuando aparece, la riqueza es el fruto de exigencias definidas, basadas en la aplicación de planes concretos, y nunca se debe a la suerte ni al azar.

Una idea es un impulso de pensamiento que incita a la acción por medio de un llamado a la imaginación. Todos los vendedores duchos saben que, cuando las mercaderías no se pueden vender, las ideas sí. Los vendedores del montón lo ignoran, y, precisamente por eso, son "del montón".

Un editor de libros baratos hizo un descubrimiento de gran valor para todos los editores en general. Aprendió que mucha gente compra el título y no el contenido de los libros. Por el sólo hecho de cambiar el título a un libro que no se vendía, sus ventas aumentaron en más de un millón de ejemplares. Las "tripas", como es llamada en la jerga de los editores la parte que queda entre las cubiertas, no habían cambiado. Se limitaron a arrancar las cubiertas en que figuraba el título que no se vendía, para aplicar a los ejemplares una cubierta renovada con un título con un valor más "taquillero". Por sencilla que pueda parecer, ¡ésa era una verdadera idea! Era imaginación.

No existe un precio estándar para las ideas. El creador de ideas pone su propio precio, y, si es inteligente, logra imponerlo.

La industria de películas creó un gran número de millonarios. La mayoría de ellos, hombres que no pudieron crear ideas, PERO que tenían la imaginación suficiente para reconocerlas cuando las veían.

El próximo grupo de millonarios surgirá del negocio de la radio, que es nuevo y no está sobrecargado con hombres de imaginación aguda. El dinero lo harán aquellos que descubran o creen nuevos y más meritorios espectáculos de radio y tengan la imaginación suficiente para reconocer los atributos, y para darle a los oyentes una oportunidad de beneficiarse por éste.

¡El auspiciador! Esa victima desafortunada que ahora tiene que pagar por el costo de toda la "entretención" por radio, pronto estará consciente de su idea y exigirá algo a cambio de su dinero. Quien vence al auspiciador en el dibujo, y suministra programas que rinden servicios útiles, es el que se hará rico en esta nueva industria.

Los cantantes populares de estilo romántico y otros artistas, que ahora contaminan el aire con comentarios chistosos y risitas falsas, seguirán el camino de las ligeras maderas de construcción, y sus lugares serán tomados por verdaderos artistas, que interpretan programas cuidadosamente planificados, que han sido diseñados para servir a las mentes de las personas así como entregar entretención.

Aquí tenemos un campo bastante abierto de oportunidades que esgrime sus alegatos por la forma en que está siendo asesinado, debido a la falta de imaginación, y que ruega por ser rescatada a cualquier costo. Más que nada ¡lo que la radio necesita son nuevas IDEAS!

Si este nuevo campo de oportunidades le intriga, tal vez se podría beneficiar por la sugerencia que los programas de radio exitosos del futuro le prestarán mayor atención a crear audiencias para el "comprador", y menos atención a las audiencias para el "oyente". Explicándolo más simplemente, el constructor de programas de radio que tendrá éxito en el futuro deberá encontrar formas prácticas de convertir a los "oyentes" en "compradores". Por otra parte, el productor exitoso de programas de radio en el futuro debe mejorar sus atributos para que definitivamente pueda mostrar su efecto en la audiencia.

Los auspiciadores se están irritando un poco de comprar conversaciones de venta de mucha labia, basadas en afirmaciones sacadas del aire. Ellos quieren, y en el futuro exigirán, pruebas indisputables que el programa Whoosit no solamente le da a millones de personas la risa falsa más tonta, ¡sino que esa risita falsa puede vender la mercadería!

Otra cosa que también deben entender las personas que consideran entrar a este nuevo campo de oportunidades, es que la publicidad por radio va a ser manejada por un nuevo grupo de expertos en publicidad, separado y diferente de los antiguos hombres de agencias de publicidad, revistas y diarios. Los antiguos cronometradores (contadores) en el juego publicitario no pueden leer los libretos de radio actuales, porque han sido educados para VER las ideas. La nueva técnica de radio exige personas que puedan interpretar las ideas de un libreto escrito en términos de SONIDO! Al autor le costó un año de difícil trabajo y muchos miles de dólares aprender esto.

Ahora, la radio es donde estaban las películas, cuando Mary Pickford y sus bucles recién aparecieron en pantalla. Hay mucho lugar en la radio para las personas que puedan producir o reconocer IDEAS.

Si el comentario anterior sobre las oportunidades de la radio aún no ha empezado a hacer trabajar sus ideas, mejor olvídelo. Su oportunidad se encontrará en alguna otra industria. Si el comentario lo intrigó aunque sea en un grado mínimo, entonces siga adelante, y encontrará esa IDEA que necesita para lanzar su carrera.

No se deje desalentar si no tiene experiencia en radio. Andrew Carnegie sabía muy poco sobre como hacer acero - Tengo las palabras de Carnegie sobre esto – pero él utilizó en forma práctica dos de los principios descritos en este libro, e hizo que el negocio del acero le produjera billones.

La historia de casi cada fortuna comienza el día en que el creador y el vendedor de ideas se conocen y empiezan a trabajar en armonía. Carnegie se rodeó de hombres capaces de todo lo que él no podía hacer, hombres que creaban ideas, y otros que hacían andar esas ideas; y tanto él como los demás llegaron a ser tremendamente ricos.

Hay tantas personas que se pasan la vida esperando un "golpe de suerte" favorable. Tal vez eso pueda proporcionarnos una oportunidad, pero el plan más seguro es no depender de la suerte. Un "golpe de suerte" favorable fue lo que me ofreció la mejor oportunidad de mi vida, pero tuve que dedicar veinticinco años de esfuerzos en una misma dirección para que esa oportunidad se convirtiese en algo concreto.

El "golpe de suerte" consistió en conocer a Andrew Carnegie y obtener su colaboración. En aquella oportunidad, Carnegie me sugirió la idea de organizar los principios de los logros y los triunfos en una filosofía del éxito. Miles de personas han aprovechado los descubrimientos que se han hecho durante estos últimos veinticinco años de investigación, y se han acumulado

varias fortunas mediante la aplicación de esta filosofía. El comienzo fue simple. Era una idea que cualquiera hubiera podido poner en práctica.

El golpe de suerte favorable surgió con Carnegie, pero ¿qué hay de la determinación, la definición de los propósitos y el anhelo de alcanzar el objetivo, y el esfuerzo perseverante de veinticinco años? No era un deseo ordinario el que sobrevivió a los contratiempos, a los desalientos, a los fracasos temporales, a las críticas y a los constantes recordatorios de que aquello era una "pérdida de tiempo". ¡Era un deseo ardiente! ¡Una obsesión!

Cuando Carnegie me sugirió la idea por vez primera, fue alimentada, alentada y abrigada para mantenerla viva. Gradualmente, la idea llegó a ser gigante por su propio poder, y entonces me alimentó, alentó y condujo. Las ideas son así. Primero nosotros les damos vida, acción y orientación, y luego ellas adquieren su propio poder y arrasan con cualquier tipo de obstáculo.

Las ideas son fuerzas intangibles, pero tienen más fuerza que el cerebro físico en donde surgen. Tienen el poder de seguir viviendo, aun después de que el cerebro que las ha creado haya regresado al polvo.

EL ÉXITO NO REQUIERE EXPLICACIONES. EL FRACASO NO PERMITE PRETEXTO

7. LA PLANIFICACIÓN ORGANIZADA

LA CRISTALIZACIÓN DEL DESEO EN ACCIÓN

EL SEXTO PASO HACIA LA RIQUEZA

Usted acaba de aprender que todo lo que se crea o adquiere empieza con la forma de un deseo, un anhelo que se asume desde su primera aparición y va desde lo abstracto hasta lo concreto, en el taller de la imaginación, donde se crean y se organizan estrategias para su transición.

En el segundo capítulo se le indicó para que diese seis pasos muy definidos, como primer movimiento hacia la transmutación del deseo de dinero en su equivalente material. Uno de esos pasos es la formación de un plan, o planes, definido y práctico, mediante el cual esa transformación puede tener lugar.

Ahora recibirá instrucciones sobre cómo construir planes que sean prácticos:

a) Alíese con un grupo de tantas personas como pueda necesitar para la creación y ejecución de su plan para la acumulación de riqueza, haciendo uso del principio del "trabajo en equipo", que se describe en un próximo capítulo. La subscripción a este principio es esencial. No lo desatienda.

b) Antes de haber formado su "equipo de trabajo", decida ventajas y beneficios que usted puede ofrecer a cada miembro de su grupo a cambio de su cooperación. Nadie trabajará indefinidamente sin alguna forma de retribución. Ninguna persona inteligente exigirá ni esperará que otra trabaje sin una compensación justa, aunque ésta no siempre se encuentre en forma de dinero.

c) Acuerde reunirse con los miembros de su equipo de trabajo por lo menos un par de veces por semana, y más a menudo si se puede, hasta que hayan puesto a punto el plan necesario para la acumulación de dinero.

d) Mantenga una perfecta armonía entre usted y los miembros del equipo. Si no consigue ajustarse a esta instrucción a pie juntillas, se topará con el fracaso. El principio del "trabajo en equipo" no se obtiene donde la armonía perfecta no reina.

Tenga presentes estos hechos:

Primero: usted está comprometido en una empresa de gran importancia para usted. Si quiere asegurarse el éxito, ha de tener planes que sean infalibles.

Segundo: debe contar con la ventaja de la experiencia, la educación, la capacidad innata y la imaginación de otras mentes. Esto está en concordancia con los métodos que siguen todas las personas que han acumulado fortunas importantes. Nadie tiene suficiente experiencia, educación, capacidad innata y conocimientos para garantizar la acumulación de una gran fortuna sin la ayuda de otras personas. Cada plan que usted adopte en la empresa de acumular riquezas debe ser la creación conjunta de usted y los demás miembros del "equipo de trabajo". Usted puede originar sus propias estrategias, tanto en partes como en su totalidad, pero asegúrese de que esos planes sean verificados y aprobados por su "equipo de trabajo".

SI SU PRIMER PLAN FRACASA, ¡INTENTE OTRO!

Si el primer plan que adopta no funciona con éxito, cámbielo por uno nuevo; si este nuevo plan tampoco funciona, vuelva a cambiarlo por otro, y así sucesivamente hasta que encuentre un plan que resulte. Aquí se encuentra la causa principal de que la mayoría de los hombres tope con el fracaso, debido a su falta de perseverancia en la creación de nuevos planes para sustituir los que no funcionan. La persona más inteligente no puede tener éxito en la acumulación de dinero (ni en ninguna otra empresa) sin contar con planes que sean prácticos y viables. Tenga presente este hecho y, cuando sus planes fallen, recuerde que un fracaso temporal no es lo mismo que uno permanente. Un fracaso indica sólo que los planes no eran buenos. Haga otros. Vuelva a empezar todo de cero.

Thomas A. Edison "falló" diez mil veces antes de perfeccionar completamente la ampolleta eléctrica incandescente. Es decir, se encontró con la derrota temporal diez mil veces antes que sus esfuerzos alcanzarán el éxito.

El fracaso temporal debe significar sólo una cosa: la certidumbre de que hay algo que no funciona en lo planificado. Millones de hombres se pasan la vida en la miseria y en la pobreza porque les falta un buen plan mediante el cual acumular dinero.

Henry Ford acumuló una fortuna no por su mente superior, sino a que adoptó y siguió un PLAN, que probó ser sólido. Miles de personas pueden ser significativas, cada uno con una educación mejor que la de Ford, aun cuando cada uno de ellos vive en la pobreza, debido a que ellos no poseen el plan CORRECTO para acumular dinero.

El logro no puede ser mayor que los planes. Eso parecería ser una afirmación axiomática, pero es verdad. Samuel Insull perdió su fortuna de más de cientos de millones de dólares. La fortuna Insull se construyó sobre planes que eran sólidos. La depresión financiera forzó al Sr. Insull a CAMBIAR SUS PLANES; y el CAMBIO trajo consigo "derrota temporal," debido a que sus nuevos planes NO ERAN SÓLIDOS. Ahora, el Sr. Insull es un hombre viejo, puede que en consecuencia él acepte el "fracaso" en lugar de la "derrota temporal", pero si su experiencia resulta ser un FRACASO, será porque le falta PERSISTENCIA para reconstruir sus estrategias.

Ningún ser humano está vencido mientras él mismo no se rinda en su propia mente.

N. Hill se topó con fracasos temporales la primera vez que se propuso reunir el capital necesario para trazar un ferrocarril de Este a Oeste de Estados Unidos, pero también convirtió el fracaso en victoria con la utilización de nuevos planes. Henry Ford conoció el fracaso temporal, no sólo al principio de su carrera en el mundo del automóvil, sino después de haber estado en lo más alto del éxito. Concibió otros planes, y siguió avanzando hacía la victoria financiera.

Vemos hombres que han acumulado grandes fortunas; pero, a menudo, sólo reconocemos sus triunfos y pasamos por alto los fracasos temporales que han tenido que superar antes de "llegar".

Ningún seguidor de esta filosofía puede esperar razonablemente que acumulará una fortuna sin experimentar "fracasos temporales". Cuando la derrota sobreviene, acéptelo como una señal de que sus planes no son buenos, haga otros, y enrríélese de nuevo hacia su objetivo anhelado. Si pierde interés antes de haber alcanzado la meta, usted es una persona que renuncia con facilidad. Recuerde que los que abandonan nunca ganan..., y un ganador nunca abandona. Copie esta frase en un papel, en letras bien destacadas, y póngala donde pueda verla todas las noches antes de dormir, y todas las mañanas antes de ir al trabajo.

Cuando empiece a elegir miembros para su equipo de trabajo, procure elegir aquellos que no se tomen el fracaso muy en serio.

Algunas personas creen tontamente que sólo el dinero puede generar dinero. ¡Esto no es cierto! El deseo, transmutado en su equivalente monetario, a través de los principios que presentamos aquí, es el agente por el cual se "hace" el dinero. La riqueza, en sí, no es más que materia inerte. No se puede mover, no piensa ni habla, ¡pero puede "oír" cuando, un hombre que lo desee, lo llama!

PLANIFICACIÓN DE LA VENTA DE SERVICIOS PERSONALES

El resto de este capítulo será sobre una descripción sobre las formas y medios de comercializar los servicios personales. La información recogida aquí será muy útil para cualquiera que tenga algún tipo de servicio personal para ofrecer, pero tendrá un beneficio incalculable para los que aspiran al liderazgo en las ocupaciones escogidas.

La planificación inteligente es básica para el triunfo de cualquier empresa ideada con el fin de acumular riquezas. Aquí encontrará explicaciones detalladas para quienes tienen que empezar la acumulación de riquezas por el procedimiento de vender sus servicios personales.

Debe de ser muy alentador saber que casi todas las grandes fortunas empezaron en forma de compensación por servicios personales prestados, o por la venta de ideas. ¿Qué más, aparte de las ideas y de los servicios personales, tiene alguien sin propiedades para ofrecer a cambio de dinero?

CASI TODOS LOS LÍDERES EMPIEZAN COMO SEGUIDORES

Hablando en general, en el mundo hay dos tipos de personas. A unas se las conoce como líderes, y a otras como seguidores. Decídase desde un principio si se propone llegar a ser un líder en la vocación elegida o continuará siendo un asistente. La diferencia en las ganancias es enorme. El asistente no puede esperar de manera razonable recibir la misma compensación que el líder, aunque muchos seguidores cometen el error de esperar la misma remuneración.

No es ninguna desgracia ser asistente. Por otra parte, tampoco tiene mérito alguno seguir siéndolo. Casi todos los grandes líderes empezaron en el puesto de los seguidores. Llegaron a ser grandes líderes porque eran seguidores capaces. Con muy pocas excepciones, el hombre que no pueda estar a las órdenes de un líder de manera inteligente, nunca llegará a ser un líder eficaz. En cambio, el hombre que pueda seguir inteligentemente a un líder es quien genera con mayor rapidez la capacidad para ser líder. Un seguidor inteligente tiene muchas ventajas; entre ellas, la oportunidad de adquirir conocimientos de su líder.

LAS CARACTERÍSTICAS PRINCIPALES DEL LÍDER

Los factores siguientes son importantes en todo líder:

1. Valor inquebrantable, basado en el conocimiento de sí mismo y del propio oficio. Ningún seguidor desea ser dominado por un líder falto de confianza en sí mismo y de coraje. Ningún seguidor inteligente puede estar mucho tiempo dominado por un líder así.

2. Autocontrol. El incapaz de controlarse, nunca podrá controlar a ortos. El autocontrol es un ejemplo poderoso para los seguidores, que los más inteligentes emularán.

3. Un claro sentido de la justicia. Sin un sentido de lo que es justo y de la justicia, ningún líder puede dirigir a sus seguidores y mantener su respeto.

4. Precisión en las decisiones. El hombre que vacila en sus decisiones demuestra que no está seguro de sí, y no puede conducir a otros al triunfo.

5. Exactitud en los planes. El líder que tiene éxito debe planificar su trabajo, y trabajar su estrategia. Un líder que se mueve por conjeturas, a ojo, sin planes prácticos ni precisos, es comparable a un barco sin timón. Tarde o temprano acabará por estrellarse.

6. El hábito de hacer más de lo que le corresponde. Uno de los pormenores del liderazgo es el hecho de que el líder debe estar dispuesto a hacer más de lo que exige a sus seguidores.

7. Una personalidad agradable. Una persona desaliñada y descuidada no puede llegar a ser un líder eficaz. La categoría de líder requiere respeto.

Los seguidores no respetarán a un líder que no se destaque en todos los factores que conforman una personalidad agradable.

8. Simpatía y comprensión. El líder de éxito debe ser simpático con sus seguidores. Además de ser comprensivo con ellos y con sus dificultades.

9. Dominio del detalle. Un liderazgo eficaz exige el dominio de los detalles de la posición del líder.

10. Disposición a asumir toda la responsabilidad. El líder de éxito debe estar dispuesto a asumir la responsabilidad por los errores y los descuidos de sus seguidores. Si trata de eludir esta responsabilidad, dejará de ser el líder. Si uno de sus seguidores comete un error, y queda como un incompetente, el líder debe considerar que él es quien ha fracasado.

11. Cooperación. El líder de éxito debe comprender y aplicar el principio del esfuerzo cooperativo y ser capaz de motivar a sus seguidores a hacer lo mismo. El liderazgo requiere poder, y el poder exige cooperación.

Hay dos formas de liderazgo. La primera, mucho más eficaz, es el liderazgo con el consentimiento y la simpatía de los seguidores. La segunda, el liderazgo por la fuerza, sin el consentimiento ni la simpatía de los seguidores.

La historia está llena de pruebas de que el liderazgo por la fuerza no fructifica. La caída y la desaparición de dictadores y de reyes es significativa. Indica que las personas no acatarán indefinidamente un liderazgo de opresión.

El mundo recién ha entrado en una nueva era de relaciones entre líderes y seguidores, que claramente busca nuevos líderes, y una nueva marca de liderazgo en los negocios y la industria. Aquellos que pertenecen a la vieja escuela de liderazgo por la fuerza, deben entender la nueva marca de liderazgo (cooperación) o ser relegados al rango de los seguidores. No existe otra manera de hacerlo.

La relación entre empleador y empleado, líder y seguidor, en el futuro, será de cooperación mutua, basada en una división equitativa de las ganancias de la empresa. En el futuro, la relación de empleador y empleado se asemejará más a una sociedad.

Napoleón, Mussolini y Hitler fueron ejemplos de líderes por la fuerza. Su liderazgo ha terminado. El liderazgo con el consentimiento de los seguidores es el único durable.

Sin mucha dificultad, uno podría apuntar a los prototipos de estos ex-líderes, entre los líderes de negocios, financieros y de trabajo de América, que han sido destronados o criticados. ¡El liderazgo por acuerdo de los seguidores es la única marca que puede perdurar!

Los hombres pueden acatar provisoriamente un liderazgo por la fuerza, pero no lo harán por voluntad propia.

La nueva marca del liderazgo abarcará los once factores descritos en este capítulo, además de algunos otros. Quien haga de ellos la base de su liderazgo, encontrará abundantes oportunidades de liderar en todas las dimensiones de la vida. La depresión se alargó, en gran parte, porque al mundo le faltaba LIDERAZGO de la nueva marca. Al final de la depresión, la demanda por líderes competentes para postular a los nuevos métodos de liderazgo ha excedido fuertemente el suministro. Algunos de los viejos tipos de líderes se reformarán y adaptarán a la nueva marca de liderazgo, pero en general, el mundo tendrá que buscar por nueva materia prima para su liderazgo. ¡Esta necesidad puede ser su OPORTUNIDAD!

LAS DIEZ CAUSAS PRINCIPALES DEL FRACASO EN EL LIDERAZGO

Llegamos ahora a los principales errores de los líderes que fracasan, porque saber lo que hay que hacer es tan importante como saber lo que no hay que hacer.

1. Incapacidad para organizar detalles. Un liderazgo eficiente requiere capacidad para organizar y controlar los detalles. Ningún líder genuino está "demasiado ocupado" para hacer cualquier cosa que se le pueda pedir en su condición de líder. Cuando un hombre, ya sea en calidad de líder o de asistente, admite que está "demasiado ocupado" para cambiar de planes, o para prestar atender a una emergencia, está admitiendo su incompetencia. El líder de éxito debe ser quien controle todos los detalles relacionados con su posición. Esto significa, claro está, que ha de adquirir el hábito de delegar los detalles a asistentes capacitados.

2. Mala disposición para prestar servicios modestos. Los líderes realmente grandes están siempre dispuestos, cuando la ocasión lo exige, a llevar a cabo cualquier tipo de labor que se les pida que hagan. Que "el mejor de entre vosotros será el sirviente de todos" es una verdad que todos los líderes capaces observan y acatan.

3. Expectativas de gratificación por lo que "saben", y no por lo que hacen con aquello que saben. El mundo no paga a los hombres por lo que "saben".

Les pagan por lo que hacen o motivan a hacer a los demás.

4. Temor ante la competencia de los seguidores. El líder que teme que uno de sus seguidores pueda ocupar su puesto está prácticamente condenado a ver cumplidos sus temores tarde o temprano. El líder capaz entrena a suplentes en quienes pueda delegar, a voluntad, cualquiera de los detalles de su posición. Sólo de ese modo un líder puede multiplicarse y prepararse para estar en múltiples lugares, y atender a muchas cosas al mismo tiempo. Es una verdad eterna que los hombres reciben más paga por su habilidad para hacer que los demás trabajen, que lo que ganarían por su propio esfuerzo. Un líder eficiente puede, a través del conocimiento de su labor y del magnetismo de su personalidad, aumentar en gran medida la eficacia de los demás, e inducirlos a rendir más y mejores servicios que los que rendirían sin su ayuda.

5. Falta de imaginación. Sin imaginación, el líder es incapaz de superar las emergencias, y de crear planes que le permitan guiar con efectividad a sus seguidores.

6. Egoísmo. El líder que reclama todo el honor por el trabajo de sus seguidores está condenado a generar resentimientos. El verdadero líder no exige honores. Le alegra ver que los honores, cuando los hay, son para sus seguidores, porque sabe que la mayoría de los hombres trabajarán con más energía por recomendaciones y reconocimientos, que sólo por dinero.

7. Intemperancia. Los seguidores no respetan a los líderes intemperantes. Además, la intemperancia en cualquiera de sus variadas formas destruye la resistencia y la vitalidad de cualquiera que se deje llevar por ella.

8. Deslealtad. Quizás esta causa debería encabezar la lista. El líder que no es leal con su organización y con su equipo, con quienes están por sobre él y con quienes están por debajo, no podrá mantener mucho tiempo su liderazgo. La deslealtad le señala a uno como alguien que está en el nivel del polvo que pisamos, y atrae sobre su cabeza

el desprecio que merece. La falta de lealtad es una de las principales causas de fracaso en todos los terrenos de la existencia.

9. Acentuar la "autoridad" del liderazgo. El líder eficiente enseña mediante el estímulo y no intenta atemorizar a sus seguidores. El líder que trata de impresionar a sus seguidores con su "autoridad" entra en la categoría del liderazgo por la opresión. Si un líder lo es de verdad, no necesitará declararlo, a no ser mediante su conducta, es decir, con su simpatía, comprensión y sentido de la justicia, y demostrando, además, que conoce su trabajo.

10. Insistir en el título. El líder competente no necesita "títulos" para obtener el respeto de sus seguidores. El hombre que insiste demasiado en su título, generalmente no tiene mucho más en qué sostenerse. Las puertas del despacho de un verdadero líder permanecen abiertas para todos quienes deseen entrar, y su lugar de trabajo está tan libre de formalidad como de ostentación.

Entre las razones del fracaso en el liderazgo, éstas son las más comunes. Cualquiera de ellas es suficiente para provocar la derrota. Estudie cuidadosamente la lista si aspira al liderazgo, y asegúrese de no cometer ninguno de estos errores.

ALGUNOS CAMPOS FÉRTILES EN LOS QUE HABRÁ DEMANDA DE "NUEVOS LÍDERES"

Antes de terminar con este capítulo llamaremos su atención sobre algunos campos fértiles donde se ha producido una declinación del liderazgo y en los cuales el nuevo tipo de líder puede encontrar muchas oportunidades.

Primero: en el campo de la política hay una insistente demanda de nuevos líderes, la cual apunta nada menos que a una emergencia. La mayoría de los políticos aparentemente se convierten en chantajistas legalizados de alto grado. Ellos tienen impuestos aumentados y corrompieron el mecanismo de la industria y comercios hasta que las personas ya no podían soportar la carga.

Segundo: en el mundo de la Banca se está produciendo una reforma. Los líderes en este campo han perdido casi completamente la confianza en el público. Los banqueros ya han sentido la necesidad del cambio, y por lo mismo han comenzado a hacerlo.

Tercero: la industria tiene nuevos líderes. Para que pueda perdurar, el nuevo líder industrial debe considerarse casi como un funcionario público, cuyo deber es manejar su empresa de manera que no imponga penurias a ningún individuo o grupo. La explotación de los hombres de trabajo es algo que quedó atrás. Hagamos que las personas que aspiran al liderazgo en el campo de los negocios, industria y laboral recuerden esto.

Cuarto: el líder religioso del futuro se verá obligado a prestar más atención a las necesidades temporales de sus seguidores, a la solución de los problemas económicos y personales del presente, y a prestar menos atención al pasado, que ya no existe, y al futuro, que no ha llegado todavía.

Quinto: en las profesiones del derecho, la medicina y la educación, se necesitará una forma de liderazgo nueva y, en alguna medida, también nuevos líderes. Esto es sobre todo así en la educación. El líder en este campo deberá encontrar, en el futuro, formas y medios nuevos de enseñar a la gente la manera de aplicar el conocimiento que se les ha impartido, ocupándose más de la práctica y menos de lo teórico.

Sexto: en el campo del periodismo se necesitarán nuevos líderes. Para que los periódicos del futuro sean conducidos con éxito se deben separar del "privilegio especial" y liberar de la subvención de publicidad. Ellos deben dejar de ser organismos de propaganda para los intereses que compran habitualmente sus espacios publicitarios. El tipo de periódicos que publica escándalos y fotos lujuriosas eventualmente seguirá el camino de todas las fuerzas que corrompen la mente humana.

Éstos no son más que algunos de los campos en que actualmente se dispone de oportunidades para nuevos líderes y para una forma de liderazgo también renovada. El mundo está sufriendo rápidos cambios, y esto significa que los medios por obra de los cuales se promueven los cambios en los hábitos humanos deben adaptarse. Los medios que describimos aquí son los que, en mayor medida que ningún otro, determinan la tendencia de la civilización.

CUÁNDO Y CÓMO BUSCAR EMPLEO

La información que aquí le presentamos es el resultado neto de muchos años de experiencia durante los cuales miles de mujeres y de hombres fueron ayudados a comercializar eficazmente sus servicios. Por consiguiente, se puede confiar que es algo sólido y práctico.

LOS MEDIOS PARA COMERCIAR LOS SERVICIOS

La experiencia ha demostrado que los siguientes medios ofrecen los métodos más eficaces y más directos para poner en contacto a quien necesita vender sus servicios personales con la persona que necesita comprarlos.

1. Oficinas de empleo. Se debe tener cuidado en seleccionar sólo las de buena reputación, en las cuales la gerencia pueda mostrar archivos que comprueben el logro de resultados promisorios. Tales oficinas son bastante escasas.

2. Anuncios en periódicos, revistas y publicaciones comerciales. Generalmente se puede confiar en que los anuncios clasificados den resultados satisfactorios en el caso de los que buscan empleos en oficinas u otros cargos asalariados comunes. Los anuncios destacados son más deseables en el caso de quienes buscan contactos exclusivos, y se deben publicar en la sección del periódico que más fácilmente llame la atención de la clase de patrón que se busca. El anuncio lo debe preparar un experto, que sepa cómo destacar las cualidades vendibles necesarias para obtener respuestas.

3. Cartas personales de presentación, dirigidas a determinadas firmas o personas que puedan necesitar los servicios que uno ofrece. Las cartas deben estar siempre mecanografiadas con pulcritud, y llevar la firma manuscrita. Con la carta enviará un resumen completo de sus calificaciones como aspirante. Tanto la carta de presentación como el curriculum deben ser preparados por un experto. (Véanse las instrucciones referentes a la información que se ha de incluir).

4. Presentación por intermedio de relaciones personales. Cuando sea posible, el aspirante debe tratar de establecer contacto con un posible patrono valiéndose de las relaciones personales. Este método es especialmente ventajoso en el caso de quienes buscan contactos en el ámbito ejecutivo y no desean dar la impresión de estar "vendiéndose como baratijas".

5. Presentación personal. En algunos casos puede resultar más eficaz que el aspirante ofrezca sus servicios personalmente a sus posibles empleadores y, de ser así, se ha de presentar por escrito una lista completa de las calificaciones para el puesto, dado que suele pasar que el empleador en potencia quiere estudiar con sus socios los antecedentes del aspirante.

LA INFORMACIÓN QUE SE DEBE INCLUIR EN UN EXPEDIENTE ESCRITO

El expediente ha de ser preparado con tal detención como un abogado redactaría el legajo de un caso que ha de defender ante el tribunal. A menos que el aspirante tenga experiencia en la preparación de documentos así, debe consultar con un experto, cuyos servicios contratará con este fin. Los comerciantes de éxito emplean como anunciantes a hombres y mujeres que entienden el arte y la psicología de la presentación de los méritos de su mercancía, y quien tiene que vender sus servicios personales debe hacer lo mismo. En el expediente se ha de incluir la siguiente información:

1. Educación. Enuncie en forma concisa, pero clara, su nivel de escolarización y los temas en que se ha especializado, dando las razones para esa especialización.

2. Experiencia. Si ya ha tenido experiencia en cargos similares al que ahora busca, descríbala en detalle, dando los nombres y direcciones de sus antiguos empleadores. Intente destacar claramente cualquier experiencia especial que pueda haber tenido y que lo califique para adjudicarse el cargo al que aspira.

3. Referencias. Casi todas las firmas comerciales desean tener información completa sobre los trabajos anteriores y antecedentes de los aspirantes que buscan cargos de responsabilidad. Con las fotocopias de su expediente incluya copias de cartas de:

a) Empleadores anteriores.

b) Profesores y maestros con quienes estudió.

c) Personas relevantes en cuyo juicio se pueda confiar.

4. Fotografía. Incluya una fotografía reciente.

5. Ofrézcase para un cargo específico. Nunca deje de incluir en la presentación una descripción exacta del cargo o actividad que usted busca. Nunca se limite a pedir "un puesto". Eso indica la falta de calificaciones especializadas.

6. Enuncie sus calificaciones para ocupar el cargo que quiera. Exprese punto por punto la razón por la que cree estar calificado para el puesto que busca. Éste es el detalle más importante de su presentación; y el que, más que ninguna otra cosa, determinará la consideración que usted reciba.

7. Ofrézcase para un período de prueba. En la mayoría de los casos, si usted está determinado a obtener el cargo al que postula, será más efectivo si se ofrece trabajar por una semana o un mes, o por un periodo suficiente de tiempo para permitir que su posible empleador juzgue su valor SIN PAGARLE.

Ésta puede parecer una sugerencia radical, pero la experiencia ha demostrado que rara vez deja de asegurar por lo menos una prueba. Si usted está seguro/a de sus calificaciones, una prueba es todo lo que hace falta. Digamos de paso que un ofrecimiento así indica que usted está segura/o de su capacidad para ocupar el cargo a que aspira. Es muy convincente. Deje claro que su ofrecimiento se basa en:

a) Su seguridad de ser capaz de ocupar el cargo.

b) Su confianza en lo que decidirá su posible empleador una vez que lo haya probado.

c) Su determinación de alcanzar el puesto.

8. Muestre su conocimiento de las actividades comerciales de su futuro empleador. Antes de ofrecerse para un puesto, póngase al tanto del negocio para familiarizarse con él, e indique en su expediente los conocimientos que tenga de esa industria. Así dará una buena impresión, porque evidenciará que tiene imaginación y que está realmente interesado en el puesto que busca.

Recuerde que no es el abogado que más sabe de leyes el que gana el proceso, sino el que mejor lo prepara. Si su "caso" está bien preparado y presentado, tendrá, ya desde el comienzo, media victoria ganada. No tema presentar un expediente demasiado largo. A los patronos les interesa tanto contratar los servicios de aspirantes bien calificados como a usted conseguir empleo. La verdad es que el éxito de la mayoría de los empleadores que lo consiguen se debe, en gran medida, a su capacidad para seleccionar colaboradores bien calificados. Y para eso quieren toda la información posible.

Recuerde otra cosa: la pulcritud en la presentación de su expediente indicará hasta qué punto es usted una persona minuciosa. Yo he ayudado a redactar curriculums a clientes tan especiales y fuera de lo común que lograron que los contrataran sin necesidad de ir a una entrevista personal.

Cuando haya completado su expediente, hágalo encuadernar y encabécelo más o menos así:

EXPEDIENTE DE CALIFICACIONES DE:

Nombre diferente:

Carlota Díaz Moreno

Texto original: "Robert K. Smith"

PARA OPTAR AL CARGO DE

Secretaria privada del Presidente de la

Empresa diferente:

EMPRESA DE SUMINISTROS INFORMÁTICOS, S. A.

Texto original: " THE BLANK COMPANY, Inc."

Cambie los nombres cada vez que presente su expediente.

Este toque personal, indudablemente llamará la atención sobre usted. Preséntelo pulcramente mecanografiado o mimeografiado en el mejor papel que pueda conseguir y hágale una carpeta con una cartulina de las que se usan para cubiertas de libros, de modo que se pueda cambiar si se ha de presentar a más de una empresa. En alguna de las páginas debe figurar su fotografía. Siga estas instrucciones al pie de la letra e introduzca todas las mejoras que su imaginación le indique.

Los vendedores de éxito se presentan bien vestidos y arreglados, porque entienden que la primera impresión es la que perdura. Su expediente es su vendedor . Vístalo bien, de modo que marque un claro contraste con cualquier cosa que su futuro patrono haya podido ver antes en cuanto a la forma de presentarse a solicitar trabajo. Si el cargo que usted busca merece la pena, más vale que usted se la tome. Además, si se vende a un empleador de una manera tal que su individualidad lo impresione, es probable que le pague mejor sus servicios, desde el primer día, que si se hubiera presentado a buscar empleo de la manera convencional en que todos lo hacen.

Si busca un trabajo a través de una agencia de publicidad o de la oficina de empleo, haga que el agente use copias de su expediente cuando ofrezca sus servicios. Eso le ayudará a encontrarse en una situación de preferencia, tanto en relación con su agente como con sus posibles empleadores.

CÓMO CONSEGUIR EL CARGO QUE DESEA

Todos disfrutamos haciendo la clase de trabajo para el cual nos sentimos más aptos. A un artista le encanta trabajar con pintura, a un artesano con las manos, y a un escritor le place escribir. Los que no tienen una idea tan definida muestran también su preferencia por ciertos campos del comercio y de la industria. Por esta razón, en Estados Unidos, se ofrece una completa gama de ocupaciones, desde arar la tierra hasta cualquier actividad fabril, de marketing o profesional que a usted se le ocurra.

Primero: decida exactamente qué trabajo quiere. Si es un trabajo que aún no existe, quizá usted pueda inventarlo.

Segundo: escoja la empresa o la persona para la cual quiere trabajar.

Tercero: estudie a su posible empleador en lo que se refiere a sus políticas comerciales y de personal, y a las probabilidades de ascenso.

Cuarto: analícese y analice sus talentos y capacidades para acotar qué puede ofrecer, y organice maneras y medios para presentar las ventajas, servicios, planes e ideas siempre que usted crea estar en condiciones de ofrecer con éxito.

Quinto: olvídese de "un trabajo". Olvídese de si hay o no una oportunidad. Olvídese de la rutina habitual del "¿Tiene trabajo para mí?". Concéntrese en lo que usted puede dar.

Sexto: una vez que tenga su plan claro en su mente, busque una persona que sea capaz de ponerlo por escrito, en forma minuciosa.

Séptimo: preséntéselo a la persona con la autoridad necesaria y deje que se ocupe del resto. Todas las compañías andan en busca de personas que puedan ofrecerles algo de valor, ya sean ideas, servicios o "contactos". Todas las empresas tienen lugar para la gente que dispone de un plan de acción definido que represente una ventaja para el negocio.

Este formalismo puede llevarle unos días o unas semanas más de tiempo, pero la diferencia en ingresos, en ascensos y en obtención de reconocimiento le ahorrará años de trabajo duro y salario escaso. Tiene muchas ventajas; la principal es que se evitará de uno a cinco años de espera para alcanzar el objetivo que se haya trazado.

Toda persona que comienza, o que "se mete" en medio de la escala del éxito, ha necesitado, para conseguirlo, una planificación deliberada y cuidadosa.

AHORA, LA NUEVA FORMA DE VENDER SERVICIOS "TRABAJOS" SON LAS "SOCIEDADES".

En el futuro, los hombres y las mujeres que mejor ofrezcan sus servicios tendrán que reconocer el cambio que se ha producido en lo referente a la relación entre empleador y empleado.

En el futuro, la "Regla Dorada," y no la "Regla de Oro" será el factor dominante en la comercialización de una mercadería así como para los servicios personales.

La relación del futuro entre los empleadores y sus empleados será más afín a una sociedad integrada por:

a) El empleador

b) El empleado

c) El público al que sirven

Si decimos que esta manera de vender los servicios personales es nueva, ello se debe a varias causas. Primero, porque en el futuro, tanto el empleador como el empleado serán considerados empleados comunes, puestos ambos al servicio de un cliente -el público- y su negocio consistirá en servir a su cliente con eficiencia. En el pasado, empleadores y empleados se han trabado en luchas por el empeño de sacar cada uno el mejor partido posible del otro, sin considerar que, en último término, estaban regateando a expensas de un tercero: el público al cual servían.

La depresión sirvió como una potente protesta de un público lesionado, cuyos derechos fueron pisoteados en toda dirección por aquellos que estaban gritando por ventajas y ganancias individuales. Cuando los escombros de la depresión hayan sido limpiados, y el negocio se haya restablecido, tanto los empleadores como los empleados reconocerán que YA NO ESTÁN MÁS PRIVILEGIADOS PARA REGATEAR A COSTA DE AQUELLOS A LOS QUE SIRVEN. El empleador verdadero del futuro será el cliente. Esto lo debería mantener en mente todo el que busca vender en forma efectiva sus servicios personales.

Casi cada ferrocarril en América está en problemas financieros. ¿Quién no recuerda los días cuando, si un ciudadano pedía en una oficina de boletos, la hora de partida de un tren, era abruptamente mandado al tablero de información en lugar de recibir la información en una forma amable?

Las empresas de tranvías también han experimentado un "cambio de horarios".

Había una época, no hace mucho tiempo, cuando los conductores de tranvías se sentían orgullosos de darle argumentos a los pasajeros. Varias de las rutas de los tranvías han sido sacadas y los pasajeros se transportan en bus, cuyo chofer es "lo último que existe en cortesía".

En todo el país, las rutas de los tranvías se están oxidando por abandono, o han sido ocupadas. Donde sea que haya tranvías aún en funcionamiento, los pasajeros ahora se tienen que subir sin argumento alguno, y uno puede incluso llamar el automóvil en la mitad de la cuadra, y el conductor va a tener que recogerlo OBLIGATORIAMENTE.

¡CÓMO HAN CAMBIADO LOS TIEMPOS! Ese es exactamente el punto que estoy tratando de destacar. ¡LOS TIEMPOS HAN CAMBIADO! Además, el cambio no solamente se refleja en las oficinas de ferrocarriles, sino que también en otras formas de vida. Ya pasó el tiempo de la política en la cual el público está condenado. Esto ha sido reemplazado por "estamos obligatoriamente a su servicio", señor policía.

Los banqueros han aprendido una o dos cosas durante este rápido cambio que ha tenido lugar durante los últimos años. La descortesía de parte del funcionario del banco, o empleado del banco hoy en día es tan rara como era conspicua hace doce años atrás. En los últimos años, algunos banqueros (por supuesto, no todos) llevaron una atmósfera de austeridad que le dio a cada supuesto prestatario un escalofrío cuando esta persona siquiera pensaba acercarse al banquero para pedir un crédito.

Los miles de fracasos bancarios durante la depresión tuvieron el efecto de derribar las puertas de caoba donde antiguamente se escondían los banqueros. Ahora se sientan en escritorios donde pueden ser vistos por el depositante o cualquiera que quiera verlos, y donde el depositante se puede acercar a voluntad, creando un ambiente de cortesía y entendimiento en el banco.

Era habitual para los clientes tener que pararse y esperar en la esquina hasta que los funcionarios terminarán de pasar el día con sus amigos, y que el propietario terminará de hacer su depósito. Las tiendas por departamento, manejadas por HOMBRES CORTESES, que hacían de todo para servir, por ejemplo, sacarle lustre a los zapatos del cliente, HAN EMPUJADO A LOS COMERCIANTES DEL PASADO A UN SEGUNDO PLANO. ¡EL TIEMPO SIGUE AVANZANDO!

"Cortesía" y "servicio" son las actuales consignas del comercio, y son aplicables a la persona que ofrece servicios personales en forma aún más directa que al patrono a quien ésta sirve, porque, en última instancia, tanto el patrono como su empleado son empleados del público al que sirven. Si no alcanzan a darle buen servicio, lo pagan con la pérdida de su privilegio de servir.

Dodos modems recordar cuendo el empleado que venía a leer el contador del gas aporreaba la puerta con tanta fuerza como para romper los paneles. Cuando le abrían, entraba con aire prepotente, con una mueca en el rostro que era un evidente reproche por haberlo tenido esperando. Todo aquello ha cambiado. El empleado del gas se conduce como un caballero "encantado de poder servirle a usted". Antes de que las compañías de gas se dieran cuenta de que sus empleados estaban acumulando deudas que jamás se acabarían de pagar, aparecieron los corteses vendedores de quemadores de petróleo y se quedaron con el mercado.

Durante la Depresión en Estados Unidos, pasé varios meses en la región del carbón de antracita en Pensilvania, estudiando las condiciones que estuvieron a punto de destruir aquella industria. Los operadores del carbón y sus empleados negociaron tratos recíprocamente provechosos, añadiendo el precio de la "negociación" al del carbón, hasta que descubrieron que habían organizado un negocio maravilloso para los manufactureros de equipos quemadores de petróleo y para los productores de crudo.

"¡Los frutos del pecado son la muerte!" Muchos han leído ésto en la Biblia, pero pocos han descubierto su significado. Ahora, y durante varios años más, el mundo entero ha estado escuchando POR LA FUERZA, un sermón que podría llamarse "LO QUE UN HOMBRE SIEMBRA, ESO ES LO QUE DEBE COSECHAR".

Nada tan extendido y efectivo como la depresión podría posiblemente ser "una coincidencia" Detrás de la depresión había una CAUSA. Nada sucede sin una RAZÓN. En la mayor parte, la causa de la depresión es susceptible de ser hallada directamente por el hábito mundial de tratar de COSECHAR sin SEMBRAR.

Esto no debería significar que la depresión representa una cosecha que el mundo está siendo FORZADO a cortar sin haberla SEMBRADO. El problema es que el mundo plantó el tipo incorrecto de semilla. Todo granjero sabe que no puede plantar la semilla de cardos, y obtener una cosecha de grano. Al empezar el estallido de la guerra mundial, los pueblos del mundo comenzaron a plantar la semilla del servicio inadecuada tanto en calidad como cantidad. Casi todos estaban comprometidos en el pasatiempo de intentar OBTENER SIN DAR.

Relato estos ejemplos para aquellos que tienen servicios personales para vender, con el fin de demostrarles que, si estamos donde estamos y somos lo que somos, ¡se debe a nuestra propia conducta! Si hay un principio de causa y efecto que maneja el comercio, las finanzas y el transporte, ese mismo principio vale para los individuos y determina su estatus económico.

¿CUÁL ES SU CIFRA DE CCE?

Las causas del éxito en la comercialización efectiva y permanente de los servicios se han descrito con total claridad. A menos que estudie, analice, en tienda y aplique estas causas, nadie puede comercializar sus servicios de manera eficaz y permanente. Cada persona debe ser su propia vendedora de servicios personales. La calidad y la cantidad de los servicios prestados, y el espíritu del que los presta, determinan en gran parte la remuneración y la duración del empleo. Para comercializar eficazmente los servicios personales (lo cual significa un mercado permanente, a un precio satisfactorio y en condiciones agradables), uno debe adoptar y seguir la fórmula "CCE", que significa que la Calidad, más la Cantidad, más el adecuado Espíritu de cooperación, dan como resultado una perfecta venta de servicios. Recuerde la fórmula "CCE", pero además: ¡aplíquela siempre!

Vamos a analizar la fórmula para asegurarnos de que entendemos exactamente lo que significa.

1. La calidad del servicio debe ser entendida en el sentido de realizar cada detalle que se relacione con su cargo de la manera más eficiente posible, teniendo siempre en cuenta que el objetivo es una mayor eficacia.

2. La cantidad del servicio se ha de entender como el hábito de prestar la totalidad del servicio del cual usted es capaz, siempre, con el propósito de incrementar la cantidad de servicios prestados a medida que su habilidad aumente con la práctica y la experiencia. Volvemos a insistir en la palabra hábito.

3. El espíritu de servicio se ha de entender en el sentido de hábito de una conducta agradable y armoniosa que induzca a la cooperación de asociados y demás empleados.

Adecuar la calidad y la cantidad del servicio no basta para mantener una demanda permanente de sus servicios. La conducta, o el espíritu con que usted ofrezca el servicio, es un fuerte factor determinante relacionado tanto con la remuneración que usted recibe como con la duración del empleo.

Andrew Carnegie resaltó este punto más que otros en relación con su descripción de los factores que conducen al éxito en la comercialización de servicios personales, insistiendo reiteradamente en la necesidad de una conducta armoniosa. Enfatizó el hecho de que él no conservaría a ningún hombre, por más abundante que fuera la cantidad, o eficiente la calidad de su trabajo, a menos que trabajase en un espíritu de armonía. Carnegie insistía en que sus empleados fuesen corteses y agradables. Para demostrar que asignaba un elevado valor a esta cualidad, ayudó a enriquecerse a muchos hombres que se ajustaban a sus normas. Los que no lo hacían tenían que dejar lugar a los otros.

La importancia de una personalidad agradable se destaca porque es un factor que le permite a uno prestar servicios con el espíritu adecuado. Si uno tiene una personalidad amigable, y presta sus servicios en espíritu de armonía, éstas son ventajas que suelen compensar deficiencias tanto en la calidad como en la cantidad del servicio ofrecido. Nada, sin embargo, sustituye con éxito un buen trato.

EL VALOR CAPITAL DE SUS SERVICIOS

La persona cuyos ingresos totales se derivan de la venta de servicios personales no es menos comerciante que quien vende bienes de consumo, y bien se podría añadir que una persona así está sometida a las mismas reglas de conducta que el comerciante que vende mercancías.

Si insistimos en ello es porque la mayoría de las personas que viven de la venta de servicios personales cometen el error de considerarse libres de las reglas de conducta y de las responsabilidades propias de quienes se dedican a la comercialización de bienes y productos.

La nueva forma de ofrecer servicios ha prácticamente forzado tanto al empleador como empleado a hacer alianzas en sociedad, a través de las cuales ambos toman en cuenta los derechos del tercero, EL PÚBLICO AL CUAL SIRVEN.

Ha pasado la época del "salir para conseguir", ya que tal personaje ha sido substituido por el "salir para dar". Los métodos de alta presión en los negocios finalmente pusieron al descubierto todo. Nunca habrá necesidad de volver a descubrir todo, debido a que en el futuro, los negocios serán conducidos por métodos que no requerirán ninguna presión.

El verdadero valor de capital de su cerebro puede estar determinado por la cantidad de ingresos que es capaz de producir (comercializando sus servicios). Usted puede lograr una estimación adecuada del valor de capital de sus servicios si multiplica su ingreso anual por dieciséis y dos tercios, puesto que es razonable calcular que su ingreso anual representa el seis por ciento de su valor de capital. El dinero rinde el 6 % anual, y el dinero no vale más que el cerebro. Con frecuencia, mucho menos.

Si es comercializado con eficacia, un "cerebro" competente representa una forma de capital mucho más apetecible que la que se requiere para manejar un negocio que se ocupe de bienes de consumo, porque el "cerebro" es una forma del capital que no se puede desvalorizar en forma permanente por obra de la depresión, ni es un capital que se pueda robar o que se desgaste. Además, el dinero, que es esencial para la conducción de un negocio, resulta tan caro como un montón de arena mientras no se combine con un "cerebro" eficiente.

LAS TREINTA Y UN CAUSAS PRINCIPALES DEL FRACASO ¿CUÁNTAS DE ÉSTAS LO ESTÁN

DETENIENDO?

La mayor tragedia de la vida es la de los hombres y las mujeres que se esfuerzan seriamente en fracasar. La tragedia reside en la abrumadora mayoría de personas que pierden, en comparación con las pocas que alcanzan el éxito.

He tenido el privilegio de analizar a varios miles de hombres y mujeres, el 98 % de los cuales habían sido catalogados como "fracasos". Hay algo dramáticamente malo con una civilización, y un sistema de educación, que permite que 98% de las personas vayan por la vida como fracasados. Pero yo no escribí este libro con el propósito de moralizar sobre lo bueno y malo de este mundo; eso requeriría un libro cien veces más grande que éste.

Mi análisis demostró que hay treinta y un razones fundamentales para la derrota, y trece principios importantes merced a los cuales la gente acumula fortunas. En este capítulo se dará una descripción de las treinta y un causas primordiales del fracaso. A medida que lea la lista, vaya marcando, punto por punto, cuántas de estas causas de fracaso se interponen entre usted y el éxito.

1. Antecedentes hereditarios desfavorables. Poco o nada es lo que se puede hacer por las personas que nacen con un poder cerebral deficitario. Nuestro enfoque no ofrece más que un único método de salvar esta dificultad, y es el trabajo en equipo. Vale la pena señalar, sin embargo, que ésta es la única de las treinta y una causas de fracaso que no se puede corregir con facilidad.

2. Falta de un propósito definido en la vida. No hay esperanza de éxito para quien adolece de un propósito central o de un objetivo definido al cual apuntar. El noventa y ocho por ciento delas personas a quienes he analizado no lo tenían, y quizá esa fuera la causa principal de su frustración.

3. Falta de ambición para elevarse por encima de la mediocridad. No ofrecemos esperanzas a la persona que es tan indiferente que no le interesa adelantar en la vida, y que no está dispuesta a pagar el precio.

4. Educación insuficiente. Es una desventaja que se puede superar con relativa facilidad. La experiencia ha demostrado que las personas mejor educadas son, con frecuencia, aquellas a quienes se considera que se han hecho a sí mismas, o que se educaron solas. Para ser una persona con educación se necesita algo más que un título universitario. Una persona educada es aquella que aprendió a conseguir lo que quiere de la vida sin violar los derechos de los demás. La educación no consiste tanto en el conocimiento como en saber aplicarlo con eficacia y persistencia. A la gente no se le paga sólo por lo que sabe, sino más bien por lo que hace con eso que sabe.

5. Falta de autodisciplina. La disciplina proviene del autocontrol, y eso significa que uno debe controlar todas las cualidades negativas. Antes de poder controlar otros factores, necesita empezar por controlarse a sí mismo. El dominio de uno mismo es la tarea más difícil que se puede abordar. Si usted no es capaz de cumplirla con éxito, estará a merced de sí. Cuando se mire al espejo, podrá ver al mismo tiempo a

su mejor amigo y a su peor enemigo.

6. Mala salud. Nadie que no tenga una buena salud puede gozar de un éxito perdurable. Muchas causas de mala salud son susceptibles de control. Entre ellas, las principales son:

a) Comer exceso de alimentos dañinos para el organismo.

b) Hábitos de pensamiento erróneos, conducentes a la expresión de actitudes negativas.

c) Abusos y excesiva complacencia en la vida sexual.

d) Falta de actividad física adecuada.

e) Una provisión insuficiente de aire fresco, debida a una respiración inadecuada.

7. Influencias ambientales desfavorables durante la niñez. "A un árbol hay que enderezarlo cuando es joven", dice el refrán. La mayoría de las personas con tendencias criminales las han adquirido como resultado de un mal ambiente y de relaciones inapropiadas durante su niñez.

8. La dilación habitual. He aquí una de las causas más comunes de fracaso. La tendencia a dejarlo todo para más adelante acecha a todos los seres humanos desde la sombra, y espera su oportunidad para destruir sus probabilidades de éxito. La mayoría andamos por la vida como fracasados porque aguardamos "el mejor momento" para empezar a hacer algo que valga la pena. No haga tal cosa, porque el momento nunca será "el mejor". Empiece donde esté y trabaje con las herramientas que tenga a su disposición, ya que las irá encontrando mejores a medida que avance.

9. Falta de persistencia. La mayoría somos buenos para empezar, pero no servimos para terminar todo lo que comenzamos. Además, la gente tiene propensión a abandonar la pelea ante los primeros signos de derrota. No hay sustituto para la persistencia. La persona que hace de la persistencia su consigna descubre que, al final, el fracaso se cansa de perseguirle y se va. El fracaso no vence a la persistencia.

10. Personalidad negativa. No hay esperanza de trinfo para la persona que rechaza a los demás a causa de su personalidad negativa. El éxito se alcanza mediante la aplicación del poder, y el poder se consigue por el esfuerzo de cooperación con otras personas. Una personalidad negativa no induce a la cooperación.

11. Falta de control del impulso sexual. La energía sexual es el más poderoso de los estímulos que mueven a la gente a la acción. Por ser la más poderosa de las emociones, debe estar controlada mediante la transmutación, y ser canalizada por otras vías.

12. Deseo incontrolado de conseguir "algo por nada". El instinto del juego arrastra a millones de personas a la ruina. De ello se pueden encontrar pruebas en un estudio del crac de Wall Street en el año 29, cuando millones de personas intentaron hacer dinero apostando a la Bolsa.

13. Falta de un poder de decisión definido. Los triunfadores toman decisiones con diligencia, y las cambian, si las cambian, con mucha lentitud. Los que fracasan toman decisiones, si las toman, muy lentamente, y las cambian rápida y frecuentemente. La indecisión y la tendencia a dejar las cosas para después son hermanas gemelas. Donde una de ellas se encuentra, suele hallarse también la otra. Apresúrese a anular esta pareja antes de que ella pueda encadenarlo a la rueda de la derrota.

14. Uno o más de los seis miedos básicos. En un capítulo posterior se encontrará el análisis de los miedos básicos, que es preciso dominar para que uno pueda comercializar sus servicios de forma efectiva.

15. Selección errónea de la pareja en el matrimonio. Se trata de un caso muy común de fracaso. La relación que se establece en el matrimonio hace que las personas se hallen en íntimo contacto. A menos que esa relación sea armoniosa, probablemente se produzca el fracaso. Además, será una forma de fracaso que se verá marcada por la miseria y la infelicidad, y que destruye toda ambición.

16. Precaución excesiva. La persona que no toma riesgos suele tener que conformarse con aquello que queda una vez que han elegido los otros. La precaución excesiva es tan corrosiva como la falta de precaución. Hay que evitar ambos extremos. La vida, en sí misma, está llena de riesgos.

17. Selección errónea de los socios en los negocios. Ésta es una de las causas más comunes del fracaso en los negocios. Al comercializar sus servicios personales, se ha de tener gran cuidado en seleccionar un empleador capaz de inspirarlo a uno por ser, a su vez, inteligente y triunfador. Las personas emulamos a aquellos con los que tenemos una asociación más estrecha. Así que elija un patrono a quien valga la pena imitar.

18. Superstición y prejuicio. La superstición es una forma de miedo y un signo de ignorancia. Los triunfadores son personas de mentalidad abierta que no temen ante nada.

19. Elección vocacional errónea. Nadie puede triunfar si se encamina por un rubro que no le gusta. El paso más esencial en la comercialización de servicios personales consiste en elegir una ocupación a la cual pueda consagrarse con toda el alma.

20. Falta de concentración del esfuerzo. Los sabelotodo, rara vez hacen algo bien. Concentre todos sus esfuerzos en un objetivo principal bien concreto.

21. El hábito de gastar indiscriminadamente. Los derrochadores no pueden triunfar, sobre todo porque viven con el continuo temor a la pobreza. Habitúese a ahorrar

sistemáticamente un porcentaje determinado de sus entradas. Tener dinero en el banco da a las personas una base sólida de coraje cuando tienen que negociar la venta de sus servicios personales. Si uno no tiene dinero, ha de aceptar lo que le ofrecen, y alegrarse de conseguirlo.

22. Falta de entusiasmo. Sin entusiasmo no se puede ser convincente. Además, el entusiasmo es contagioso, y la persona que lo tiene y lo controla suele ser bien recibida en cualquier parte.

23. Intolerancia. La persona de mentalidad cerrada, sobre el tema que sea, casi nunca sale adelante. Ser intolerante significa que uno ha acabado de adquirir conocimientos. Las formas más dañinas de la intolerancia son las relacionadas con las diferencias de opinión en el terreno étnico, religioso o político.

24. Falta de moderación. Sus formas más peligrosas se relacionan con las actividades de la comida, del consumo de bebidas alcohólicas y de la sexualidad. Los excesos en cualquiera de estos campos son nefastos para el éxito.

25. Incapacidad de cooperar con los demás. Son más las personas que pierden sus trabajos y sus mejores oportunidades en la vida debido a este fallo que por todas las demás razones sumadas. Es un defecto que ningún líder ni hombre de negocios bien informado está dispuesto a aguantar.

26. Posesión de poder que no haya sido adquirido mediante el propio esfuerzo. (El caso de los hijos de hombres adinerados, y de otros que heredan un dinero que no se ganaron). Con frecuencia, el poder en manos de alguien que no lo ha adquirido poco a poco es fatal para el éxito. El enriquecimiento rápido resulta más peligroso que la pobreza.

27. Deshonestidad deliberada. No hay sustituto para la honestidad. Se puede ser deshonesto por la fuerza de las circunstancias, sobre las que uno no tiene control alguno, sin sufrir un daño permanente. Pero no hay esperanzas para la persona que lo sea por propia elección. Tarde o temprano quedará prisionero de sus actos y los pagará con la pérdida de su reputación, quizás, incluso de su libertad.

28. Egocentrismo y vanidad. La utilidad de estas cualidades es que sirven a modo de luces rojas a los demás, porque advierten que se mantengan a distancia. Son fatales para el éxito.

29. Adivinar en vez de pensar. La mayoría de las personas son demasiado indiferentes o perezosas para procurarse los hechos que les permitan pensar con precisión. Prefieren actuar basándose en "opiniones" fundadas en conjeturas o en juicios apurados.

30. Falta de capital. He aquí una causa de fracaso común entre aquellos que se inician por primera vez en los negocios y no disponen de dinero suficiente para absorber el impacto de sus errores y para sostenerlos hasta que hayan afianzado su reputación.

31. Bajo este rubro, anote cualquier causa de fracaso que usted haya experimentado y que no haya sido incluida aquí.

En estas treinta y una causas principales de fracaso se encuentra una descripción de la tragedia de la vida, que es válida para casi todas las personas que hacen un intento y fracasen. Será bueno que consiga la colaboración de alguien que lo conozca bien para recorrer juntos esta lista, de modo que le ayude a analizarse en función de cada una de las causas de fracaso, pero también le beneficiará hacerlo solo. La mayoría de las personas no son capaces de verse como los demás las ven, y es posible que usted sea una de ellas.

¿CONOCE SU PROPIO VALOR?

Uno de los consejos más antiguos es el de "conócete a ti mismo". Si usted vende una mercancía exitosamente, debe saber qué es lo que vende, y lo mismo vale cuando se trata de comercializar servicios personales. Usted tiene que conocer todas sus debilidades para poder superarlas o eliminarlas totalmente. Ha de conocer su fuerza para poder llamar la atención sobre ella cuando venda sus servicios. Y sólo puede llegar a conocerse mediante un análisis preciso.

El desatino de la ignorancia en relación con el auto-conocimiento se vio en el comportamiento de un joven que fue a ofrecerse para un puesto de trabajo al gerente de una conocida compañía. Había causado muy buena impresión hasta que el gerente le preguntó qué salario esperaba. Su respuesta fue que no llevaba pensada ninguna cifra exacta (falta de un propósito definido).

-Le pagaremos todo lo que usted valga después de haberlo probado una semana- le dijo entonces el gerente.

-Eso no lo aceptaré, porque donde estoy trabajando me pagan más -respondió el aspirante al puesto.

Antes de comenzar siquiera a negociar un aumento de salario en el empleo que usted tiene ya, o de buscar trabajo en otra parte, asegúrese de que usted vale más de lo que le pagan en la actualidad.

Una cosa es querer más dinero -eso todo el mundo lo quiere-, y otra muy diferente es valer más. Muchas personas confunden sus deseos con sus merecimientos. Sus necesidades o exigencias financieras no tienen ninguna relación con su valor. Eso lo establece exclusivamente su capacidad para prestar servicios útiles o para inducir a otros a que los presten.

HAGA UN INVENTARIO DE SÍ MISMO: 28 PREGUNTAS QUE USTED SE DEBERÍA RESPONDER

Un auto-análisis anual es primordial para la buena comercialización de servicios personales, tanto como los inventarios anuales en los negocios. Además, los análisis anuales deberían revelar una disminución de los fallos y un incremento de las virtudes. En la vida, uno avanza, se estanca o retrocede. Un auto-análisis anual le hará ver si ha avanzado, y en qué medida lo ha hecho. También revelará si ha retrocedido en algún punto. La comercialización eficaz de los servicios personales exige mantenerse en movimiento, aun cuando el progreso sea lento.

Debe efectuar su auto-análisis a fin de año, para que incluya en sus resoluciones de Año Nuevo cualquier mejora que el análisis aconseje incorporar. Para ese inventario, hágase las preguntas siguientes y compruebe las respuestas con ayuda de alguien que no le permita engañarse en lo referente a su exactitud.

CUESTIONARIO DE AUTO-ANÁLISIS PARA EL INVENTARIO PERSONAL

1. ¿He alcanzado el objetivo que me había propuesto como meta este año? (Usted debe trabajar para alcanzar un objetivo anual definido como parte de su objetivo vital principal).

2. ¿He ofrecido mis servicios con calidad y de acuerdo con mi nivel, o hubiera podido mejorarlos de alguna manera?

3. ¿He trabajado todo lo que era capaz?

4. ¿El espíritu de mi comportamiento ha sido siempre armonioso y cooperativo?

5. ¿He permitido que el hábito de la dilación disminuyera mi eficiencia? En caso afirmativo, ¿en qué medida?

6. ¿He mejorado mi personalidad? En caso afirmativo, ¿de qué manera?

7. ¿He sido persistente en seguir mis planes hasta el final?

8. ¿He tomado mis decisiones rápida y definidamente en todas las ocasiones?

9. ¿He permitido que uno de los seis miedos básicos, o más, disminuyera mí eficiencia?

10. ¿He demostrado excesiva prudencia o, por el contrario, he sido imprudente?

11. Mi relación con mis compañeros de trabajo, ¿ha sido agradable o desagradable? Si fue desagradable, ¿la culpa ha sido mía o sólo en parte?

12. ¿He disipado mi energía por falta de concentración en el esfuerzo?

13. ¿He mantenido una mentalidad abierta y tolerante en todo momento?

14. ¿De qué manera he mejorado mi capacidad de trabajo?

15. ¿He dejado de ser moderado en alguno de mis hábitos?

16. ¿He expresado abierta o secretamente alguna forma de egotismo?

17. Mi conducta con mis colaboradores, ¿los ha llevado a respetarme?

18. Mis opiniones y determinaciones, ¿se han basado en conjeturas, o en la precisión de mi análisis y de mis ideas?

19. ¿He seguido el hábito de administrar mi tiempo, mis gastos y mis entradas de

manera conservadora?

20. ¿Cuánto tiempo que podría haber aprovechado mejor he dedicado a esfuerzos improductivos?

21. ¿Cómo puedo reorganizar mi tiempo y modificar mis hábitos para ser más eficiente el próximo año?

22. ¿Me reconozco culpable de alguna conducta que mi conciencia desapruebe?

23. ¿Hasta qué punto he trabajado más y mejor de lo que mi paga me implica?

24. ¿Me he mostrado injusto con alguien? Si es así, ¿en qué forma?

25. Si hubiera sido yo el comprador de mis propios servicios de este año que termina, ¿estaría satisfecho?

26. ¿Estoy en el trabajo que me agrada? Si no es así, ¿por qué no?

27. El que compra mis servicios, ¿ha estado conforme? Si no es así, ¿por qué no?

28. ¿Cuál es mi evaluación actual en los principios fundamentales del éxito? (Evalúese justa y francamente, y haga que se la coteje alguien que tenga el valor de hacerlo con precisión).

Tras haber leído y asimilado la información aportada en este capítulo, usted está listo para hacerse un plan práctico para comercializar sus servicios personales. En este capítulo encontrará una descripción precisa de todos los principios esenciales para planificar la venta de servicios personales, incluso de los atributos principales del liderazgo; las causas más comunes del fracaso en el liderazgo, una descripción de los campos de oportunidad para el liderazgo, las principales causas del fracaso en todos los aspectos de la vida, y las cuestiones importantes que se han de emplear en el auto-análisis.

Hemos incluido esta amplia y detallada presentación de un cúmulo de información acotada, porque será necesaria para todos los que deban empezar la acumulación de riquezas vendiendo sus servicios personales. Los que hayan perdido su fortuna y los que apenas empiezan a ganar dinero no tienen más que servicios personales para ofrecer a cambio de riquezas; por lo tanto, para ellos es esencial disponer de la necesaria información práctica para sacar el mejor prpvecho de la comercialización de sus servicios.

La información contenida en este capítulo tendrá un gran valor para quienes aspiren alcanzar el liderazgo en algún llamado. Será particularmente útil para aquellos que apuntan a vender sus servicios como negocios o ejecutivos industriales.

Asimilar y entender por completo la información que aquí ofrecemos será útil para el que requiere comercializar sus propios servicios, y le ayudará también a mejorar su capacidad analítica y de juzgar a los demás. La información será valiosísima para los directores de personal, los encargados de colocaciones y otros ejecutivos encargados de la selección de empleados y del mantenimiento de organizaciones eficientes. Si usted duda de esta afirmación, ponga a prueba su firmeza, y responda por escrito las veintiocho preguntas del cuestionario de auto-análisis. Eso podría ser tanto interesante como rentable, aunque usted no dude de la solidez de la afirmación.

DÓNDE Y CÓMO SE ENCUENTRAN

OPORTUNIDADES DE ACUMULAR RIQUEZAS

Ahora que hemos analizado los principios en virtud de los cuales se puede acumular riqueza. Nos preguntamos, obviamente, dónde puede uno encontrar oportunidades favorables para aplicarlos. Pues bien, hagamos un inventario para ver qué ofrecen los Estados Unidos a la persona que busca riqueza, en pequeña o gran escala.

Recordemos, para empezar, que todos los estadounidenses vivimos en un país donde todo ciudadano respetuoso de la ley goza de una libertad de pensamiento y de acción incomparable. La mayoría de nosotros jamás ha tomado conciencia de las ventajas de esta libertad ilimitada. Nunca la hemos contrastado con la recortada libertad de otros países.

Aquí tenemos libertad de pensamiento, libertad en la elección y disfrute de la educación, libertad religiosa y política, libertad en la elección de actividades comerciales, profesionales u ocupacionales, libertad de acumular y poseer sin restricciones todas las propiedades que podamos acumular, libertad de escoger nuestro lugar de residencia, libertad de contraer matrimonio, libertad de igualdad de oportunidades para todas las razas, libertad de viajar de un estado a otro, libertad en la elección de nuestros alimentos y libertad de aspirar a cualquier situación vital para la cual nos hayamos preparado, incluso la presidencia de los Estados Unidos.

Tenemos otras formas de libertad, pero esta lista dará una visión a vuelo de pájaro de las más importantes, que constituyen oportunidades del orden más elevado. Esta ventaja de la libertad es tanto más notable por cuanto Estados Unidos es el único país que asegura a todos sus ciudadanos, sean nativos o naturalizados, una lista de libertades tan amplia y tan variada.

Ahora pasemos revista a algunas de las bendiciones con que la amplitud de nuestras libertades nos ha colmado. Tomamos como ejemplo la familia estadounidense media (con lo cual me refiero a una familia de ingresos medios) y sumemos los beneficios que cada miembro de la familia posee, en esta tierra de la oportunidad y la abundancia.

a) Alimento. En adición a la libertad de pensamiento y de acción están el alimento, el vestido y la vivienda, las tres necesidades básicas de la vida.

Gracias a nuestra libertad universal, la familia estadounidense media dispone, a las puertas mismas de su casa, de la más escogida selección de alimentos que se pueda encontrar en el mundo entero, y a precios al alcance de su presupuesto.

Una familia de dos, viviendo en el corazón del área de Times Square, en la Ciudad de Nueva York, lejos de la fuente de producción de alimentos, se preocupó de hacer un inventario cuidadoso del costo de un simple desayuno, con este sorprendente resultado:

Artículos de comida; Costo en la mesa del desayuno:

Jugo de Uvas, (De Florida) 02

Desayuno en base a trigo (De una Granja en Kansas). 02

Té (De China). 02

Plátanos (De América del Sur) 02½

Pan Tostado (De una Granja en Kansas) 01

Huevos de Campo Frescos (De Utah) 07

Azúcar (De Cuba, o Utah) 00½

Mantequilla y Crema (De Nueva Inglaterra) 03

Total 20

¡No es muy difícil conseguir COMIDA en un país donde dos personas pueden tomar desayuno, que incluye todo lo que uno desea o necesita por un centavo la unidad! Observe que este simple desayuno fue juntado por una forma extraña de magia (?) que proviene de China, Sud América y los Estados de Utah, Kansas y Nueva Inglaterra; y entregado en la mesa del desayuno, listo para ser consumido, en el corazón de la ciudad más poblada de América, a un costo que está dentro de los medios económicos del trabajador más humilde.

¡El costo incluía todos los impuestos federales, estatales y de la ciudad correspondiente! (Aquí hay un hecho que los políticos no mencionaron cuando les estaban anunciando a viva voz a los votantes para sacar a sus oponentes fuera del cargo, porque a las personas se les estaban cobrando muchos impuestos).

b) Vivienda. Esta familia vive en un departamento cómodo, con calefacción central, luz eléctrica y gas para cocinar. Las tostadas que come para el desayuno se hacen en un tostador eléctrico que apenas cuesta unos pocos dólares. El apartamento se limpia con una aspiradora que funciona con electricidad. En la cocina y en el cuarto de baño hay agua fría y caliente en cualquier momento. La comida se mantiene fría en una nevera eléctrica. La mujer se riza el cabello, lava y plancha la ropa con aparatos eléctricos de fácil manejo, servidos por una energía suministrada por un enchufe en la pared. El marido se rasura con una afeitadora eléctrica, y reciben entretenimiento del mundo entero durante las veinticuatro horas del día si así lo desean, sin que les cueste un centavo, con sólo girar el dial de la radio o de la televisión.

b) Refugio. Esta familia vive en un departamento confortable, calentado por vapor, con electricidad, gas para cocinar, todo por $65.00 al mes. En una ciudad más pequeña, o en una parte más escasamente arraigada de la Ciudad de Nueva York, el mismo departamento podría haber costado no más que $20.00 mensuales.

En este apartamento hay otras comodidades, pero la lista que antecede dará una idea aproximada de algunas pruebas concretas de la libertad de la cual disfrutamos en los Estados Unidos.

c) Ropa. En cualquier lugar de Estados Unidos, la vestimenta corriente de una mujer se puede adquirir por menos de $200.00 dólares anuales, y el hombre medio puede vestirse por la misma suma, o menos.

Sólo hemos mencionado las tres necesidades básicas de alimento, ropa y vivienda. El ciudadano medio yanqui dispone de otros privilegios y ventajas a cambio de un mínimo esfuerzo que no excede las ocho horas de trabajo diarias. Entre estos está el privilegio del transporte automotriz, mediante el cual uno trasladarse a voluntad, a un costo muy bajo.

El estadounidense medio posee seguridades sobre sus derechos de propiedad que no tienen equivalencia en ningún otro país. Puede ingresar el dinero que le sobra en un banco, con la seguridad de que su Gobierno lo protegerá y se lo devolverá si el banco le falla. Si un ciudadano estadounidense quiere viajar de un Estado a otro, no necesita pasaporte ni permiso alguno. Puede ir adonde desee y regresar cuando quiera. Además, puede ir en tren, automóvil particular, autobús, avión o barco, según sean sus necesidades y su presupuesto. En Alemania, Rusia, Italia, y la mayoría de los otros países Europeos y Orientales, las personas no pueden viajar con tanta libertad ni a un precio tan bajo.

EL "MILAGRO" QUE HA PROPORCIONADO ESTAS BENDICIONES

Con frecuencia oímos que los políticos proclaman la libertad de Estados Unidos cuando buscan votos, pero es raro que dediquen tiempo o esfuerzo de analizar la fuente de tal "libertad". Al no depender de intereses creados, y no albergar resentimientos ni segundas intenciones, yo tengo el privilegio de adentrarme en un sincero análisis de ese "algo" misterioso, abstracto y, por lo general, malentendido que concede a todos los ciudadanos de los Estados Unidos más privilegios, más oportunidades de acumular riqueza, más libertad en todas las dimensiones, de lo que se pueda encontrar en ningún otro país. Tengo el derecho de analizar la fuente y naturaleza de este poder invisible, porque he conocido durante más de medio siglo a muchos de los hombres que organizaron ese poder, y a muchos que son los responsables actuales de que tal poder perdure.

¡El nombre de ese misterioso benefactor de la humanidad es "capital"!

El capital no consiste sólo en dinero, sino más específicamente en grupos de hombres inteligentes y bien organizados que planean medios y maneras de usar el dinero en forma eficiente para el bien común, y provechosa para ellos mismos.

Estos grupos están constituidos por científicos, educadores, químicos, inventores, analistas de sistemas, publicistas, expertos en transportes, contadores, abogados, médicos y toda clase de personas que disponen de conocimientos sumamente especializados en todos los campos de la industria y de los negocios. Esos hombres y mujeres abren caminos y experimentan en nuevos campos abiertos a su iniciativa; sostienen universidades, hospitales y escuelas; construyen buenos caminos; publican periódicos; pagan la mayor parte del coste gubernamental y se ocupan de los numerosos detalles esenciales para el progreso social. En pocas palabras, los capitalistas son el cerebro de la civilización, porque ellos proveen la totalidad del material para la educación, la civilización y el desarrollo.

Sin un cerebro que lo controle, el dinero es siempre un peligro. Si se lo utiliza en la forma apropiada, es el elemento esencial más importante de la civilización. El simple desayuno antes descrito no podría haber sido entregado a la familia de Nueva York a un centavo cada uno, o a cualquier otro precio, si el capital organizado no hubiera proporcionado la maquinaria, los barcos, los ferrocarriles y los enormes ejércitos de hombres entrenados para operarlos. Se puede tener una vaga idea de la importancia del capital organizado si uno intenta imaginarse sin ayuda alguna del capital- cargado con la responsabilidad de reunir los elementos para un sencillo desayuno y servírselo a una familia.

Para conseguir el té tendría que viajar a China o a la India, y ambos países se hallan a muchísima distancia de Estados Unidos. A menos que fuera un excelente nadador, se cansaría bastante antes de completar el viaje. Además, se encontraría con otros problemas. Aun si tuviera la fuerza física suficiente para atravesar nadando el océano, ¿qué usaría como dinero?

Para conseguir el azúcar, tendría que lograr una nueva marca de resistencia natatoria para llegar a Cuba, o de marcha a pie hasta el sector de la remolacha azucarera, en nuestro remoto estado de Utah. Pero, aun así, podría ser que regresara sin el azúcar, porque para su producción -sin hablar de lo que representa refinarla, transportarla y servírsela en la mesa del desayuno a cualquier habitante de Estados Unidos- se necesita tanto trabajo organizado como dinero.

Encontraría los huevos en las granjas más próximas, pero otra vez tendría que hacer una marcha de ida y vuelta muy larga hasta Florida para poder servir jugo de pomelos.

Y le esperaría otra larga caminata a Kansas o a cualquier otro de nuestros Estados de cereales para conseguir pan de trigo.

No le quedaría más remedio que servir el desayuno sin cereales porque no los conseguiría sin el esfuerzo de una mano de obra especializada y organizada -sin hablar de las máquinas necesarias- y todo eso requiere capital.

Tras haber descansado, podría partir en una nueva misión, a nado otra vez, a América del Sur, donde cosecharía un par de plátanos y, de regreso, sólo le faltaría caminar un poquito más hasta la granja más próxima donde tuvieran organizada la producción lechera para conseguir un poco de mantequilla y crema. Entonces, su familia podría sentarse a disfrutar del desayuno.

Parece un tanto absurdo, ¿cierto? Bueno, pues el proceso que acabo de describirle sería la única manera posible de conseguir esos simples alimentos si no contáramos con la bendición del sistema capitalista.

EL CAPITAL ES LA PIEDRA ANGULAR DE NUESTRAS VIDAS

La suma de dinero que se requiere para la construcción y el mantenimiento de los ferrocarriles y de los barcos usados para servirle a usted un desayuno tan sencillo es tan descomunal, que la imaginación se marea. Asciende a centenares de millones de dólares, por no mencionar siquiera los ejércitos de trabajadores especializados que son necesarios para tripular tales medios de transporte. Pero éstas no son más que una ínfima parte de las exigencias que la civilización moderna impone a Estados Unidos capitalista. Antes de que pueda haber algo que transportar, tiene que haber sido cultivado o fabricado, y preparado para el mercado. Y esto exige más millones y millones de dólares en equipo, maquinaria, embalajes, comercialización, y para pagar los salarios de millones de hombres y de mujeres.

Los barcos y los ferrocarriles no brotan de la tierra ni funcionan de manera automática. ¡Llegan en respuesta a la vocación civilizadora, gracias al esfuerzo, el ingenio y la capacidad de organización de personas dotadas de imaginación, fe, entusiasmo, decisión y persistencia!

Estas personas son conocidas como capitalistas. Están motivadas por el deseo de construir, edificar, conseguir, prestar servicios útiles, obtener un lucro y acumular riquezas. Y el hecho de ser los que prestan servicios sin los cuales la civilización no existiría, los encamina a la obtención de grandes riquezas.

Sin otro propósito que mantener mi discurso en un nivel simple y comprensible, añadiré que estos capitalistas son los mismísimos hombres de quienes casi todos nosotros hemos oído hablar a los oradores callejeros. Son los mismos hombres a quienes radicales, chantajistas, políticos deshonestos y líderes obreros corruptos califican de "intereses predatorios", o "Wall Street".

No es mi intención presentar un alegato a favor o en contra de algún grupo de hombres ni de sistema económico alguno. El propósito de este libro -un propósito al que he consagrado más de "un cuarto de siglo" -es presentar, a todos los que deseen conocerla, la más confiable de las ideologías merced a las cuales es posible acumular riquezas en la cantidad que sueñen.

He analizado aquí las ventajas económicas del sistema capitalista con el doble propósito de demostrar:

1. Que todos aquellos que buscan riquezas deben rendir pleitesía al sistema que controla cualquier posibilidad de hacer dinero, y adaptarse a él.

2. Presentar la visión del cuadro opuesta a la que muestran los políticos y los demagogos que oscurecen deliberadamente los problemas que plantean al hablar del capital organizado como sí fuera un veneno contaminante.

Estados Unidos es una nación capitalista. Creció gracias al uso del capital, y más vale que nosotros, los que reivindicamos el derecho de compartir las bendiciones de la libertad y de la oportunidad, nosotros, los que tenemos como meta acumular riqueza, sepamos que ni la fortuna ni las oportunidades estarían a nuestro alcance si el capital organizado no nos hubiera entregado estos beneficios.

Durante más de veinte años ha sido un pasatiempo popular y creciente para los radicales, políticos egoístas, chantajistas, líderes sindicales deshonestos y, en algunas ocasiones, líderes religiosos, que disparan al azar contra "WALL STREET, LOS CAMBISTAS, y los GRANDES NEGOCIOS".

La práctica se hizo tan común, que presenciamos durante la depresión económica, la visión poco creíble de altos funcionarios de gobierno haciendo hilera con los políticos más sencillos y líderes sindicales, con el fin públicamente reconocido de asfixiar el sistema que ha hecho de la América Industrial, el país más rico de la tierra. La hilera de personas fue tan general y bien organizada que prolongó la peor depresión de América que se haya conocido. Le costó el trabajo a millones de personas, debido a que estos trabajos eran inseparablemente una parte del sistema industrial y capitalista, que forma la base del país.

Durante esta inusual alianza de funcionarios de gobierno e individuos mezquinos trataban de beneficiarse al declarar "temporada abierta" en el sistema de industria americano, un cierto tipo de líder sindical unió fuerzas con los políticos y ofreció entregar votantes a cambio de una legislación diseñada para permitirle a los hombres QUITARLE LA RIQUEZA A LA INDUSTRIA POR NÚMEROS DE FUERZA ORGANIZADOS, EN LUGAR DEL MEJOR MÉTODO DE DAR UN JUSTO DÍA DEL TRABAJO POR UN DÍA DE PAGO.

Millones de hombres y mujeres en toda la nación están todavía comprometidos con este pasatiempo popular de intentar OBTENER ALGO sin DAR NADA A CAMBIO. Algunos de estos están alineados con los sindicatos laborales, donde exigen MENOS HORAS DE TRABAJO Y MÁS PAGO. Otros ni siquiera se dan la molestia de trabajar. ELLOS SÓLO EXIGEN.

CON LA AYUDA DEL GOBIERNO, LO ESTÁN CONSIGUIENDO. Su idea sobre sus derechos de libertad fue demostrada en la ciudad de Nueva York, donde se registraron reclamos violentos con el Administrador de Correo, por un grupo de "beneficiarios de ayuda", debido a que el Cartero los despertaba a las 7:30 AM. para entregar los cheques de ayuda al Gobierno. Ellos EXIGIERON que el tiempo de entrega se debía fijar para las diez de la mañana.

Si usted es una de esas personas que cree que el dinero se puede acopiar por el mero acto de los hombres que se organizan en grupos y exigen MÁS por MENOS SERVICIO, si usted es una de esas personas que le EXIGE al Gobierno ayuda sin tener problemas temprano en la mañana cuando se le entrega el dinero, si usted es una de esas personas que cree en cambiar sus votos a los políticos a cambio de pasar las leyes, que permiten el allanamiento del tesoro público, usted puede descansar tranquilamente en su creencia, sabiendo que nadie lo molestará, debido a que ESTE ES UN PAÍS LIBRE, DONDE CADA HOMBRE PUEDE PENSAR COMO QUIERE, donde prácticamente todos pueden vivir con poco esfuerzo, donde muchos pueden vivir bien sin trabajar.

Usted debería saber, no obstante, toda la verdad con respecto a esta LIBERTAD de la que muchas personas alardean, y muy pocas entienden. Tan grande como sea, tan lejos como llegue, sin importar la cantidad de privilegios que entregue, NO VA, Y NO PODRÁ TRAER RIQUEZA SIN ESFUERZO.

Sólo hay un método seguro de acumular dinero y de aferrarse a él, y ese método es prestar servicios útiles y seguir creando necesidades ficticias. Jamás se ha creado sistema alguno por el cual los individuos pueden adquirir riquezas legalmente por la sola fuerza de los números, o sin dar a cambio, de una manera u otra, un valor equivalente.

Existe un principio conocido como la ley de la ECONOMIÍA! Esto es más que una teoría. Es una ley que no puede ser derrotada por nadie.

Marque bien el nombre del principio, y recuérdelo, porque es bastante más potente que todos los políticos y máquinas políticas. Esta por sobre y más allá del control de todos los sindicatos laborales. No puede ser gobernado, influenciado o sobornado por chantajistas o líderes auto designados en ningún llamado. Además, TIENE UN OJO QUE TODO LO VE, Y UN SISTEMA PERFECTO DE CONTABILIDAD, donde se lleva una cuenta exacta de las transacciones de todo ser humano comprometido en el negocio de intentar conseguir algo sin dar algo por ello. Tarde o temprano sus auditores hacen una visita casual, ven los registros de las personas, tanto grandes como pequeños, y exigen hacer una contabilidad.

"Wall Street, Grandes Negocios, Intereses Predatorios de Capital," o cualquiera sea el nombre que usted escoja para darle al sistema que nos ha entregado LIBERTAD AMERICANA, representa un grupo de hombres que entienden, respetan y se adaptan a esta poderosa LEY DE ECONOMÍA. Su continuación financiera pende de si respetan la ley o no.

La mayoría de las personas que viven en América, como en este país, viven en un sistema capitalista. Debo confesar que no conozco mejor país, donde uno pueda encontrar mayores oportunidades para acumular riqueza. Juzgando por sus actos y hechos, hay algunas personas en este país a quienes no les gusta. Eso por supuesto es su privilegio, si a ellos no les gusta este país, su sistema capitalista, sus oportunidades sin barreras, ELLOS TIENEN EL PRIVILEGIO DE MARCHARSE. Siempre habrá otros países, tales como Alemania, Rusia e Italia, donde uno puede probar su habilidad al disfrutar de la libertad, y acumular riqueza siempre que uno no sea demasiado especial.

SUS OPORTUNIDADES EN MEDIO DE LAS RIQUEZAS

Los Estados Unidos ofrece toda la libertad y las oportunidades de ganar riquezas que cualquier persona honrada pueda necesitar. Cuando uno sale de caza con ánimo deportivo, busca cotos donde las presas abunden. La misma regla es válida cuando se sale a la caza de riquezas, por supuesto.

Si lo que usted busca es fortuna, no pase por alto las posibilidades de un país cuyos ciudadanos son tan ricos que las mujeres, solas, se gastan al año más de 200 millones de dólares en lápices de labios, rubor y productos de belleza. Usted que está buscando riqueza, piénselo dos veces, antes de intentar destruir el Sistema Capitalista de un país donde sus ciudadanos gastan más de cincuenta millones de dólares al año en TARJETAS DE AGRADECIMIENTO, con la que quieren expresar su apreciación por su LIBERTAD.

Si lo que busca es dinero, piense seriamente en un país que se gasta centenares de millones de dólares al año en cigarrillos. la magnitud del ingreso que reciben sólo cuatro empresas comprometidas en suministrar este constructor nacional de "indiferencia" y "fuerzas inactivas".

Obviamente, hay que considerar totalmente a un país, cuyas personas gastan anualmente más de 15 millones de dólares por el privilegio de ver películas, y apuestas de unos pocos millones de dólares adicionales para licor, drogas, y otros tragos menos potentes y aguas falsas. No se dé demasiada prisa en irse de un país cuyos habitantes dilapidan de buena gana, e incluso con alegría, millones de dólares anuales en el fútbol, el béisbol y el boxeo.

Y, por supuesto, ADHERIRSE a un país, donde sus habitantes renuncian a un millón de dólares al año por goma de mascar, y otro millón por hojas de afeitar de seguridad.

Recuerde, además, que éste no es más que el comienzo de las fuentes que están a su alcance para que usted gane dinero. Aquí sólo hemos mencionado unos pocos lujos superfluos. Pero no olvide que el negocio de producir, transportar y vender estos pocos artículos inútiles proporciona empleo regular a muchos millones de personas que reciben millones de dólares mensuales por sus servicios y que se los gastan con entera libertad en productos tanto necesarios como innecesarios.

Recuerde especialmente que detrás de todo este intercambio de mercancías y servicios personales pueden encontrarse abundantes oportunidades de acumular riquezas. Los estadounidenses contamos con la ayuda de nuestra libertad. No hay nada que obstaculice, ni a usted ni a nadie, entregarse a cualquier aspecto del esfuerzo necesario para seguir adelante con nuestros negocios. Si uno tiene talento, formación y experiencia, puede acumular riquezas en grandes cantidades. Los que no sean tan afortunados acumularán cantidades más pequeñas. Cualquier persona puede ganarse la vida a cambio de una cantidad apenas nominal de trabajo y esfuerzo.

Así es que... ¡ya lo sabe!

La oportunidad ha desplegado ante usted sus mercancías. Acérquese al mostrador, seleccione lo que quiera, arme su plan, póngalo en acción y sígalo con perseverancia. Estados Unidos "capitalista" se ocupará del resto. En eso sí puede confiar: nuestra nación capitalista garantiza a todas las personas la oportunidad de prestar servicios útiles y de cosechar riquezas en proporción con el valor de sus servicios.

El "sistema" no le niega a nadie este derecho, pero no promete, ni puede hacerlo, algo por nada, porque el mismo sistema está irrevocablemente manejado por la ley de la economía capitalista, que no reconoce ni tolera durante mucho tiempo dar sin recibir.

¡La LEY DE ECONOMÍA fue pasada por la Naturaleza! No hay Corte Suprema a la que puedan apelar los transgresores de esta ley. La ley aplica tanto sanciones por su violación como recompensas adecuadas por su cumplimiento, sin interferencia o la posibilidad de interferencia de ningún individuo. La ley no puede ser anulada. Es fija, así como las estrellas en el cielo, y sujeta a, y una parte del mismo sistema que controla las estrellas.

¿Puede uno negarse a adaptarse a la LEY DE ECONOMÍA?

¡Ciertamente! Este es un país libre, donde todos los hombres nacen con los mismos derechos, que incluyen el privilegio de ignorar la LEY DE ECONOMÍA.

¿Qué es lo que sucede, entonces?

Bueno, nada sucede hasta que muchos hombres unen sus fuerzas para el reconocido propósito de ignorar la ley, y tomar lo que quieren por la fuerza.

LUEGO, VIENE EL DICTADOR, CON PELOTONES DE FUSILAMIENTO ORGANIZADOS Y AMETRALLADORAS.

¡No hemos llegado hasta este punto en América! Pero hemos escuchado todo lo que queremos saber sobre cómo funciona el sistema. Tal vez hemos sido lo suficientemente afortunados de no exigir conocimiento personal de tan horrible realidad. Sin duda preferimos continuar con nuestra LIBERTAD DE PALABRA, LIBERTAD DE HECHOS, y LIBERTAD PARA ENTREGAR UN SERVICIO ÚTIL A CAMBIO DE DINERO.

La práctica de los funcionarios del Gobierno de extenderle a los hombres y mujeres el privilegio de atacar por sorpresa el tesoro público a cambio de votos, algunas veces resulta en una elección, pero como la noche sigue el día, la recompensa final viene; cuando cada centavo usado en forma errónea, debe ser repagado con interés compuesto. Si aquellos que se apropian de algo no están forzados a rembolsar, la carga recae en sus hijos, y los hijos de sus hijos, "incluso hasta la tercera o cuarta generación" No hay forma de evitar la deuda.

Los hombres pueden, y algunas veces lo hacen, formar grupos con el propósito de sobrecargar los sueldos, y trabajar menos horas. Hay un punto más allá al que no pueden llegar. Es el punto en que la LEY DE ECONOMÍA empieza a funcionar, y el alguacil de policía abarca tanto al empleador como a los trabajadores.

Durante seis años, desde 1929 a 1935, los pueblos de América, tanto ricos como pobres, apenas dejaron de ver la Economía del Jefe y cedieron al alguacil de policía todos los negocios, industrias y bancos. ¡No era algo muy bonito de mirar! No aumentó nuestro respeto por la psicología de las masas a través de la cual los hombres deciden contra la razón e intentan OBTENER sin DAR.

Los que pasamos por esos seis años desalentadores, cuando el MIEDO ESTABA EN POSICIÓN DE MANDO, Y LA FE ESTABA POR EL SUELO, no podemos olvidar cuán cruelmente la LEY DE ECONOMÍA exigió derecho tanto de ricos como de pobres, débiles y fuertes así como de viejos y jóvenes. No debiéramos desear pasar por otra experiencia como esa.

Estas observaciones no están fundadas en experiencias a corto plazo. Ellas son el resultado de veinticinco años de cuidadosos estudios y análisis de los métodos de los hombres más exitosos y menos exitosos que América ha conocido.

8. DECISIÓN

EL DOMINIO DE LA DILACIÓN

EL SÉPTIMO PASO HACIA LA RIQUEZA

Un análisis efectuado sobre más de 25.000 hombres y mujeres que habían experimentado el fracaso, puso en evidencia el hecho de que la falta de determinación era casi siempre el factor que encabezaba la lista de las treinta y un grandes causas de fracaso. La dilación, lo contrario de la decisión, es un enemigo común que deben superar casi todas las personas. Usted se encontrará con la oportunidad de poner a prueba su capacidad para tomar decisiones rápidas y concretas cuando termine de leer este libro y esté listo para poner en práctica los principios aquí descritos.

El análisis de varios cientos de personas que habían acumulado fortunas bastante más allá de la marca del millón de dólares puso de manifiesto el hecho de que cada una de ellas tenía el hábito de tomar decisiones con rapidez, y de cambiarlas con lentitud, siempre y cuando se viera la necesidad de ésto. Las personas que no logran acumular dinero, tienen, invariablemente, el hábito de tomar decisiones (si es que las toman) muy lentamente, y de cambiar esas mismas decisiones con rapidez y frecuentemente.

Una de las cualidades más notables de Henry Ford era su costumbre de tomar decisiones rápidas y definitivas, y de cambiarlas con lentitud. Esta cualidad era tan pronunciada en el señor Ford, que le hizo ganarse la reputación de ser un hombre obcecado. Fue justamente esa cualidad la que le hizo continuar con la fabricación de su famoso modelo T (el coche más feo del mundo) en un momento en que todos sus consejeros, y muchos de los compradores del coche, le estaban pidiendo que lo modificara.

Quizás Ford se retrasó demasiado en efectuar el cambio, pero la otra cara de la moneda es que la firmeza de su decisión le permitió obtener una tremenda fortuna antes de que se hiciera necesario cambiar el modelo. No cabe duda alguna de que la costumbre del señor Ford de tomar decisiones definitivas llegó a asumir la proporción de la obstinación, pero esa misma cualidad es preferible a la lentitud cuando llega la hora de tomar decisiones, y a la rapidez a la hora de cambiarlas.

CONSEJOS SOBRE LA TOMA DE SUS PROPIAS DECISIONES

La gran mayoría de la gente que no logra acopiar dinero suficiente para cubrir sus necesidades suele verse, por lo general, fácilmente influida por las opiniones de los demás. Esas personas permiten que los periódicos y las murmuraciones de los vecinos afecten sus pensamientos. Las opiniones son los bienes más baratos que existen en el mundo. Todos tienen un cerro de opiniones preparadas para comunicárselas a cualquiera que se parezca dispuesto a aceptarlas. Si usted se deja influir por las opiniones cuando se trata de tomar decisiones, no tendrá éxito en ninguna empresa y, mucho menos, en la de convertir su propio deseo en dinero.

Si permite que las opiniones de los demás lo influyan, llegará a no poseer deseos propios. Cuando empiece a poner en práctica los principios descritos aquí, guíese por su propio consejo, tome sus propias decisiones y aténgase a las mimsas. No confíe en nadie más que en los miembros de su "equipo de trabajo"; y asegúrese de haberlos escogido correctamente, eligiendo sólo a quienes estén en completa alineación con su meta y que muestren simpatía por ella.

A menudo, los amigos íntimos y los parientes ponen obstáculos por medio de "opiniones", aunque no sea esa la intención. A veces lo hacen incluso a través del ridículo, con la idea de que sea humorístico. Hay miles de mujeres y hombres que sufren de complejos de inferioridad durante toda la vida, justamente porque alguien bienintencionadamente, pero con ignorancia, destruyó su confianza en sí misma mediante las "opiniones" o el ridiculizar.

Usted dispone de una mente y un cerebro únicos. Utilícelos y tome sus propias decisiones. Si lo que busca son hechos o la información de otras personas que le permitan tomar sus decisiones, como sucederá en numerosos casos, lleve a cabo esos hechos, o asegúrese con discreción de la información que necesita, sin descubrir cuáles son sus objetivos.

Una de las características de las personas que tienen sólo conocimientos elementales o escasos, es intentar dar la impresión de que poseen muchos conocimientos. En general, esas personas hablan demasiado y escuchan muy poco. Mantenga los ojos y los oídos bien abiertos y la boca cerrada, si lo que quiere es adquirir el hábito de una toma de decisiones rápida. Quienes hablan mucho hacen poco. Si usted habla mucho más de lo que escucha, no sólo se privará a sí mismo de muchas oportunidades de acumular conocimientos valiosos, sino que también habrá puesto sus estrategias y propósitos al descubierto ante personas a las que les encantará desilusionarle porque, en realidad, lo envidian.

Recuerde también que cada vez que abra la boca en presencia de una persona que posea grandes cantidades de conocimientos, estará desplegando ante ella su reserva exacta de conocimientos propios ¡o su falta de la misma! La verdadera sabiduría suele llamar la atención merced a la modestia y el silencio

Tenga en cuenta el hecho de que cada persona con la que usted se asocie estará buscando -como usted mismo- la oportunidad de acumular dinero. Si habla con demasiada libertad acerca de sus estrategias, quizá se sienta sorprendido al enterarse de que alguna otra persona se le ha adelantado, poniendo en práctica los mismos planes acerca de los cuales usted comunicó con tanta imprudencia.

Que una de sus primeras decisiones sea la de mantener cerrada la boca y abiertos los ojos y oídos.

Como una forma de recordarle este consejo, se ría útil que copiara el siguiente epigrama en letras mayúsculas, y lo colocara donde pueda verlo a diario: "Dígale al mundo lo que intenta hacer, pero llévelo a cabo antes de decirlo".

Esto es como decir: "Lo que cuenta son los hechos, y no las palabras".

LIBERTAD O MUERTE EN UNA DECISIÓN

El valor de toda decisión depende del coraje que se necesite para ejecutarla. Las grandes disposiciones, aquellas que constituyeron los fundamentos de la humanidad, fueron tomadas asumiendo grandes riesgos, lo que a menudo significó la posibilidad de encontrar la muerte.

La decisión de Lincoln de promulgar su famosa Declaración de la Emancipación, mediante la cual se otorgaba libertad a las personas de color en los Estados Unidos, la tomó a sabiendas de que ese acto pondría en su contra a miles de amigos y partidarios políticos. Sabía también que llevar a cabo esa proclamación significaría la muerte de miles de hombres en los campos de batalla. Finalmente, le costó la vida a Lincoln. Eso requirió valentía.

La decisión de Sócrates de tomar la venenosa cicuta, en lugar de comprometer sus creencias personales, fue un acto de gran coraje. Se adelantó mil años a su tiempo, y dio el derecho a la libertad de pensamiento y de palabra a todos los que todavía no habían nacido.

La decisión del general Robert E. Lee de apartarse de la Unión y tomar partido por la causa del Sur, también fue una acción valerosa, puesto que él sabía que podía costarle la vida, además de la de muchos otros.

CINCUENTA Y SEIS QUE SE ARRIESGARON A LA HORCA

Pero la mayor decisión de todos los tiempos, en lo que se refiere a los ciudadanos de lo que más tarde serían los Estados Unidos, se tomó el 4 de julio de 1776, en Filadelfia, cuando cincuenta y seis hombres estamparon sus firmas en un documento que, como muy bien sabían, aportaría la libertad a todos los norteamericanos, o bien dejaría a cada uno de los cincuenta y seis colgado de una cuerda por el cuello

Sin duda habrá escuchado de ese famoso documento, aunque tal vez no haya extraído del mismo la gran lección de logro personal que nos enseña de un modo tan simple.

Muchos recuerdan la fecha en que esa gran decisión fue tomada, mas son pocos los que se dan cuenta del valor que se requirió. Recordamos nuestra historia, tal y como nos la enseñan. Recordamos las fechas, los nombres de los hombres que lucharon, recordamos Valley Forge y Yorktown, recordamos a George Washington y a lord Cornwallis. Pero, en realidad, sabemos poco y nada acerca de las fuerzas reales que había detrás de estos nombres, fechas y lugares. Y sabemos menos incluso acerca de ese poder intangible que nos aseguró la libertad, mucho antes de que los ejércitos de Washington llegaran a Yorktown.

Leímos la historia de la Revolución, e imaginamos falsamente que George Washington era el Padre de nuestro País, que fue él quien obtuvo nuestra libertad, mientras que lo cierto es que Washington fue sólo un accesorio después del hecho, ya que la victoria para sus ejércitos estaba asegurada mucho antes que Lord Cornwallis se rindiese. Esto no intenta robarle a Washington la gloria, que ciertamente merecía. Su propósito más bien es darle mayor atención al sorprendente PODER que fue la real causa de su victoria.

Representa casi una tragedia que los historiadores hayan pasado por alto el hacer la más mínima referencia al poder irresistible que fue el génesis de la libertad de la nación destinada a establecer nuevos niveles de independencia para todos los pueblos del mundo. Digo que es casi una tragedia porque precisamente se trata del mismo poder que todo individuo debe utilizar para superar los conflictos que se le presenten en la vida, y obligar a ésta a pagar el precio que se le pide.

Revisemos, aunque sólo sea de forma mínima, acontecimientos que dieron lugar a ese poder. La historia comienza con un incidente ocurrido en Boston el 5 de marzo de 1770. Los soldados británicos trullaban por las calles, aterrorizando a los ciudadanos con su sola presencia. A los colonos no les gustaba ver hombres armados andando por sus ciudades. Empezaron a expresar abiertamente su resentimiento por ésto, arrojando piedras y profiriendo insultos contra los soldados que patrullaban, hasta que el oficial al mando dio la orden: "¡Calen bayonetas...! ¡Carguen!".

La batalla que comenzó entonces resultó en la muerte de muchos, mientras que otros salieron heridos. El incidente provocó tal resentimiento, que la Asamblea Provincial (compuesta por importantes colonos) convocó una reunión para emprender alguna acción concreta. Dos de los miembros de esa asamblea fueron John Hancock y Samuel Adams. Tomaron la palabra y hablaron con valentía, declarando que debían organizar un movimiento para expulsar de Boston a todos los soldados británicos.

Debemos recordar que eso fue una decisión surgida en la mente de dos hombres, lo que podemos considerar como el principio de la libertad que todos disfrutamos ahora en los Estados Unidos. Tampoco podemos olvidar que la determinación de esos dos hombres exigía fe y coraje, porque era una decisión que entrañaba peligros.

Antes de que la asamblea terminara, Samuel Adams fue elegido para visitar al gobernador de la provincia, Hutchinson, y exigirle la retirada de las tropas británicas.

La petición fue aceptada, y los soldados se retiraron de Boston, pero el incidente no quedó zanjado allí. Había provocado una situación cuyo desenlace estaría destinado a cambiar el rumbo de toda una civilización. ¿No es extraño cómo los grandes cambios, tal como la Revolución Americana y la Guerra Mundial, a menudo comienzan en circunstancias que no parecen significativas? También es interesante notar que estos importantes cambios por lo general comienzan en la forma de una DECISIÓN DEFINITIVA en las mentes de un número relativamente pequeño de individuos. Muy pocos de nosotros conocemos la historia de nuestro país tan profundamente como para darnos cuenta que John Hancock, Samuel Adams, y Richard Henry Lee (de la Provincia de Virginia) fueron los reales Padres de la patria.

ORGANIZACIÓN DE UN EQUIPO DE TRABAJO

Richard Henry Lee adquirió un papel importante en esa historia. Él y Samuel Adams se comunicaban entre sí con frecuencia (por correspondencia), compartiendo temores y esperanzas acerca del bienestar del pueblo en sus respectivas provincias. A raíz de esta práctica, Adams concibió la idea de que un intercambio mutuo de cartas entre las trece colonias podría ayudar a coordinar esfuerzos que tanto necesitaban en relación con la solución de sus problemas. Dos años después del enfrentamiento con los soldados británicos en Boston (en marzo de 1772), Adams presentó esta idea ante la Asamblea, en forma de una moción para que se estableciera un Comité de Correspondencia entre colonias, que contara con corresponsales nombrados en cada una de las mismas, "con el propósito de una cooperación amistosa para la mejora de las colonias de la América Británica".

Eso constituyó el principio de la organización de un poder mucho más amplio, destinado a conseguir la libertad para todos los colonos y sus descendientes. Así se organizó el equipo de trabajo. Estaba compuesto por Adams, Lee y Hancock. "Además, les digo que si dos de ustedes están de acuerdo que la tierra está relacionada con todo lo que ustedes pregunten, vendrá a usted de Mi Padre, que está en los Cielos".

El Comité de Correspondencia fue organizado. Los ciudadanos de las colonias habían estado desarrollando una desorganizada oposición física contra los soldados británicos, a través de incidentes parecidos a los tumultos de Boston, pero de todo ello no se había sacado provecho alguno. Sus agravios individuales no habían sido consolidados bajo un equipo de trabajo. Ningún grupo tenía puestos sus corazones, mentes, almas y cuerpos juntos en una determinación concreta para solucionar de una vez y por todas su dificultad con los británicos, hasta que Adams, Hancock y Lee se pusieron a trabajar en conjunto.

El Comité de Correspondencia estaba organizado. Observe que esta medida brindó la forma de aumentar el poder del principio Master Mind al agregarle hombres de todas las Colonias. Le advierto que este procedimiento constituyó la primera PLANIFICACIÓN ORGANIZADA de los colonizadores disconformes. ¡La fuerza está en la unión!

Mientras tanto, los británicos tampoco permanecieron de brazos cruzados. También ellos se dedicaron a efectuar una planificación y a formar equipos de trabajo propios, con la ventaja de contar con el dinero y con un ejército organizado.

UNA DECISIÓN QUE CAMBIÓ LA HISTORIA

La Corona nombró a Gage para sustituir a Hutchinson como gobernador de Massachusetts. Una de las primeras accciones del nuevo gobernador fue llamar a Samuel Adams por medio de un mensajero, para intentar detener su oposición, merced al temor.

Comprenderemos mucho mejor el espíritu de lo que sucedió si citamos la conversación sostenida entre el coronel Fenton (el mensajero enviado por Gage) y el propio Adams.

Coronel Fenton: "He sido autorizado por el gobernador Gage para asegurarle, señor Adams, de que el gobernador ha sido dotado de amplios poderes para conferirle a usted tantos beneficios como le sean satisfactorios [intento de ganarse a Adams con la promesa de sobornos], con la condición de que abandone usted su oposición a las medidas del gobierno. El gobernador le aconseja que no siga disgustando a Su Majestad. Su conducta le hace acreedor a los castigos previstos en una ley de Enrique VIII, por la que se puede enviar a Inglaterra a las personas para que sean juzgadas allí por traición, o encarceladas a discreción del gobernador de una provincia. Pero si usted cambia su política no sólo obtendrá grandes ventajas personales, sino que además estará en paz con el Rey".

Samuel Adams tenía que escoger entre dos decisiones: cesar en su oposición, y recibir recompensas personales por ello, o continuar y correr el riesgo de morir en la horca.

Evidentemente, había llegado el momento en que Adams se veía obligado a tomar una determinación que podía resultar fatal. Adams insistió en que el coronel Fenton, bajo palabra de honor, le transmitiría al gobernador su respuesta, repitiendo con toda exactitud las mismas palabras que le dijera.

La contestación de Adams fue: "Dígale al gobernador Gage que confío desde hace mucho tiempo en estar en paz con el Rey de Reyes. Ninguna consideración personal me inducirá a abandonar la justa causa de mi país. Y dígale al gobernador Gage que Samuel Adams le aconseja no continuar insultando los sentimientos de un pueblo exasperado".

Parece ser innecesario hacer algún comentario sobre el carácter de este hombre. Debe ser evidente para cualquier lector de este sorprendente mensaje, que su emisor poseía lealtad de la mayor clase. Esto es importante. (Los chantajistas y los políticos deshonestos han prostituido el honor por cual un hombre como Adams murió).

Cuando el gobernador Gage recibió la cáustica respuesta de Adams, montó en cólera y promulgó una proclama en la que se decía: "El abajo firmante, en representación de Su Majestad, ofrece y promete su más gracioso perdón a todas aquellas personas que a partir de ahora abandonen las armas y regresen a los deberes propios de súbditos pacíficos. Las únicas excepciones del beneficio de tal perdón son Samuel Adams y John Hancock, cuyas ofensas, de naturaleza demasiado flagrante, no admiten otra consideración que la de un castigo adecuado".

Podríamos decir que tanto Adams como Hancock se encontraban en aprietos. La amenaza del airado gobernador obligó a los dos hombres a tomar otra decisión, igualmente riesgosa. Convocaron una apresurada reunión de sus más fieles seguidores. Una vez que todos estuvieron presentes, Adams cerró la puerta con llave, se la metió en el bolsillo y les informó que era imperativo organizar un congreso de los colonos, y que nadie abandonaría aquella habitación hasta que se hubiera tomado la decisión de convocar dicho congreso.

A este anuncio siguió una gran excitación. Algunos sopesaron las posibles consecuencias de tal radicalismo. Otros expresaron graves dudas en cuanto a la prudencia y la conveniencia de una decisión tan definitiva, que desafiaba manifiestamente a la Corona. Encerrados en aquella habitación había dos hombres inmunes al miedo, ciegos ante la posibilidad del fracaso: Hancock y Adams. Gracias a la influencia de sus mentes, los demás fueron inducidos a aceptar que se debían establecer acuerdos, a través del Comité de Correspondencia, para convocar el Primer Congreso Continental, que se celebraría en Filadelfia el 5 de septiembre de 1774.

Vale la pena recordar esta fecha. Es mucho más importante que la del 4 de julio de 1776. Si no se hubiera tomado la decisión de convocar un Congreso Continental, tampoco se hubiese llevado a cabo la firma de la Declaración de la Independencia.

Antes de que la primera reunión del nuevo Congreso se celebrara, otro líder, que se encontraba en otra parte del país, estaba profundamente enfrascado en la tarea de publicar una Sucinta exposición de los derechos de la América Británica. Se trataba de Thomas Jefferson, de la provincia de Virginia, cuyas relaciones con lord Dunmore (representante de la Corona en Virginia) eran tan tensas como las de Hancock y Adams con su gobernador.

Poco después de que se publicara Sucinta exposición de los derechos..., Jefferson fue informado de que existía la orden de perseguirlo por alta traición contra el gobierno de Su Majestad. Inspirado por la amenaza, uno de los colegas de Jefferson, Patrick Henry, expresó con claridad lo que pensaba, y concluyó sus observaciones con una frase que se ha hecho clásica desde entonces: "Si esto es traición, que sea la mayor de todas".

Fueron seres como éstos los que, sin poder, sin autoridad, sin Ejército ni dinero, tomaron asiento en una solemne consideración del destino de las colonias, dando inicio así a la apertura del Primer Congreso Continental, que continuaron celebrando cada dos años, hasta que el 7 de junio de 1776, Richard Henry Lee se levantó, se dirigió a la presidencia y, ante el asombro de la asamblea, expuso la siguiente moción:

"Caballeros, presento la moción de que estas Colonias Unidas son, y deben ser por derecho, Estados libres e independientes, absueltos de toda alianza con la Corona británica, y que toda conexión política entre ellos y el país del Reino Unido está disuelta, y así debe quedar".

LA DECISIÓN MAS TRASCENDENTAL JAMAS ESCRITA SOBRE PAPEL

La asombrosa moción de Lee fue discutida con tanta pasión, y durante tanto tiempo, que él empezó a perder la paciencia. Después de días de discusiones, volvió a ocupar el estrado de oradores y declaró, con una voz clara y firme: "Señor presidente, hace días que llevamos discutiendo este tema. Es la única línea de acción que podemos seguir. ¿Por qué, entonces, retrasarlo más? ¿Por qué continuar deliberando? Que este día feliz de nacimiento a una República Americana. Que se enarbole, no para devastar y conquistar, sino para restablecer el reino de la paz y de la ley". Los ojos de Europa están puestos sobre nosotros. Ella exige de nosotros un ejemplo viviente de libertad, que puede mostrar un contraste, en la felicidad del ciudadano, a la siempre creciente tiranía".

Antes de que se votara su moción, Lee fue llamado a Virginia debido a una grave enfermedad familiar, pero, antes de marcharse, dejó la causa en manos de su amigo Thomas Jefferson, quien le prometió luchar hasta que se cumpliera una acción favorable. Poco después, el presidente del Congreso (Hancock) nombró a Jefferson presidente de un comité que se abocaría a redactar la Declaración de Independencia.

El comité trabajó arduamente en la redacción de un documento que, cuando fuera aceptado por el Congreso y firmado por cada uno de los congresistas, significaría una condena de muerte para todos los firmantes en el caso de que las colonias perdieran en la batalla que, sin lugar a dudas, estallaría entre ellas y el Reino Unido.

Se redactó el documento y la versión original del mismo fue leída el 28 de junio ante el Congreso. Durante varios días se discutió, alteró y preparó su redacción definitiva. El 4 de julio de 1776, Thomas Jefferson se levantó ante la Asamblea y, sin el menor temor en su voz, leyó la decisión más trascendental escrita nunca sobre papel.

"Cuando en el curso de los acontecimientos humanos se hace necesario que un pueblo disuelva los lazos políticos que lo han conectado con otro, y asuma, entre los poderes de la Tierra, el Estado separado e igual a que las leyes divinas y naturales le dan derecho, un respeto decente por las opiniones de la humanidad exige que ese pueblo declare las causas que lo impelen a la separación..".

Cuando Jefferson terminó de leer, se votó la aprobación del documento, el que fue aceptado, y después los cincuenta y seis hombres presentes lo firmaron. Cada uno de ellos ponía en juego su propia vida con la decisión de estampar su firma en aquel papel. Gracias a esa determinación una nación llegó a la existencia, una nación destinada a aportar para siempre a la humanidad el privilegio de tomar sus propias decisiones.

A través de decisiones tomadas en un espíritu similar de Fe, y sólo mediante dichas decisiones, las personas pueden resolver sus problemas personales, y ganar para sí mismos altos estados de riqueza material y espiritual. ¡No olvidemos esto!

Al analizar los acontecimientos que condujeron a la Declaración de Independencia, podemos convencernos de que esta nación, que ahora ostenta una posición de respeto y poder entre todos los demás países del planeta, fue el fruto de la decisión de un equipo de trabajo compuesto por cincuenta y seis hombres. Observe bien el hecho de que su decisión fue lo que aseguró el éxito a los ejércitos de Washington, porque el espíritu de esa decisión estaba en el corazón de cada uno de los soldados que lucharon con él, y sirvió como un poder espiritual que no reconoce lo que es la derrota.

Observe también (y para mayor beneficio personal), que el poder que dio libertad a esta nación es el mismo que todo individuo ha tenido que utilizar para alcanzar su autodeterminación. Este poder está hecho a partir de los principios descritos en este libro. No resulta dificultoso detectar, en la historia de la Declaración de Independencia, al menos seis de estos principios: deseo, decisión, fe, perseverancia, equipo de trabajo y planificación organizada.

SEPA LO QUE QUIERE Y, EN GENERAL, LO CONSEGUIRÁ

A través de toda esta filosofía se encuentra la sugerencia de que el pensamiento, apoyado por un fuerte deseo, tiene una tendencia a transformarse en realidad. Tanto en esta historia como en la de la organización de la United States Steel Corporation se encuentra una descripción perfecta de la manera en la que el pensamiento produce esta asombrosa metamorfosis.

En su búsqueda del secreto del método, no espere milagros, porque no los hallará. Sólo encontrará las eternas leyes de la naturaleza. Esas que están disponibles para toda persona que tenga la fe y el valor suficientes para ocuparlas. Pueden ser empleadas bien para aportar libertad a una nación, bien para acumular riquezas.

Quienes toman decisiones con rapidez y de un modo definitivo saben muy bien lo que quieren y, en general, lo consiguen. Los líderes en todas las áreas de la vida son personas que deciden con rapidez y firmeza. Esa es la razón principal por la que se han convertido en líderes. El mundo tiene la costumbre de abrir paso al hombre cuyas palabras y acciones muestran que sabe a dónde va.

La indecisión es un hábito que suele aparecer en la juventud. El hábito adquiere permanencia a medida que el joven pasa por la escuela, el instituto e incluso la universidad, sin una definición de propósito. El hábito de Indecisión adquirido debido a las deficiencias de nuestro sistema escolar, acompaña al estudiante en la ocupación que escoge... SI... de hecho, escoge su ocupación. En general, el joven que acaba de graduarse busca cualquier trabajo. Acepta el primero que le ofrecen, porque ya cayó en el hábito de la indecisión. Noventa y ocho de cada cien personas que trabajan en la actualidad a cambio de un salario ocupan los puestos en los que están porque les faltó la firmeza para planificar el alcanzar un puesto mejor, así como el conocimiento acerca de cómo elegir al empleador.

La principal debilidad de todo sistema educacional es que no enseñan ni motivan el hábito de DECISIÓN DEFINIDA. Sería beneficioso si alguna universidad permitiera la matrícula de algún estudiante, a menos que y hasta que éste declare que su propósito principal es matricularse. Sería aún más beneficioso si cualquier estudiante que entre a la escuela primaria estuviera obligado a aceptar la capacitación en el HÁBITO DE DECISIÓN, y ser forzados a aprobar un examen en el tema antes de que se les permita avanzar a los demás cursos.

La firmeza de decisión exige siempre valor y, a veces, muchísimo. Los cincuenta y seis hombres que firmaron la Declaración de la Independencia pusieron sus vidas en peligro cuando decidieron estampar sus firmas en aquel documento. Quien que toma la firme decisión de conseguir un puesto de trabajo determinado, y de que le paguen el precio que pide, no pone en juego su vida con esa decisión; lo único que se juega es su libertad económica.

La independencia financiera, la riqueza, un negocio deseable o un buen puesto profesional no se encuentran al alcance de la persona que descuida o rechaza la expectativa, la planificación y la exigencia de esas mismas cosas. El que desea obtener riquezas, con el mismo espíritu con el que Samuel Adams deseó obtener la libertad para las colonias, seguro que terminará por acumular grandes fortunas.

En el capítulo de Planificación Organizada, encontrará instrucciones completas para vender cada tipo de servicios personales. Encontrará también información detallada de cómo escoger el empleador que usted prefiere, y el trabajo particular que desea. Estas instrucciones no tendrán valor alguno para usted A MENOS QUE USTED DECIDA DEFINITIVAMENTE organizarlas en un plan de acción.

9. PERSEVERANCIA

EL ESFUERZO SOSTENIDO NECESARIO PARA MOVER LA FE

EL OCTAVO PASO HACIA LA RIQUEZA

La perseverancia es un factor esencial para el procedimiento de transformar el deseo en su equivalente monetario. El fundamento de la perseverancia es la fuerza de voluntad.

Cuando la fuerza de voluntad y el deseo se mezclan adecuadamente, forman una sociedad irresistible. En general, los hombres que acumulan grandes fortunas son conocidos como fríos, a veces hasta como despiadados. A menudo son mal interpretados. Lo que tienen es fuerza de voluntad, que ellos combinan con la perseverancia, utilizando ambas para apoyar sus deseos y asegurarse de este modo el logro de sus objetivos.

Por lo general, Henry Ford ha sido malinterpretado como insensible y despiadado. Esta mala interpretación surgió del hábito de Ford de seguir todos sus planes con CONSTANCIA.

La gran mayoría de la gente está preparada para echar por la borda sus objetivos y propósitos, abandonándolos a la primera señal de oposición o desventura. Unos pocos continúan, a pesar de toda adversidad, hasta que los alcanzan.

Es posible que no exista ninguna connotación heroica en el concepto de "persistencia", pero esa cualidad es para el carácter de un hombre lo que el carbón para el acero.

En general, la formación de un gran patrimonio implica la aplicación de los trece factores de esta filosofía. Todos aquellos que acumulan dinero tienen que comprender estos principios y ponerlos en marcha perseverantemente.

TEST DE PERSEVERANCIA

Si usted está siguiendo lo que se dice en este libro con la intención de aplicar los conocimientos comunicados, su primera prueba en cuanto a su nivel de perseverancia la encontrará cuando comience a seguir los seis pasos descritos en el capítulo dos. A menos que usted sea parte del 2% de personas que ya poseen un objetivo marcado y que se esfuerzan por alcanzarlo, así como un plan definido para conseguirlo, puede leer las instrucciones y continuar después con su rutina diaria, sin llegar a cumplir nunca con ellas.

El autor lo está verificando en este momento, debido a que la falta de persistencia es una las principales causas de fracaso. Es más, la experiencia con miles de personas ha señalado que la falta de continuidad es una debilidad común a la mayoría de las personas. Se trata de una falta que puede superarse mediante el esfuerzo. La facilidad con la que se venza dependerá totalmente de la intensidad del deseo de cada uno.

El punto de partida de todo logro es el deseo. Téngalo en cuenta siempre. Deseos débiles llevan a resultados débiles, del mismo modo como un fuego pequeño produce muy poco calor. Si le parece que le falta perseverancia, remédielo construyendo en su interior un fuego mucho más fuerte por debajo de sus deseos.

Continúe leyendo hasta el final, y luego vuelva al segundo capítulo, y empiece de inmediato a poner en práctica las instrucciones que allí se dan en relación con los seis pasos. La avidez con la que siga esas instrucciones indicarán con claridad lo mucho -o lo poco- que desea acumular dinero. Si descubre que se siente indiferente, le aseguro que no ha adquirido todavía la "conciencia del dinero" que debe poseer, antes de poder estar seguro de acumular una fortuna.

Las fortunas gravitan alrededor de los hombres cuyas mentes han sido preparadas para atraerlas con la misma seguridad con que el agua se vuelve hacia el océano. En este libro usted puede encontrar todo tipo de estímulos necesarios para "sintonizar" cualquier mente normal a las vibraciones que atraerán el objeto de sus deseos.

Si llega a la conclusión de que su perseverancia es débil, centre su atención en las instrucciones contenidas en el capítulo sobre el poder. Rodéese de un "equipo de trabajo", y podrá desarrollar la perseverancia a través de los esfuerzos cooperativos de los miembros de ese grupo de personas. Encontrará más guías para el aumento de la perseverancia en los capítulos sobre la autosugestión y la mente subconsciente. Siga las instrucciones perfiladas allí hasta que la naturaleza del hábito transmita a su mente subconsciente una imagen clara de la meta buscada. A partir de ese punto, ya no se verá obstaculizado por la falta de persistencia.

Su mente subconsciente actúa continuamente, tanto si usted está despierto como si duerme.

¿TIENDE A LA "CONCIENCIA DEL DINERO" O A LA "CONCIENCIA DE LA POBREZA"?

No le serán de ningún valor los esfuerzos espasmódicos o intermitentes para aplicar las reglas. Si desea obtener resultados, tiene que aplicar todas las reglas hasta que esa aplicación se haya convertido en un hábito establecido. De ninguna otra manera podrá generar la necesaria "conciencia del dinero".

La pobreza va hacia la persona cuya mente es favorable a ella, mientras que el dinero es atraído hacia quien se ha preparado deliberadamente para atraerlo, y según las mismas leyes. La conciencia de la pobreza se apoderará de la mente que no se ocupe de la conciencia del dinero. Una conciencia de la pobreza se desarrolla sin aplicación consciente de hábitos propicios a la misma. La conciencia del dinero, en cambio, se ha de crear, a menos que uno la tenga de forma innata.

Comprenda el completo significado de las afirmaciones que se hacen en el párrafo anterior y habrá entendido la importancia de la perseverancia en la acumulación de riquezas. Si no existe perseverancia, se verá derrotado, incluso antes de empezar. Con la perseverancia, de seguro lo logrará.

Si alguna vez ha sufrido con una pesadilla, se dará cuenta del valor de la perseverancia. Se encuentra usted en la cama, medio despierto, con la sensación de estar a punto de ahogarse. No se siente capaz de volverse de lado, ni de mover un músculo siquiera. Se da cuenta de que tiene que recuperar el control de su cuerpo. A través de un esfuerzo de fuerza de voluntad, se las arregla finalmente para mover los dedos de una mano. Mientras sigue con el movimiento de los dedos, extiende su control a los músculos de un brazo, hasta que puede levantarlo. Luego, de la misma manera, logra el control del otro brazo. A continuación puede controlar los músculos de una pierna, luego de la otra. Por último, y con un supremo esfuerzo de voluntad, recupera el control completo de su sistema muscular y logra escapar de su pesadilla. El truco se ha efectuado paso a paso.

CÓMO LIBRARSE DE LA INERCIA MENTAL

Es posible que le sea necesario "liberarse" de su inercia mental mediante un procedimiento similar, con movimientos lentos al principio, para luego aumentar poco a poco su velocidad, hasta recuperar un total control sobre su voluntad. Sea firme, sin que importe lo lento con que se mueva al principio. Con la constancia llegará el éxito.

Si selecciona con dedicación a su "equipo de trabajo", encontrará en él a una persona al menos que le ayudará en el desarrollo de la perseverancia.

Algunos hombres que han acumulado grandes fortunas lo hicieron motivados por la necesidad. Desarrollaron el hábito de la persistencia porque fueron impulsados por las circunstancias y tuvieron que llegar a ser perseverantes.

¡NO HAY SUBSTITUTO ALGUNO PARA LA PERSISTENCIA! ¡No puede ser reemplazada por ningún otro atributo! Recuerde esto, y lo animará al principio, cuando la marcha le parezca ardua y lenta.

Quienes han cultivado el hábito de la perseverancia parecen disfrutar de una especie de seguro contra el fracaso. No importan las veces que se vean acabados; siempre terminan por subir el último peldaño de la escala. A veces parece como si existiera un guía oculto cuya tarea consistiera en poner pruebas por medio de toda clase de experiencias descorazonadoras. Aquellos que, después de la derrota, se levantan y siguen intentando llegar, terminan por lograrlo. Entonces el mundo entero grita: "¡Bravo! ¡Sabía que lo conseguirías!". El guía escondido no deja que nadie disfrute de grandes logros sin pasar por la prueba de la perseverancia. Quienes no la superan tampoco llegan a donde quieren.

Quienes sí la superan, se ven recompensados por su perseverancia. Como compensación, reciben la conquista del objetivo que hubieran estado persiguiendo. ¡Pero eso no es todo! También reciben algo mucho más substancial que la compensación material: el conocimiento de que "cada fracaso lleva consigo la semilla de una ventaja equivalente".

ELÉVESE POR ENCIMA DE SUS FRACASOS

Hay excepciones a esta regla. Unas pocas personas conocen por experiencia lo sana que es la perseverancia. Son las personas que han aceptado el fracaso sólo como algo transitorio. Son las personas cuyos deseos se aplican de un modo tan firme, que la derrota acaba por transformarse en victoria. Los que estamos observando lo que acontece en la vida, vemos a un número abrumadoramente grande de personas desmoronadas por la derrota, que ya no vuelven a levantarse jamás. Vemos a los pocos que aceptan el castigo de la derrota como una urgencia de hacer un esfuerzo incluso mayor. Estos últimos, por fortuna, nunca aprenden a aceptar las bofetadas de la vida. Pero lo que no vemos, lo que la mayoría de nosotros ni siquiera sospecha que exista, es el poder, silencioso pero irresistible, que acude al rescate de aquellos que siguen luchando frente al desánimo. Si hablamos de ese poder, lo denominamos perseverancia, y lo dejamos tal cual. Pero hay algo que todos necesitamos entender: si no se posee perseverancia, no se alcanza éxito notable alguno en ningún campo de actividad.

En el momento de escribir estas líneas, levanto la cabeza de mi trabajo y veo ante mí, a menos de una manzana de distancia, el grande y misterioso Broadway, el "Cementerio de las esperanzas muertas" y la "Puerta delantera de la oportunidad". A Broadway han acudido personas procedentes de todo el mundo en busca de fama, fortuna, poder, amor, o todo aquello que se considera exitosa. De vez en cuando, mientras alguien abandona la larga procesión de buscadores, el mundo recibe la noticia de que otra persona ha logrado triunfar en Broadway. Pero Broadway no se conquista fácil ni con rapidez. Reconoce el talento, sabe distinguir el genio y recompensa en dinero después de que uno se haya negado a claudicar.

Sólo entonces sabemos que esa persona ha descubierto el secreto de cómo conquistar Broadway. Y ese secreto estará siempre indisolublemente ligado a una palabra: ¡perseverancia!

El secreto se narra en la lucha de Fannie Hurst, cuya persistencia le permitió conquistar el Gran Camino Blanco. Ella llegó a Nueva York en 1915 para transformar sus escritos en riqueza. Aunque esa transformación no se produjo en seguida, eventualmente llegó. Durante cuatro años, la señorita Hurst conoció "las aceras de Nueva York" de primera mano. De día trabajaba y de noche confiaba. Cuando el futuro aparecía como negro, ella no se decía: "¡Muy bien, Broadway, tú ganas!". Por el contrario, pensaba: "Muy bien, Broadway, es posible que derrotes a algunos, pero no a mí. Yo te obligaré a que te entregues".

Un editor (el del Saturday Evening Post) le envió su trigésimo sexta nota de rechazo antes de que ella lograra romper el hielo y consiguiera que le publicaran una historia. El escritor mediocre, al igual que todas las personas mediocres, hubiese abandonado la tarea en cuanto hubiera recibido la primera negación. Ella recorrió las calles durante cuatro años, porque estaba decidida a trinfar.

Después llegó la recompensa. El hechizo se había roto. El guía invisible había puesto a prueba a Fannie Hurst y ella la había superado. A partir de ese entonces, los editores recorrieron el camino hasta su puerta. El dinero llegó con tanta avidez que ella apenas tenía tiempo para contabilizarlo. Más tarde, la industria cinematográfica la descubrió, y el dinero no llegó de a gotas, sino en oleadas. Los derechos de la película para su última novela, "Great Laughter," le trajeron $100,000.00, se dice que ha sido el precio más alto pagado en la historia antes de una publicación. Sus regalías de la venta del libro probablemente serán mucho mayores.

Brevemente, acaba de leer una descripción de lo que la persistencia es capaz de conseguir. Fannie Hurst no es una excepción. Allí donde las personas acumulan grandes fortunas, puede estar seguro de que antes han adquirido perseverancia. Broadway es capaz de dar una taza de café y un bocadillo a cualquier mendigo, pero exige persistencia de quienes apuestan por la cima.

Kate Smith dirá "amén" cuando lea esto. Durante años, ella cantó, sin dinero ni recompensa, delante de todo micrófono que le ponían en frente. Broadway le dijo: "Ven y consíguelo, si puedes tomarlo". Ella lo tomó, hasta que un día feliz Broadway se cansó y dijo: "Ah, ¿de qué sirve? Nunca se sabe cuándo te vas a ir a otro lado, así que di tu precio y ponte a trabajar en serio". La señorita Smith indicó su precio. Y era muy alto.

¡En verdad es rentable ser PERSEVERANTE!

Y acá hay una afirmación alentadora que lleva una sugerencia con una gran importancia - MILES DE CANTANTES QUE AVENTAJAN A KATE SMITH ESTÁN PASEANDO DE ARRIBA ABAJO BUSCANDO TENER UN "DESCANSO"- SIN TENER ÉXITO. Muchos han ido y venido, muchos de ellos cantan bastante bien, pero han fallado en tener éxito, debido a que les falta el coraje de continuar hasta que Broadway se canse de rechazarlos.

USTED PUEDE ENTRENARSE PARA SER PERSEVERANTE

La perseverancia es un estado mental y, por lo tanto, se puede cultivar. Como todos los estados mentales, la perseverancia se basa en razones definidas, entre las que se encuentran las siguientes:

a) Definición de propósito. Saber lo que uno quiere es el primer paso, y quizás el más decidor hacia el desarrollo de la perseverancia. Una motivación lo suficientemente fuerte nos fuerza a derribar muchas dificultades.

b) Deseo. Resulta comparativamente fácil gaar y mantener la perseverancia en persecución del objeto de un intenso deseo.

c) Confianza en sí mismo. Creer en la propia capacidad para realizar un plan estimula a uno a conseguirlo con perseverancia. (Se puede desarrollar la confianza en uno mismo por medio del principio descrito en el capítulo sobre la autosugestión).

d) Definición de planes. Los planes organizados, incluso si son débiles y poco prácticos, estimulan la perseverancia.

e) Conocimiento exacto. La perseverancia se ve gatillada por el hecho de saber que los planes de uno son sanos, y que están hechos sobre la base de la experiencia o la observación; "suponer" en lugar de "conocer" destruye la perseverancia.

f) Cooperación. La simpatía, la comprensión y la cooperación armoniosa con los que nos rodean tienden a desarrollar la perseverancia.

g) Fuerza de voluntad. El hábito de enfocar los pensamientos propios en la construcción de planes destinados al logro de un propósito definido conduce a la perseverancia.

h) Hábito. La perseverancia es el resultado directo del hábito. La mente absorbe y se convierte en una parte de las experiencias diarias de las que se alimenta. El temor, que es el peor de todos los adversarios, se puede curar con real efectividad por la repetición forzada de actos de valor. Todo aquel que haya peleado en una guerra lo sabe muy bien.

HAGA SU PROPIO "INVENTARIO DE PERSEVERANCIA"

Antes de abandonar el tema de la perseverancia, haga un inventario de sí mismo y determine en qué aspecto particular -si es que hay alguno- le falta esta cualidad primordial. Mídase con valentía, punto por punto, y determine cuántos, de los ocho factores de la perseverancia, le faltan. El análisis puede llevarle a descubrimientos que le entregarán una nueva comprensión de sí mismo.

SÍNTOMAS DE FALTA DE PERSISTENCIA

Aquí encontrará a los verdaderos enemigos que se encuentran entre usted y un logro notable. No sólo hallará los "síntomas" que indican una merma de la perseverancia, sino también las causas subconscientes profundamente arraigadas de esta debilidad. Estudie la lista con mucho detenimiento y obsérvese con honestidad si realmente desea saber quién es usted, y qué se ve capaz de hacer. Éstas son las debilidades que deben dominar todos aquellos que acumulan riquezas:

1. Fracaso al momento de reconocer y determinar con claridad y detalle qué es lo que se desea.

2. Dilación, con o sin causa. (Por lo general, apoyada por toda una serie de justificaciones y excusas).

3. Falta de interés para adquirir conocimientos especializados.

4. Indecisión. El hábito de delegar siempre en lugar de abordar los temas de frente. (Apoyada también por numerosas excusas).

5. Hábito de apoyarse en justificaciones, en vez de crear planes definidos para la solución de los conflictos.

6. Autosatisfacción. No hay mucho remedio para esta aflicción, y ninguna esperanza para los que la sufren.

7. Indiferencia, habitualmente reflejada en la predisposición al compromiso en toda ocasión, en vez de afrontar la oposición y luchar contra ella.

8. Hábito de culpar a otros los errores propios y de aceptar las circunstancias

desfavorables como algo inevitable.

9. Debilidad de deseo, a causa de la negligencia en la elección de los motivos que impelen a la acción.

10. Predisposición, e incluso avidez, por abandonar la contienda a la primera señal de derrota. (Basada en uno, o en varios, de los seis temores básicos).

11. Falta de planes organizados, expuestos por escrito de forma que puedan ser analizados.

12. Hábito de descuidar el moverse por ideas, o de aprovechar la oportunidad cuando se presenta.

13. Desear en lugar de querer.

14. Hábito de alcanzar un compromiso con la pobreza, en lugar de aspirar a la riqueza. Ausencia general de ambición de ser, de hacer, de poseer.

15. Buscar todos los atajos hacia la riqueza, tratando de conseguir sin estar dispuesto a dar a cambio algo equivalente, lo que suele verse reflejado en el hábito del juego, y la tendencia a buscar buenas gangas.

16. Temor a la crítica, y fracaso a la hora de crear planes y ponerlos en práctica a consecuencia de lo que otros piensen, hagan o digan. Este enemigo debería estar al principio de la lista, porque, por lo general, existe en la mente subconsciente, donde su presencia no suele ser reconocida. (Véanse los seis temores básicos más adelante).

SI TEME LAS CRÍTICAS...

Examinemos algunos de las señales del temor a la crítica. La mayoría de la gente permite que familiares, amigos y público en general influyan sobre ellos de tal modo que no son capaces de vivir su propia vida debido a su temor al rechazo.

Muchas personas cometen un error al casarse, pero aceptan la situación y llevan una vida miserable y desgraciada porque temen a la crítica de que serían blanco si decidieran corregir el error. (Cualquiera que se haya sometido a esta forma de temor conoce muy bien el daño irreparable que causa, ya que destruye la ambición y el deseo de conseguir algo).

Millones de personas descuidan adquirir una educación adecuada porque, tras haber abandonado los estudios, temen a la crítica.

Incontables hombres y mujeres, tanto jóvenes como ancianos, permiten que los parientes echen por la borda sus vidas en nombre del deber, porque temen a la crítica. (El deber no exige a nadie que se someta a la destrucción de sus ambiciones personales y del derecho a vivir su vida a su modo).

La gente se niega a tomar riesgos en los negocios porque temen a la crítica si fracasaran. En tales casos, el temor a la crítica es mucho más fuerte que el deseo de alcanzar el éxito.

Demasiadas personas se niegan a establecer metas altas e incluso descuidan el elegir una profesión, porque temen a la crítica de parientes y "amigos", los cuales pueden decir: "No aspires tan alto, porque la gente pensará que estás loco". Cuando Andrew Carnegie me sugirió que dedicara veinte años a la organización de una filosofía del logro individual, el primer impulso de mi pensamiento fue el temor a lo que la gente pudiera decir. La sugerencia me planteaba un objetivo que iba mucho más allá de todo lo antes concebido por mí. Con la rapidez de un rayo, mi mente empezó a buscar justificaciones y excusas, todas las cuales se remontaban al temor inherente a la crítica. Dentro mío, algo me dijo: "No puedes hacerlo, el trabajo es excesivo y exige demasiado tiempo, ¿qué pensarán tus parientes ? ¿Cómo te ganarás la vida? Nadie ha organizado jamás una filosofía del éxito, ¿qué derecho tienes a pensar que puedes hacerlo? ¿Quién eres tú, en todo caso, para apuntar tan alto? Recuerda tu humilde cuna, ¿qué sabes tú acerca de la filosofía? La gente pensará que estás loco (y lo pensaron), ¿por qué no lo ha hecho otra persona antes que tú?". Estas y otras muchas preguntas cruzaron rápidamente por mi mente y exigieron mi atención. Parecía como si, depronto, todo el mundo hubiera vuelto su atención hacia mí con el propósito de ridiculizarme para que abandonase todo deseo de llevar a cabo la sugerencia del señor Carnegie.

Dispuse de una excelente oportunidad, allí mismo, en ese momento, para matar toda ambición antes de recuperar el control sobre mí mismo. Más tarde, después de haber analizado a miles de personas, descubrí que casi todas las ideas nacen muertas, y requieren que se les inyecte el aire de la vida por medio de planes definidos de acción inmediata. El momento preciso para cuidar una idea es el momento en que nace. Cada minuto que ésta vive le proporciona una mejor oportunidad de sobrevivir. El temor a la crítica se encuentra en el fondo de la destrucción de la mayoría de las ideas, que nunca alcanzarán la fase de planificación y puesta en práctica.

LA "CASUALIDAD" SE PUEDE FABRICAR A MEDIDA

Muchas personas creen que el éxito material es el resultado de "casualidades" favorables. Hay una parte de verdad en esto, pero quienes dependen por completo de la suerte casi siempre se verán desilusionados, porque pasan por alto otro factor importante que debe hallarse presente antes de que uno pueda estar seguro del éxito. Se trata del conocimiento mediante el cual se producen las "casualidades" favorables.

Durante la Depresión, W. C. Fields, el comediante, perdió todo su dinero y se encontró sin ingresos ni trabajo y habiendo perdido hasta los medios de ganarse la subsistencia (el vaudeville). Además, contaba con más de sesenta años, edad a la que muchos hombres se consideran "viejos". Él estaba tan ansioso por conseguir un regreso a los escenarios, que incluso se ofreció a trabajar gratis en un nuevo campo, el cine. Además de todos sus otros problemas, se cayó y se lastimó en el cuello. Demasiadas cosas, las suficientes como para abandonar el lugar y dejarlo todo. Pero Fields perseveró. Sabía que si seguíe en pie, tarde o temprano la "casualidad" se le presentaría, y lo hizo, pero no la casualidad.

Marie Dressler también se encontró en lo más bajo y arruinada. Desaparecido todo su dinero, sin trabajo, cuando tenía unos sesenta años. Ella también buscó la "casualidad" y la encontró. Su continuidad le produjo un éxito asombroso en el último período de su vida, mucho más allá de la edad en que la mayoría de los hombres y de las mujeres han abandonado su ambición de conseguir algo.

Eddie Cantor también perdió su dinero en el crash de la Bolsa de 1929, pero aún le quedaban la perseverancia y el valor. Dotado de estas dos armas, más dos ojos prominentes, se explotó a sí mismo hasta alcanzar unos ingresos de 10.000 dólares semanales. Desde luego, si uno tiene perseverancia se puede llegar muy lejos, incluso sin muchas de las otras cualidades.

La única "casualidad" en la que se puede confiar es aquella que uno ha sabido labrarse por sí mismo. Y eso es algo que se logra por la aplicación de la perseverancia. El punto cero siempre es la definición del obetivo.

Examine a las primeras cien personas que encuentre, pregúnteles qué es lo que más desean en la vida, y noventa y ocho de ellas le contestarán que no son capaces de decírselo. Si las presiona para que le den una respuesta, algunas de ellas dirán: seguridad; otras, dinero; unas pocas, felicidad; algunas otras, fama y poder; otras, reconocimiento social, una vida placentera, habilidad para bailar, cantar o escribir. Pero ninguna de ellas será capaz de definir esos términos, o de ofrecer la menor indicación acerca de la existencia de un plan mediante el que confían alcanzar sus aspiraciones, expresados de una forma tan vaga. Las riquezas no responden a los deseos, sólo a planes definidos, apoyados por deseos concretos, alcanzados a través de una constante persistencia.

CÓMO CULTIVAR LA PERSEVERANCIA

Hay cuatro pasos sencillos que conducen al hábito de la perseverancia. No exigen la posesión de una gran cantidad de inteligencia, ni una cantidad particular de educación, sino tiempo y esfuerzo mínimos. Los pasos necesarios son:

1. Un objetivo definido apoyado por un adiente deseo de cumplirlo.

2. Un plan concreto, expresado en una acción continua.

3. Una mente cerrada a toda influencia y desánimo negativos, incluyendo las sugerencias negativas de los demás.

4. Una alianza amistosa con una persona o más capaz de animar a uno a seguir adelante con el plan y con el propósito.

Estos cuatro pasos son esenciales para el éxito en todos los ámbitos de la vida. Todo el propósito de los trece principios de esta filosofía consiste en permitirle a uno dar estos cuatro pasos de forma que se conviertan en una costumbre.

Son los pasos mediante los cuales se puede controlar el propio destino económico.

Son los pasos que conducen a la libertad y a la independencia de pensamiento.

Son los pasos que conducen a las riquezas, en pequeñas cantidades, o en grandes.

Son los pasos que conducen al poder, la fama y el reconocimiento global.

Son los cuatro pasos que garantizan "casualidades" favorables.

Son los cuatro pasos que convierten los sueños en realidades.

Son los cuatro pasos que conducen al dominio del temor, el desánimo y la indiferencia.

Hay una magnífica recompensa para todos quienes aprenden a dar estos cuatro pasos. Es el beneficio de escribir lo que ha de ser la propia vida, y de conseguir que ésta proporcione lo que se le pide.

No tiene forma de saber los hechos, pero me atrevo a decir que el gran amor de la Sra. Wallis Simpson por un hombre no fue accidental, ni tampoco el resultado de sólo "rupturas" favorables. Había un deseo ardiente, y cuidadosa búsqueda en cada paso del camino. Su primera tarea era amar. ¿Qué es lo más importante que existe en la tierra? El Maestro lo llamó amor, no reglas hechas por el hombre, criticismo, rencor, difamación o "matrimonios" políticos, sino amor.

Ella sabía lo que quería, no después de conocer al Príncipe de Gales, sino que mucho antes de eso. Dos veces cuando falló en encontrarlo, tuvo la valentía de continuar con su misión.

¡Su aparición de la oscuridad fue lenta, progresiva y en orden PERSISTENTE, pero fue SEGURA! Ella triunfó sobre desigualdades increíblemente grandes; y sin importar quién es uno, o que pueda uno pensar sobre Wallis Simpson o sobre el rey que renunció a su trono por su amor, ella es un ejemplo sorprendente de PERSEVERANCIA aplicada, un instructor en las reglas de la auto-determinación, de quien todo el mundo debería tomar lecciones de rentabilidad.

Cuando usted piensa en Wallis Simpson, piense en alguien que sabía lo que quería, y sacudió el mayor imperio del mundo para obtenerlo. Las mujeres que se quejan que este es un mundo de hombres, las mujeres que no tienen la misma oportunidad de ganar, le deben a si mismas estudiar cuidadosamente la vida de esta inusual mujer, que a una edad que la mayoría de las mujeres consideran "vieja", capturó el corazón del soltero más codiciado de todo el mundo.

¿Y qué pasa con el Rey Edward? ¿Qué lección podemos aprender de su parte en este gran drama mundial moderno? ¿Habrá él pagado un precio demasiado alto por el cariño de la mujer que él escogió?

Seguramente nadie excepto él puede dar la respuesta correcta. El resto de nosotros sólo podemos hacer elucubraciones. Esto es todo lo que sabemos, el rey vino al mundo sin su propio consentimiento. Nació con grandes riquezas, sin pedirlas. En forma persistente andaba en busca de matrimonio; los políticos y hombres de estado en toda Europa apostaron cara o cruz a mujeres mayores y princesas. Debido a que él fue el primogénito, heredó una corona, que no buscaba, y tal vez tampoco deseaba. Durante más de veinte años no fue un hombre libre, no podía vivir su vida de la manera que quería, tenía poca privacidad, y finalmente asumió tareas impuestas a su posición cuando cuando subió al trono.

Alguien podría haber dicho que "con todas estas bendiciones, el Rey Edward debería haber encontrado paz mental, satisfacción y felicidad de vivir".

Lo cierto es que detrás de todos los privilegios de una corona, todo el dinero, fama y el poder heredado por el Rey Edward, había un vacío que sólo podía ser llenado con amor.

Su mayor DESEO era el amor. Mucho tiempo antes de conocer a Wallis Simpson, él dudó sentir esta gran emoción universal tirando de las cuerdas de su corazón, latiendo en la puerta de su alma, y gritando por expresarse.

Y cuando él conoció a su alma gemela, gritando por este mismo privilegio Sagrado de expresión, la reconoció, y sin miedo ni disculpas, abrió su corazón y lo ofreció. Ni todos los propagadores de escándalos en el mundo pueden derribar la belleza de este drama internacional, a través del cual dos personas encontraron el amor y la valentía para enfrentar el desdén en forma abierta, renunciar a TODO LO DEMÁS, para darle una expresión santa.

La DECISIÓN DEL Rey Edward de renunciar a la corona del imperio más poderoso del mundo, por el privilegio de seguir el resto de su vida con la mujer que él eligió, fue una decisión que requirió valor. La decisión también tuvo un costo, ¿pero quién tenía el derecho de decir que el precio era demasiado alto? Seguramente no fue él quien dijo, "Quien está sin pecado alguno, déjelo tirar la primera piedra".

Como una sugerencia para cualquier malintencionado que escoge censurar al Duque de Windsor, debido a que su DESEO era por AMOR, y por haber declarado abiertamente su amor por Wallis Simpson al punto de haber renunciado a su trono por ella, dejen recordarles que la ABIERTA DECLARACIÓN no fue esencial. El podría haber seguido la costumbre de relaciones escondidas que ha prevalecido en Europa durante siglos, sin haber renunciado a su trono, o la mujer que él escogió y NO HUBIERA HABIDO RECLAMO DE LA IGLESIA O EL LEGO. Pero este inusual hombre estaba formado de rigurosa materia. Su amor era puro, profundo y sincero. Representaba lo único que SOBRE TODO LO OTRO, él DESEABA más, por consiguiente, él tomó lo que quería y pago el precio exigido.

Si Europa hubiera sido bendecida con más soberanos con el corazón humano y rasgos de honestidad del anterior rey Edward, para el siglo pasado, ese desafortunado hemisferio que ahora arde con codicia, odio, lujuria, confabulación política y amenazas de guerra, hubiera sido UNA HISTORIA DIFERENTE Y MEJOR PARA CONTAR. Una historia donde hubiera gobernado el Amor y no el Odio.

En las palabras de Stuart Austin Wier, elevamos nuestro vaso y tomamos este brindis por el ex-rey Edward y Wallis Simpson:

"Bendecido es el hombre que ha llegado a entender que nuestros mudos pensamientos son nuestros más dulces pensamientos".

"Bendecido es el hombre que, de las profundidades más oscuras, puede ver la figura luminosa del AMOR, y viendo y cantando dice: "Mis pensamientos por ti son más dulces que hacer una promesa".

En estas palabras pagaremos tributo a las dos personas que más que cualquier otra en los tiempos modernos, han sido las víctimas del criticismo y los receptores del abuso, debido a que encontraron el mayor tesoro de la Vida y lo reclamaron *La Sra. Simpson lo leyó y aprobó este análisis.

La mayoría del mundo aplaudirá al Duque de Windsor y Wallis Simpson, debido a su PERSISTENCIA en buscar hasta encontrar la mayor recompensa de la vida. TODOS NOSOTROS NOS BENEFICIÁREMOS al seguir su ejemplo en nuestra propia búsqueda de lo que exigimos de la propia vida.

CÓMO VENCER LAS DIFICULTADES

¿Cuál es el poder cósmico que da a los hombres de perseverancia la capacidad para dominar los problemas? ¿Acaso la cualidad de la perseverancia despierta en la mente alguna forma de mecanismo espiritual, mental o alguna química que permite el acceso a fuerzas sobrenaturales? ¿Es que la Inteligencia Infinita se pone del lado de la persona que prosigue en la lucha, incluso después de que la batalla se ha perdido, a pesar de que todo el resto del mundo esté del lado contrario?

Estas y otras muchas preguntas similares surgían en mi mente a medida que observaba a hombres como Henry Ford, que, empezando desde abajo, construyó un imperio industrial de enormes proporciones, contando al principio con poco más que una gran fuerza de voluntad. O como Thomas A. Edison que, con menos de tres meses de haber asistido a la escuela, se convirtió en el principal inventor mundial y consiguió que la perseverancia se transformara en el fonógrafo, la cámara de cine y la bombilla incandescente, por no referirnos a otro medio centenar de muy útiles inventos.

Tuve el feliz privilegio de analizar tanto al señor Edison como al señor Ford, año tras año, durante un largo tiempo y, en consecuencia, dispuse de la oportunidad de estudiarlos de cerca, de modo que hablo por conocimiento personal cuando digo que no encontré en ninguno de ellos atributo alguno, excepto la perseverancia, que explicara ni siquiera remotamente la gran fuente de la que sus estupendos logros surgían.

Cuando se realiza un estudio imparcial de los profetas, los filósofos, los hombres que producen milagros y los líderes religiosos de antaño, se llega a la inevitable conclusión de que la perseverancia, la concentración del esfuerzo y la definición del objetivo fueron las grandes fuentes que les permitieron alcanzar sus metas.

Consideremos, por ejemplo, la extraña y fascinante historia de Mahoma; analicemos su vida, comparémosla con la de hombres de grandes logros en esta era actual de la industria y las finanzas, y observaremos que todos ellos tienen un rasgo común destacable: ¡La perseverancia!

Si está muy interesado en el estudio del extraño poder que proporciona potencia a la perseverancia, lea la biografía de Mahoma, en especial la escrita por Essad Bey. El siguiente y breve extracto del libro, publicado por Thomas Sugrue en el Herald Tribune, le ofrece una visión previa de lo mucho que les espera a quienes se tomen el tiempo de leer la historia completa de uno de los ejemplos más asombrosos del poder de la perseverancia conocido por la humanidad.

10. EL PODER DEL TRABAJO EN EQUIPO

LA FUERZA IMPULSORA

EL NOVENO PASO HACIA LA RIQUEZA

El poder es esencial para el éxito en el acopio de riqueza.

Los planes son inertes e inútiles si no se dispone del poder suficiente para transformarlos en acción. Este capítulo describe el método mediante el cual una persona puede obtener y aplicar poder.

Es posible definir el poder como "conocimiento organizado e inteligentemente dirigido". El poder, tal y como se utiliza el término aquí, se refiere al esfuerzo organizado, suficiente para permitir a un individuo transformar el deseo en su equivalente monetario.

El esfuerzo organizado se produce a través de la coordinación del esfuerzo de dos o más personas, que trabajan para alcanzar un fin determinado, en un espíritu de armonía.

¡El poder es necesario para lograr la acumulación de dinero! ¡Y también para conservar el dinero una vez ha sido adquirido!

Averigüemos cómo se puede obtener el poder. Si el poder es "conocimiento organizado", estudiemos las fuentes del conocimiento.

a) Inteligencia Infinita. Podemos ponernos en contacto con esta fuente del conocimiento a través del procedimiento descrito en otro capítulo, con la ayuda de la imaginación creativa.

b) Experiencia acumulada. La experiencia acumulada del hombre (o esa parte de la misma que ha sido organizada y registrada) podemos encontrarla en cualquier biblioteca pública bien equipada. Una parte importante de esta experiencia acumulada se enseña en las escuelas y universidades públicas, donde ha sido clasificada y organizada.

c) Experimentación e investigación. En el campo de la ciencia, así como casi en cualquier otro, los hombres se dedican diariamente a reunir, clasificar y organizar hechos nuevos. Ésta es la fuente en la que debemos poner nuestra atención cuando el conocimiento no esté disponible a través de la "experiencia acumulada". Aquí también hay que utilizar con frecuencia la imaginación creativa.

El conocimiento puede ser adquirido a partir de cualquiera de las fuentes antes citadas, y convertido en poder mediante la organización de ese mismo conocimiento en planes definidos, y expresando esos planes en términos de acción.

El examen de estas tres grandes fuentes de conocimiento pone ya de manifiesto la dificultad con la que se encontrará quien se apoye exclusivamente de sus únicos esfuerzos a la hora de reunir el conocimiento y expresarlo a través de planes definidos en términos de acción. Si sus planes son amplios, y si contemplan amplias proporciones, debe inducir, en general, a otros a cooperar con él, antes de poder inyectar el necesario elemento de poder en ellos.

GANE PODER POR MEDIO DE UN EQUIPO DE TRABAJO

El "equipo de trabajo" puede ser definido como: "coordinación de conocimiento y esfuerzo, en un espíritu de armonía, entre dos o más personas, para el logro de un objetivo definido".

Ningún individuo tendrá un gran poder sin tener el "equipo de trabajo" a su disposición. En un capítulo anterior ya se han dado instrucciones para la creación de estrategias para transformar el deseo en su equivalente monetario. Si usted lleva a cabo esas instrucciones con perseverancia e inteligencia, y utiliza la discriminación en la selección del "equipo de trabajo", su objetivo estará medio alcanzado, incluso antes de que empiece a darse cuenta de ello.

Así, para que comprenda las potencialidades intangibles del poder de que dispone mediante un "equipo de trabajo" adecuadamente seleccionado, explicaremos aquí las dos características del principio del "equipo de trabajo", una de las cuales es de naturaleza económica, y la otra, de naturaleza psíquica. La característica económica resulta obvia. Cualquier persona podrá conseguir ventajas económicas rodeándose del asesoramiento, el consejo y la cooperación de un grupo de personas dispuestas a prestarle una ayuda honesta, en un espíritu de perfecta armonía. Esta forma de alianza cooperativa ha sido el fundamento de casi todas las grandes fortunas. Su comprensión de esta gran verdad puede llegar a determinar definitivamente su estatus financiero.

La fase psíquica del principio del "equipo de trabajo" es mucho más difícil de captar. Quizás usted pueda admitir una sugerencia significativa a partir de la siguiente afirmación: "No hay dos mentes que se junten sin crear por ésto una tercera fuerza invisible e intangible que puede enlazar con una tercera mente".

Tenga presente que sólo hay dos elementos conocidos en todo el universo, energía y materia. Se sabe muy bien que la materia puede ser descompuesta en unidades de moléculas, átomos y electrones. Estas son unidades de materia que puede ser aisladas, separadas y analizadas.

Asímismo, estas son unidades de energía.

La mente humana es una forma de energía, una parte de la cual es de naturaleza espiritual. Cuando las mentes de dos personas se coordinan en un espíritu de armonía, las unidades espirituales de energía de cada mente forman una afinidad, que constituye la fase "psíquica" del "equipo de trabajo".

Hace ya más de cincuenta años, Andrew Carnegie fue el primero en llamar mi atención sobre el principio del "equipo de trabajo", o más bien sobre la faceta económica del mismo. El descubrimiento de este principio fue el responsable de la elección del trabajo de mi vida.

El "equipo de trabajo" del señor Carnegie estaba compuesto por unos cincuenta hombres, de los que él se supo rodear con el propósito definido de fabricar y vender acero. Él atribuía toda su fortuna al poder conseguido producto de ese "equipo de trabajo". Si se analiza la historia de cualquier hombre que haya acumulado una gran riqueza, y las de muchos de aquellos que han acumulado fortunas modestas, se descubrirá que todos ellos han empleado conciente o inconscientemente el principio del "equipo de trabajo".

¡No se puede acumular ningún gran poder por medio de ningún otro principio!

CÓMO MULTIPLICAR EL PODER DE SU CEREBRO

La ENERGÍA es el grupo de ladrillos universales de la Naturaleza, a través de los cuales ella construye cada cosa material en el universo, incluso al hombre; y toda forma de animal y vida vegetal. A través de un proceso que sólo la Naturaleza puede entender completamente, ella traduce la energía en materia.

¡Los ladrillos de la Naturaleza están disponibles para el hombre en la energía comprometida al PENSAR! El cerebro del hombre es comparable con una batería eléctrica. Es sabido que un grupo de baterías eléctricas proporcionarán más energía que una sola de ellas. También es un hecho bien conocido que toda batería individual da energía en proporción al número y capacidad de las células que contiene.

El cerebro funciona de una forma parecida. Esto explica el hecho de que algunos cerebros sean más eficientes que otros, y conduce a la siguiente e importante afirmación: un grupo de cerebros coordinados (o conectados) en un espíritu de armonía entregarán más energía de pensamiento que un solo cerebro, del mismo modo que un grupo de baterías eléctricas proporcionarán más energía que una sola batería.

A través de esta metáfora se hace evidente que el principio del "equipo de trabajo" contiene el secreto del poder obtenido por hombres que se saben rodear de otras personas con cerebro.

De ello se desprende otra afirmación que nos conducirá a una comprensión más exacta de la fase psíquica del principio del "equipo de trabajo": cuando un grupo de cerebros individuales se coordina y funciona en armonía, la energía generada incrementada por esa alianza se vuelve algo que está a disposición de cada uno de los cerebros particulares que forman parte del grupo.

Es sabido que Henry Ford empezó su carrera empresarial con el obstáculo de la pobreza, la falta de erudición y la ignorancia. También es un hecho bien conocido que en el inconcebible corto tiempo de diez años, el señor Ford logró superar esos tres obstáculos, y veinticinco años más tarde se había convertido en uno de los hombres más ricos de los Estados Unidos. Si relacionamos con este hecho el conocimiento adicional de que los progresos más rápidos del señor Ford se hicieron patentes a partir del momento en que se convirtió en amigo personal de Thomas A. Edison, empezaremos a comprender cuál puede ser la influencia de una mente sobre la otra. Avancemos un paso más, y consideremos el hecho de que las más increíbles hazañas de Ford empezaron a producirse tras haber conocido a Harvey Firestone, John Burroughs y Luther Burbank (cada uno de los cuales era un hombre de gran capacidad cerebral), y habremos encontrado nuevas pruebas de que el poder se puede producir mediante la amistosa alianza de las mentes.

Hay pocas dudas de que Henry Ford es uno de los hombres mejores informados en el mundo de los negocios y en la industria. La pregunta sobre su riqueza no necesita ser discutida. Analice a los amigos personales más cercanos del Sr. Ford, algunos de los cuales ya han sido mencionados, y estará preparado para entender la siguiente afirmación: Los hombres participan de la naturaleza y los hábitos y el poder de pensamiento de aquellos con quienes se asocian en un espíritu de simpatía y armonía. A través de su asociación con Edison, Burbank, Burroughs y Firestone, el señor Ford añadió al poder de su propio cerebro la suma y la sustancia de la inteligencia, la experiencia, el conocimiento y las fuerzas espirituales de esos cuatro seres. Es más, se apropió y utilizó el principio del "equipo de trabajo" a través de los métodos descritos en este libro.

¡Y ese mismo principio también está disponible para usted!

Ya hemos mencionado antes al Mahatma Gandhi. Tal vez la mayoría de los que han escuchado sobre Gandhi, lo ven meramente como un pequeño hombre excéntrico, que se pasea sin ropa formal y se busca líos con el Gobierno Británico.

En realidad, Gandhi no es excéntrico, sino que es EL HOMBRE MÁS PODEROSO VIVO EN ESTOS MOMENTOS. (Estimado por el número de sus seguidores y su fe en su líder). Además, el es probablemente el hombre más poderoso que ha vivido. Su poder es pasivo, pero real.

Estudiemos ahora el método por medio del cual obtuvo su tremendo poder. Eso es algo que es posible explicar en pocas palabras. Obtuvo poder al haber sabido inducir a más de doscientos millones de personas para que se coordinaran, física y mentalmente, en un espíritu de armonía para alcanzar un propósito determinado.

En resumen, Gandhi logró un verdadero milagro, pues eso es lo que sucede cuando se consigue que doscientos millones de personas se vean motivadas -no forzadas- a cooperar en armonía. Si usted duda de que eso sea un milagro, intente hacer que dos personas, sean las que fueren, cooperen en un espíritu de armonía durante cualquier período de tiempo prolongado.

Toda persona que dirige una empresa sabe muy bien lo difícil que resulta que los empleados trabajen juntos en un espíritu parecido, aunque sólo sea mínimamente, a la armonía.

La lista de las fuentes principales de las que se puede obtener poder está encabezada, como hemos visto, por la Inteligencia Infinita. Cuando dos o más personas se coordinan en un espíritu de armonía, y trabajan juntas para alcanzar un objetivo definido, se sitúan a sí mismas, por medio de esa alianza, en posición de absorber poder directamente de la gran reserva universal de la Inteligencia Infinita. Se trata de la mayor fuente de poder existente. Es la fuente hacia la que el genio y todos los grandes líderes se vuelven (tanto si son conscientes de ese hecho, como si no).

Las otras dos grandes fuentes de las que es posible obtener el saber requerido para la acumulación de poder, no son ni más ni menos fiables que los cinco sentidos del hombre. Y todos sabemos que los sentidos no siempre son fiables. La Inteligencia Infinita NO FALLA.

En capítulos posteriores se describirán adecuadamente los métodos para contactarse con mayor facilidad con la Inteligencia Infinita.

Éste no es ningún curso de religión. Ninguno de los principios fundamentales descritos en este libro debería interpretarse como algo que tiene la intención de interferir con los hábitos religiosos de cualquier persona, ya sea de forma directa o indirecta. Este libro tiene el único fin de instruir acerca de cómo transformar el propósito definido del deseo de obtener dinero en su equivalente monetario.

Lea, piense y medite a medida que vaya leyendo. El tema no tardará en desplegarse ante usted en su conjunto, y entonces podrá ver con la perspectiva necesaria. Lo que está viendo ahora son los detalles de cada uno de los capítulos separados.

EL PODER DE LAS EMOCIONES POSITIVAS

El dinero es tímido y evasivo. Tiene que ser procurado y obtenido por métodos no muy distintos a los que emplea una persona enamorada y decidida, que persigue a la pareja de sus sueños. Coincidiendo con ello, el poder utilizado en el acto de "cortejar" al dinero no difiere tanto del que se ocupa para cortejar a una mujer. Para que ese poder se utilice con éxito en la obtención del dinero, debe ser mezclado con la fe. Debe ser mezclado con el deseo. Debe ser mezclado con la perseverancia. Debe ser aplicado mediante un plan, y ese plan debe ser puesto en marcha.

Cuando el dinero aparece en grandes cantidades, fluye hacia aquel que lo acumula con la misma facilidad con que el agua fluye hacia abajo. Existe una gran corriente invisible de poder que puede compararse con la de un río, excepto que una parte fluye en una dirección, y se lleva consigo a todos los que se encuentran en ese lado de la corriente, en dirección a la riqueza; y la otra lo hace en la dirección opuesta, y se lleva hacia la miseria y la pobreza a todos los que no logran salir de ella.

Todo aquel que haya acumulado una gran riqueza reconoce la existencia de esta corriente de la vida. Consiste en un proceso de pensamiento. Las emociones positivas del pensamiento forman el lado de la corriente que le lleva a uno hacia la fortuna. Las emociones negativas forman el lado de la corriente que conducen a uno hacia la pobreza.

Esto contiene un pensamiento de una gran relevancia para todo el que esté siguiendo este libro con la idea de acumular una fortuna.

Si se encuentra usted en el lado de la corriente de poder que conduce a la pobreza, esto puede servirle como una especie de remo, mediante el cual impulsarse a sí mismo hacia el otro lado de la corriente. Pero sólo le servirá mediante la aplicación y el uso. La simple lectura y juicio sobre lo que lee, ya sea en un sentido o en otro, no le beneficiará en lo absoluto.

Algunas personas pasan por la experiencia de alternar entre el lado positivo y negativo de la corriente, estando algunas veces en el lado positivo y otras en el negativo. La caída de Wall Street de 1929 barrió con millones de individuos del lado positivo al lado negativo de la corriente. Estos millones están peleando, algunos de ellos con desesperación y miedo, para volver al lado positivo de la corriente. Este libro fue escrito especialmente para esos millones.

La pobreza y la riqueza suelen cambiar de lugar. Cuando la riqueza ocupa el lugar de la pobreza, el cambio se produce a través de planes bien pensados y cuidadosamente ejecutados. La pobreza, en cambio, no necesita de plan alguno. No necesita que la ayuden, porque es enérgica y ruda. En cambio, la riqueza es reservada y tímida y, por lo mismo, tiene que ser "atraída".

CUALQUIERA puede DESEAR riquezas, y la mayoría lo hace, pero sólo unos cuentos saben que un plan definitivo, más un DESEO ARDIENTE por la riqueza, son los únicos medios confiables para conseguir riquezas.

LA FELICIDAD SE ENCUENTRA EN HACER, NO SÓLO EN POSEER

11. EL MISTERIO DE LA TRANSMUTACIÓN DEL SEXO

EL DÉCIMO PASO HACIA LA RIQUEZA

El significado de la palabra "transmutar" es, en lenguaje sencillo, "el cambio, o transferencia, de un elemento, o forma de energía, en otro".

La emoción del sexo permite alcanzar un cierto estado mental.

Debido a la ignorancia que se tiene sobre el tema, este estado mental suele asociarse con el físico, y los aspectos esencialmente físicos, debido a las influencias impropias a las que la mayoría ha estado sometida en el proceso de obtención de conocimiento sobre el sexo, han dejado bastante de lado los mentales.

La emoción del sexo tiene en el fondo de sí misma la posibilidad de tres potencialidades constructivas, que son:

1. La perpetuación de la humanidad.

2. El mantenimiento de la salud (no tiene parangón como agente terapéutico).

3. La transformación de la mediocridad en genio a través de la transmutación.

La transmutación del sexo es fácil y sencilla de explicar. Significa el cambio de la mente desde pensamientos de expresión física, a pensamientos de alguna otra índole.

El deseo sexual es el más poderoso de los deseos humanos. Cuando los hombres se ven impulsados por él, desarrollan agudeza de imaginación, valor, fuerza de voluntad, perseverancia y habilidad creativa desconocidos para ellos en otras ocasiones. El deseo del contacto sexual es tan fuerte e impulsor, que los hombres llegan a arriesgar su propia vida y su reputación para saciarlo. Esta fuerza motivadora, cuando es controlada y dirigida hacia otras líneas, conserva todos sus atributos de agudeza, de imaginación, valor, etc., que pueden ser utilizados entonces como potentes fuerzas creativas en la literatura, en el arte o en cualquier profesión o empresa, incluyendo, por supuesto, la acumulación de riquezas.

La transmutación de la energía sexual exige el ejercicio de la fuerza de voluntad, pero vale la pena hacer el esfuerzo a cambio de la recompensa. El deseo de expresión sexual es innato y natural. Ese deseo no puede ni debe ser hundido ni eliminado. Pero debe proporcionársele una vía de salida a través de formas de expresión que enriquezcan el cuerpo, la mente y el espíritu de la persona. Si no se le proporciona esa vía de escape, por medio de la transmutación, buscará vías de salida mediante canales puramente físicos.

Si se controla el agua de un río durante un tiempo, es posible construir una presa. Pero, en último término, el río buscará una salida. Lo mismo puede decirse de la emoción del sexo. Puede quedar sumergida y ser controlada durante un tiempo, pero su propia naturaleza hace que ande siempre a la búsqueda de medios de realización. Si no se transforma en algún otro esfuerzo creativo, encontrará una vía de salida mucho menos valiosa.

RELACIÓN DE LOGRO EN NATURALEZAS SEXUALES MUY DESARROLLADAS

La persona que ha descubierto cómo proporcionar a la emoción sexual una vía de salida a través de alguna forma de esfuerzo creativo puede considerarse muy suertuda.

La investigación científica ha puesto en evidencia los siguientes hechos significativos:

1. Los hombres que han alcanzado mayores logros son aquellos que han desarrollado elevadas naturalezas sexuales; hombres que han aprendido el arte de la transmutación sexual.

2. Los hombres que han acumulado grandes fortunas y alcanzado un reconocimiento notable en la literatura, el arte, la industria, la arquitectura y las profesiones en general, fueron motivados por la influencia de una mujer.

La investigación a partir de la cual se hicieron estos descubrimientos se basó en páginas de biografías e historias de más de dos mil años. Cada vez que se encontraban pruebas en relación con las vidas de hombres y mujeres que habían alcanzado grandes cosas, éstas indicaban de un modo muy convincente que esas personas poseían naturalezas sexuales muy desarrolladas.

La emoción del sexo es una "fuerza irresistible" contra la cual no puede haber una oposición como la de un "cuerpo inamovible". Cuando se ven impulsados por esta emoción, los hombres se hallan dotados de un superpoder para la acción. Una vez usted haya comprendido esta verdad, habrá captado el significado de la afirmación según la cual la transformación sexual contiene el secreto de la habilidad creativa.

Destruya las glándulas sexuales, ya sea en el hombre o en el animal irracional, y habrá eliminado la mayor fuente de acción. Como prueba de ello, observe lo que sucede con cualquier animal que haya sido castrado. Después de haber sido sexualmente alterado, un toro bravo se convierte en un animal tan dócil como una vaca. La alteración sexual le priva al macho, ya sea hombre o bestia, de toda la capacidad de lucha que lleva dentro. La alteración sexual de la hembra tiene el similar efecto.

LOS DIEZ ESTÍMULOS DE LA MENTE

La mente humana responde a estímulos con los cuales puede ser "excitada" para alcanzar elevados grados de vibración, conocidos como entusiasmo, imaginación creativa, deseo intenso, etc. Los estímulos a los que la mente responde con mayor libertad son:

1. El deseo de expresión sexual.

2. Amor.

3. Un deseo ardiente de alcanzar fama, poder o ganancias financieras, dinero.

4. Música.

5. Amistad entre personas del mismo sexo, o con las del sexo opuesto.

6. Una alianza de "equipo de trabajo" basada en la armonía de dos personas o más que se alían entre sí para el progreso espiritual o temporal.

7. El sufrimiento mutuo, como el vivido por personas que se ven perseguidas.

8. Autosugestión.

9. Temor.

10. Narcóticos y alcohol.

El deseo de expresión sexual se encuentra a la cabeza de la lista de estímulos, por ser el que con mayor efectividad "eleva" la mente e inicia el giro de las "ruedas" de la acción física. Ocho de los estímulos de esta lista son naturales y constructivos. Dos de ellos son destructivos. Esta lista se ha presentado aquí con el fin de permitir que usted efectúe un estudio comparativo de las grandes fuentes de la estimulación mental. A partir de ese estudio, verá con facilidad que la emoción del sexo es, con mucha ventaja, el más intenso y poderoso de todos los estímulos de la mente.

Esta comparación es necesaria como una base para probar la afirmación que la transmutación de energía sexual puede elevarlo al estado de genio. Permítanos averiguar qué significa ser un genio.

Algún sabiondo ha dicho que un genio es un hombre que "lleva el cabello largo, come con descuido, vive solo y sirve de objetivo para quienes hacen los chistes". Una definición mucho mejor de un genio es: "un hombre que ha descubierto cómo aumentar la intensidad de pensamiento hasta el punto de poder comunicarse libremente con fuentes de conocimiento no disponibles a través de la proporción ordinaria del pensamiento".

Cualquier persona que piense querrá hacer más preguntas referentes a esta definición de lo que es un genio. La primera pregunta a plantear sería: "¿Cómo puede uno comunicarse con las fuentes del conocimiento que no estén disponibles a través del pensamiento ordinario?".

La siguiente pregunta sería: "¿Hay fuentes de conocimiento conocidas que sólo estén disponibles para los genios?" y, en tal caso, "¿Cuáles son esas fuentes y cómo se las puede alcanzar exactamente?".

Aportaremos pruebas que podrá utilizar como evidencia, a través de la experimentación propia, y al hacerlo así, también contestaremos a esas interrogantes.

EL "GENIO" SE REALIZA A TRAVÉS DEL SEXTO SENTIDO

La realidad de la existencia del sexto sentido ha sido bastante bien establecida. Es la imaginación creativa. La facultad de la imaginación creativa es algo que la mayoría de la gente no ocupa nunca a lo largo de su vida, y si lo hace suele sucederles por mero accidente. Un número de personas relativamente pequeño utiliza la facultad de la imaginación creativa con deliberación y propósito predeterminado. Quienes utilizan esta facultad a voluntad, y quienes comprenden sus funciones, son genios.

La facultad de la imaginación creativa es el lazo directo de unión entre la mente finita del hombre y la Inteligencia Infinita. Todas las denominadas revelaciones, a las que uno se refiere en el ámbito de la religión, y todos los descubrimientos de principios básicos o nuevos en el campo de la invención, se producen por medio de la facultad de la imaginación creativa.

DE DÓNDE SURGEN LOS PRESENTIMIENTOS

Cuando en la mente de una persona surgen ideas o conceptos, a través de lo que popularmente se denomina un "presentimiento", o intuición, éstos vienen de una o más de las siguientes fuentes:

1. La Inteligencia Infinita.

2. El propio subconsciente, donde se halla almacenada toda impresión sensorial y todo impulso de pensamiento que ha llegado alguna vez al cerebro a través de cualquiera de los cinco sentidos.

3. De la mente de alguna otra persona que acaba de expresar el pensamiento, o que esboza o describe la idea o concepto a través del pensamiento conciente.

4. Del almacén subconsciente de la otra persona.

No existen otras fuentes conocidas de las que se puedan recibir ideas "inspiradas" o "presentimientos".

La imaginación creativa trabaja mejor cuando la mente está vibrando (debido a un tipo de estimulación de la mente) a una velocidad sumamente alta. Es decir, cuando la mente está funcionando a una velocidad de vibración mayor que la del pensamiento común y corriente.

Cuando la acción del cerebro ha sido estimulada por medio de uno, o más, de los diez estímulos mentales, esa acción tiene el efecto de elevar a la persona muy por encima del horizonte del pensamiento común; y le permite visionar distancia, perspectiva y calidad de pensamientos no disponibles en el plano inferior, como los que se producen cuando uno se halla enfrascado en la solución de los problemas de la rutina empresarial y profesional.

Cuando uno se eleva hasta ese nivel de pensamiento más elevado por medio de cualquier forma de estimulación mental, un individuo ocupa casi la misma posición que otro que ha ascendido en un avión hasta una altura desde la que puede observar más allá de la línea del horizonte que limita su campo de visión cuando se encuentra en tierra. Más aun, mientras se encuentra en ese nivel de pensamiento, el individuo no se ve atado por ninguno de los estímulos que acotan y limitan su visión mientras afronta los problemas de ganar lo suficiente para cubrir las tres necesidades básicas que tiene planteadas: alimento, ropa y cobijo. Se encuentra entonces en un mundo de pensamiento del que se han eliminado con tal efectividad los pensamientos cotidianos y ordinarios, como lo están los valles y colinas y otras limitaciones de la visión física para el que se encuentra en un avión.

Mientras se encuentra en este plano exaltado del pensamiento, la facultad creativa de la mente recupera libertad para la acción. De ese modo se ha despejado el camino para el funcionamiento del sexto sentido. El individuo se vuelve receptivo a ideas que no hubieran acudido a su mente en otras csituaciones. El "sexto sentido" es la facultad que marca la diferencia entre un genio y un individuo ordinario.

EL INCREMENTO DE LA CAPACIDAD CREATIVA

La facultad creativa se hace más alerta y receptiva a factores que se originan fuera del subconsciente de la persona. Ello sucede en mayor medida cuanto más se la utiliza, más se basa en ella el individuo y más le plantea exigencias de impulsos para el pensamiento. Esta facultad se puede cultivar y desarrollar sólo a través del uso.

Aquello que conocemos como "conciencia" opera por completo a través de la facultad del sexto sentido. Los grandes artistas, escritores, músicos y poetas llegaron a serlo porque adquirieron la costumbre de confiar en "la pequeña voz silenciosa" que nos habla desde dentro a través de la facultad de la imaginación creativa. Se trata de un hecho bien conocido por las personas que poseen una imaginación "aguda" el que sus mejores ideas proceden de los llamados "presentimientos".

Hay un gran orador que no alcanza la grandeza hasta que no cierra los ojos y empieza a confiar por completo en la facultad de la imaginación creativa. Cuando se le preguntó por qué cerraba los ojos justo antes del clímax de su oratoria, contestó: "Lo hago porque entonces hablo a través de ideas que me llegan desde fuera de mí".

Uno de los financieros mejor conocidos y de mayor éxito de los Estados Unidos tenía el hábito de cerrar los ojos durante dos o tres minutos antes de tomar una decisión. Cuando se le preguntó por qué lo hacía, contestó: "Con los ojos cerrados soy capaz de usar una fuente de inteligencia superior".

CÓMO CONSIGUE UN INVENTOR SUS MEJORES IDEAS

Mediante el proceso de cultivar y utilizar la capacida creativa, el ya fallecido doctor Elmer R. Gates, de Chevy Chase, Maryland, creó más de 200 patentes útiles. Su método es significativo e interesante al mismo tiempo para todo aquel que se sienta atraído por alcanzar el estatus de genio, a cuya categoría perteneció el doctor Gates, sin la menor duda. El doctor Gates fue uno de los científicos más grandes del mundo, aunque menos conocidos por el gran público.

En su laboratorio disponía de lo que él llamaba su "sala de comunicación personal". Era una estancia a prueba de ruidos, y ordenada de tal manera que todo destello de luz podía ser eliminado. Estaba equipada con una pequeña mesa, sobre la que siempre había una libreta. Delante de la mesa, en la pared, había un panel de conmutadores eléctricos que controlaban las luces. Cuando el doctor Gates quería utilizar las fuerzas disponibles para él a través de su imaginación creativa, entraba en la sala, se sentaba ante la mesa, apagaba las luces y se concentraba en los factores conocidos del invento en el que estaba trabajando. Permanecería en esa posición hasta que las ideas empezaban a aparecer en su mente en conexión con los factores desconocidos del invento.

En una oportunidad, las ideas acudieron a su mente con tal rapidez que se vio obligado a escribir durante casi tres horas. Cuando los pensamientos dejaron de fluir y examinó las notas que había tomado, descubrió que contenían una minuciosa descripción de principios sin precedente alguno entre los datos conocidos del mundo científico. Además, la respuesta a su problema quedó inteligentemente presentada en aquellas notas. De esta forma, el Dr. Gates completó más de 200 patentes, que habían sido empezadas pero no terminadas por cerebros "descabellados". La evidencia de la verdad de esta afirmación está en la Oficina de Patentes de los los Estados Unidos.

El doctor Gates se ganaba la vida "sentándose para recibir ideas" destinadas a individuos y empresas. Algunas de las más grandes corporaciones estadounidenses le pagaron importantes cantidades por hora, sólo por "sentarse para recibir ideas".

La facultad de razonamiento suele resultar defectuosa porque, en buena medida, se ve guiada por la experiencia acumulada. No todo el conocimiento que uno acumula por medio de la experiencia es acucioso. Las ideas recibidas a través de la facultad creativa son mucho más fiables, por la sencilla razón de que vienen de fuentes más confiables que cualquier otra que esté disponible para la facultad de razonamiento de la mente.

LOS MÉTODOS EMPLEADOS POR LOS GENIOS ESTÁN DISPONIBLES PARA USTED

La principal diferencia entre el genio y el inventor ordinario de cachivaches puede hallarse en el hecho de que el primero trabaja a través de su facultad de imaginación creativa, mientras que el "chiflado" no sabe nada de esa facultad. El inventor científico hace uso tanto de la facultad sintética como de la facultad creativa de la imaginación.

Por ejemplo, el inventor científico, cuando comienza un invento, organiza y combina las ideas conocidas o los principios acumulados gracias a la experiencia, empleando para ello su facultad sintética (la facultad de razonamiento). Si descubre que ese saber acumulado es insuficiente para llevar a cabo su invento, entonces utiliza las fuentes de conocimiento de que dispone a través de su facultad creativa. El método que emplea varía con cada individuo; pero éste es, en esencia, el procedimiento:

1. Estimula su mente de modo que funcione en un plano superior al normal, y para ello ocupa alguno de los diez estímulos mentales, u otro estimulante de su elección.

2. Se concentra en los factores conocidos (la parte terminada) de su invento, y crea en su mente una imagen perfecta de los factores des conocidos (la parte no acabada) de su invento. Conserva esa imagen en su mente hasta que ha sido captada por el subconsciente; luego se relaja, elimina toda clase de pensamiento y aguarda a que la respuesta que busca surja en su cerebro.

A veces, los resultados son definitivos e inmediatos. En otras ocasiones, los resultados son negativos, dependiendo del estado de desarrollo del sexto sentido, o de la facultad creativa.

Edison probó más de diez mil combinaciones diferentes de ideas a través de la facultad sintética de su imaginación, antes de "conectar" con la facultad creativa, y entonces fue cuando encontró la respuesta que le permitió perfeccionar la lámpara incandescente. Su experiencia fue similar cuando inventó el fonógrafo.

Existen numerosas pruebas fehacientes de la existencia de la facultad de la imaginación creativa. Disponemos de esas pruebas gracias al análisis exacto de personas que se han convertido en líderes en sus campos de actuación, sin haber tenido una educación muy amplia. Lincoln fue un notable ejemplo de un gran líder que alcanzó la grandeza a través del descubrimiento y el uso de esa facultad de la imaginación creativa. Descubrió y empezó a utilizar esta facultad como resultado de la estimulación del amor, que experimentó después de haber conocido a Atine Rudedge, una afirmación de la más alta importancia en conexión con el estudio de la fuente del genio.

LA FUERZA IMPULSORA DEL SEXO

Las páginas de la historia están llenas de casos de grandes líderes cuyos logros se basaron en la influencia de mujeres que despertaron en ellos las facultades creativas de sus mentes a través del estímulo sexual. Napoleón Bonaparte fue uno de ellos. Cuando se sintió inspirado por su primera esposa, Josefina, fue irresistible e invencible. Cuando su "mejor juicio", o su facultad de razonamiento, lo impulsó a dejar de lado a Josefina, empezó a declinar. Su derrota y su destierro en Santa Elena no estaban lejanos.

Si el buen gusto nos lo permitiera, podríamos mencionar a un gran número de hombres, bien conocidos en los Estados Unidos, que alcanzaron grandes éxitos bajo la estimulante influencia de sus esposas, sólo para caer en picada hacia la destrucción cuando el dinero y el poder se les subieron a la cabeza y dejaron de lado a su esposa por otra mujer. Napoleón no fue el único hombre en descubrir que la influencia sexual, procedente de una fuente correcta, es mucho más poderosa que cualquier sustituto de la eficacia que pueda crearse sólo por la razón.

¡La mente humana responde al estímulo!

Entre los más grandes y poderosos estímulos se encuentra el del sexo. Cuando se la controla y se la transforma, este poder impulsor es capaz de elevar a los hombres a esa más alta cota de pensamiento que les permite domar las fuentes de la preocupación y las pequeñas molestias que se interponen en su camino en el plano inferior.

Lamentablemente, sólo los genios han hecho el descubrimiento. Otros han aceptado la experiencia del impulso sexual, sin descubrir uno de sus principales potenciales -un hecho que es responsable de un gran número de "otros" comparado con el número limitado de genios.

Con el único propósito de refrescar la memoria, y en relación con los hechos de que disponemos a partir de las biografías de ciertos hombres, presentamos a continuación los nombres de unos pocos hombres de éxito sobresaliente, de cada uno de los cuales se sabe que poseyó una elevada naturaleza sexual. El genio, que era indiscutiblemente suyo, encontró su fuente de poder en la energía sexual transmutada:

GEORGE WASHINGTON WOODROW WILSON

THOMAS JEFFERSON RALPH WALDO EMERSON

NAPOLEÓN BONAPARTE JOHN H. PATTERSON

ELBERT HUBBARD ROBERT BURNS

WILLIAM SHAKESPEARE ANDREW JACKSON

ELBERT H. GÁRY ENRICO CARUSO

ABRAHAM LINCOLN

El propio conocimiento que usted tenga acerca de las biografías de los grandes hombres le permitirá engrosar esta lista. Encuentre, si puede, a un sólo hombre en toda la historia de la civilización que alcanzara un éxito extraordinario en cualquier campo y que no se viera impulsado por una naturaleza sexual bien desarrollada.

Si no quiere fiarse de las biografías de hombres que han muerto, haga un inventario de aquellos que usted conozca como hombres de grandes logros, y vea si puede descubrir entre ellos a uno solo que no posea una elevada naturaleza sexual.

La sexualidad es la energía creativa de todos los genios. Nunca ha existido, ni existirá, un gran líder, constructor o artista al que le falte esa fuerza impulsora del sexo.

Espero que nadie malinterprete estas afirmaciones en el sentido de que todos los que poseen una elevada naturaleza sexual son genios. El hombre alcanza sólo el estatus de genio cuando estimula su mente de manera tal que puede utilizar las fuerzas disponibles a través de la facultad creativa de la imaginación. La energía sexual es el principal de los estímulos capaz de producir este "ascenso". La simple posesión de esa energía no basta para producir un genio. La energía tiene que ser transmutada de un deseo de contacto físico en alguna otra forma de deseo y acción, antes de que le eleve a uno al grado de genio.

Lejos de convertirse en genios gracias a unos grandes deseos sexuales, la mayoría de los hombres se degradan a sí mismos con una mala interpretación y utilización de esa gran fuerza, hasta alcanzar el estatus de animales inferiores.

POR QUÉ RARA VEZ SE ALCANZA EL ÉXITO ANTES DE LOS CUARENTA

A partir del análisis de más de 25.000 personas, descubrí que los hombres que alcanzan el éxito de una forma destacada, raras veces lo hacen antes de cumplir los cuarenta años, y muy a menudo no emprenden su verdadero paso hasta mucho más allá de los cincuenta. Este hecho me resultó tan sorprendente que me impulsó a revisar su causa con mayor detención.

Ese estudio puso de manifiesto el hecho de que la razón principal por la que la gran mayoría de los hombres que tienen éxito no empiezan a alcanzarlo antes de los cuarenta o de los cincuenta años es debido a su tendencia a disipar sus energías a través de una excesiva complacencia en la expresión física de la emoción del sexo. La mayoría de los hombres nunca aprende que la urgencia del sexo tiene otras posibilidades que transcienden con mucho en importancia de la simple expresión física. A la mayoría les viene este descubrimiento después de haber despilfarrado muchos años, en un período en el que la energía sexual se encuentra en su punto más alto, antes de los cuarenta y cinco o los cincuenta años. Habitualmente, a ese período sigue otro de logros destacables.

Las existencias de muchos hombres cercanos a la cuarentena, o que ya la han dejado atrás, refleja una continuada disipación de energías, que podrían haber sido dirigidas con mucho más provecho hacia canales mejores. Extienden de manera alocada sus emociones más rebuscadas y poderosas a los cuatro vientos. De este hábito del hombre, nace el término "hacer travesuras juveniles".

El deseo de expresión sexual es, con gran diferencia, el más fuerte e impulsor de todas las emociones humanas, y, por esa misma razón, cuando ese deseo se controla y se convierte en acción en lugar de en expresión física, puede elevarle a uno hacia la consecución de grandes cosas.

Uno de los hombres de negocios más capaces de América admitió francamente que su atractiva secretaria era responsable de la mayoría de los planes que él había creado. El admitió que su presencia lo elevó a tener una imaginación creativa, que no podría haber experimentado bajo el efecto de algún otro estímulo.

Uno de los hombres más exitosos de América le debe la mayoría de su éxito a la influencia de una adorable mujer joven, que sirvió como su fuente de inspiración durante más de doce años. Todos conocen al hombre al que estamos haciendo referencia, pero no todo el mundo sabe cual es la FUENTE REAL de sus logros.

EL MAYOR DE LOS ESTIMULANTES DE LA MENTE

La historia no carece de ejemplos de hombres que alcanzaron el estatus de genio como consecuencia del uso de estimulantes mentales artificiales, ya sea en forma de alcohol o de narcóticos. Edgar Allan Poe escribió El cuervo cuando se hallaba bajo la influencia del licor, "soñando sueños que ningún mortal se atrevió a soñar jamás". James Whitcomb Riley escribió lo mejor de su producción literaria mientras estaba bajo la influencia del alcohol. Quizá fuera así como viera "el ordenado entrelazamiento de lo real y del sueño, el molino por encima del río y la niebla por encima de la corriente". Robert Burns escribió sus mejores páginas estando intoxicado. "Por los tiempos de antaño, cariño mío, tomaremos una taza de amabilidad ahora, por los tiempos de antaño".

Pero recordemos también que muchos de esos hombres acabaron por aniquilarse a sí mismos. La naturaleza ha preparado sus propios venenos con los que los hombres pueden estimular sus mentes para conectar con esos pensamientos, exquisitos y raros, que proceden... ¡nadie sabe de dónde! Jamás se ha encontrado sustito satisfactorio de los estimulantes naturales.

Es un hecho bien conocido por los psicólogos que existe una relación muy estrecha entre los deseos sexuales y las urgencias espirituales, un hecho que explica el comportamiento peculiar de la gente que participa en las orgías como "renacimientos" religiosos, comunes entre los pueblos primitivos.

Las emociones son las que gobiernan el mundo y las que establecen el destino de la humanidad. La gente se ve influida en sus acciones no por la razón, sino por los "sentimientos". Las emociones, y no la razón fría, son las que ponen en movimiento toda la facultad creativa de la mente. Y la más potente de todas las emociones humanas es la del sexo. Hay otros estímulos mentales, algunos de los cuales hemos citado, pero ni uno solo de ellos, ni todos ellos sumados, pueden igualar el poder impulsor del sexo.

Un estimulante mental es cualquier fuerza que aumente de forma temporal o permanente la intensidad del pensamiento. Los diez grandes estimulantes descritos con anterioridad son los que uno usa con mayor frecuencia. A través de estas fuentes podemos comunicarnos con la Inteligencia Infinita, o bien penetrar a voluntad en el almacén del subconsciente, ya sea del propio o del de otra persona, un procedimiento que es todo lo que caracteriza al genio.

EL ALMACÉN DEL MAGNETISMO PERSONAL

Un profesor que ha entrenado y dirigido los esfuerzos de más de treinta mil vendedores, hizo el espeluznante descubrimiento de que los vendedores más eficaces son aquellos que poseen una elevada naturaleza sexual. La explicación la encontramos en el hecho de que el factor de la personalidad conocido como "magnetismo personal" no es ni más ni menos que energía sexual. Las personas de elevada naturaleza sexual poseen siempre una gran reserva de magnetismo. Esta fuerza vital puede ser utilizada por medio del cultivo y la comprensión de la misma, como un elemento de gran ventaja en las relaciones humanas. Es posible comunicar esa energía a los demás a través de:

1. El apretón de manos. El contacto de la mano indica al instante la presencia de magnetismo, o la falta de él.

2. El tono de voz. El magnetismo, o la energía sexual, es el factor capaz de colorear la voz, o hacerla musical y encantadora.

3. Postura y porte del cuerpo. Las personas de elevada naturaleza sexual se mueven con energía, gracia y facilidad.

4. Las vibraciones de pensamiento. Las personas de elevada naturaleza sexual mezclan la emción del sexo con sus pensamientos, o pueden hacerlo así a voluntad, y, de ese modo, influyen sobre los demás.

5. Adorno del cuerpo. Las personas de elevada naturaleza sexual suelen ser muy cuidadosas en cuanto a su apariencia física. Suelen seleccionar ropa de un estilo conveniente para su personalidad, figura, constitución, etc.

Cuando contrata a los trabajadores de su sección, el director de ventas más capaz busca como primer requisito de todo vendedor la cualidad del magnetismo personal. Las personas a las que les falta energía sexual difícilmente llegarán a ser entusiastas o inspirarán entusiasmo, y éste es uno de los requisitos más importantes de todo vendedor, independiente de lo que venda.

El portavoz público, el orador, el predicador, el abogado o el vendedor al que le falte energía sexual es un "pesado" en cuanto a su capacidad para influir sobre los demás se refiere. Si a ello se añade el hecho de que la mayoría de las personas sólo es influenciable a través de una apelación a sus emociones, comprenderá usted la importancia de la energía sexual como parte de la habilidad innata de un vendedor. Los buenos vendedores lo son porque transmutan, consciente o inconscientemente, la energía del sexo en entusiasmo de ventas. En esta afirmación se puede encontrar una sugerencia muy práctica en cuanto al verdadero significado de lo que es la transmutación sexual.

El vendedor que sabe cómo separar su mente del tema del sexo y dirigirla hacia el esfuerzo de venta con el mismo entusiasmo y determinación con que la aplicaría a su propósito original, ha adquirido el arte de la transmutación del sexo, tanto si lo sabe como si no. La mayoría de los vendedores que canalizan así su energía sexual, lo hacen sin ser en absoluto conscientes de ello, ni de cómo lo están llevando a cabo.

La canalización de la energía sexual exige más fuerza de voluntad de la que la persona ordinaria dispone para este fin. Aquellos a quienes les resulta difícil reunir la fuerza de voluntad necesaria para la transmutación, pueden adquirir esta habilidad gradualmente. Aunque eso requiere fuerza de voluntad, la recompensa que se obtiene con esta práctica hace que el esfuerzo valga la pena.

FALSAS CREENCIAS DE QUE EL SEXO DAÑA LA PERSONALIDAD

La gran mayoría de la gente parece ser imperdonablemente ignorante acerca de todo lo que se refiere al sexo. En términos generales, la urgencia del sexo ha sido malinterpretada por parte de ignorantes y personas malvadas, que la han calumniado y se han burlado de ella.

Aquellos hombres y mujeres conocidos por haber sido bendecidos -sí, bendecidos- con una elevada naturaleza sexual, suelen ser considerados como personas a las que vale la pena observar. Pero, en lugar de considerarlas como benditas, se las califica de malditas.

Millones de personas sufren complejos de inferioridad, incluso en nuestra época, que se han desarrollado debido a la falsa creencia de que una elevada naturaleza sexual es una maldición. Estas afirmaciones sobre la virtud de la energía sexual no deben interpretarse como una justificación del libertinaje. La emoción del sexo sólo es una virtud cuando es usa con inteligencia y discriminación. Puede ser mal empleada, y a menudo lo es, hasta el punto de que empobrece, en lugar de enriquecer, tanto el cuerpo como la mente. El mejor uso de este poder es la médula de este capítulo.

Al autor le pareció muy importante el descubrimiento de que casi todos los grandes líderes a quienes tuvo el privilegio de analizar eran hombres cuyos logros fueron ampliamente inspirados por una mujer. En muchos de esos casos, la mujer en cuestión era una esposa modesta y abnegada, de la que el público había oído hablar muy poco o nada. En unos pocos casos, la fuente de inspiración pudo descubrirse en "la otra" mujer. Posiblemente dichos casos no son totalmente desconocidos para usted.

La intemperancia en los hábitos sexuales es tan dañina como la intemperancia en los hábitos de la bebida y comida. En esta era, que comenzó con la Guerra Mundial, la intemperancia en los hábitos sexuales es común. Esta orgía de indulgencia puede ser responsable de la falta de grandes líderes. Ningún hombre puede aprovecharse de las fuerzas de la imaginación creativa, mientras los disipa. El ser humano es la única criatura en el mundo que transgrede los propósitos de la Naturaleza en relación a esto. Cualquier otro animal cede su naturaleza sexual en moderación, y con el propósito de estar en armonía con las leyes de la naturaleza. Cualquier otro animal responde al llamado del sexo únicamente cuando está en "celo". La inclinación del hombre es declarar "celo abierto".

Toda persona inteligente sabe que el exceso de estimulación en base a bebidas alcohólicas y narcóticos es una destructiva forma de intemperancia. Sin embargo, no todo el mundo sabe que el exceso en la expresión sexual puede convertirse en un hábito tan nocivo y destructivo para el esfuerzo creativo como los narcóticos o el licor.

Un loco sexual no es, en esencia, muy diferente a un hombre drogado. Ambos han perdido el control de sus facultades de razonamiento y de fuerza de voluntad. Hay muchos casos de hipocondría que han aparecido a partir de hábitos desarrollados en la ignorancia de la verdadera función del sexo.

Se comprende con facilidad que la ignorancia sobre el tema de la canalización del sexo imponga grandes castigos a los ignorantes por un lado, y los prive de provechos igualmente grandes por el otro. La amplia ignorancia que existe acerca del tema del sexo radica en el hecho de que ese tema se ha visto rodeado por el misterio y por un oscuro silencio. La conspiración del misterio y del silencio ha tenido sobre las mentes de los jóvenes el mismo efecto que la psicología de la Prohibición tuvo. El resultante fue un aumento de la curiosidad y el deseo de adquirir un mayor conocimiento acerca de ese tema "vedado". Y la información no ha estado disponible con facilidad, para vergüenza de los legisladores y de la mayoría de los médicos, que no han entrenado a los mejor cualificados para educar a la juventud acerca de este tema.

LOS FRUCTÍFEROS AÑOS DESPUÉS DE LOS CUARENTA

Un individuo raras veces inicia un esfuerzo fuertemente creativo en un campo determinado antes de la edad de los cuarenta años. El hombre medio alcanza el período de su mayor capacidad para crear entre los cuarenta y los sesenta años. Estas afirmaciones se basan en análisis de miles de hombres y mujeres que han sido observados con todo cuidado. Debería ser estimulante para todos aquellos que no han logrado llegar a donde querían antes de los cuarenta años, así como para quienes se sienten temerosos a medida que se aproximan a los cuarenta y ya se sienten "viejos". Por regla general, los años que median entre los cuarenta y los cincuenta suelen ser los más fructíferos. El hombre debería aproximarse a esa edad no con temblor, sino con esperanza y con expectativa avidez.

Si desea pruebas de que la mayoría de los hombres no empiezan a realizar su mejor trabajo hasta la edad de cuarenta años, estudie los datos de los hombres de mayor éxito, y descubrirá esas pruebas. Henry Ford no empezó a lograr grandes cosas hasta que pasó de los cuarenta. Andrew Carnegie ya había cumplido cuarenta años cuando empezó a cosechar la recompensa de todos sus esfuerzos. James J. Hill aún seguía manejando un telégrafo cuando tenía cuarenta años, y sus estupendos logros los alcanzó después de esa edad. Las biografías de muchos industriales y financieros estadounidenses demuestran que el período que media entre los cuarenta años y los sesenta es la edad más productiva de una persona.

Entre los treinta y los cuarenta, el hombre empieza a aprender (si es que aprende alguna vez) el arte de la canalización del sexo. Este descubrimiento suele ser accidental, y el que lo descubre suele ser totalmente ajeno a su descubrimiento. Es posible que observe que su poder de logros ha aumentado hacia la edad de treinta y cinco años o cuarenta; pero, en la mayoría de los casos, no está familiarizado con la causa que ha producido ese cambio. Esa naturaleza empieza a armonizar las emociones del amor y el sexo en el individuo, entre los treinta y los cuarenta años, de tal forma que la persona puede usar esas grandes fuerzas, y aplicarlas unidas como estímulos para la acción.

LLAME A LA CENTRAL ELÉCTRICA DE SUS EMOCIONES

El sexo, por sí solo, es un poderoso estímulo para la acción, pero sus fuerzas son como las de un tornado, y a menudo resultan incontrolables. Cuando la emoción del amor empieza a mezclarse con la del sexo, el resultado es la calma de propósito, la adopción de la postura, la exactitud del juicio, y el equilibrio. ¿Qué persona que haya alcanzado la edad de cuarenta años es tan desafortunada como para no poder analizar estas afirmaciones y corroborarlas con su propia experiencia?

Cuando se ve impulsado por su deseo de agradar a una mujer, basándose únicamente en la emoción del sexo, un hombre puede ser capaz -y por lo general lo es- de alcanzar un gran logro; pero es muy probablemente sus acciones sean desorganizadas, estén distorsionadas y resulten destructivas. Cuando se ve impulsado por su deseo de agradar a una mujer, basándose únicamente en la motivación del sexo, un hombre es capaz de robar, engañar, e incluso de asesinar. Pero cuando la emoción del amor se mezcla con la del sexo, ese mismo hombre guiará sus acciones con mayor cordura, tezón y raciocinio.

Los criminalistas han descubierto que los delincuentes más duros pueden ser reformados a través de la influencia del amor de una mujer. No hay registro alguno de un criminal que haya sido rehabilitado solamente a través de la influencia sexual. Estos hechos son bien conocidos, pero su causa no lo es. La reforma viene, si es que la hay, por medio del corazón, o el lado emocional del hombre, no mediante su cabeza, o lado racional. La reforma significa, "un cambio en el corazón". No quiere decir un "cambio en la cabeza" Un hombre puede, debido a la razón, hacer ciertos cambios en su conducta personal para evitar las consecuencias de efectos no deseados, pero la REFORMA GENUINA viene sólo a través de un cambio de corazón mediante el DESEO de cambio.

El amor, el romanticismo y el sexo son emociones capaces de motivar a los hombres a alcanzar alturas inmensas. El amor es la emoción que sirve como una válvula de seguridad, que asegura equilibrio, porte y esfuerzo constructivo. Cuando estas tres emociones se combinan, son capaces, por sí solas, de elevarlo a uno a la altura de un genio. Sin embargo, hay genios, que saben poco sobre la emoción del amor. Muchos de ellos pueden estar comprometidos en alguna acción que es destructiva, o por lo menos, que no está basada en la justicia e imparcialidad hacia otros. Si el buen gusto lo permitiera, se podrían nombrar doce genios en el campo de la industria y las finanzas, que se mueven cruelmente sobre los derechos de sus compañeros. Pareciera ser que tienen falta total de conciencia. El lector puede fácilmente entregar su propia lista de dichos hombres.

Las emociones son estados de la mente. La naturaleza ha proporcionado al hombre una "química de la mente" que opera de una manera similar a los principios de la química de la materia. Es un hecho evidenciable que, con la ayuda de la química de la materia, un científico puede crear un veneno mortal mezclando ciertos elementos, ninguno de los cuales es nocivo si se toma por separado en las proporciones correctas. Asímismo, las emociones se pueden combinar de manera que que produzcan una poción mortífera. Cuando las emociones del sexo y los celos se mezclan, una persona puede convertirse en una bestia desquiciada.

La presencia de una emoción destructiva, o de varias, en la mente humana, a través de la química de la mente, constituye un veneno capaz de destruir el sentido de justicia y equidad de la persona.

El camino que conduce al genio lo emprenden el desarrollo, el control y el uso del sexo, el amor y el romanticismo. En resumen, el proceso se desarrolla como sigue:

Estimula la presencia de estas emociones como los pensamientos dominantes en la mente de uno, y desanima la presencia de todas las emociones destructivas. La mente es una criatura de hábito. Se esfuerza por alcanzar los pensamientos dominantes de los que se alimenta. Gracias a la facultad de la voluntad, se puede desanimar la presencia de cualquier emoción, y estimular la de otra. No es difícil alcanzar el control de la mente a través del poder de la voluntad. El control es el resultado de la persistencia y de la costumbre. El secreto del control radica en la comprensión del proceso de la transmutación. Cuando cualquier emoción negativa se presenta en la mente de uno, puede ser convertida en otra positiva o constructiva mediante el simple procedimiento de cambiar los pensamientos que se tienen.

¡El único camino que conduce al genio es el trabajo voluntario y consciente! Un hombre sólo podrá alcanzar grandes logros financieros o empresariales gracias a la fuerza impulsora de la energía sexual, pero la historia está llena de pruebas de que uno puede llevar consigo, como así suele suceder, ciertos rasgos de carácter que lo privan de su habilidad para conservar o disfrutar de su fortuna. Vale la pena analizar, pensar y meditar en ello porque aquí se afirma una verdad cuyo conocimiento puede resultar muy útil, tanto a las mujeres como a los hombres. La ignorancia de este hecho ha costado a muchos miles la pérdida de su privilegio de la felicidad, aun a pesar de que posean riquezas.

QUIEN AMA DE VERDAD NUNCA PIERDE POR COMPLETO

Las emociones de amor y sexo dejan sus inequívocas marcas en los rasgos. Además, estas señales son tan notorias, que cada persona que quiera los podrá leer. El hombre que es impulsado por la tormenta de pasión, basado solamente en sus deseos sexuales, simplemente anuncia ese hecho al mundo entero, mediante la expresión de sus ojos, y las líneas de su cara. La emoción del amor, cuando se combina con la emoción del sexo, suaviza, modifica y embellece la expresión facial. No se necesita un analista de carácter para decirle esto -cualquiera lo puede ver.

La emoción del amor saca y desarrolla la naturaleza artística y estética del hombre. Deja su impresión en el alma, incluso después de que el fuego ha sido dominado por el tiempo y las circunstancias.

Los recuerdos del amor nunca pasan. Continuan, guían e influyen mucho después de que la fuente de estímulo se haya desvanecido. No hay nada nuevo en esto. Toda persona que se haya sentido conmovida por un amor genuino sabe que éste deja huellas perdurables en el corazón humano. El efecto del amor perdura porque la naturaleza del amor es espiritual. El hombre que no pueda ser estimulado para alcanzar grandes alturas de logros por medio del amor está desesperanzado, como muerto, aunque pueda parecer vivo.

Incluso las memorias del amor son suficientes para elevar a la persona a un plano mayor de esfuerzo creativo. La fuerza principal del amor puede gastarse y morir, como un fuego que se ha extinguido, pero deja detrás marcas indelebles como evidencia que ha pasado por allí. generalmente, su partida prepara al corazón humano para un amor aún mayor.

Recuerde algunas cosas del pasado y sumerja su mente en los hermosos recuerdos de un viejo amor. Eso suavizará la influencia de las actuales preocupaciones y molestias, las realidades de la vida y -¿quién sabe?-, durante esta retirada temporal, su mente le llevará al mundo de la fantasía, las ideas o los planes capaces de cambiar todo el estatus financiero o espiritual de su existencia.

Si usted cree que es desgraciado porque ha amado y perdido, desheche esa idea. Todo aquel que ha amado de verdad nunca pierde por completo. El amor es caprichoso y temperamental. Llega cuando se le antoja y se va sin la menor advertencia. Acéptelo y disfrute de él mientras dure; pero no malgaste su tiempo preocupándose por su desaparición, porque así nunca conseguirá que retorne.

Rechace también la idea de que el amor se presenta sólo una vez en la vida. El amor puede aparecer y desaparecer en innumerables ocasiones, pero no hay dos experiencias amorosas que afecten a una persona del mismo modo. Puede producirse, y de hecho ocurre, una experiencia amorosa que deje en el corazón una huella más profunda que las otras, pero todas las experiencias amorosas son provechosas, excepto para la persona que se siente resentida y cínica cuando el amor se esfuma.

En el amor no debiera existir desilusión alguna, y no la hay si la gente comprende la diferencia entre las emociones del amor y las del sexo. La gran diferencia radica en que el amor es espiritual, mientras que el sexo es biológico. Ninguna experiencia que afecte al corazón humano con una fuerza espiritual puede ser nociva, excepto como consecuencia de la ignorancia o de los celos.

No cabe ninguna duda de que el amor es la experiencia más grande de la existencia. Le permite a uno entrar en comunión con la Inteligencia Infinita. Cuando se mezcla con las emociones del romanticismo y del sexo, puede conducirle a uno muy alto por la escalera del esfuerzo creativo. Las emociones del amor, el sexo y el romanticismo son los lados del eterno triángulo del genio con capacidad para lograr y construir.

El amor es una emoción con muchas caras, sombras y colores. El amor que uno siente por los padres o hijos es bastante distinto de aquel que uno siente por su amado. Uno es mezclado con la emoción del sexo, mientras que el otro no.

El amor que uno siente en una amistad verdadera no es el mismo que uno siente por la amada, padres o niños, pero también es una forma de amor.

Luego, existe una emoción de amor por cosas inanimadas, tales como el amor por la obra de la Naturaleza. Pero el más intenso y ardiente de todos estos tipos de amor, es aquel experimentado en la mezcla de emociones de amor y sexo. Los matrimonios, que no están bendecidos con la afinidad eterna del amor, balanceadas y proporcionados en la forma adecuada, con sexo, no pueden ser felices - y rara vez duran. El amor por si sólo no traerá la felicidad al matrimonio, ni tampoco el sexo por sí solo. Cuando se mezclan estas dos hermosas emociones, el matrimonio traerá un estado mental, muy cercano al espiritual que uno podría conocer en este plano mundano.

Cuando se agrega la emoción del romance al amor y sexo, los obstáculos entre la mente finita del hombre y la Inteligencia Infinita serán eliminados.

¡Entonces habrá nacido un genio.

RAZONES POR LAS QUE LA ESPOSA PUEDE ELEVAR O HUNDIR AL HOMBRE

Qué historia tan diferente es está, comparada con aquellas que por lo general están asociadas con la emoción del sexo. Aquí hay una interpretación de la emoción que lo saca de lo común, y lo hace arcilla para el alfarero en las manos de Dios, con la que modela todo lo que es hermoso e inspirador.

He aquí una interpretación que, si se comprende adecuadamente, aporta armonía al caos que existe en demasiados matrimonios. La falta de armonía, expresada a menudo en forma de discusiones, suele remontarse a una falta de conocimiento sobre el terna del sexo. Allí donde existen el amor, el romanticismo y un adecuado entendimiento de la emoción y la función del sexo, no existe falta de armonía entre las parejas.

Resulta afortunado el hombre cuya esposa comprende la verdadera relación existente entre las emociones del amor, el sexo y el romanticismo. Cuando se ve motivado por este santo triunvirato, ninguna forma de trabajo resulta pesada, porque hasta la forma más baja de esfuerzo adquiere la naturaleza de un trabajo hecho por amor.

Suele decirse que "la esposa de un hombre puede elevarlo o hundirlo", pero no siempre está clara la razón de ésto. La elevación o el hundímiento es la consecuencia de la comprensión de la mujer, o de la falta de comprensión de las emociones del amor, el sexo y el romanticismo.

A pesar del hecho que los hombres son polígamos, por su naturaleza de herencia biológica, es cierto que ninguna mujer tiene una influencia tan grande en un hombre como su esposa, a menos que él este casado con una mujer que es totalmente inapropiada para su naturaleza.

Si una esposa permite que su marido pierda interés por ella, y se sienta más interesado por otras mujeres, suele ocurrir debido a la ignorancia de ella, o a su indiferencia con respecto a los temas del sexo, el amor y el romanticismo. Esta afirmación presupone, desde luego, la existencia previa de un amor genuino entre un hombre y una mujer. Los hechos son igualmente aplicables a un hombre que permita que el interés de su esposa por él muera.

Los matrimonios discuten a menudo sobre un montón de cosas cotidianas. Si éstas se analizan con atención, se descubrirá que, casi siempre, la real causa del problema se halla en la indiferencia o en la ignorancia acerca de todos estos temas.

LA INUTILIDAD DE LA RIQUEZA SIN MUJERES

¡La mayor fuerza motivadora del hombre es su deseo de agradar a la mujer! El cazador destacado en los tiempos prehistóricos, antes del inicio de la civilización, destacó en su tarea debido a su deseo de aparecer grande ante los ojos de una mujer. La naturaleza del hombre no ha cambiado en esa área. El "cazador" actual no vuelve a casa con pieles de animales salvajes, sino que indica su deseo de obtener el favor de la mujer regalándole ropas exclusivas, automóviles y riqueza. El hombre experimenta el mismo deseo por agradar a la mujer que experimentaba antes de los albores de la civilización. Lo único que ha cambiado en él es su método de complacer. Los hombres que acumularon grandes fortunas y alcanzaron grandes posiciones de poder y fama lo hicieron así para satisfacer, sobre todo, su deseo de agradar a la mujer. Si se sacara a las mujeres de sus vidas, las grandes riquezas serían inútiles para casi todos los hombres. Ese deseo, intrínseco en el hombre, por agradar a la mujer, es lo que proporciona a ésta el poder de elevar o de hundir a un hombre.

La mujer que comprende la naturaleza masculina y la atiende con tacto, no tiene por qué sentir temor ante la competencia de otras mujeres. Los hombres pueden ser "gigantes" con una indomable fuerza de voluntad cuando tratan con otros hombres, pero las mujeres que ellos mismos han elegido pueden manejarlos con facilidad.

La mayoría de los hombres no admitirán que las mujeres que prefieren influyen en ellos con tanta facilidad, porque una de las características del hombre es desear ser reconocido como el más fuerte de la especie. Además, la mujer inteligente reconoce esta característica masculina y no la pone en duda.

Algunos hombres saben que son influidos por las mujeres de su elección -esposa, amante, madre o hermana; pero se contienen con tacto para no rebelarse contra esa influencia, porque son lo suficientemente inteligentes como para saber que ningún hombre es feliz ni está completo sin la influencia modificadora de la mujer correcta. El hombre que no reconozca esta importante verdad se priva a sí mismo del poder que ha contribuido, más que cualesquiera otras fuerzas combinadas, a ayudar a los de su género a alcanzar el éxito.

1. EL SUBCONSCIENTE

EL ESLABÓN

EL UNDÉCIMO PASO HACIA LA RIQUEZA

El subconsciente es un campo de conciencia en el que todo impulso de pensamiento que alcanza la mente consciente a través de los cinco sentidos se ve clasificado y registrado, y del que se pueden recordar o retirar los pensamientos, del mismo modo que se sacan las cartas de un archivador.

Recibe y archiva las impresiones sensoriales o los pensamientos, con independencia de su naturaleza. Cualquier estrategia, pensamiento u objetiv que se desee trasladar en su equivalente físico o monetario puede plantarse a voluntad en el subconsciente. Éste actúa primero sobre los deseos dominantes que se han mezclado con sensaciones emocionales, tales como la fe.

Consideremos esto en conexión con las instrucciones contenidas en el capítulo sobre el deseo, para dar los seis pasos esbozados allí, así como con las instrucciones acerca de la construcción y ejecución de planes, y se habrá comprendido la importancia que este pensamiento significa.

El subconsciente funciona de día y de noche. A través de un proceso desconocido para el hombre, la mente subconsciente utiliza las fuerzas de la Inteligencia Infinita para disponer del poder con el que convierte voluntariamente los anhelos de una persona en su equivalente monetario, empleando siempre los medios más prácticos con los que pueda lograrse este propósito.

No se puede controlar por completo la mente subconsciente, pero sí es posible transmitirle cualquier plan, deseo u objetivo que se quiera transformar en una forma concreta. Vuelva a leer las instrucciones sobre el uso del subconsciente en el capítulo sobre la autosugestión.

Existen numerosas evidencias que aprueban la creencia de que el subconsciente es el vínculo de conexión entre la mente finita del hombre y la Inteligencia Infinita. El subconsciente es el intermediario a través del cual se pueden utilizar a voluntad las fuerzas de la Inteligencia Infinita. Él, por sí sólo, contiene el proceso secreto por el que se modifican los impulsos mentales para constituir su equivalente espiritual. Él, por sí sólo, es el medio a través del que es posible transmitir la oración a la fuente capaz de contestar a esa misma oración.

CÓMO ENERGIZAR EL SUBCONSCIENTE PARA EL ESFUERZO CREATIVO

Las posibilidades del esfuerzo creativo conectado con el subconsciente son grandiosas e imponderables, hasta el punto de que a uno le inspiran reverencia.

Nunca abordo la discusión del subconsciente sin experimentar una sensación de pequeñez e inferioridad, quizás porque es tan lastimosamente limitada la reserva de conocimientos que poseemos sobre el tema. El sólo hecho de que la mente subconsciente sea el medio de comunicación entre la mente pensante del hombre y la Inteligencia Infinita, de sí mismo, un pensamiento que casi paraliza la razón.

Una vez aceptada la realidad de la existencia del subconsciente, y comprendidas sus potencialidades como un medio para convertir los deseos en su realidad, comprenderá todo el significado de las instrucciones dadas en el capítulo sobre el deseo. También sabrá por qué se le ha advertido varias veces la necesidad de aclarar sus deseos y acotarlos a una forma escrita. Además entenderá la necesidad de la perseverancia en la tarea de llevar a cabo las instrucciones.

Los trece principios son los estímulos con los que se adquiere la habilidad de alcanzar e influir sobre su subconsciente. No se desanime si no puede conseguirlo al primer intento. Recuerde que el subconsciente sólo podrá ser dirigido voluntariamente mediante el hábito, y bajo las directrices expuestas en el capítulo sobre la fe. Todavía no ha tenido usted el tiempo suficiente para dominar la fe. Sea paciente, y también persistente.

Aquí se repetirán muchas de las afirmaciones esgrimidas en los capítulos sobre la fe y la autosugestión, con la idea de beneficiar a su subconsciente. Recuerde que ese subconsciente funciona de una forma voluntaria, al margen de que usted haga o deje de hacer algún esfuerzo por influir sobre ella. Esto, por supuesto, le sugiere que los pensamientos relativos al temor y a la pobreza, así como todos los pensamientos negativos, sirven como estímulos para su subconsciente, a menos que controle esos impulsos, y alimente su subconsciente con una "comida" más deseable.

¡El subconsciente no permanecerá ocioso! Si no logra plantar deseos en él, entonces se alimentará de pensamientos que le llegarán como resultado de su propia negligencia. Ya hemos explicado que los impulsos del pensamiento, tanto positivos como negativos, llegan continuamente a la mente subconsciente a partir de las cuatro fuentes que hemos mencionado en el capítulo sobre la transmutación del sexo.

Por el momento, es suficiente con que recuerde que usted vive a diario, en medio de toda clase de impulsos del pensamiento que llegan a su mente subconsciente, incluso sin su autorización. Algunos de esos impulsos son negativos, mientras que otros son positivos. Usted se encuentra enfrascado ahora en la tarea de tratar de ayudar a cerrar el flujo de los impulsos negativos, y ayudar a influir voluntariamente sobre su subconsciente por medio de impulsos positivos de deseo.

Una vez que haya logrado esto, poseerá la llave que abra la puerta a su subconsciente. Controlará además esa puerta de un modo tan completo que ningún pensamiento indeseado llegará a influir en su mente subconsciente.

Todo aquello que el hombre crea comienza con un impulso del pensamiento. El hombre no puede crear algo que antes no haya concebido en su mente. Los impulsos de éste pueden ser transformados en planes por medio de la ayuda de la imaginación. Cuando está bajo control, esa imaginación se puede ocupar para la creación de planes o propósitos que conducen al éxito en la ocupación elegida.

Todos los impulsos del pensamiento que tienden a transformarse en su equivalente físico y que se plantan voluntariamente en la mente subconsciente, tienen que pasar antes a través de la imaginación, y mezclarse allí con la fe. La introducción de la fe en un plan o fin, con la intención de su sumisión a la mente subconsciente, sólo puede hacerse por medio de la imaginación.

A partir de estas afirmaciones, observará que el uso voluntario del subconsciente exige la coordinación y aplicación de todos los principios.

Wheeler Wilcox dio evidencia de su entendimiento del poder de la mente subconsciente cuando escribió lo siguiente:

"Usted nunca puede decir qué es lo que hará un pensamiento

Si le traerá odio o amor

Debido a que los pensamientos son cosas, y sus alas delicadas

Son más suaves que las palomas mensajeras.

Ellas siguen la ley del universo-

Cada cosa crea su tipo,

y aceleran el paso para traerlo devuelta

Lo que sea que salió de su mente".

La Sra. Wilcox entendió la verdad, que los pensamientos que salen de la mente de uno, también se incrustan profundamente en el subconsciente, donde funcionan como imán, patrón, o huella mediante la cual la mente es influenciada mientras se traduce en su equivalente físico. Los pensamientos son cosas reales, debido a que cada cosa material empieza en la forma de pensamiento-energía.

HAGA QUE SUS EMOCIONES POSITIVAS TRABAJEN PARA USTED

El subconsciente es más susceptible de verse influido por impulsos de pensamiento cuando éstos se hallan mezclados con un "sentimiento", o una emoción, que cuando se originan sólo en la parte de la mente abocada al raciocinio. De hecho, hay muchas pruebas que apoyan la teoría de que los pensamientos con emociones son los únicos que ejercen influencia alguna en el subconsciente. Es sabido ampliamente que que la emoción, o el sentimiento, gobierna a la mayoría de la gente. Si es cierto que el subconsciente responde con mayor rapidez y se ve influido con más facilidad por los impulsos del pensamiento que se hallan mezclados con la emoción, se comprenderá lo esencial que es familiarizarse con las más importantes de las emociones. Existen siete grandes emociones positivas, y siete grandes emociones negativas. Las negativas se inyectan voluntariamente en los impulsos del pensamiento, que aseguran su paso hacia el subconsciente. Las positivas, por el contrario, tienen que ser inyectadas, a través de la disciplina de la autosugestión, en los impulsos del pensamiento que la persona desee pasar a su subconsciente. (En el capítulo sobre la autosugestión se han dado instrucciones al respecto).

Estas emociones o impulsos sentimentales podemos compararlas con la levadura en la hogaza de pan, porque constituyen el elemento de acción que transforma los impulsos del pensamiento de un estado pasivo a otro activo. De ese modo se comprende por qué se puede actuar con más facilidad sobre los impulsos de pensamiento que han sido bien mezclados con la emoción, que sobre los impulsos de pensamiento originados en un "cálculo frío".

Usted se está preparando para influir y controlar la "audiencia interna" de su mente subconsciente para transmitirle el deseo de obtener dinero, que quiere transmutar en su equivalente monetario. En consecuencia, es esencial que sepa el método de aproximación a esta "audiencia interna". Usted debe hablar su mismo lenguaje, ya que, en caso contrario, no atenderá a su llamado, porque comprende mejor el lenguaje de la emoción o del sentimiento. En consecuencia, describamos aquí las siete grandes emociones positivas, y las siete grandes emociones negativas, para que utilice las positivas y evite las otras cuando transmita instrucciones a su subconsciente.

LAS SIETE GRANDES EMOCIONES POSITIVAS

La emoción del deseo

La emoción de la fe

La emoción del amor

La emoción del sexo

La emoción del entusiasmo

La emoción del romanticismo

La emoción de la esperanza

Hay otras emociones positivas, pero estas siete son las más poderosas, y las que se utilizan con más frecuencia en el esfuerzo creativo. Domine estas siete emociones (sólo podrá conseguirlo mediante la práctica), y las otras emociones positivas estarán también a su disposición cuando las requiera. En relación con esto, recuerde que está estudiando un libro que tiene la intención de ayudarle a desarrollar una "conciencia del dinero" llenándole la mente de emociones positivas. Uno no toma conciencia del dinero al llenar su mente con emociones negativas.

LAS SIETE GRANDES EMOCIONES NEGATIVAS (que deben evitarse)

La emoción del temor

La emoción de los celos

La emoción del odio

La emoción de la venganza

La emoción de la avaricia

La emoción de la superstición

La emoción de la cólera

La mente no puede verse ocupada por emociones positivas y negativas al mismo tiempo. En cada momento, unas u otras tienen que dominar. Nuestra responsabilidad consiste en asegurar que las emociones positivas constituyan la influencia dominante de nuestra mente. Para ello le será de gran ayuda la ley del hábito. Adquiera el hábito de aplicar y utilizar las emociones positivas. Acabarán por dominar su cerebro de una manera tan completa que las negativas no podrán ya penetrar en él.

Sólo si sigue estas instrucciones literal y completamente podrá adquirir control sobre su subconsciente. La presencia de una sola emoción negativa en su subconsciente basta para destruir todas las alternativas de obtener ayuda constructiva de su subconsciente.

EL SECRETO DE LA PLEGARIA EFICAZ

Si usted es una persona observadora, se habrá dado cuenta de que la mayoría de la gente recurre a la oración sólo después de que todo lo demás fracasó. O bien rezan mediante un ritual de palabras sin significado. Y, como es un hecho que la mayoría de la gente sólo reza después de que todo lo demás ha resultado infertil, acuden a orar con las mentes llenas de temor y de dudas, que son las emociones que actúan sobre el subconsciente y pasan a la Inteligencia Infinita. Del mismo modo, ésta es la emoción que la Inteligencia Infinita recibe y sobre la cual actúa.

Si usted reza por algo, pero mientras lo hace siente temor por no recibirlo, o teme que la oración no actúe sobre la Inteligencia Infinita, esa plegaria habrá sido en vano.

A veces, la oración tiene como resultado la realización de aquello por lo que se ha rezado. Si ha pasado alguna vez por la experiencia de recibir aquello por lo que rezó, retroceda en su memoria, y recuerde el estado mental de aquel momento en el que estaba orando. Sabrá entonces, con toda certeza, que la teoría aquí descrita es algo más que una simple teoría.

Llegará el momento cuando los colegios y las instituciones educacionales del país enseñarán la "ciencia de la oración". Entonces la oración puede ser, y será reducida a una ciencia. Cuando venga el momento, (vendrá tan pronto la humanidad esté lista para esto, y lo exija), nadie se acercará a la Mente Universal en un estado de miedo, debido a que no existirá tal emoción. La ignorancia, superstición y enseñanzas falsas habrán desaparecido, y el hombre logrará su estado real como un niño de Inteligencia Infinita. Unos pocos ya han logrado esta bendición.

Si usted cree que esta profecía es irreal, échele una mirada a la raza humana en retrospectiva. Hace menos de cien años, los hombres creían que el relámpago era prueba de la ira de Dios, y le temían. Ahora, gracias al poder de la FE, los hombres han aprovechado el relámpago y han hecho que giren las ruedas de la industria. Hace todavía menos tiempo que un siglo atrás, los hombres creían que el espacio entre los planetas no era más que un gran agujero, una extensión de una inexistencia de la muerte. Ahora, gracias a este mismo poder de FE, sabemos que más que ser la muerte o un hoyo vacío, el espacio entre los planetas está vivo, que es la mayor forma de vibración conocida, salvo tal vez, la vibración del PENSAMIENTO. Además, los hombres saben que esta energía vibratoria pulsante y viviente, que penetra cada átomo de material, y llena cada nicho de espacio, conecta los cerebros humanos entre sí

¿Qué razón tienen los hombres de creer que esta misma energía no conecta cada cerebro humano con la Inteligencia Infinita?

No hay ningún peaje entre la mente finita del hombre y la Inteligencia Infinita. La comunicación no cuesta nada salvo Paciencia, Fe, Persistencia, Entendimiento y un SINCERO DESEO de comunicar. Por otra parte, el enfoque solamente se puede hacer por medio del individuo en sí. Las oraciones pagadas no tienen valor alguno.

La Inteligencia Infinita no hace negocio por poder. O uno hace las cosas en forma directa o no se comunica.

Usted puede comprar libros de oración y repetirlos hasta el fin de sus días, sin beneficio alguno. Los pensamientos que usted quiere comunicar a la Inteligencia Infinita, deben pasar por una transformación, tal como la que se puede dar sólo a través de su propio subconsciente.

El método mediante el que puede dialogar con la Inteligencia Infinita es muy similar a aquel por el cual la vibración del sonido se comunica a través de la radio. Si usted comprende el principio de funcionamiento de la radio, sabrá, sin dudas, que el sonido no se puede comunicar hasta haber sido transformado en una serie de vibraciones que el oído humano no puede detectar. La emisora de radio capta el sonido de la voz humana y lo modula elevando la vibración millones de veces. Sólo así se puede comunicar la energía del sonido a través del espacio. Una vez efectuada la transformación, la energía (que originariamente se produjo en forma de vibraciones de sonido) se transporta hasta los receptores de radio, los que reconvierten esa energía a su nivel de vibración original, de modo que pueda reconocerse como sonido.

La mente subconsciente es el intermediario que traduce las oraciones de uno en términos que la Inteligencia Infinita pueda reconocer, presenta el mensaje y trae de nuevo la respuesta en forma de un plan, o de una idea, definido para procurar el objeto de la plegaria. Si comprende este principio, sabrá por qué las simples palabras leídas en un libro de oraciones no sirven, y nunca servirán, como canal comunicante entre la mente del hombre y la Inteligencia Infinita.

Antes que su oración llegue a la Inteligencia Infinita (sólo una teoría del autor de esta afirmación), probablemente se transforme de su vibración de pensamiento original en una vibración espiritual. La Fe es la única agencia conocida que le dará a sus pensamientos una naturaleza espiritual. La FE y el MIEDO son malos compañeros. ¡Dónde uno existe el otro no puede existir!

CUALQUIERA PUEDE DESEAR RIQUEZAS, Y LA MAYORÍA DE LA GENTE LAS DESEA, PERO SÓLO UNOS POCOS SABEN QUE LOS ÚNICOS MEDIOS FIABLES DE ACUMULAR RIQUEZA SON UN PLAN DEFINIDO, ADEMÁS DE UN ARDIENTE DESEO DE ALCANZARLO.

13. EL CEREBRO - UNA ESTACIÓN RECEPTORA Y EMISORA PARA EL PENSAMIENTO

EL DUODÉCIMO PASO HACIA LA RIQUEZA

Hace más de veinte años, el autor, que entonces trabajaba con el ya fallecido doctor Alexander Graham Bell y con el doctor Elmer R. Gates, vio que el cerebro humano es tanto una estación receptora como emisora para la vibración del pensamiento.

De un modo similar al empleado por el principio de la radiodifusión, todo cerebro humano es capaz de captar las vibraciones de pensamiento que están siendo emitidas por otros cerebros.

En conexión con la afirmación antedicha, comparemos y consideremos la descripción de la imaginación creativa, tal y como ha sido planteada en el capítulo sobre la imaginación.

La imaginación creativa es el "aparato receptor" del cerebro que recibe los pensamientos emitidos por los cerebros de los demás. Funciona como la agencia de comunicación entre la mente consciente o razonadora de la persona y las cuatro fuentes de las que uno puede recibir estímulos de pensamiento.

Cuando se ve estimulada, o elevada a un grado más alto de vibración, la mente se hace más receptiva al pensamiento que le llega por medio de fuentes exteriores. Este proceso de elevación surge a través de las emociones positivas, o también de las emociones negativas. Las vibraciones del pensamiento se pueden incrementar a través de las emociones.

Las vibraciones de una velocidad extremadamente alta son las únicas recogidas y llevadas, por el éter, de un cerebro al otro. El pensamiento es energía que viaja a una velocidad sumamente alta de vibración. El pensamiento, que ha sido modificado, o "mejorado" por cualquiera de las principales emociones, vibra a una velocidad mucho mayor que el pensamiento común, y es este tipo de pensamiento el que pasa de un cerebro al otro, a través de la maquinaria de transmisión del mismo cerebro humano.

La emoción del sexo encabeza la lista de las emociones humanas, al menos en cuanto a su intensidad y fuerza impulsora se refiere. El cerebro que ha sido estimulado por la emoción del sexo funciona a mucha más velocidad que cuando esa emoción está inactiva o ausente.

El resultado de la canalización del sexo es el aumento del pensamiento hasta un nivel tan alto que la imaginación creativa es muy receptiva a las ideas. Por otro lado, cuando el cerebro trabaja a una velocidad rápida, no sólo atrae pensamientos e ideas emitidas por otros cerebros, sino que proporciona a los propios pensamientos ese mismo sentimiento, que es esencial para que el subconsciente intercepte los pensamientos y actúe sobre ellos.

Así, verá que el principio de la transmisión es el factor a través del cual usted mezcla el sentimiento o emoción con sus pensamientos y los pasa a su subconsciente.

El subconsciente es la "estación emisora" del cerebro a través del cual se emiten vibraciones de pensamiento. La imaginación creativa es el "aparato receptor" por medio del cual se interceptan las energías del pensamiento.

Junto con los factores importantes de la mente subconsciente, y la facultad de la Imaginación Creativa, que constituyen los grupos para enviar y recibir mensajes de su maquinaria de transmisión mental, se considera ahora el principio de autosugestión, que es el medio para poner en funcionamiento su estación de "transmisión".

Las instrucciones descritas en el capítulo sobre la autosugestión le han informado con claridad del método para convertir el deseo en su equivalente monetario.

El manejo de su estación "radiodifusora" mental es un procedimiento relativamente simple. Sólo ha de tener en cuenta tres principios, que debe aplicar cada vez que desee utilizar su estación radiodifusora: el subconsciente, la imaginación creativa y la autosugestión. Ya hemos descrito los estímulos por medio de los cuales se ponen en acción estos tres principios. Y debe recordar que el procedimiento empieza con el deseo.

LAS MAYORES FUERZAS SON INTANGIBLES

La depresión llevó al mundo al borde del límite del entendimiento de las fuerzas que son intangibles y pasan desapercibidas. A lo largo del tiempo transcurrido, el hombre ha dependido en exceso de los sentidos físicos, y ha limitado su conocimiento al de las cosas físicas que podía ver, tocar, pesar y medir.

Estamos entrando ahora en la más maravillosa de todas las épocas, que nos enseñará algo de las fuerzas intangibles del mundo que nos rodea. Probablemente lleguemos a aprender, a medida que transitamos por esta época, que "el otro yo" es mucho más poderoso que el yo físico que vemos reflejado en un espejo.

A veces, las personas hablan con liviandad acerca de lo intangible, de las cosas que no pueden percibir a través de sus cinco sentidos. Cuando los oímos hablar, debemos recordar que todos nosotros nos hallamos controlados por fuerzas que son invisibles e intangibles.

La humanidad en su totalidad carece del poder para enfrentarse con la fuerza intangible existente en las olas del océano, y mucho menos para controlarla. El hombre no posee la capacidad mínima para comprender la fuerza intangible de la gravedad, que mantiene a este pequeño planeta suspendido en el cosmos, e impide que el hombre se caiga de él, y mucho menos comprende el poder que esa fuerza controla. Nos encontramos sometidos por la fuerza invisible de una tormenta, y nos sentimos igual de impotentes ante la presencia de la fuerza intangible de la electricidad. -¡Pero el hombre ni siquiera sabe qué es la electricidad, de dónde proviene o cuál es su propósito!

Pero esto no representa en absoluto el fin de la ignorancia del hombre en relación con las cosas que no se ven y que son intangibles. Tampoco comprende la fuerza intangible (y la inteligencia) existente en el suelo de la tierra, la fuerza que le proporcionan los alimentos que ingiere, la ropa que se pone, el dinero que lleva en los bolsillos.

LA SORPRENDENTE HISTORIA DEL CEREBRO

En último término, aunque no sea lo menos importante, el hombre, a pesar de su cultura y de su educación, comprende muy poco, o nada, acerca de la fuerza intangible del pensamiento (la mayor de todas las intangibles). Sabe muy poco acerca del cerebro físico y su vasta red de intrincada maquinaria a través de la cual se traslada el poder del pensamiento para convertirse en su equivalente material. Sin embargo, entramos en una época que ofrecerá una nueva luz sobre el tema. Los hombres de ciencia han empezado a dedicar su atención al estudio de ese órgano tan maravilloso que es el cerebro, y, aun cuando todavía se encuentran en la fase de jardín de infancia de sus estudios, han descubierto ya conocimientos suficientes como para saber que el panel central del cerebro humano, el número de líneas que las células cerebrales conectan entre sí, es igual a una unidad seguida por quince millones de ceros.

"La cifra es tan enorme" -dijo el doctor C. Judson Herrick, de la Universidad de Chicago-, "que las cifras astronómicas que hablan de cientos de millones de años luz, se convierten, por comparación, en insignificantes... Se ha determinado que en el córtex cerebral hay entre diez mil y catorce mil millones de células nerviosas, y sabemos que están dispuestas según una pauta establecida. Tales disposiciones no son casuales, sino ordenadas. Métodos de electrofisiología desarrollados recientemente han detectado la existencia de corrientes desde células muy precisas; también fibras con micro-electrodos, amplificados con tubos de radio, han registrado diferencias de potencial de una millonésima de voltio".

Es inconcebible que una red de maquinaria tan intrincada exista con el exclusivo propósito de transmitir las funciones físicas correspondientes al crecimiento y mantenimiento del cuerpo. ¿Acaso no parece posible que ese mismo sistema, que da a miles de millones de células cerebrales los medios para comunicarse entre sí, proporcione también los medios de comunicarse con otras fuerzas intangibles?

El New York Times publicó una editorial explicando que una gran universidad y un investigador inteligente en el campo de los fenómenos mentales están llevando a cabo una investigación organizada a través de la cual se ha llegado a conclusiones descritas en este capítulo y en el siguiente. El editorial hace un breve análisis del trabajo llevado a cabo por el doctor Rhine y su equipo de asistentes de la Universidad Duke.

¿QUÉ ES LA "TELEPATÍA"?

Hace un mes, en estas páginas citamos algunos de los notables resultados alcanzados por el profesor Rhine y su equipo, en la Universidad Duke, a partir de más de cien mil pruebas realizadas para determinar la existencia de la "telepatía" y de la "clarividencia". Estos resultados fueron resumidos en los dos primeros artículos publicados en la revista Harper's. En el segundo de ellos, que ha sido publicado ahora, su autor, E. H. Wright, intenta sintetizar lo que se ha aprendido, o qué parece razonable inferir, en relación con la exacta naturaleza de estos modos de percepción "extrasensorial".

Como resultado de los experimentos del profesor Rhine, algunos científicos ahora creen que es muy probable la existencia de la telepatía y de la clarividencia. A varios perceptores se les pidió que citaran tantas cartas de un mazo como pudieran, sin mirarlas y sin tener acceso sensorial alguno a ellas. Se descubrió a un puñado de hombres y mujeres capaces de reconocer con regularidad y corrección tantas cartas que "no había una sola posibilidad entre un millón de millones de que hubiera ocurrido así por casualidad".

Pero ¿Ccómo lo hicieron? Estos poderes, en el supuesto de que sean reales, no parecen ser sensoriales. No se conoce la existencia de ningún órgano que lo justifique. Los experimentos funcionaron bien no sólo en la misma habitación, sino incluso a distancias de varios centenares de kilómetros. En opinión del señor Wright, estos hechos eliminan también el intento de entender la telepatía o la clarividencia con el uso de teorías físicas aplicadas a la radiación. Todas las formas conocidas de energía radiante disminuyen de forma inversamente proporcional al cuadrado de la distancia recorrida. Pero eso no sucede ni con la telepatía ni la clarividencia. No obstante, difieren por causas físicas, del mismo modo que nuestros otros poderes mentales. En contra de una opinión muy difundida, no mejoran cuando el perceptor se halla dormido, o adormecido, sino que, al contrario, aumentan cuanto más despierto y alerta está. Rhine descubrió que un narcótico disminuye el nivel de aciertos de un perceptor, mientras que un estimulante siempre lo aumenta. Al parecer, el perceptor más fiable no puede alcanzar una buena puntuación a menos que intente hacerlo lo mejor que pueda.

Una de las conclusiones a las que Wright llega con cierto margen de confianza es que la telepatía y la clarividencia son un mismo y único don. Es decir, la facultad que permite "ver" un naipe que está boca abajo sobre una mesa parece ser la misma que le permite "leer" el pensamiento que reside en otro cerebro. Hay varios motivos para creer esto. Por el momento, por ejemplo, estos dos dones se han descubierto en toda persona que disfruta de uno de ellos. En todas esas personas, ambos dones han sido de un vigor igual y casi exacto. Las pantallas, las paredes, las distancias no tienen el menor efecto sobre ninguno de ellos. A partir de esta conclusión, Wright se atreve a exponer lo que, en su opinión, no es más que un simple "presentimiento", en el sentido de que también otras experiencias extrasensoriales pueden formar parte de la misma facultad, como los sueños proféticos, las premoniciones de calamidades y otras facultades similares. Al lector no se le pide que acepte ninguna de estas conclusiones, a menos que le parezca necesario hacerlo, pero las pruebas que Rhine ha recopilado siguen siendo impresionantes.

CÓMO REUNIR MENTES PARA UN TRABAJO EN EQUIPO

A la vista del anuncio del doctor Rhine en relación con las condiciones bajo las que la mente responde con respecto a lo que él denomina modos de percepción "extrasensorial", tengo ahora el honor de añadir a su testimonio la afirmación de que yo mismo y mi grupo hemos descubierto lo que creemos son las condiciones ideales bajo las que es factible estimular a la mente para que, de una forma práctica, se pueda hacer funcionar el sexto sentido descrito en el capítulo que sigue.

Las condiciones a las que me refiero consisten en una fuerte alianza de trabajo entre dos miembros de mi equipo y yo. Gracias a la experimentación y la práctica hemos descubierto cómo estimular nuestras mentes (mediante la aplicación del principio utilizado en relación con los "consejeros invisibles" descritos en el capítulo siguiente), de tal modo que, por medio de un procedimiento de fusión de nuestras tres mentes en una sola, podemos encontrar la solución a una gran variedad de problemáticas personales presentados por mis clientes.

El procedimiento es muy simple. Nos sentamos ante una mesa de conferencias, exponemos con claridad la naturaleza del problema que hemos de considerar,y, a continuación, empezamos a hablar de él. Cada uno de nosotros contribuye con aquello que se le ocurre. Lo más extraño de este método de estimulación mental es que sitúa a cada uno de los participantes en comunicación con fuentes de conocimiento desconocidas claramente situadas al margen de nuestra propia experiencia.

Si usted comprende el principio descrito en el capítulo sobre el "equipo de trabajo", reconocerá, sin lugar a dudas, el procedimiento de mesa redonda descrito aquí como una aplicación práctica del "trabajo en equipo".

Este método de estimulación mental, a través de una discusión armoniosa de temas concretos, realizada entre tres personas, ilustra el empleo más sencillo y práctico de lo que es el "trabajo de equipo".

Al adoptar y seguir un plan similar, cualquier estudiante de esta filosofía puede entrar en posesión de la famosa fórmula Carnegie, brevemente descrita en la introducción. Si eso no significó nada para usted en el momento de leerla, marque esta página para continuar luego la lectura, y vuelva a leer la introducción en cuanto haya terminado este capítulo.

La "depresión" fue una bendición camuflada. Redujo al mundo entero a un nuevo punto de partida que le da a cada persona una nueva oportunidad.

LA ESCALERA DEL ÉXITO NUNCA ESTÁ ATOCHADA

EN LO MÁS ALTO

14. EL SEXTO SENTIDO

LA PUERTA DEL TEMPLO DE LA SABIDURÍA

EL DECIMOTERCERO PASO HACIA LA RIQUEZA

El decimotercero principio es conocido como el sexto sentido. A través de él, la Inteligencia Infinita puede comunicarse a voluntad con la persona, sin ningún esfuerzo ni exigencia por parte de éste.

Este principio constituye la cumbre de la filosofía. Sólo puede ser asimilado, comprendido y aplicado una vez que se hayan dominado los otros doce principios.

El sexto sentido es esa porción de la mente subconsciente a la que nos hemos referido denominándola "imaginación creativa". También nos hemos referido a ella como "aparato receptor", a través del cual las ideas, los planes y los pensamientos surgen en la mente. A veces, estos destellos son denominados presentimiento, intuición o inspiración.

El sexto sentido desafía toda descripción. Es imposible describírselo a una persona que no haya dominado los otros principios de esta filosofía, porque esa persona no tiene conocimientos ni experiencia suficientes para que comparar el sexto sentido. La comprensión de lo que el sexto sentido es se logra únicamente por medio de la meditación y del desarrollo mental desde dentro. El sexto sentido es, probablemente, el medio de contacto entre la mente finita y la Inteligencia Infinita y, debido a esto, es una mezcla de lo mental y lo espiritual. Se cree que es el punto en que la mente del hombre entra en contacto con la Mente Universal.

Después de que usted haya dominado los principios descritos en este libro, estará preparado para aceptar como verdad una afirmación que, de otro modo, le resultaría increíble. Nos referimos a que con la ayuda del sexto sentido, usted será advertido de todo peligro inminente con bastante tiempo para evitarlo, y se le notificarán las oportunidades con la suficiente antelación para que las capitalice.

El sexto sentido acude en su ayuda y, si usted sabe desarrollarlo y aprovecharlo, siempre tendrá a su lado un "ángel guardián" que le abrirá la puerta de entrada al templo de la sabiduría, siempre.

De todos modos, si esta es una afirmación verdadera, usted nunca lo sabrá, salvo al seguir las instrucciones descritas en las páginas de este libro o algún método de procedimiento parecido.

MILAGROS DEL SEXTO SENTIDO

El autor no es ni un creyente ni un defensor de los "milagros", debido a que posee una comprensión suficiente de la naturaleza como para saber que ésta nunca se desvía de sus leyes establecidas. Algunas de esas leyes son tan incomprensibles que producen lo que parecen ser "milagros". El sexto sentido es lo más cercano a un milagro que yo haya experimentado nunca y aparece solamente debido a que yo no entiendo el método mediante el cual funciona este principio.

Esto es lo que el autor sabe: que existe un poder, o Primera Causa, o Inteligencia, que impregna cada átomo de la materia, y abarca toda unidad de energía perceptible para el hombre; que esa Inteligencia Infinita convierte la semilla en roble, hace que el agua fluya colina abajo en respuesta a la ley de la gravedad; que el día siga a la noche, y el invierno al verano, cada uno de ellos manteniendo su adecuado lugar y relación con el otro.

A través de los principios de esta filosofía podemos inducir a esa Inteligencia a que nos ayude en la conversión de los deseos en formas concretas o realidades. El autor posee este conocimiento porque ha llevado a cabo experimentos con él, y ha sido experimentado por él mismo.

Paso a paso, a lo largo de los capítulos precedentes, se le ha conducido a usted hasta este último principio. Si ha dominado cada uno de los principios antes descritos, ahora estará preparado para aceptar, sin escepticismo, las grandiosas afirmaciones que aquí se han hecho. Si no ha logrado dominar los otros principios, debe hacerlo antes de poder determinar, definitivamente, si las afirmaciones hechas en este capítulo son hechos o sólo fantasía.

Cuando pasé por el período de "adoración del héroe", me encontré intentando imitar a aquellos a quienes más admiraba. Es más, descubrí que el elemento de la fe con el que me dotaba para imitar a mis ídolos me proporcionaba una gran capacidad para hacerlo con éxito.

DEJE QUE LOS GRANDES HOMBRES LE DEN FORMA A SU VIDA

Nunca me he despojado por completo de este hábito de adorar a los héroes. Mi trayectoria me ha enseñado que lo mejor que se puede hacer para ser en verdad grande es emular a los grandes, en sentimientos y acciones.

Mucho antes de que hubiera escrito una sola línea para ser publicada, o que me hubiera dedicado a pronunciar un discurso en público, adquirí la costumbre de reconfigurar mi propio carácter tratando de imitar a los nueve hombres cuyas vida y obra me parecieron más impresionantes. Esos nueve hombres fueron: Emerson, Paine, Edison, Darwin, Lincoln, Burbank, Napoleón, Ford y Carnegie. Cada noche, y durante un largo período de años, sostenía una conferencia imaginaria con ese grupo al que yo denominaba mis "consejeros invisibles".

El procedimiento que seguía era asi: Por la noche, poco antes de quedarme dormido, cerraba los ojos y, en mi mente, veía a estos hombres, sentados conmigo alrededor de mi mesa de conferencias. Allí no sólo tenía la oportunidad de sentarme entre quienes yo consideraba como los más grandes, sino que, en realidad, dominaba el grupo, y actuaba entre ellos como su presidente.

Yo tenía un propósito concreto al permitir a mi imaginación asistir a esas reuniones nocturnas. Ese propósito consistía en reconstruir mi propio carácter de tal modo que representara un compendio de los caracteres de mis consejeros imaginarios. Al darme cuenta, como me sucedió a edad muy temprana, que debería superar el obstáculo de haber nacido en un medio ambiente de ignorancia y superstición, me asigné la deliberada tarea de renacer voluntariamente a través del método que acabo de describir.

LA CONSTRUCCIÓN DEL CARÁCTER MEDIANTE LA AUTOSUGESTIÓN

Yo sabía, desde luego, que todos los hombres han llegado a ser lo que son gracias a sus pensamientos y a sus deseos dominantes. Sabía que todo deseo profundamente asentado le hace a uno a buscar una expresión exterior a través de la cual ese mismo deseo pueda hacerse realidad. Sabía que la autosugestión es un factor poderoso en la formación de la personalidad y que es, de hecho, el único principio a través del cual se forma el carácter.

Dotado de este conocimiento acerca de los principios que rigen el funcionamiento de la mente, me sentí bastante bien armado con el equipo necesario para reconfigurar mi carácter. En esas reuniones imaginarias, yo convocaba a los miembros de mi gabinete para que me transmitieran el saber que deseaba obtener, dirigiéndome a cada uno de ellos con palabras audibles, del siguiente modo:

"Señor Emerson, deseo adquirir de usted la maravillosa comprensión de la naturaleza que distinguió su vida. Le pido que deje una huella en mi subconsciente acerca de todas aquellas cualidades que usted haya poseído, y que le permitieron comprender las leyes de la naturaleza y adaptarse a ellas. Le pido que me ayude a llegar y utilizar cualquier fuente de conocimiento que esté disponible para este objetivo.

"Señor Burbank, le pido que me comunique el conocimiento que le permitió armonizar las leyes de la naturaleza, y que le hizo arrancarle sus espinas al cactus para transformarlo en alimento comestible. Ofrézcame acceso al saber que le permitió hacer crecer dos hojas de hierba allí donde antes crecía una, y que le ayudo a mezclar los colores de las flores con mayor esplendor y armonía para que usted sólo haya hecho brillar en forma exitosa la azucena.

"Napoleón, deseo adquirir de usted, por emulación, la maravillosa habilidad que poseyó para inspirar a los hombres y para despertar el mayor y más decidido espíritu de acción en ellos. También deseo adquirir el espíritu de una fe duradera, que le permitió convertir la derrota en victoria y superar obstáculos cada vez mayores. ¡Emperador del Destino, Rey de la Oportunidad, Hombre del Destino, Yo te saludo!

"Señor Paine, deseo obtener de usted la libertad de pensamiento y el valor y la claridad con los que expresar las convicciones que tanto le distinguieron.

"Señor Darwin, deseo adquirir de usted la maravillosa paciencia y la habilidad para el estudio de la causa y el efecto, sin desviación ni prejuicio, tan ejemplificadas por usted en el campo de las ciencias naturales.

"Señor Lincoln, deseo introducir en mi propio carácter el agudo sentido de la justicia, el incansable espíritu de la paciencia, el sentido del humor, la comprensión humana y la tolerancia que fueron sus características más distinguidas.

"Señor Carnegie, yo ya me encuentro en deuda con usted por mi elección de forma de vida, que me ha traído gran felicidad y paz mental, deseo adquirir de usted una comprensión completa de los principios del esfuerzo organizado, que utilizó con tanta efectividad en la formación de una gran empresa industrial.

"Señor Ford, usted ha sido el hombre que más me ha ayudado a proporcionar material esencial a mi trabajo, deseo adquirir su espíritu de perseverancia, la determinación, la serenidad y la confianza en sí mismo que le permitieron dominar la pobreza y organizar, unificar y simplificar el esfuerzo humano, para que así yo pueda ayudar a otros a seguir sus pasos.

"Señor Edison, lo he sentado cerca de mi, a mi derecha, debido a la cooperación personal que usted me ha dado, durante mi investigación sobre las causas de éxito y fracaso, deseo adquirir de usted el maravilloso espíritu de fe con el que descubrió tantos secretos de la naturaleza, y el espíritu de herramienta inconmovible con el que, tan a menudo, extrajo la victoria de la derrota".

EL INCREIBLE PODER DE LA IMAGINACIÓN

Mi método de dirigirme a los miembros de mi gabinete imaginario variaban, de acuerdo con los rasgos de carácter que yo estaba más interesado en adquirir en aquellos momentos. Estudié todo lo que se sabía de sus vidas, y lo hice con mucho detalle. Después de algunos meses de haber empleado este procedimiento nocturno, me sentí asombrado al descubrir que estas figuras imaginarias se convertían en aparentemente reales.

Cada uno de estos nueve hombres desarrolló características individuales que me dejaban pasmado. Por ejemplo, Lincoln tenía la costumbre de llegar siempre tarde, para luego entrar de una forma solemne donde era esperado. Siempre llevaba una expresión de seriedad en el rostro. Raras veces le veían sonreír. El cuidado de una nación dividida lo hizo importante.

Eso no era cierto en lo que se refería a los demás. Burbank y Paine se enfrascaban a menudo en conversaciones burlonas que a veces parecían conmocionar a los otros miembros del gabinete. Una noche Paine mencionó que yo preparara un sermón sobre "La Era de la Razón", y lo enviará del púlpito de una iglesia a la que yo asistía anteriormente. Muchas personas en la mesa se rieron mucho con la sugerencia. ¡Pero no, Napoleón! Él agachó su cabeza y gritó tan fuerte que todos se dieron vuelta y lo miraron con asombro. Para él la iglesia era como un instrumento del Estado, no para ser reformado, sino que para ser utilizado, como un conveniente instigador para la actividad de las masas por las personas.

En cierta ocasión, Burbank llegó tarde. Al hacer su entrada, apareció lleno de entusiasmo y explicó que se había retrasado debido a un experimento que estaba realizando, y con el que confiaba poder hacer crecer manzanas de cualquier especie de árbol. Paine se burló de él, recordándole que fue precisamente una manzana la que dio lugar a todos los problemas existentes en el mundo. Darwin intervino cordial, y sugirió a Paine que se dedicara a vigilar a las serpientes pequeñas cuando acudiera al bosque en busca de manzanas, puesto que aquéllas tenían la costumbre de desarrollarse hasta convertirse en serpientes grandes. Emerson observó: "Si no hay serpientes, no hay manzanas", a lo que Napoleón afirmó: "¡Sin manzanas, no hay Estado!".

Lincoln desarrolló el hábito de ser siempre el último en levantarse de la mesa después de cada reunión. En una ocasión, él se apoyó al final de la mesa, sus brazos se doblaron y permaneció en esa posición durante varios minutos. No hice ningún esfuerzo por molestarlo. Finalmente, él levantó su cabeza lentamente, se paró y fue a la puerta, luego se dio vuelta, volvió, y puso su mano en mi hombro para decir: "Mi niño, usted necesitará mucho valor si permanece firme en llevar a cabo su propósito en la vida. Pero recuerde, cuando las dificultades lo sorprendan, las personas comunes y corrientes tienen sentido común. La adversidad lo desarrollará".

Una tarde Edison llego antes que todos los otros. Sse aproximó y se sentó a mi izquierda, donde Emerson acostumbraba sentarse, y dijo, "Usted está destinado a ser testigo del descubrimiento del secreto de la vida. Cuando sea el momento correcto, usted verá que la vida consiste en grandes cantidades de energía o entidades, cada una tan inteligente como se pensaba que eran los seres humanos. Estas unidades de vida se juntan como enjambres de abejas, y permanecen unidas hasta que se desintegran, a través de la falta de armonía.

Estas unidades tienen diferencias de opinión, lo mismo que los seres humanos, y a menudo pelean entre ellos. Estas reuniones que usted está dirigiendo serán muy útiles para usted. Ellas traerán a su rescate algunas de las mismas unidades de vida que sirvieron a los miembros de su Gabinete, durante sus vidas. Estas unidades son eternas. ¡ELLAS NO MUEREN! Sus propios pensamientos y DESEOS sirven como el imán que atrae unidades de vida, del gran océano de vida que está allá afuera. Sólo son atraídas las unidades amigables - las que armonizan con la naturaleza de sus ANHELOS.

Los otros miembros del Gabinete empezaron a entrar a la sala. Edison se levantó y, lentamente se dio una vuelta a su propio asiento. Edison aún vivía cuando esto ocurrió. Me impresionó tanto que lo fui a visitar, y le conté sobre la experiencia. Él sonrió y dijo, "Su sueño fue más una realidad que lo que usted puede imaginar que fue". Él no dio más explicaciones a esta afirmación.

Estas reuniones se hicieron tan reales que incluso llegué a temer sus consecuencias y, durante algunos meses, dejé de convocarlas con tanta frecuencia. Las experiencias eran tan extrañas que temía que, de continuar, pudiera olvidar el hecho de que tales reuniones no eran más que puras experiencias de mi imaginación.

Unos seis meses más tarde después que yo había descontinuado la práctica me desperté una noche, o pensé que lo estaba, cuando vi a Lincoln parado al lado de mi cama. Él dijo, "El mundo pronto necesitará de sus servicios. Está por acontecer un período de caos, que hará que las personas pierdan la fe y entren en pánico. Siga adelante con su trabajo y complete su filosofía. Esa es su misión en la vida. Si usted la rechaza, por la causa que sea, quedará reducido a su estado original, y estará forzado a seguir los ciclos a través de los cuales usted ha pasado durante miles de años.

Era incapaz de decir, la mañana siguiente, si es que lo había soñado, o realmente había estado despierto, y desde entonces nunca supe qué es lo que realmente había sido, pero se que el sueño, si es que lo fue, estaba tan nítido en mi mente al día siguiente que recupere mis reuniones la noche siguiente.

En nuestra reunión, los miembros de mi Gabinete entraron de a uno a la sala, y se mantuvieron en sus lugares acostumbrados en la Mesa del Consejo, mientras Lincoln levantó una copa y dijo, "Caballeros, hagamos un brindis por un amigo que ha vuelto al rebaño".

Después de eso, empecé a agregar más miembros a mi Gabinete, hasta ahora tiene más de cincuenta, entre ellos, Galileo, Copérnico, Aristóteles, Platón, Sócrates, Homero, Voltaire, Bruno, Spinoza, Drummond, Kant, Schopenhauer, Newton, Confucius, Elbert Hubbard, Brann, Ingersol, Wilson, y William James.

Esta es la primera vez que he tenido el valor de mencionar mis reuniones. Desde entonces me he mantenido en silencio con respecto al tema, porque sabía, a partir de mi propia actitud con respecto a estas cuestiones, que sería malinterpretado si describiera mi insólita experiencia. Me he visto obligado ahora a verterla en la página impresa porque me preocupa menos el "qué dirán" de lo que me sucedía en los años que han transcurrido desde entonces. Una de las bendiciones de madurez es que algunas veces trae mayor valentía para ser veraz, sin importar que aquellos que no entienden puedan pensar o decir.

Para no ser mal interpretado, quisiera afirmar aquí, del modo más categórico posible, que sigo considerando las reuniones de mi gabinete como puramente imaginarias; pero que me siento con derecho a sugerir que, aun cuando los miembros de mi gabinete sean ficticios, y esas reuniones existan sólo en mi mente, me han conducido por gloriosos caminos de aventura, y han configurado en mí un aprecio por la verdadera grandeza, han estimulado mi comportamiento creativo y han sido siempre la expresión de un pensamiento honesto.

RECURRA A LA FUENTE DE INSPIRACIÓN

En alguna parte de la estructura celular del cerebro se halla localizado un órgano que recibe las vibraciones del pensamiento habitualmente denominadas "presentimientos". Hasta ahora, la ciencia no ha podido descubrir dónde se encuentra este órgano del sexto sentido, pero eso no es relevante. Sigue existiendo el hecho de que los seres humanos reciben un conocimiento exacto a través de fuentes que son distintas a los sentidos físicos. En general, tal conocimiento se recibe cuando la mente se halla bajo la influencia de un estímulo extraordinario. Cualquier emergencia que despierte las emociones y haga que el corazón empiece a latir con mayor rapidez de lo normal puede poner el sexto sentido en acción, y así sucede por lo general. Cualquiera que haya experimentado una situación muy próxima al accidente mientras conducía, sabe que, en tales ocasiones, el sexto sentido suele acudir al rescate, y ayuda a evitar el accidente por décimas de segundo.

Todos estos hechos se mencionan con anterioridad a una afirmación que haré ahora: durante mis reuniones con mis "consejeros invisibles", siento que mi mente se muestra de lo más receptiva a ideas, pensamientos y conocimientos que me llegan a través del sexto sentido. Puedo realmente decir que le debo a mis "Asesores Invisibles" todo el crédito por sus ideas, hechos o conocimiento que recibí mediante la "inspiración".

Ha habido un gran número de ocasiones en las que me he enfrentado a situaciones de emergencia, algunas tan graves que mi vida llegó a correr verdadero peligro, y en las que me he visto milagrosamente guiado hacia la superación de esos obstáculos, gracias a la influencia de mis "consejeros invisibles".

Mi propósito original al convocar estas reuniones con seres imaginarios fue el de impresionar mi propio subconsciente, a través del principio de la auto-sugestión, con ciertas características que yo deseaba absorver. En años más recientes, mi experimentación ha adquirido una tendencia distinta. Ahora acudo a mis consejeros invisibles para consultarles cada problema difícil con el que me enfrento, ya sea propio o de mis clientes. A menudo, los resultados han sido verdaderamente asombrosos, a pesar de que no dependo por completo de esa forma de consejos.

Usted, por supuesto, ha reconocido que este capítulo cubre un tema con el que la mayoría de las personas no están familiarizadas. El Sexto Sentido es un tema que será de gran interés y beneficio para aquel cuyo objetivo es acumular una gran riqueza, pero necesita reclamar la atención de aquellos cuyos deseos son más modestos.

Indudablemente, Henry Ford, entiende y hace uso práctico de este sexto sentido. Su gran negocio y operaciones financieras hacen necesario para él entender y usar este principio. El último Thomas A. Edison entendió y uso el sexto sentido en conexión con el desarrollo de inventos, especialmente aquellos que incluyen patentes básicas, en relación con los que no tiene experiencia humana ni conocimiento acumulado para guiarse, como fue el caso al trabajar con la máquina parlante y la máquina de películas.

Casi todos los grandes líderes entendieron y probablemente usaron el sexto sentido casi continuamente. La principal parte de su grandeza consistió en su conocimiento de este principio.

UNA FUERZA VIGOROSA DE CRECIMIENTO LENTO

El sexto sentido no es algo que uno pueda quitarse y ponerse a voluntad. La habilidad para usar este gran poder va creciendo de a poco, por medio de la aplicación de los otros principios expuestos en este libro. Rara vez un individuo llega al conocimiento viable del sexto sentido antes de cumplir los cuarenta años de edad. Por lo general el conocimiento no está disponible hasta que uno ha pasado los cincuenta años, y esto, debido a que las fuerzas espirituales, con las que está relacionado el sexto sentido, no maduran y son utilizables salvo a través de los años de meditación, introspección y pensamientos serios.

No importa quién sea usted, ni cuál pueda haber sido su propósito al leer esta obra, lo cierto es que puede aprovecharse de ella sin llegar a comprender el principio descrito en este capítulo. Eso es cierto, sobre todo, en el caso de que su propósito principal sea el de la acumulación de dinero o de otras cosas materiales.

He incluido el capítulo sobre el sexto sentido porque este libro ha sido diseñado con el fin de presentar una filosofía completa por la que las personas puedan dirigirse para alcanzar aquello que quieren de la vida. El punto de partida de todo logro es el deseo. El punto final es esa rama del conocimiento que nos conduce a la comprensión de uno mismo, de los demás y de las leyes de la naturaleza; en definitiva, el reconocimiento y la comprensión de la felicidad.

Esta clase de comprensión sólo se alcanza de forma completa a través de la familiaridad y el uso del sexto sentido, por lo tanto ese principio se deberá incluir como parte de esta filosofía, para beneficio de aquellos que exigen más que dinero.

Tras acabar este capítulo, usted habrá observado que, durante su lectura, se sentía elevado a un nivel más alto de estimulación mental. ¡Espléndido! Vuelva a leerlo dentro de un mes y observe cómo su mente alcanza un nivel de estimulación aún más elevado. Repita esta experiencia de vez en cuando, sin importar lo mucho o lo poco que aprenda en cada ocasión, y terminará por encontrarse en posesión de un poder que le permitirá desembarazarse del desánimo, dominar el temor, superar la dilación y utilizar la imaginación con toda libertad. Entonces percibirá el toque de ese "algo" desconocido que ha sido el espíritu motivador de todo pensador, líder, artista, músico, escritor o estadista realmente grande. Será el momento de convertir sus anhelos en su equivalente físico o financiero, y lo hará con la misma facilidad con la que antes se tumbaba y se abandonaba ante la aparición de la primera señal de oposición.

¡FE VERSUS MIEDO!

Los capítulos anteriores han descrito como desarrollar la FE, a través de la Introspección, Deseo y el Subconsciente. El próximo capítulo presenta instrucciones detalladas sobre el poder del MIEDO.

Aquí encontrará una completa descripción de los seis miedos que son la causa de todo desaliento, timidez, retraso, indiferencia, indecisión y la falta de ambición, confianza en sí mismo, iniciativa, auto-control y entusiasmo.

Busque cuidadosamente, a medida que estudia estos seis enemigos, ya que puede que sólo existan en su mente subconsciente, donde su presencia será difícil de detectar.

Además recuerde cuando usted analice los "Seis Fantasmas del Miedo", que no son más que fantasmas, ya que existen sólo en su imaginación.

Recuerde también que los fantasmas -creaciones de la imaginación no controlada- han causado que la mayoría del daño que las personas se han hecho a sus propias mentes. Por lo tanto, los fantasmas pueden ser tan peligrosos como si estuvieran vivos y caminarán en la tierra en cuerpos físicos.

El Fantasma del Miedo a la Pobreza, que penetró en las mentes de millones de personas en 1929, fue tan real que causo la peor depresión económica que este país haya experimentado. Además, este fantasma aún sigue asustando a algunos hasta perder los estribos.

15. CÓMO ENGAÑAR A LOS SEIS FANTASMAS DEL MIEDO

Cuando haya leído este último capítulo, haga inventario de sí mismo, y descubra cuántos "fantasmas" se interponen en su camino.

Antes de poder utilizar cualquier parte de esta filosofía con éxito, su mente tiene que estar preparada para recibirla. La preparación resulta fácil. Empieza con el estudio, el análisis y la comprensión de los tres enemigos que necesita eliminar de su mente: la indecisión, la duda y el temor.

El sexto sentido nunca funcionará mientras estos tres elementos negativos permanezcan en su mente, ya sea en su conjunto o por separado. Los elementos de este trío infernal se hallan estrechamente relacionados; allí donde haya uno de ellos, puede estar seguro de que los otros dos se encuentran también cerca.

¡La indecisión es la semilla del temor! Recuérdelo a medida que siga con la lectura. La indecisión se cristaliza en la duda, y ambas se mezclan y se convierten en temor. El proceso de "mezcla" suele ser lento. Ésa es una de las causas por las que estos tres enemigos son tan peligrosos. Germinan y se desarrollan sin que su presencia sea detectada.

El resto de este capítulo describe un objetivo que debe alcanzar antes de que pueda poner en práctica esta filosofía en su conjunto. También analiza una condición que ha reducido a gran número de personas a la pobreza, y afirma una verdad que debe ser comprendida por todos quienes acumulan riquezas, se midan éstas en términos de dinero o de un estado mental, mucho más valioso que el dinero, por cierto.

El propósito de este capítulo es enfocar nuestra atención sobre la razón y el remedio de los seis temores básicos. Antes de poder dominar a un enemigo, debemos conocer su nombre, sus hábitos y el lugar de residencia. A medida que lea, analícese a sí mismo y determine cuál de los seis temores básicos está con usted, si es que tiene alguno.

No se deje engañar por los hábitos de esos enemigos sutiles. A veces, permanecen ocultos en el subconsciente; en él son difíciles de localizar y aún más difíciles de eliminar.

LOS SEIS MIEDOS BÁSICOS

Hay seis miedos básicos, de los que todo ser humano sufre en una u otra ocasión, ya sea por cada uno de ellos o en una combinación de los mismos. Cualquier persona sería afortunada si no sufriera de los seis. Citados por el orden en que suelen aparecer, son:

El temor a la pobreza

El temor a la crítica

El temor a la enfermedad

El temor a la pérdida del amor de alguien

El temor a la vejez

El temor a la muerte

Todos los demás temores son de menor importancia; todos ellos pueden ser agrupados bajo estos seis enunciados.

La ocurrencia de estos miedos, como una maldición al mundo, funciona en ciclos. Durante casi seis años, mientras la depresión económica estaba presente, procedimos con dificultad en el ciclo del MIEDO A LA POBREZA. Durante la Guerra Mundial, estuvimos en el ciclo del MIEDO A LA MUERTE. Justo después de la guerra, estuvimos en el ciclo del MIEDO A MALA SALUD, como prueba de la epidemia de enfermedades que se esparció en todo el mundo.

Los temores no son más que estados de la mente. El estado de la mente de cada cual se halla sometido a control y dirección. Los médicos, como todo el mundo sabe, están menos propensos a ser atacados por la enfermedad que las personas comunes y corrientes, debido a que NO LE TEMEN A LAS ENFERMEDADES. Se sabe que los médicos, sin miedo o escrúpulos, son conocidos porque entran en contacto físico con cientos de personas, diariamente, que estaban sufriendo de dichas enfermedades contagiosas como varicela, sin verse infectados. Su inmunidad contra la enfermedad consistió en gran parte, sí no solamente, en su absoluta carencia de MIEDO.

El hombre no puede crear algo que no haya concebido previamente en forma de un impulso de pensamiento. Tras haber hecho esta afirmación, hay que hacer otra de mayor importancia incluso: los impulsos del pensamiento del hombre comienzan a trasladarse de inmediato en su equivalente físico, al margen de que esos pensamientos sean voluntarios o involuntarios. Los impulsos de pensamiento que son captados por simple casualidad (pensamientos emitidos por otras mentes) pueden determinar el destino financiero, empresarial, profesional o social con la misma seguridad que los impulsos de pensamiento que uno mismo crea con intención y diseño.

Estamos estableciendo aquí los fundamentos para la presentación de un hecho de gran importancia para quien no comprende por qué algunas personas parecen tener "suerte", mientras que otras, de igual o mayor habilidad, entrenamiento, experiencia y capacidad cerebral, parecen destinadas a sufrir desventuras. Ese hecho se explica con la afirmación de que todo ser humano tiene la habilidad de controlar su propia mente por completo y, con ese control, es evidente que cada persona puede abrir su mente a los impulsos de pensamiento emitidos por otros cerebros, o cerrarla a cal y canto y admitir únicamente aquellos impulsos de pensamiento de su propia elección.

La naturaleza ha entregado al hombre un control absoluto sobre una sola cosa: el pensamiento. Esto, unido al hecho de que todo lo que el ser humano crea se inicia en la forma de un pensamiento, nos conduce muy cerca del principio mediante el cual podemos llegar a dominar el temor.

Si es verdad que todo pensamiento tiene una tendencia a transformarse en su equivalente físico (y eso es cierto, más allá de todo espacio razonable para la duda), también será cierto que los impulsos de pensamiento de temor y de pobreza no pueden traducirse en términos de valor y ganancia financiera.

Los pueblos de América empezaron a pensar en la pobreza, después de la caída de Wall Street en 1929. Lentamente, pero seguramente, esa masa creyó que estaba cristalizada en su equivalente físico, que era conocido como una "depresión". Esto tuvo que pasar, está de acuerdo con las leyes de la Naturaleza.

EL TEMOR A LA POBREZA

No puede haber compromiso alguno entre la pobreza y la riqueza. Los dos caminos que conducen a ellas van en direcciones opuestas. Si lo que usted desea son riquezas, tiene que negarse a aceptar cualquier circunstancia que conduzca hacia la pobreza. (La palabra "riqueza" se utiliza aquí en su más amplio sentido, refiriéndonos con ella a los planos espiritual, mental y material). El punto de partida del camino que conduce a la riqueza es el deseo. En el primer capítulo, usted recibió instrucciones completas para el uso apropiado del deseo. En este capítulo sobre el temor encontrará completas instrucciones para preparar su mente con el propósito de hacer un uso práctico del deseo.

Así, éste es el lugar en el que se le planteará un desafío mediante el que determinará de modo definitivo cuánta de esta filosofía ha absorbido. Aquí está el punto en el que puede convertirse en profeta y pronosticar, con exactitud, qué le depara el mañana. Si después de haber leído este capítulo usted se encuentra dispuesto a aceptar la pobreza, será mejor que prepare a su mente para recibir pobreza. Se trata de una decisión que no podrá evitar.

Si lo que exige son riquezas, determine en qué forma las recibirá, y cuánto necesitará para sentirse satisfecho. Ya conoce el camino que conduce a la riqueza. Se le ha proporcionado una especie de mapa de carreteras que, de seguirlo, lo mantendrá en la vía adecuada. Si se descuida y no inicia el recorrido del camino, o si se detiene antes de haber llegado, no podrá echarle la culpa a nadie, excepto a usted mismo. Esa responsabilidad es exclusivamente suya. Ninguna justificación le salvará de aceptar la responsabilidad si ahora fracasa o si se niega a exigirle riquezas a la vida, porque la aceptación le exige una sola cosa -la única que usted puede controlar-, un estado de la mente. Un estado mental es algo que uno asume. No se puede comprar, sino que ha de ser creado.

EL TEMOR MÁS DESTRUCTIVO

El temor a la pobreza es un estado mental. Nada más. Pero es suficiente para destruir la posibilidad de lograr lo deseado en cualquier empresa, una verdad que se hizo dolorosamente evidente durante la depresión.

Este temor paraliza la facultad de raciocinio, destruye la facultad de la imaginación, elimina la auto-confianza, merma el entusiasmo, desanima la iniciativa, conduce a la incertidumbre de propósito, estimula la dilación, elimina el entusiasmo y convierte el autocontrol en una imposibilidad. Le arrebata a uno el encanto de la personalidad, destruye la posibilidad de pensar con exactitud, distrae la concentración del esfuerzo, domina la perseverancia, reduce la fuerza de voluntad a la nada, socava la ambición, ensombrece la memoria e invita al fracaso en toda forma concebible. Mata el amor y asesina las emociones más exquisitas del corazón, desanima la amistad e invita al desastre en cien formas diferentes, conduce al insomnio, la miseria y la infelicidad, y todo ello a pesar de la evidente verdad de que vivimos en un mundo de sobreabundancia de todo aquello que podamos desear, sin nada que se interponga entre nosotros y nuestros deseos, excepto la falta de un propósito definido.

El temor a la pobreza es, sin una pizca de duda, el más destructivo de los seis temores básicos. Ha sido situado a la cabecera de la lista porque resulta el más difícil de dominar. El temor a la pobreza surge de la tendencia heredada del hombre a devorar a sus semejantes en el plano económico. Casi todos los animales inferiores se ven motivados por el instinto, pero su capacidad para "pensar" es limitada y, en consecuencia, se devoran físicamente los unos a los otros. El hombre, con su sentido superior de la intuición, y capacidad para pensar y razonar, no se come físicamente a su semejante; obtiene mayor satisfacción cuando lo devora financieramente. El hombre es tan avaro que ha necesitado aprobar toda clase de leyes concebibles para salvaguardarlo de su prójimo.

De todas las eras del mundo de las que sabemos algo, la era en la que vivimos parece ser sobresaliente, debido a la locura por el dinero. Un hombre es considerado menos que el polvo de la tierra, a menos que pueda mostrar que tiene una gran cuenta bancaria; pero si tiene dinero -SIN IMPORTAR COMO LO ADQUIRIÓ- el es un "rey" o un "personaje importante"; está sobre la ley, gobierna en la política, domina en los negocios y todo el mundo que lo rodea hace una reverencia de respeto cuando pasa.

Nada produce tanto sufrimiento y humillación al hombre como la pobreza. Sólo los que la han experimentado comprenden todo el significado de esta afirmación.

No es de extrañar entonces que el hombre tema a la pobreza. A lo largo de una abundante serie de experiencias heredadas, el hombre ha aprendido que no se puede confiar en algunos de su especie cuando se trata de cuestiones relacionadas con el dinero y con las posesiones terrenales. Esto es más bien una acusación incitante, lo peor es que es **VERDAD**.

La mayoría de los matrimonios están motivados por la riqueza poseída por uno, o ambas partes contratantes. Por consiguiente, no es milagro que las cortes de divorcio estén siempre copadas.

El hombre experimenta tal avidez por poseer dinero que está dispuesto a adquirirla de todas las maneras posibles -por medios legales si es posible o por otros si es necesario.

El auto-análisis puede poner al descubierto debilidades que a uno no le gustaría reconocer. Esta forma de examen es esencial para todos aquellos que exigen de la vida algo más que mediocridad y pobreza. Al analizarse a sí mismo punto por punto, recuerde que, en este caso, usted es juez y parte, fiscal y defensor, acusador y acusado; y recuerde también que está afrontando un juicio. Así, enfréntese a los hechos directamente. Hágase preguntas concretas y exíjase respuestas directas. Una vez que haya terminado el examen, sabrá más sobre sí mismo. Si tiene la sensación de no poder ser un juez imparcial en este auto-examen, confíe en alguien que le conozca bien y que pueda actuar como tal, hasta que usted sea capaz de examinarse a sí mismo. Lo que usted anda buscando es la verdad. Consígala, sin importar a qué precio, aun cuando pueda sentirse temporalmente avergonzado por ella.

Cuando se le pregunta a la gente qué es lo que más teme, la mayoría contesta: "No temo a nada". La contestación es inexacta porque pocas personas se dan cuenta de que se encuentran amenazadas, obstaculizadas, fustigadas en lo espiritual y en lo físico por alguna forma de miedo. La emoción del temor se halla tan sutil y profundamente enraizada que uno puede pasar por la vida sobrellevándola sin llegar a reconocer jamás su presencia. Sólo un análisis verdadero pondrá en evidencia la presencia de este enemigo universal. Cuando inicie este análisis, busque a fondo en su personalidad. A continuación le ofrecemos una lista de los síntomas que debería buscar en sí mismo.

SÍNTOMAS DEL TEMOR A LA POBREZA

Indiferencia. Suele mostrarse a través de una falta de ambición; de una tendencia a tolerar la pobreza; de una aceptación, sin protesta, de toda aquella compensación que la vida pueda ofrecer; de una pereza mental y física; de una falta de iniciativa, imaginación, entusiasmo y auto-control.

Indecisión. La costumbre de permitir que los demás piensen por uno. El de mantenerse "al margen".

Duda. Expresada generalmente por medio de justificaciones y excusas diseñadas para encubrirse, rechazar con explicaciones o disculpar los propios errores, lo que a veces se muestra en forma de envidia o crítica hacia aquellos que han alcanzado el éxito.

Preocupación. Suele expresarse por el descubrimiento de faltas en los demás, una tendencia a gastar más que los ingresos propios, un descuido del aspecto personal, la burla y el fruncimiento de cejas; la intemperancia en el uso de las bebidas alcohólicas y, a veces, en el uso de narcóticos; nerviosismo, falta de severidad y de autoconciencia.

Precaución excesiva. La costumbre de mirar el lado negativo de toda circunstancia, de pensar y hablar de posible fracaso, en lugar de concentrarse en los medios para alcanzar el triunfo. Se conocen todos los caminos que conducen al desastre, pero nunca se buscan los planes precisos para evitarlo. Se espera "el momento adecuado" para empezar a poner en acción ideas y planes, hasta que la espera se transforma en un hábito permanente. Se recuerda a aquellos que han fracasado, y se olvida a los que han tenido éxito. Se ve el agujero de la rosquilla, pero no se ve la rosquilla. Es el pesimismo, que conduce a la indigestión, al estreñimiento, a la autointoxicación, a la mala respiración y a una mala disposición.

Dilación. La costumbre de dejar para mañana aquello que se debería haber hecho el año pasado. Pasarse mucho tiempo buscando justificaciones y excusas para no realizar el trabajo. Este síntoma se halla estrechamente ligado con el de la precaución excesiva, la duda y la preocupación. La negativa a aceptar la responsabilidad siempre que ésta se pueda evitar. La voluntad de encontrar un compromiso, en lugar de levantarse y luchar con firmeza. El comprometerse con las dificultades, en lugar de dominarlas y utilizarlas como peldaños para seguir avanzando. El intentar conseguir gangas de la vida, en lugar de exigir prosperidad, opulencia, riquezas, satisfacción y felicidad. Planificar lo que se ha de hacer sólo cuando se ha producido el fracaso, en lugar de quemar todas las naves y hacer que la retirada sea imposible. La debilidad de la confianza en uno mismo y, a menudo, la total ausencia de la misma, así como de la definición de propósito, autocontrol, iniciativa, entusiasmo, ambición, frugalidad y una sana habilidad para el razonamiento. El esperar la pobreza, en lugar de exigir la riqueza. El asociarse con aquellos que aceptan la pobreza, y no buscar la compañía de quienes exigen y reciben la riqueza.

EL DINERO HABLA

Algunos preguntarán: "¿Por qué ha escrito un libro sobre el dinero? ¿Por qué medir las riquezas en dólares?". Algunos pensarán que hay otras formas de riqueza mucho más deseables que el dinero, y estraán en lo cierto. Sí, hay riquezas que no pueden medirse en términos monetarios, pero millones de personas dirán: "Dame todo el dinero que necesito, y yo me encargaré de encontrar aquello que deseo".

La razón principal por la que he escrito este libro es porque millones de hombres y mujeres se encuentran paralizados por el temor a la pobreza. Lo que esa clase de temor es capaz de hacerle a uno fue muy bien descrito por Westbrook Pegler:

El dinero no es más que conchas de almejas, o discos de metal o trozos de papel, y hay tesoros del corazón y del alma que el dinero no puede comprar, pero la mayoría de la gente sin dinero es incapaz de tenerlo en cuenta y sostener su espíritu. Cuando un hombre se encuentra en lo más bajo, está en la calle y es incapaz de conseguir trabajo, a su espíritu le sucede algo que se refleja en la caída de sus hombros, la forma de llevar el sombrero, su modo de caminar y su mirada. No puede escapar a una sensación de inferioridad con respecto a la gente que tiene un empleo seguro, aun cuando sepa que esas personas no son sus iguales en carácter, inteligencia o habilidad.

Por su parte, los demás, incluso sus amigos, experimentan una sensación de superioridad y lo consideran una víctima, quizá de una manera inconsciente. Tal vez ese hombre pida prestado durante un tiempo, pero no el suficiente como para continuar con la vida a la que está acostumbrado, y tampoco podrá continuar pidiendo eternamente. Pero pedir, aun cuando sea para vivir, es una experiencia deprimente y al dinero así obtenido le falta el poder que el dinero ganado con su propio esfuerzo tiene. Evidentemente, nada de esto se aplica a los zánganos y los pordioseros, sino sólo a los hombres con ambiciones normales y que se respetan a sí mismos.

LAS MUJERES ESCONDEN LA DESESPERACIÓN.

Las mujeres que se encuentran en la misma situación son algo diferentes. De algún modo, no las consideramos como personas marginadas. Raras veces viven en la miseria o piden por las calles, y cuando se encuentran entre la gente, no se las reconoce por las mismas señales que identifican a los hombres mendigos. Desde luego, no me refiero a las harapientas de la gran ciudad, que son la parte opuesta de los vagabundos masculinos confirmados. Me refiero a mujeres bastante jóvenes, decentes y con inteligencia. Tiene que haber muchas mujeres así, pero su desesperación no resulta tan evidente. Quizá se suicidan.

Cuando un hombre se encuentra sin dinero y desempleado, dispone de tiempo para lamentarse. Es posible que viaje muchos kilómetros para buscar un trabajo y descubra que el puesto ha sido ocupado ya, o que sólo se trata de uno de esos puestos sin salario fijo, con sólo una comisión sobre las ventas de algún cachivache inútil que nadie compraría, excepto por piedad. El hombre vuelve a encontrarse en la calle, sin un sitio al que ir, excepto a cualquier parte. Así que camina, y camina. Contempla los escaparates de las tiendas, observa lujos que no son para él. Se siente inferior y deja paso a otras personas que se detienen a mirar con un interés activo. Deambula por la estación, y entra en la biblioteca para descansar los pies y calentarse un poco, pero eso no es lo mismo que buscar un trabajo, de modo que no tarda en reanudar la marcha. Es posible que no lo sepa, pero su falta de objetivo le delatará aunque las líneas de su figura no lo hagan. Es posible que vaya bien vestido, con las ropas que le quedaron de cuando tenía un trabajo estable, pero esas ropas no sirven para enmascarar su caída.

EL DINERO HACE LA DIFERENCIA

Ve a miles de otras personas a su alrededor, todas ellas ocupadas con sus trabajos, y las envidia desde lo más profundo de su alma. Todas tienen su independencia, su amor propio y su orgullo, y él no puede convencerse a sí mismo de que también es un buen hombre, por mucho que reflexione y llegue a un veredicto favorable hora tras hora.

Precisamente el dinero es lo que establece esta diferencia en él. Con un poco de dinero, volvería a ser él mismo.

Algunos empleadores toman la más espantosa ventaja de las personas que están arruinadas. Las agencias cuelgan pequeños letreros de colores ofreciendo miserables salarios a hombres en quiebra, de $12 a la semana, $15 a la semana. Un trabajo por $18 a la semana es una ganga, y cualquiera con $25 a la semana para ofrecer no colgaría el trabajo al frente de una agencia por medio de un letrero en colores. Yo tengo un aviso cortado con tijeras de un periódico local pidiendo un empleado de oficina, un buen y limpio escritor para tomar pedidos telefónicos para un local de sandwiches de 11 AM. a 2 PM. por $8 al mes, no $8 a la semana sino que $8 al mes. El aviso también decía, "Religión del estado". ¿Puede usted imaginar el brutal descaro de cualquiera que exija un empleado de oficina bueno y limpio por 11 centavos la hora investigando la religión de la victima? Pero eso es lo que le ofrecen a las personas que están en la ruina.

EL TEMOR A LA CRÍTICA

Nadie puede afirmar con precisión cómo llegó el hombre a experimentar este temor, pero lo cierto es que lo experimenta, y de una forma muy fuerte. Algunos creen que este miedo apareció en el momento en que los políticos se "profesionalizaron". Otros creen que se puede remontar a la época cuando las mujeres por primera vez se empezaron a preocupar de los "estilos" en su vestimenta.

Este autor atribuye el temor básico a la crítica a esa parte de la naturaleza heredada del hombre que lo induce no sólo a arrebatar los bienes y mercancías de sus semejantes, sino también a justificar su actuar mediante la crítica del carácter de los demás. Es un hecho ampliamente conocido que un ladrón critica al hombre al que ha robado, que los políticos que buscan un puesto no despliegan sus propias virtudes y sus calificaciones, sino que intentan desmerecer a sus contrincantes.

El miedo al criticismo toma muchas formas, la mayoría de las cuales son nimias y mundanas. Por ejemplo, los calvos son así por ninguna otra razón que su miedo al criticismo. Las cabezas se ponen calvas debido a las bandas muy ajustadas de los sombreros que cortan la circulación desde las raíces del pelo. Los hombres usan sombreros no porque realmente los necesiten, sino principalmente porque "todos lo están haciendo". El que sigue el ejemplo y del mismo modo, por miedo de que el otro individuo lo CRITIQUE. Las mujeres rara vez son calvas, o incluso tienen poco pelo, porque ellas usan sombreros que les queden sueltos, donde el único propósito de ellos es adornar.

Pero no se debe asumir que las mujeres están libres de su miedo al criticismo. Si alguna mujer reclama diciendo que es superior a un hombre con respecto a este miedo, pídale que vaya por la calle usando un sombrero de los años 1890.

Los astutos fabricantes de ropa no han sido flojos a la hora de capitalizar este temor básico por la crítica, con el que toda la humanidad ha sido maldecida. Cada temporada cambian los estilos de numerosos artículos. ¿Quién establece los estilos? Desde luego no es la persona que compra la ropa, sino el fabricante. ¿Por qué éste cambia los estilos con tanta frecuencia? La respuesta es obvia: para vender más ropa.

Por la misma razón, el fabricante de automóviles cambia todas las temporadas los modelos de sus vehículos. Nadie quiere conducir un automóvil que no sea de los últimos salidos de fábrica.

Hemos descrito la forma en que la gente se comporta bajo la influencia del temor a la crítica, tal y como se aplica a las pequeñas y mezquinas cosas de la vida. Examinemos ahora el comportamiento humano cuando ese temor afecta a las personas en relación con acontecimientos más importantes de las relaciones humanas. Tomemos, por ejemplo, a cualquier persona que haya alcanzado la edad de la madurez mental (de los 35 a los 40 años de edad como promedio). Si pudiéramos leer sus pensamientos, encontraríamos una decidida incredulidad hacia las fábulas enseñadas por la mayoría de los dogmáticos de hace unas pocas décadas.

No obstante, usted no encontrará a menudo una persona que tenga el valor de asegurar abiertamente su creencia sobre este tema. La mayoría de las personas, si son presionadas lo suficiente, dirán una mentira en lugar de admitir que no creen las historias asociadas con esa forma de religión que mantuvieron a las personas en la esclavitud antes de la era del descubrimiento científico y educación.

¿Por qué la persona media, incluso en una época de tantos conocimientos como la actual, no se atreve a negar su creencia en las fábulas? La respuesta es: "por el temor a la crítica". Los hombres han sido criticados por atreverse a expresar su incredulidad acerca de los fantasmas. No resulta nada extraño que hayamos heredado una conciencia que nos hace temer la crítica. No hace mucho tiempo, la crítica comportaba severos castigos, y aún los acarrea en algunos países.

El temor a la crítica priva al hombre de su iniciativa, destruye su poder de imaginación, limita su individualidad, le roba la confianza en sí mismo, y daña de muchas maneras. Los padres, a menudo, hacen un daño irreparable a sus hijos cuando los critican. La madre de uno de mis compañeros de infancia solía castigarlo casi a diario con un palmetazo, completando la acción con la siguiente afirmación: "Terminarás en la cárcel antes de que cumplas los veinte años". A la edad de diecisiete años fue enviado a un reformatorio.

La crítica es la clase de servicio que le sobra a todo el mundo. Todos tenemos una buena reserva de crítica gratuita que entregar, tanto si se nos solicita como si no. A menudo, los parientes cercanos son los que peor ofenden. Debería ser considerado un crimen (en realidad, es un crimen de la peor naturaleza) el que cualquier padre produzca en su hijo complejos de inferioridad por medio de la crítica gratuita. Los empleadores que comprenden la naturaleza humana sacan lo mejor de sus empleados no mediante la crítica, sino por medio de la sugerencia constructiva. Los padres pueden conseguir los mismos resultados con sus hijos. La crítica implanta el temor en el corazón, o el resentimiento, pero no construye ni el amor ni el afecto.

SÍNTOMAS DEL TEMOR A LA CRÍTICA

Este temor es casi tan extendido como el temor a la pobreza; y sus efectos, igual de fatales para el logro personal, sobre todo porque destruye la iniciativa y desanima el uso de la imaginación. Los principales síntomas del temor a la crítica son:

Timidez. Suele ser expresada por medio del nerviosismo, la timidez en la conversación y en el encuentro con personas extrañas, el movimiento extraño de las manos y de los pies, el desplazamiento de la mirada.

Falta de serenidad. Carencia de control en la voz, nerviosismo en presencia de otros, postura deficiente del cuerpo, memoria pobre.

Personalidad. Poca firmeza en las decisiones, falta de encanto personal, y de habilidad para expresar opiniones definidas. Tendencia a soslayar los temas, en lugar de afrontarlos de manera directa. Estar de acuerdo con otros sin haber examinado sus opiniones con cuidado.

Complejo de inferioridad. Costumbre de expresar auto-aprobación por medio de la palabra y las acciones, como un medio de enmascarar una sensación de aapocamiento. Utilizar palabras grandilocuentes para impresionar a los demás (a menudo sin conocer siquiera el significado de lo que se dice). Imitar a otros en la ropa, el discurso y las actitudes. Fanfarronear de logros imaginarios. Esto produce a veces una imagen superficial de sentimiento de superioridad.

Extravagancia. Costumbre de intentar mantenerse a la altura de los demás gastando mucho más de lo que se tiene.

Falta de iniciativa. Fracaso para aprovechar las oportunidades para el progreso propio, temor a expresar opiniones, falta de confianza en las propias ideas, responder de forma evasiva a los superiores, vacilar en la actitud y en el discurso, engañar en las palabras y en los hechos.

Falta de ambición. Pereza mental y física, falta de autoafirmación, lentitud para tomar decisiones, dejarse influir con mucha facilidad. Criticar a los demás a sus espaldas y halagarlos, cuando están delante. Aceptar la derrota sin protesta o abandonar una empresa cuando se encuentra con la oposición de otros; sospechar de otras personas sin causa alguna, falta de tacto en la actitud y el discurso, no estar dispuesto a asumir la responsabilidad de los propios errores.

EL TEMOR A LA ENFERMEDAD

Este temor tiene sus orígenes en la herencia, tanto física como social. Sus orígenes están estrechamente asociados con las causas del temor a la vejez y a la muerte, porque le conduce a uno al borde de "mundos espantosos" de los que el ser humano no sabe nada, pero acerca de los cuales se le han contado historias inquietantes. También existe la opinión generalizada de que ciertas personas poco éticas se han embarcado en el negocio de "vender salud" por el método de hacer temer a la enfermedad.

El temor del hombre a la enfermedad procede de las terribles imágenes que se han implantado en su mente acerca de lo que puede suceder si la muerte le llega. También la teme por la carga económica que puede representar.

Un destacado médico estimó que el 75% de los pacientes sufre de hipocondría. Se ha demostrado, del modo más convincente posible, que el temor a la enfermedad, incluso cuando no exista la menor causa, suele producir los síntomas físicos de la enfermedad temida.

¡La mente humana es muy poderosa! Construye o destruye.

Los fabricantes de medicamentos han hecho enormes fortunas jugando con la debilidad del temor a la enfermedad. Esta forma de imposición sobre una humanidad crédula llegó a ser tan predominante hace una década, que la revista Colliér's emprendió una campaña contra los peores ofensores en el negocio de los medicamentos patentados.

Durante la epidemia de la "influenza" que partió durante la Primera Guerra Mundial, el alcalde de Nueva York tomó medidas drásticas para verificar el daño que las personas se estaban haciendo a sí mismas a través de su miedo inherente a la mala salud. Él llamó para consultar al editor del periódico y les dijo, "Caballeros, siento que es necesario pedirles que no publiquen encabezados intimidadores con respecto a la epidemia de influenza. A menos que cooperen conmigo, nosotros tendremos una situación que no podremos controlar". Los periódicos dejaron de publicar historias sobre la "influenza", y en el plazo de un mes, la epidemia había sido exitosamente radicada.

Por medio de una serie de experimentos realizados hace algunos años, se demostró que la gente puede enfermar por sugestión. Nosotros llevamos a cabo este experimento haciendo que tres conocidos visitaran a las "víctimas", haciéndole a cada una de ellas la siguiente pregunta: "¿Qué te aflige? Pareces terriblemente enfermo". El primero en hacer la pregunta no solía provocar en la víctima más que una mueca de disgusto y un casual: "Oh, nada, estoy muy bien". El segundo solía encontrarse con la siguiente respuesta: "No lo sé con exactitud, pero me encuentro mal". La víctima admitía ante el tercero que se encontraba enferma.

Si lo duda, intente hacer lo mismo con un conocido, pero no lleve el experimento demasiado lejos. Existe cierta secta religiosa cuyos miembros se vengan de sus enemigos mediante el método del "embrujamiento". Dicen que "hechizan" a la víctima.

Hay pruebas de sobra de que la enfermedad suele comenzar en forma de un impulso de pensamiento negativo. Tal impulso puede pasar de una mente a otra, por sugestión, o ser creado por una persona en su propia mente.

Un hombre bendecido con mucha más sabiduría de lo que el siguiente incidente pudiera indicar, dijo en cierta ocasión: "Cuando alguien me pregunta cómo me siento, mi respuesta sería darle un puñetazo".

Los médicos aconsejan un cambio de clima a sus pacientes en beneficio de su salud, cuando lo realmente necesario sería un cambio de "actitud mental".

La semilla del temor a las enfermedades se encuentra en cada mente humana. La preocupación, el temor, el desánimo, la desilusión en el amor y el fracaso en los negocios permiten que esta semilla germine y se desarrolle. La reciente depresión económica mantuvo a los doctores en movimiento, debido a que cualquier forma de pensamiento negativo podía causar enfermedad.

Las desilusiones en los negocios y en el amor se encuentran a la cabeza de la lista de causas de temor a la enfermedad. Un hombre joven sufrió una desilusión amorosa que lo envió al hospital. Estuvo luchando durante meses entre la vida y la muerte. Se llamó a un especialista en psicoterapia. Este ordenó cambiar las enfermeras, dejando al paciente a cargo de una joven encantadora que (con el preacuerdo del médico) empezó a hacer el amor con el joven desde el primer día de su llegada al trabajo. Al cabo de tres semanas, el paciente salió del hospital, todavía sufriendo, pero de una enfermedad por completo diferente. Se había enamorado otra vez. El remedio fue un hechizo, pero el paciente y la enfermera terminaron casándose posteriormente.

SÍNTOMAS DEL TEMOR A LA ENFERMEDAD

Los síntomas de este temor casi universal son:

Autosugestión. La costumbre de usar negativamente la autosugestión que se dedica a buscar y espera encontrar los síntomas de toda clase de enfermedades. "Padecer" enfermedades imaginarias y hablar de ellas como si fueran reales. El hábito de probar todas las "manías" y "modas" recomendadas por otros, considerándolas como algo que tiene valor terapéutico. Hablar a otros de operaciones, accidentes y otras formas de enfermedad. Experimentar con dietas y ejercicios físicos sistemas de reducción de peso sin guía profesional. Probar remedios caseros, medicamentos patentados y pósimas de charlatanes.

Hipocondría. El hábito de hablar de la enfermedad, concentrando la mente en ella y esperando su aparición hasta que se produce un colapso nervioso. Nada que se venda en botellas puede curar esto. Acontece como consecuencia de un pensamiento negativo y la curación se logra sólo mediante un pensamiento positivo. Se dice que la hipocondría (un término médico para referirse a la enfermedad imaginaria) produce tanto daño como la enfermedad que se teme contraer. La mayoría de los casos denominados "nerviosos" no son sino enfermedades imaginarias.

Ejercicio. El temor a la enfermedad interfiere a menudo con un ejercicio físico apropiado, y tiene como resultado el exceso de peso, haciendo que uno evite la vida al aire libre.

Susceptibilidad. El temor a la enfermedad quiebra la resistencia natural del cuerpo y crea en él un estado favorable para cualquier forma de enfermedad con la que uno pueda verse expuesto.

El miedo a la mala salud suele estar relacionado con el miedo a la pobreza especialmente en el caso de los hipocondríacos, que constantemente se preocupan sobre la posibilidad de tener que pagar las cuentas del doctor o del hospital, etc. Este tipo de persona pasa mucho tiempo preparándose para la enfermedad, ahorrando dinero para la tumba y los gastos de entierro, etc.

Autoconsentimiento. Hábito de buscar un poco de simpatía con el señuelo de una enfermedad imaginaria. (La gente recurre a menudo a este truco para evitar acudir al trabajo). Hábito de fingir una enfermedad para justificar lo que no es más que pereza, o de hacerla servir como una justificación de lo que sólo es falta de ambición.

Falta de moderación. Hábito de usar alcohol o narcóticos para eliminar dolores como los de cabeza, las neuralgias, etc., en lugar de buscar y eliminar la causa originaria.

El hábito de interesarse por las enfermedades y de preocuparse por la posibilidad de verse afectado por alguna de ellas, así como el de leer los textos de los anuncios de medicamentos patentados, son aspectos del temor a la enfermedad.

EL TEMOR A LA PÉRDIDA DEL AMOR

La fuente original de este temor inherente surgió, evidentemente, del hábito del hombre polígamo de robarle la compañera a su semejante, o de tomarse libertades con ella cada vez que era posible.

Los celos y otras formas similares de neurosis surgen del temor heredado del hombre a la pérdida del amor de alguien. Este temor es el más doloroso de los seis temores básicos. Tal vez causa más daño al cuerpo y a la mente que cualquiera de los otros temores básicos.

Es posible que el temor a la pérdida del amor se remonte a la Edad de Piedra, cuando los hombres robaban las mujeres por la fuerza. Ahora continúan robándolas, pero su técnica ha variado. En lugar de la fuerza, utilizan la persuasión, la promesa de vestidos bonitos, de coches estupendos y de otros "señuelos" mucho más efectivos que la fuerza bruta. Los hábitos del hombre son los mismos que en los albores de la civilización, pero ahora los expresa de formas muy diferentes.

Un cuidadoso análisis ha demostrado que las mujeres son mucho más susceptibles a ese temor que los hombres. Este hecho se explica con facilidad. La experiencia ha enseñado a las mujeres que los hombres son polígamos por naturaleza, y que no se debe confiar en ellos cuando se encuentran en manos de rivales.

SÍNTOMAS DEL TEMOR A LA PÉRDIDA DEL AMOR

Los síntomas más característicos de este temor son:

Celos. La tendencia a sospechar de los amigos y de las personas queridas sin ninguna evidencia lógica. El hábito de acusar de infidelidad a la pareja sin motivo alguno. La sospecha de todo el mundo en general, sin tener fe en nadie.

Descubrir imperfecciones. El hábito de descubrir imperfecciones en amigos, parientes, socios de negocios y personas amadas, a la menor provocación, o sin causa que lo justifique.

Juego. El hábito de jugar, robar, engañar y aceptar cualquier otra oportunidad de riesgo con el propósito de conseguir dinero para la persona amada, en la creencia de que el amor se puede comprar. El hábito de gastar mucho más de lo que se ingresa, o de incurrir en deudas para proporcionar regalos a la persona amada, con objeto de brindarle una imagen favorable. Insomnio, nerviosismo, mal carácter, falta de perseverancia, falta de voluntad, de autocontrol y de confianza en sí mismo.

TEMOR A LA VEJEZ

En conjunto, este miedo proviene de dos fuentes. En primer lugar, del pensamiento de que la vejez puede traer consigo la pobreza. En segundo término, siendo ésta la fuente más común, a partir de enseñanzas falsas y crueles del pasado que se han mezclado demasiado bien con "fuego y azufre" y otras ideas diseñadas con gran astucia para esclavizar al hombre a través del temor.

En el caso del temor básico a la vejez, el hombre tiene dos razones muy sanas para su aprehensión: una surge de la desconfianza hacia sus semejantes, que pueden arrebatarle todos sus bienes materiales. La otra surge de las terribles imágenes que hay en su mente acerca del "más allá".

La posibilidad de la mala salud, que se incrementa a medida que se envejece, contribuye también a este temor tan común a la vejez. El erotismo también entra a formar parte del temor a la vejez, ya que a ningún hombre le agrada la idea de ver disminuida su atractivo sexual.

La causa más común de temor a la vejez va asociada con la posibilidad de la pobreza. "Asilo" no es una palabra muy agradable. Produce un escalofrío en la mente de toda persona que afronta la eventualidad de tener que pasar los últimos años de su vida en una casa de beneficencia.

Otra causa que contribuye al temor a la vejez es la posibilidad de perder la libertad y la independencia, ya que la vejez puede traer consigo la pérdida de la libertad, tanto física como económica.

SÍNTOMAS DEL TEMOR A LA VEJEZ

Los síntomas más comunes de este temor son: La tendencia a reducir la actividad y a desarrollar un complejo de inferioridad en la edad de la madurez mental, hacia los cuarenta años, con la falsa creencia de que uno se descuida a causa de la edad. (La verdad es que los años más útiles del hombre, tanto mental como físico, son los comprendidos entre los cuarenta y los sesenta). El hábito de hablar de uno mismo como pidiendo perdón por "ser viejo", sólo porque se han alcanzado los cuarenta o cincuenta años, en lugar de darle la vuelta a esa regla y expresar gratitud por haber alcanzado la edad de la sabiduría y la comprensión.

La costumbre de aniquilar la iniciativa, la imaginación y la confianza en sí mismo al creer falsamente que se es demasiado viejo para ejercer esas cualidades. La tendencia de la persona de cuarenta años que se viste con el propósito de intentar aparecer más joven, y que actúa con las formas afectadas de los jóvenes, inspirando con ello el ridículo, tanto en los amigos como en personas extrañas.

EL TEMOR A LA MUERTE

Para algunos, éste es el más cruel de todos los temores básicos. La razón resulta evidente. En la mayoría de los casos, es posible achacar al fanatismo religioso los terribles dolores de miedo asociados con el pensamiento de la muerte. Los llamados "paganos" temen menos a la muerte que los más "civilizados". El hombre se ha planteado durante miles de años las mismas preguntas que todavía no ha podido contestar acerca del "¿de dónde?" y "¿hacia dónde?". ¿De dónde procedo y hacia dónde me dirijo?

Durante los períodos más oscuros del pasado, los más astutos y los más fuertes no fueron precisamente lentos a la hora de ofrecer respuesta a estas preguntas, a cambio de un pago. Sea testigo ahora de la principal fuente de origen del MIEDO A LA MUERTE.

"Acude a mi tienda, abraza mi fe, acepta mis dogmas, y te daré el pasaje que te admitirá en el cielo cuando mueras -grita un líder sectario-. Permanece fuera de mi tienda y puede que el diablo se apodere de ti y te queme por toda la eternidad".

La ETERNIDAD es mucho tiempo. El FUEGO es algo terrible. El pensamiento del castigo eterno destruye el interés por la vida y hace inaccesible la felicidad.

Durante mi investigación, revise un libro titulado "Un Catálogo de los Dioses," en donde se nombraron 30.000 dioses que el hombre ha idolatrado. ¡Piense en esto! Treinta mil de ellos, representados por todo desde cangrejo de río hasta un hombre. Es un poco milagroso que los hombres han sido asustados hasta llegar a la muerte.

Aunque el líder religioso no sea capaz de proporcionar un pase directo al cielo, ni la falta de él permita al desgraciado descender al infierno, la posibilidad de esto último parece tan terrible, que el simple pensamiento se apodera de la imaginación de una forma tan realista que paraliza el razonamiento e instala el temor a la muerte en nuestra mente.

En realidad, NINGÚN HOMBRE SABE, y ningún hombre ha sabido, cómo es el cielo o el infierno, ni tampoco hay hombre que sepa si alguno de esos lugares realmente existe. Esta verdadera falta de conocimiento positivo abre la puerta de la mente humana al embaucador para que ingrese y maneje esa mente con su soporte de juego de manos y diversas marcas de fraude y embustes piadosos.

El temor a la muerte no es actualmente tan común como lo fue en la época en que no existían grandes universidades. Los hombres de ciencia han derramado el foco de la verdad sobre el mundo, y esa verdad está liberando rápidamente a los hombres de este terrible temor a la muerte. Aquellos que estudian en las universidades no se dejan impresionar tan fácilmente por el fuego y el azufre. Con la ayuda de la biología, la astronomía, la geología y otras ciencias afines, se han ido disgregando los miedos que se apoderaron de las mentes de los hombres en otras épocas más oscuras.

Los asilos para locos están llenos de hombres y mujeres que se han llegado a esos estados producto del MIEDO A LA MUERTE.

Este temor es inútil. La muerte vendrá, sin importar qué piense cualquier persona de ella. Acéptela como una necesidad, y saque el pensamiento de su mente. Debe ser una necesidad, o no vendría del todo. Tal vez no sea tan malo como se piensa.

El mundo entero está compuesto sólo de dos cosas: energía y materia. En la física elemental aprendemos que ni una ni la otra (las únicas dos realidades conocidas por el hombre), pueden ser creadas ni destruidas. Tanto la materia como la energía pueden ser transformadas, pero ninguna de ellas eliminada.

Si la vida es alguna cosa, es energía. Si es imposible destruir la energía y la materia, resulta lógico que tampoco se puede destruir la vida. Ésta, como cualquier otra forma de energía, puede pasar por distintos procesos de transición o de cambio, pero nunca se puede destruir. La muerte no es más que una fase.

Si la muerte no es simple cambio, o una transición, en tal caso, nada existe después de ella, excepto un largo y eterno sueño pacífico, y el sueño no es algo a lo que haya que temer. Así pues, usted puede eliminar para siempre el temor a la muerte.

SÍNTOMAS DEL TEMOR A LA MUERTE

Los síntomas generales de este temor son:

La costumbre de pensar en la muerte, antes que en obtener lo máximo de la vida. Ello se debe, en general, a la falta de propósito, o a la falta de una ocupación adecuada. Este temor predomina más entre las personas de edad avanzada; pero, a veces, las personas más jóvenes son las víctimas de lo mismo.

El mayor de todos los remedios contra el temor a la muerte es el ardiente deseo de alcanzar logros, apoyado por la realización de un servicio útil al prójimo. Una persona ocupada, en muy raras ocasiones dispone de tiempo para pensar en la muerte. La vida le parece demasiado excitante como para andar preocupándose por la muerte. A veces, el temor a la muerte se halla estrechamente ligado con el temor a la pobreza, cuando se piensa que la propia muerte puede dejar a los seres queridos en la miseria. En otros casos, el temor a la muerte está causado por la enfermedad y por el consiguiente desmoronamiento de la resistencia física.

Las causas más comunes del temor a la muerte son: enfermedad, pobreza, falta de ocupación apropiada, desilusión amorosa, demencia, fanatismo religioso...

LA PREOCUPACIÓN

La preocupación es un estado mental basado en el temor. Funciona con lentitud, pero es constante, insidiosa y sutil. Paso a paso, "se abre camino" hasta que paraliza la propia facultad de razonamiento, destruye la auto-confianza en sí mismo y la iniciativa. La preocupación es una forma de temor sostenido, causado por la indecisión. Entonces, hablamos de un estado que es posible controlar.

Una mente desequilibrada es impotente. La indecisión hace que la mente sea desequilibrada. A la mayoría de las personas les falta fuerza de voluntad para tomar decisiones con diligencia, y para mantenerlas con determinación una vez las han tomado, incluso durante condiciones de negocios normales. Durante tiempos de desordenes económicos (tales como los que el mundo recientemente ha experimentado), el individuo está incapacitado, no sólo por su inherente naturaleza para ser lento para llegar a tomar decisiones, pero si está influenciado por la indecisión de otros que han creado un estado de "indecisión masiva".

Durante la depresión, toda el ambiene, en todo el mundo, estaba llena de "Miedos y Preocupaciones", los dos gérmenes de enfermedad mental que empezaron a esparcirse después del frenesí de Wall Street en 1929. Sólo existe un remedio conocido para estos gérmenes: es el hábito de DECISIÓN inmediata y firme. Además, es un antídoto que cada individuo debe aplicar.

No nos preocupamos por las condiciones cuando hemos tomado una decisión para seguir una determinada línea de acción. En cierta ocasión entrevisté a un hombre que iba a ser electrocutado dos horas después. El condenado era el más tranquilo de las ocho personas que estaban con él en la celda de la muerte. Su tranquilidad me indujo a preguntarle cómo se sentía al saber que iba a pasar a la eternidad en tan breve espacio de tiempo. Me dirigió una sonrisa de confianza, y contestó: "Me siento muy bien. Sólo tienes que pensar, hermano, que todos mis problemas habrán finalizado dentro de poco. Durante toda mi vida, sólo he tenido problemas. Siempre me ha resultado muy difícil conseguir alimento y ropa. Dentro de poco, ya no necesitaré nada de eso. Me he sentido muy bien desde que supe con seguridad que iba a morir. Entonces, me preparé mentalmente para aceptar mi destino con buen espíritu".

Miestras hablaba, devoraba una cena de unas proporciones suficientes para tres personas, comiendo cada bocado de alimento que se le traía y, al parecer, disfrutándolo tanto como si no le esperara ningún desastre. La decisión daba una resignación a ese hombre ante su destino. La decisión también puede prevenir la aceptación de circunstancias no deseadas.

A través de la indecisión, los seis temores básicos se transforman en un estado de preocupación.

Suprima para siempre el temor a la muerte, tomando la decisión de aceptarla como un acontecimiento inevitable.

Elimine el temor a la pobreza adoptando la decisión de conseguir todas aquellas riquezas que pueda acumular sin preocupación.

Aplaste el cuello del temor a la crítica decidiendo no preocuparse por lo que la gente piense, haga o diga.

Elimine el temor a la vejez tomando la decisión de aceptarla, no como un obstáculo, sino como una gran bendición que lleva consigo la sabiduría, el autocontrol y la comprensión que no se conocen en la juventud.

Libérese del temor a la enfermedad adoptando la decisión de olvidarse de los síntomas. Domine el temor a la pérdida del amor decidiendo salir adelante sin amor, si eso llegara a ser necesario.

Mate la costumbre de la preocupación, en todas sus formas, tomando la decisión general de que no hay nada en esta vida que valga la pena la preocupaicón. Con esta decisión alcanzará serenidad, paz mental y claridad de pensamiento, todo lo cual le llevará a la felicidad.

Un hombre cuya mente está llena de temor no sólo destruye sus propias posibilidades de acción inteligente, sino que transmite estas vibraciones destructivas a las mentes de todos aquellos que entran en contacto con él, y con eso también destruye sus posibilidades.

Incluso un perro o un caballo sabe cuándo le falta valor a su amo. Incluso, un perro o un caballo percibirá las vibraciones de temor que su amo emite, y se comportará conforme a ellas. Mucho más abajo en la línea de inteligencia del reino animal, uno se encuentra con esa misma capacidad para captar las vibraciones del temor. Una abeja melífera siente inmediatamente el miedo en la mente de una persona -por razones desconocidas, una abeja picará a la persona cuya mente está liberando vibraciones de miedo, mucho más fácilmente que molestará a la persona cuya mente no registra temor.

EL DESASTRE DEL PENSAMIENTO NEGATIVO

Las vibraciones del temor se transmiten de una mente a otra con la misma rapidez y seguridad con que el sonido de la voz humana pasa de la emisora de radio al receptor.

La telepatía mental es una realidad. Los pensamientos van de una mente a otra en forma voluntaria, sea que este hecho sea reconocido por la persona que libera estos pensamientos o por las personas que los captan.

La persona que expresa los pensamientos negativos o los destructivos mediante las palabras puede estar casi segura de experimentar las consecuencias de esas mismas palabras en forma de "retrocesos" destructivos. La emisión de impulsos de pensamiento destructivo también produce, por sí sola, sin ayuda de las palabras, un "retroceso" que se pone de manifiesto en muchas formas. En primer lugar, y quizás esto sea lo más importante a recordar, la persona que emite pensamientos de naturaleza destructiva tiene que sufrir un grave daño producto del desmoronamiento de la facultad de la imaginación creativa. En segundo término, la presencia de cualquier emoción destructiva en la mente desarrolla una personalidad negativa que repele a los demás y que, a menudo, los convierte en enemigos. La tercera fuente de daño para la persona que tiene pensamientos negativos o que los emite, radica en el hecho significativo de que esos impulsos de pensamiento no sólo son nocivos para los otros, sino que impregnan el subconsciente de la misma persona que los emite, y terminan por llegar a formar parte de su propia personalidad.

Uno nunca ha terminado con un pensamiento, solamente por el hecho de liberarlo. Cuando un pensamiento es liberado, se difumina en todas las direcciones, a través del medio del éter, pero también se planta permanentemente en la mente subconsciente de la persona que lo libera.

Su empresa en la vida es, presumiblemente, alcanzar el éxito. Para conseguirlo, debe encontrar la paz mental, obtener los materiales necesarios para la vida y, por encima de todo, alcanzar la felicidad. Todas estas evidencias de éxito empiezan en forma de impulsos de pensamiento.

Usted puede controlar su propia mente, dispone usted del poder para alimentarla con aquellos impulsos de pensamiento que prefiera. Con este privilegio también va la responsabilidad de utilizarlos de forma constructiva. Usted es el dueño de su propio destino terrenal, de la misma forma que tiene el poder para controlar sus propios pensamientos. Usted es capaz de influir, dirigir y controlar su propio entorno, haciendo que su vida sea aquello que usted quiere; o bien puede descuidar el ejercicio de ese privilegio, que es exclusivamente suyo, para que su vida se encuentre sometida y, por lo tanto, a merced de las "circunstancias", que le arrojarán de un lado a otro, como si fuera una tabla en el océano.

EL TALLER DEL DIABLO: EL SÉPTIMO DEMONIO BÁSICO

Además de los seis temores básicos, hay otro mal del que la gente suele sufrir. Constituye un terreno abonado en el que las semillas del fracaso crecen en abundancia. Es algo tan sutil que, con frecuencia, ni siquiera se detecta su presencia. Esta aflicción no puede categorizarse como un temor. Es algo que se encuentra enraizado más profundamente y que, a menudo, resulta más funesto que los seis temores básicos. A falta de un nombre mejor, denominemos a este mal susceptibilidad a las influencias negativas.

Los hombres que acumulan grandes riquezas se protegen siempre contra él. Aquel que se ve afectado por la pobreza nunca lo hace. Los que tienen éxito en cualquier actividad han de preparar sus mentes para resistirse a este mal. Si usted está leyendo esta filosofía con el propósito de acumular dinero, debe examinarse a sí mismo con mucho cuidado, para determinar si es susceptible a las influencias negativas. Si descuida este análisis, habrá renunciado a su derecho a alcanzar el objeto de sus sueños.

Haga que su auto-análisis sea investigativo. Después de haber leído las preguntas preparadas para llevarlo a cabo, aténgase a un estricto recuento de sus respuestas. Ponga manos a la obra con toda la atención posible, como si emprendiera la búsqueda de cualquier otro enemigo del que supiera que está esperándole para tenderle una emboscada, y enfréntese a sus propias faltas, tal y como haría con un enemigo más tangible.

Puede protegerse con facilidad contra los salteadores de caminos, ya que la ley ofrece cooperación organizada en su beneficio, pero tenga en consideración que este "séptimo mal básico" es mucho más difícil de dominar, porque suele golpear cuando usted no es consciente de su presencia, tanto si usted duerme como si está en vigilia. Además, su arma es intangible, pues consiste simplemente en un estado mental. Este mal también resulta peligroso debido a que golpea de muchas formas distintas, tantas como experiencias humanas existen. En ocasiones, entra en la mente a través de palabras bienintencionadas pronunciadas por un pariente cercano. Otras veces, le perturba a uno desde dentro, por medio de la propia actitud mental. Siempre es tan mortal como un veneno, aun cuando no mate con la misma rapidez.

CÓMO PROTEGERSE DE LAS INFLUENCIAS NEGATIVAS

Para protegerse contra las influencias negativas, tanto si son de su propia producción como si son fruto de las actividades de ciertas personas negativas que le rodean, debe reconocer que usted tiene un poder de voluntad, y utilizarlo constantemente hasta que logre construir un muro de inmunidad en su propia mente contra esas influencias negativas.

Reconozca el hecho de que usted, al igual que todo ser humano es, por naturaleza, perezoso, indiferente y susceptible a todas las sugerencias que armonicen con sus debilidades.

Reconozca que usted es innatamente susceptible a todos y cada uno de los seis temores básicos, e instituya en su actitud hábitos que le permitan contrarrestar todos esos temores.

Acepte que las influencias negativas actúan a menudo sobre usted a través de su propia mente subconsciente y que, por lo tanto, resultan difíciles de detectar, por lo que debe mantener la mente cerrada contra todas aquellas personas que lo depriman o lo desanimen de alguna forma.

Limpie su armario de fármacos, arroje todos los frascos con pastillas, y deje de ser indulgente con los resfriados, los dolores y las enfermedades imaginarias.

Busque deliberadamente la compañía de personas que influyan para que piense y actúe por sí mismo.

No espere problemas, ya que éstos tienden a no desilusionarle.

Sin duda, la debilidad más común de todos los seres humanos es la costumbre de abrir sus mentes a la influencia negativa de otras personas. Esta debilidad es tanto más dañina en cuanto que la mayoría de la gente no se da cuenta de que han sido maldecidos con ella, y muchos de aquellos que la reconocen, descuidan el mal, o se niegan a corregirlo hasta que se convierte en una parte incontrolable de sus vidas diarias.

Para ayudar a quienes desean verse a sí mismos tal y como son en realidad, se ha preparado la siguiente lista de preguntas. Léalas y exprese sus respuestas en voz alta, de tal modo que pueda oír su propia voz. Eso le facilitará el ser honesto consigo mismo.

CUESTIONARIO DE AUTO-ANALISIS

¿Suele quejarse de "sentirse mal"? En tal caso, ¿cuál es la causa?

¿Encuentra defectos en las otras personas a la menor provocación?

¿Comete frecuentemente errores en su trabajo? De ser así, ¿por qué?

¿Se muestra sarcástico y ofensivo en su conversación?

¿Evita deliberadamente la asociación con cualquier persona? Si lo hace, ¿cuál es la causa?

¿Sufre con frecuencia de indigestión? En tal caso, ¿cuál es la causa?

¿Le parece que su vida es inútil y que no tiene esperanza de futuro?

¿Le gusta el trabajo que hace? Si no es así, ¿por qué?

¿Suele compadecerse de sí mismo? En tal caso, ¿por qué?

¿Envidia a aquellos que sobresalen por encima de usted?

¿A qué dedica la mayor parte de su tiempo, a pensar en el éxito, o a pensar en el fracaso?

A medida que los años transcurren, ¿aumenta la confianza en sí mismo o la pierde?

¿Aprende algo valioso de los errores que comete? ¿Permite que algún pariente o conocido le preocupe? En tal caso, ¿por qué?

¿Se encuentra en ocasiones "en las nubes", y en otras ocasiones en las profundidades del abatimiento? ¿Quién tiene la influencia más inspiradora sobre usted? ¿Cuál es la causa?

¿Tolera las influencias negativas o descorazonadoras que podría evitar?

¿Es descuidado con su aspecto personal? En tal caso, ¿cuándo y por qué?

¿Ha aprendido a "ahogar sus problemas" estando demasiado ocupado como para que éstos le perturben?

¿Se consideraría a sí mismo un "débil, falto de voluntad" si permitiera que los demás pensasen por usted?

¿Descuida la limpieza interna de sí mismo, hasta que la auto-intoxicación le convierte en una persona de mal carácter o irritable?

¿Cuántas perturbaciones previsibles le molestan, y por qué las tolera?

¿Recurre al alcohol, a los fármacos o a los cigarrillos para "tranquilizar sus nervios"? En tal caso, ¿por qué no intenta utilizar la fuerza de voluntad en su lugar?

¿Hay alguien que le "fastidie"? En tal caso, ¿por qué razón?

¿Tiene un gran propósito definido? ¿Cuál es y qué planes tiene para alcanzarlo?

¿Sufre usted alguno de los seis temores básicos? En tal caso, ¿cuál o cuáles?

¿Cuenta con un método para blindarse contra la influencia negativa de los demás?

¿Hace uso deliberado de la auto-sugestión para conseguir que su mente esté positiva?

¿Qué es lo que valora más, sus posesiones materiales, o el privilegio de controlar sus propios pensamientos?

¿Se ve influido con facilidad por los demás, aun en contra de su propio juicio?

¿Ha añadido el día de hoy algo de valor a su reserva de conocimientos o a su estado mental?

¿Afronta directamente las circunstancias que le hacen desgraciado, o evita la responsabilidad?

¿Analiza todos los errores y los fracasos y trata de aprovecharlos, o quizás adopta la actitud del que piensa que eso no es responsabilidad propia?

¿Puede citar tres de sus debilidades más nocivas? ¿Qué hace para corregirlas?

¿Anima a otras personas a que le expongan sus preocupaciones por simpatía?

Durante sus experiencias diarias, ¿elige lecciones o influencias capaces de ayudarle en su progreso personal?

Por regla general, ¿tiene su presencia una influencia negativa sobre los demás?

¿Qué hábitos de las demás personas son los que más le molestan?

¿Se forma sus propias opiniones o se deja influir por los demás?

¿Ha aprendido a crear un estado mental con el que blindarse contra todas las influencias descorazonadoras?

La ocupación a la que se dedica, ¿le inspira fe y esperanza?

¿Es consciente de tener fuerzas espirituales de un poder suficiente como para permitirle mantener la mente libre de toda forma de miedo?

¿Le ayuda su religión a mantener una mentalidad positiva?

¿Cree que es su misión compartir las preocupaciones de los demás? En tal caso, ¿por qué?

Si usted cree que "los pájaros de un mismo género vuelan juntos", ¿qué ha aprendido de sí mismo mediante el estudios de aquellos amigos a los que atrae?

¿Qué conexión, si hay alguna, ve usted entre la gente con la que se asocia más estrechamente y cualquier infelicidad que pueda experimentar?

¿Es posible que alguna persona a la que considera su mejor amigo sea, en verdad, su peor enemigo, debido a la influencia negativa que ejerce sobre la mente de usted?

¿Según qué reglas juzga quién es valioso para usted y quién es dañino?

Sus socios íntimos, ¿son mentalmente superiores a usted o inferiores?

¿Cuánto tiempo de cada 24 horas dedica usted a:

a) su ocupación

b) dormir

c) jugar y relajarse

d) adquirir conocimientos útiles

e) desaprovechar el tiempo

Entre sus conocidos, ¿quién de ellos

a) le estimula más?

b) le advierte más?

c) le desanima más?

d) lo ayuda a usted en muchas otras formas?

¿Cuál es su mayor preocupación y por qué la tolera?

Cuando otros le ofrecen un consejo no solicitado, ¿lo acepta sin cuestionarlo, o analiza sus motivaciones?

¿Qué es lo que más desea, por encima de todo lo demás? ¿Tiene intención de conseguirlo? ¿Está dispuesto a subordinar el resto de sus deseos a ése? ¿Cuánto tiempo dedica al día a conseguirlo?

¿Cambia de opinión con frecuencia? En tal caso, ¿por qué?

¿Suele terminar todo lo que empieza?

¿Se siente fácilmente impresionado por los negocios o por los títulos personales, grados académicos o riqueza de otros?

¿Se siente influido fácilmente por lo que otras personas piensan o dicen de usted?

¿Valora a las personas por su estatus social o financiero?

¿Quién cree que es la persona más grande que vive en la actualidad? ¿En qué aspecto considera que esa persona es superior a usted?

¿Cuánto tiempo ha dedicado a estudiar y contestar a todas estas preguntas? (Al menos se necesita un día para llevar a cabo el análisis y dar contestación a todas las preguntas de la lista).

Si ha contestado a todas estas preguntas con sinceridad, sabe más acerca de sí mismo que la mayoría de las personas. Estudie las preguntas con sumo cuidado, vuelva a revisarlas una vez a la semana durante varios meses, y asómbrese ante la cantidad de conocimiento adicional de gran valor que habrá adquirido sobre sí mismo por el simple método de contestar con honradez a estas cuestiones. Si no se siente seguro en lo que se refiere a las respuestas a algunas preguntas, busque el consejo de quienes le conozcan bien, en especial de aquellos que no tienen motivo alguno para halagarlo, y véase a sí mismo a través de sus ojos. La experiencia le resultará enriquecedora.

LA ÚNICA COSA SOBRE LA QUE USTED TIENE CONTROL ABSOLUTO

Usted dispone de un control total sobre una única cosa: sus pensamientos. Se trata del hecho más significativo e inspirador de todos los conocidos por el hombre. ¡Refleja la naturaleza divina del ser humano! Esta prerrogativa divina es el único medio de que dispone para controlar su destino. Si no logra controlar su mente, puede estar seguro de que no logrará controlar nada. Si tiene que ser descuidado en lo que se refiere a sus posesiones, deje que sea en relación con las cosas materiales. ¡Su mente es su posesión espiritual! Protéjala y úsela con todo el cuidado al que tendría derecho la realeza divina. Para ese propósito se le dio la voluntad.

Lamentablemente, no existe protección legal contra aquellos que, ya sea a propósito o por ignorancia, envenenan las mentes de los demás mediante la sugestión negativa. Esta forma de destrucción debería ser punible, y con duros castigos legales, porque puede destruir, como sucede constantemente, las oportunidades de la persona para adquirir cosas materiales que están protegidas por ley.

Hombres con mentes negativas trataron de convencer a Thomas A. Edison de que no podría construir una máquina que registrara y reprodujera la voz humana, "porque -dijeron- nunca antes nadie ha producido una máquina igual". Edison no les creyó. Sabía que la mente era capaz de producir cualquier cosa que la propia mente pudiera concebir y creer, y ese saber fue lo que elevó al gran Edison por encima del rebaño común.

Hombres con mentes negativas le dijeron a F. W. Woo1worth que se arruinaría si intentaba dirigir una tienda sobre la base de ventas de artículos a cinco y diez centavos. Woo1worth se negó a creerles. Sabía que podía hacer cualquier cosa, dentro de lo razonable, si apoyaba sus planes con la fe. Ejerció su derecho a descartar de su mente las sugerencias negativas de los demás, y acumuló una fortuna de más de cien millones de dólares.

Los hombres con mentes negativas le dijeron a George Washington que él no podía tener la esperanza de ganar contra las fuerzas ampliamente superiores de los Británicos, pero él ejerció el derecho divino de CREER, por lo tanto este libro fue publicado bajo la protección de las Estrellas y Rayas.

Personas de mentalidad dubitativa se burlaron cuando Henry Ford probó su primer automóvil, toscamente manufacturado, en las calles de Detroit. Algunos aseguraron que aquel artefacto jamás sería práctico. Otros dijeron que nadie pagaría un céntimo por aquel cacharro. Ford replicó: "Llenaré la tierra con vehículos que dependerán del motor". ¡Y lo hizo! En beneficio de aquellos que buscan grandes riquezas, recordemos que, prácticamente, la única diferencia existente entre Henry Ford y una gran mayoría de trabajadores es la siguiente: Ford tenía una mente y la controlaba. Los demás tienen mentes que ni siquiera intentan controlar.

Henry Ford ha sido reiteradamente mencionado, debido a que es un asombroso ejemplo de lo que un hombre con la mente como la suya, y una voluntad para controlarla, puede lograr. Su récord acaba con la base que desde ese tiempo era una coartada trillada, "Yo nunca tuve la oportunidad". Ford nunca tuvo tampoco la oportunidad, pero él CREÓ SU OPORTUNIDAD Y LA RESPALDO CON PERSEVERANCIA HASTA QUE LO HIZO RICO.

El control mental es el resultado de la autodisciplina y el hábito. O usted controla su mente, o ésta le controla a usted. No hay conseciones ni términos medios. El método más práctico de todos para controlar la propia mente es el hábito de mantenerla ocupada con un propósito claro, apoyado por un plan concreto. Estudie todo aquello que se sepa sobre cualquier hombre que haya alcanzado un éxito notable, y observará que ese hombre tiene control sobre su propia mente, que ejercita ese control y que lo dirige hacia la obtención de objetivos definidos. Sin la existencia de ese control, el éxito no es posible.

CINCUENTA Y CINCO EXCUSAS FAMOSAS DEL VIEJO SI

Las personas que no alcanzan el éxito tienen un rasgo característico común. Conocen todas las razones que explican el fracaso, y disponen de lo que creen que son toda clase de justificaciones para explicar su propia falta de logros.

Algunas de esas justificaciones son inteligentes, y unas pocas de ellas se hallan incluso confirmadas por los hechos. Pero no se pueden utilizar excusas para no tener dinero. El mundo que nos rodea sólo quiere saber una cosa: ¿ha alcanzado usted el éxito?

Un analista del carácter compiló una lista de las excusas que suelen utilizarse con mayor frecuencia. A medida que lea la lista, examínese a sí mismo con detenimiento, y vea cuántas de estas excusas ha hecho suyas, si es que hay alguna. Recuerde también que la filosofía presentada en este libro hace que cada una de estas excusas haya quedado obsoleta.

SI no tuviera una esposa y una familia...

SI tuviera suficiente "tezón"...

SI tuviera dinero...

SI tuviera una buena educación...

SI pudiera encontrar un trabajo...

SI gozara de buena salud...

SI dispusiera de tiempo...

SI los tiempos fueran mejores...

SI otras personas me entendieran...

SI las condiciones que me rodean fueran diferentes...

SI pudiera volver a vivir mi vida...

SI no tuviera miedo de lo que "ellos" dicen...

SI me hubieran ofrecido una oportunidad...

SI ahora tuviera una oportunidad...

SI otras personas no lo hubieran conseguido por mí...

SI no ocurriera nada que me detuviera...

SI fuera más joven...

SI pudiera hacer lo que me antojara...

SI hubiera nacido millonario...

SI pudiera conocer a la "gente adecuada"...

SI tuviera el talento que algunas personas tienen...

SI me atreviera a imponerme...

SI sólo hubiera aprovechado las oportunidades del pasado...

SI la gente no me pusiera nervioso...

SI no tuviera que mantener mi hogar y cuidar de los hijos...

SI pudiera ahorrar algún dinero...

SI el jefe me apreciara...

SI contara con alguien que me auxiliara...

SI mi familia me comprendiera...

SI viviera en una gran ciudad...

SI sólo pudiera empezar...

SI fuera libre...

SI tuviera la personalidad de algunas personas…

SI no fuera tan obeso…

SI mi talento fuera conocido…

SI pudiera "abrirme paso"…

SI pudiera librarme de deudas…

SI no hubiera fracasado…

SI supiera cómo…

SI nadie se me opusiera…

SI no tuviera tantas preocupaciones…

SI pudiera casarme con la persona adecuada…

SI la gente no fuera tan insensible…

SI mi familia no fuera tan extraña…

SI estuviera seguro de mí mismo…

SI la suerte no estuviera en mi contra…

SI hubiera nacido bajo otro signo…

SI no fuera cierto que "lo que tiene que ser, será"…

SI no tuviera que trabajar tanto…

SI no hubiera perdido mi dinero…

SI viviera en un barrio diferente…

SI no tuviera un "pasado"…

SI tuviera una empresa propia…

SI los demás me escucharan…

SI..., y éste es el mayor de todos ellos, si yo tuviera el valor de verme tal y como soy en realidad, descubriría qué es lo que pasa conmigo, y lo corregiría. Entonces tendría la oportunidad de aprovechar mis propios errores y aprender algo de la experiencia de los demás, pues sé que me ocurre algo que no está del todo bien porque estaría donde debería estar si me hubiese pasado más tiempo analizando mis debilidades, y menos buscando excusas para justificarlas.

Encontrar excusas con las que explicar el fracaso es un pasatiempo nacional. El hábito es tan viejo como el ser humano, ¡y fatal para el éxito! ¿Por qué la gente se aferra a sus pobres excusas? La respuesta es evidente. Defienden sus excusas porque ellos mismos las crean. Toda excusa es hija de la imaginación. Y está en la naturaleza del ser humano defender lo que es producto del propio cerebro.

Encontrar excusas es una costumbre profundamente arraigada. Los hábitos son difíciles de romper, sobre todo cuando ofrecen una justificación para algo que hemos hecho. Platón pensaba en esta verdad cuando afirmó: "La primera y mejor victoria es conquistar el Yo. Ser conquistado por el Yo es, de todas las cosas, la más vergonzosa y vil".

Otro filósofo pensaba en lo mismo cuando dijo: "Me llevé una gran sorpresa al descubrir que la mayor parte de la fealdad que veía en los demás no era más que un reflejo de mi propia naturaleza".

Elbert Hubbard dijo: "Siempre ha sido un misterio para mí saber por qué la gente se pasa tanto tiempo engañándose a sí misma, creando excusas para justificar sus debilidades. Si ese tiempo se utilizara de una manera distinta, bastaría para curar la debilidad, y entonces no necesitaríamos de ninguna excusa".

Antes de terminar, quisiera recordarle que "la vida es un tablero de ajedrez y el contrincante es el tiempo. Si vacila antes de mover, o descuida hacer el movimiento con prontitud, el tiempo le vencerá. Se juega contra un oponente que no tolera la indecisión".

Es posible que hasta ahora usted haya tenido una excusa lógica para no verse obligado a exigirle a la vida aquello que usted mismo le ha pedido, pero esa excusa ha quedado nula, porque ahora está en posesión de la llave maestra que abre la puerta de las cuantiosas arcas de la vida.

La llave maestra es intangible, pero muy poderosa. Da el privilegio de crear, en la propia mente, un ardiente deseo de alcanzar una forma definida de riqueza. No hay ningún castigo por usarla, pero se ha de pagar un precio por no hacerlo. Ese precio es el fracaso. Si se la utiliza, en cambio, le espera una recompensa de proporciones enormes. Se trata de la satisfacción que nos produce conquistar el yo y obligar a la vida a entregarnos aquello que se le pide.

La recompensa es digna de su esfuerzo. ¿Está dispuesto a empezar y convencerse?

"Si todos estamos relacionados -dijo el inmortal Emerson-, debemos conocernos".

Para terminar, permítaseme decir: "Si todos estamos relacionados, nos hemos conocido a través de estas páginas".

FIN

El Hombre Más Rico de Babilonia

Los secretos del éxito de los antiguos

Cómo alcanzar el éxito y solucionar sus problemas financieros

George S. Clason

© Copyright 2007 – BN Publishing.

info@bnpublishing.com

Titulo Original: Gold Ahead

Traducción: Michelle Reich

Todos los derechos reservados. Ninguna parte de esta publicación puede ser reproducida.

www.bnpublishing.com

ÍNDICE

1. El hombre que anhelaba oro...6
2. El hombre más rico de Babilonia...13
3. Los siete medios de llenar una bolsa vacía............................25
4. La fortuna..44
5. Las cinco leyes del oro...58
6. El prestamista de oro de Babilonia...70
7. Las murallas de Babilonia..83
8. El tratante de camellos de Babilonia......................................87
9. Las tablillas de barro de Babilonia..98
10. Un resumen histórico de Babilonia.....................................109

1   EL HOMBRE QUE ANHELABA ORO

Bansir, el fabricante de carros de la ciudad de Babilonia, se sentía muy abatido. Sentado en el cerco que rodeaba su propiedad, contemplaba tristemente su modesta casa y su taller, en el que había un carro sin terminar.

Su mujer solía llegar hasta la puerta, lanzar una mirada furtiva en su dirección, recordándole que ya casi no les quedaba alimento y que debería estar acabando el carro. Es decir, clavando, tallando, puliendo y pintando, extendiendo el cuero sobre las ruedas; preparándolo de esta manera para ser entregado y que fuera pagado por el rico cliente.

No obstante, su porte corpulento permanecía quieto, apoyado en la pared. Su mente lenta daba vueltas a un tema al que no hallaba solución alguna. El cálido sol tropical, tan típico del valle del Éufrates, caía sobre él sin piedad. Gotas de sudor perlaban su frente y se deslizaban hasta su pecho velludo.

Su casa estaba dominada, en la parte trasera, por los muros que rodeaban las terrazas del palacio real. Muy cerca de ahí, la torre pintada del Templo de Bel se esgrimía contra el azul del cielo. A la sombra de esa majestuosidad se dibujaba su modesta vivienda, y varias otras también, mucho menos limpias y cuidadas que la suya.

Así era Babilonia: una mezcla de suntuosidad y austeridad, de cegadora riqueza y de terrible pobreza sin orden alguno adentro de las murallas de la ciudad.

Si se hubiera molestado en darse la vuelta, Bansir habría visto cómo los bulliciosos carros de los ricos empujaban y hacían tambalearse tanto a los comerciantes que acarreaban sandalias como a los mendigos descalzos. Incluso los ricos estaban obligados a meter los pies en los desagües para dar la pasada a las largas filas de esclavos y de portadores de agua «a servicio del rey». Cada esclavo llevaba una pesada piel de cabra llena de agua que vertía en los jardines colgantes.

Bansir estaba demasiado absorto en su propio problema para oír o prestar atención al trajinar confuso de la rica ciudad. Fue el sonido familiar de una lira lo que le despertó de su ensoñación. Se dio vuelta y vio el rostro expresivo y sonriente de su mejor amigo, Kobi, el músico.

-Que Dios te bendiga con gran generosidad, mi buen amigo -dijo Kobi a modo de saludo-. Pero me parece que son tan generosos que ya no tienes necesidad alguna de trabajar. Me alegro de que tengas esa suerte. Es más, me agradaría compartirla contigo. Te ruego que me hagas el favor de sacar dos shékeles de tu bolsa, que debe estar bien llena, puesto que no estás trabajando en tu taller, y me los prestes hasta después del festín de los nobles de esta noche. No los perderás, te serán devueltos.

-Si tuviera dos shékeles -respondió tristemente Bansir-, no podría prestárselos a nadie, ni a ti, mi mejor amigo, porque serían toda mi fortuna. Nadie presta toda su riqueza ni a su mejor amigo.

-¿Qué? -exclamó Kobi sorprendido- ¿No tienes ni un shekel en tu bolsa y sigues sentado en el muro como una estatua? ¿Por qué no terminas ese carro? ¿Cómo sacias tu hambre? No te reconozco, amigo mío. ¿Dónde está tu energía desbordante? ¿Te aflige algo? ¿Te provocó Dios algún problema?

-Debe de ser un suplicio que me ha mandado Dios -comentó Bansir-. Comenzó con un sueño, un sueño sin sentido, en el que yo creía que era una persona afortunada. De mi cintura colgaba una bolsa llena de pesadas monedas. Tenía shékeles que tiraba indiscriminadamente a los mendigos, monedas de oro con las que compraba útiles para mi mujer y todo lo que deseaba para mí; incluso tenía monedas de oro que me permitían mirar confiadamente el futuro y gastar a destajo. Me invadía un maravilloso sentimiento de plenitud. Si me hubieras visto no habrías conocido en mí al esforzado trabajador, ni en mi esposa a la mujer arrugada, habrías encontrado en su lugar una mujer con el rostro pletórico de felicidad que sonreía como al comienzo de nuestro matrimonio.

-Un lindo sueño, en efecto -comentó Kobi-, pero ¿por qué sentimientos tan placenteros te habían de convertir en una estatua plantada sobre el muro?

-¿Por qué? Porque en el momento que me he despertado y recordado hasta qué punto mi bolsa se encontraba vacía, me ha entrado un sentimiento de rebeldía.
-Hablemos de ello. Como dicen los marinos, los dos remamos en la misma barca. De jóvenes fuimos a visitar a los sacerdotes para aprender de su sabiduría. Cuando nos hicimos hombres, compartimos placeres idénticos. En la edad adulta, siempre hemos sido buenos amigos. Estábamos satisfechos de nuestro destino. Éramos felices de trabajar largas horas y de gastar libremente nuestro salario. Ganamos mucho dinero durante los años pasados, pero los goces de la riqueza sólo los hemos podido experimentar en sueños. ¿Somos acaso estúpidos borregos? Vivimos en la ciudad más pudiente del mundo. Los viajeros dicen que ninguna otra ciudad se le acerca. Ante nosotros se extiende esta riqueza, pero no poseemos nada de ella. Luego de haber pasado la mitad de tu vida trabajando arduamente, tú, mi mejor amigo, tienes la bolsa vacía y me preguntas: «¿Me puedes dejar una suma tan insignificante como dos shékeles hasta después del festín de los nobles de esta noche?» ¿Y qué es lo que yo te respondo? ¿Digo que aquí tienes mi bolsa, y que comparto contigo su contenido? No, reconozco que mi bolsa está tan vacía como la tuya. ¿Qué es lo que no funciona? ¿Por qué no logramos conseguir más plata y más oro, más de lo necesario para poder comer y vestirse?

"Veamos a nuestros hijos. ¿No están siguiendo el mismo camino de sus padres? ¿También ellos con sus familias, y sus hijos con las suyas, tendrán que vivir entre los acaparadores de oro y se tendrán que conformar con beber la consabida leche de cabra y alimentarse de caldo claro?

-Durante todos los años que hemos sido amigos, nunca habías hablado como hoy, -replicó Kobi, intrigado.

-Durante todos estos años, jamás había pensado así. Desde el alba hasta que me hacía parar la oscuridad me he esforzado haciendo los más hermosos carros que pueda fabricar una persona, sin casi atreverme apenas a esperar que un Dios reconociera mis buenas obras y me darían una gran prosperidad, lo que nunca han hecho. Al fin me doy cuenta de que nunca lo harán. Por eso estoy triste. Quiero ser rico. Deseo tierras y ganado, lucir bellas ropas y llenar mi bolsa de dinero. Estoy dispuesto a trabajar para ello con todas mis fuerzas, con toda la habilidad de mis manos, con toda la destreza de mi mente, pero deseo que mis esfuerzos sean recompensados. ¿Qué nos pasa? Te lo vuelvo a preguntar, ¿Por qué no tenemos una parte justa de todas las cosas buenas, tan abundantes, que pueden conseguir los que poseen el oro?

-¡Ay, si conociera la respuesta! -respondió Kobi-. Yo no estoy más satisfecho que tú. Todo el dinero que gano con mi lira se consume rápidamente. Muchas veces he de planificar y calcular para que mi familia no pase hambre. Yo también tengo en mi fuero interno el anhelo de poseer una lira suficientemente grande para hacer resonar la grandiosa música que me viene a la cabeza. Con un instrumento así podría producir una música tan suave que ni el mismo rey habría oído nunca algo similar.

-Deberías tener una lira así. Nadie en la ciudad de Babilonia podría hacerla sonar mejor que tú, hacerla cantar tan melodiosamente que, no sólo el rey, sino el mismo Dios quedaría perplejo. Pero, ¿cómo podrías conseguirla si tú y yo somos tan pobres como los esclavos del rey? ¡Escucha la campana! ¡Ya vienen! -señaló una larga columna de hombres semidesnudos, los portadores de agua que venían del río, sudando y sufriendo por una angosta calle. Caminaban en filas de a cinco, encorvados bajo la pesada piel de cabra llena de agua.

-El hombre que los guía es hermoso -Kobi indicó a la persona que tocaba la campana y andaba al frente de todos,- sin carga-. En su país es fácil encontrar a hombres hermosos.

-Hay varios rostros bellos en la fila -dijo Bansir-, tanto como los nuestros. Hombres altos y rubios del norte, hombres negros y risueños del sur y pequeños y morenos de los países vecinos. Todos caminan juntos del río a los jardines y de los jardines al río, cada día de cada año. No pueden esperar felicidad alguna. Duermen sobre lechos de paja y comen gachas. ¡Me dan lástima esos pobres animales, Kobi!

-A mí también. Pero me recuerdan que nosotros no estamos mucho mejor que ellos, aunque nos llamemos libres.

-Es cierto, Kobi, pero no me gusta pensar en eso. No queremos continuar viviendo como esclavos año tras año. Trabajar, trabajar, trabajar...¡Y no llegar a algo!

-¿No deberíamos tratar de investigar cómo los otros consiguieron su oro y hacer como ellos? preguntó Kobi.

-Tal vez haya un secreto que podamos aprender simplemente si encontramos a quienes lo conocen, -respondió Bansir, reflexivo.

-Hoy mismo -añadió Kobi- me he cruzado con nuestro viejo amigo Arkad, que se paseaba en su carro dorado. Te diré que ni me ha mirado; una cosa que algunos de los de su clase creen tener derecho a hacer. En lugar de eso ha hecho una señal con la mano para que los espectadores pudieran verle saludar y conceder el favor de una sonrisa amable a Kobi el músico.

-Sí, se dice que es el hombre más rico de toda Babilonia -dijo Bansir.

-Tan rico, dicen, que el rey recurre a su oro para asuntos del tesoro -contestó Kobi.

-Tan rico -comentó Bansir- que si me lo topara de noche estaría tentado de vaciarle la bolsa.

-¡Eso es absurdo! -replicó Kobi-. La fortuna de un hombre no está en la bolsa que lleva consigo. Una bolsa llena se vacía con rapidez si no hay una fuente de oro para alimentarla. Arkad tiene unos ingresos que mantienen su bolsa completa, gaste como gaste sus recursos.

—¡Los ingresos, eso es lo importante! -dijo Bansir-. Deseo una renta que continúe alimentando mi bolsa, tanto si me quedo sentado en el muro de mi casa como si viajo a lejanos países. Arkad debe de saber cómo un hombre puede asegurarse una renta. ¿Crees que será capaz de explicárselo a alguien con una mente tan torpe cómo la mía?

—Creo que enseñó su saber a su hijo Nomasir -respondió Kobi-. Este fue a Nínive y, según dicen en la hostería, se convirtió, sin la ayuda de su padre, en uno de los hombres más ricos de la ciudad.

—Kobi, lo que acabas de mencionar ha generado en mí una luminosa idea -un nuevo brillo apareció en los ojos de Bansir-. Nada cuesta pedir un sabio consejo a un buen amigo, y Arkad siempre ha sido un amigo. No importa que nuestras bolsas estén tan vacías como el nido de halcón del año anterior. No nos abatamos por eso. No nos inquietemos por no poseer oro en medio de la abundancia. Queremos ser ricos. ¡Ven! Vayamos a ver a Arkad y preguntémosle cómo podríamos obtener ganancias por nuestros propios medios.

—Hablas poseído por una verdadera inspiración, Bansir. Traes a mi mente una nueva visión de las cosas. Me haces tomar conciencia de la razón por la que nunca hemos tenido nuestra parte de riqueza. Nunca la hemos buscado activamente. Tú has trabajado con paciencia para construir los carros más sólidos de Babilonia. Has puesto en ello todos tus esfuerzos y lo has conseguido. Yo me he esforzado en convertirme en un hábil músico, y lo he logrado.

—En lo que nos hemos propuesto triunfar, hemos triunfado. Dios estaba contento de dejarnos continuar así. Por fin, ahora divisamos una luz tan brillante como el amanecer. Nos ordena que aprendamos más para hacernos más prósperos. Encontraremos, con un nuevo entendimiento, maneras honorables de cumplir nuestras metas.

—Vayamos hoy a ver a Arkad, decidió Bansir-. Pidamos a

los amigos de nuestra infancia que tampoco han triunfado que se unan a nosotros y que compartan con nosotros esa sabiduría.

-Eres en verdad un amigo considerado, Bansir. Por eso tienes tantas amistades. Haremos como dices. Vayamos hoy a buscarlos y llevémoslos con nosotros.

2   EL HOMBRE MÁS RICO DE BABILONIA

En la antigua Babilonia vivía un hombre muy rico que se llamaba Arkad. Su enorme fortuna lo hacía admirado en todo el mundo. También era conocido por su prodigalidad. Daba generosamente a los pobres. Era fabuloso con su familia. Gastaba mucho en sí mismo. Pero su riqueza se acrecentaba cada año más de lo que podía gastar.

Un día, unos amigos de la infancia lo fueron a ver y le dijeron:

-Tú, Arkad, eres más afortunado que nosotros. Te has vuelto el hombre más rico de Babilonia mientras que nosotros todavía luchamos por sobrevivir. Tú puedes vestir las más lindas ropas y regalarte con los más raros manjares, mientras nosotros nos hemos de conformar con arropar a nuestras familias de manera apenas decente y alimentarlas tan bien como podemos.

-Sin embargo, en una época fuimos iguales. Estudiamos con el mismo maestro. Jugamos a los mismos juegos. No nos superabas en los juegos ni en los estudios. Y durante esos años no fuiste mejor ciudadano que nosotros.

-Y por lo que podemos percibir, no has trabajado más duro ni más arduamente que nosotros. ¿Por qué entonces te elige a ti la suerte caprichosa para que goces de todas las cosas buenas de la vida y a nosotros, que tenemos los mismos méritos, nos ignora?

-Si no habéis conseguido con qué vivir de manera sencilla desde los años de nuestra juventud -los reprendió Arkad-, es que habéis olvidado aprender las normas que permiten acceder a la riqueza, o también puede ser que no las hayáis observado.

"La Fortuna Caprichosa" es una diosa malvada que no favorece siempre a las mismas personas. Por el contrario, lleva a la ruina a casi todos los hombres sobre los que ha hecho llover oro sin que hicieran algún esfuerzo. Hace actuar de manera desordenada a los derrochadores irreflexivos que gastan todo lo que obtienen, dejándoles tan sólo apetitos y deseos tan enormes que no puedan satisfacerlos. En cambio, otros a los que favorece se vuelven avaros y atesoran sus bienes por miedo a gastar los que tienen, porque saben que no son capaces de reponerlos. Además, siempre temen ser asaltados por los ladrones y se condenan a vivir una vida vacía, solos y miserables. Probablemente existen otros que pueden usar el oro que han ganado sin esfuerzo, hacerlo rendir y continuar siendo hombres felices y ciudadanos satisfechos. Sin embargo, son poco numerosos. Sólo los conozco de oídas. Pensad en los hombres que repentinamente han heredado fortunas y decidme si esto que os digo no es cierto.

Sus amigos pensaron que estas palabras eran verídicas, pues sabían de hombres que habían heredado fortunas. Le pidieron que les explicara cómo se había convertido en un hombre tan rico.

-En mi juventud -continuó-, miré a mi alrededor y vi todas las buenas cosas que me podían dar felicidad y satisfacción, y me di cuenta de que la riqueza aumentaba el poder de esos bienes.

-La riqueza es un poder, la riqueza hace posible muchas cosas.

-Permite amueblar una casa con los más bellos muebles.

-Permite navegar por mares lejanos.

-Permite degustar finos manjares de lejanos países.

-Permite comprar los adornos del orfebre y del joyero.

-Permite, incluso, construir grandiosos templos para Dios.

-Permite todas esas cosas y aún muchas otras que procuran placer a los sentidos y satisfacción al alma.

-Cuando comprendí todo eso, me prometí que yo tendría mi parte de las cosas buenas de la vida. Que no sería uno de esos que se mantienen al margen, mirando con envidia cómo los otros gozan de su fortuna. No me conformaría con ropas menos caras que sólo serían respetables. No me contentaría con la vida de un pobre hombre. Al contrario, estaría invitado al banquete de las buenas cosas.

-Siendo, como ya sabéis, el hijo de un humilde comerciante, y miembro de una familia numerosa, no tenía ninguna esperanza de heredar, y no estaba especialmente dotado de fuerza o de sabiduría, como habéis dicho con tanta franqueza; así que decidí que si quería tener lo que quería necesitaría dedicar tiempo y estudio.

-En cuanto al tiempo, todas las personas lo tienen en abundancia. Vosotros habéis dejado pasar el tiempo necesario para enriquecerse. Y sin embargo admitís que no tenéis otros bienes que mostrar que vuestras buenas familias, de las que tenéis motivo de estar orgullosos.

-En lo referente al estudio, ¿No nos enseñó nuestro sabio profesor que posee dos niveles? Las cosas que ya hemos aprendido y que ya sabemos; y la formación que nos muestra cómo descubrir las que no sabemos.

Así decidí buscar qué había que hacer para acumular fortunas, y cuando lo encontré, me creí en la obligación de hacerlo y de hacerlo bien. Pues, ¿Acaso no es sabio el querer aprovechar la vida mientras nos ilumina el sol, ya que la desgracia pronto se abatirá sobre nosotros en el momento que partamos hacia la negrura del mundo de los espíritus?

Encontré un puesto de escriba en la sala de archivos, en la que, durante largas horas, todos los días trabajaba sobre las tablillas de barro, semana tras semana, mes tras mes. Sin embargo, nada me quedaba de lo que ganaba. La comida, el vestido, lo que correspondía a Dios y otras cosas de las que ya no me acuerdo, absorbían todos mis beneficios. Pero aún estaba decidido.

Y un día Algamish, el prestamista, vino a la casa del señor

de la ciudad y encargó una copia de la novena ley. Me dijo: "La tengo que tener en mi poder dentro de dos días; si el asunto está hecho a tiempo te daré dos monedas de cobre"

Así que trabajé duro, pero la ley era larga y cuando Algamish volvió, no había terminado el trabajo. Estaba enojado. Si hubiera sido su esclavo me habría pegado. Pero como sabía que mi amo no lo habría permitido, no tuve miedo y le pregunté: "Algamish, sois un hombre rico. Decidme cómo puedo hacerme rico y trabajaré toda la noche escribiendo en las tablillas para que cuando el sol se levante la ley esté ya grabada."

Él me sonrió y respondió: "eres un joven astuto, pero acepto el trato".

Pasé toda la noche escribiendo, incluso cuando me dolía la espalda y el mal olor de la lámpara me daba dolor de cabeza, hasta que casi ya no podía ni ver. Pero cuando él regresó al amanecer, las tablillas estaban terminadas.

Ahora –dije- cumple tu promesa.

-Tú has hecho tu parte del trato, hijo mío -me dijo él bondadosamente- y yo estoy dispuesto a cumplir la mía. Te diré lo que deseas saber porque me vuelvo viejo y a las lenguas viejas les gusta hablar; y cuando un joven se dirige a un viejo para recibir un consejo, bebe de la fuente de la sabiduría que da la experiencia. Demasiadas veces los jóvenes creen que los viejos sólo conocen la sabiduría de los tiempos pasados y de esa manera no sacan provecho de ella. Pero recuerda esto: el sol que brilla ahora es el mismo que brillaba cuando nació tu padre y el mismo que brillará cuando fallezca el último de tus nietos.

-Las ideas de los jóvenes son luces resplandecientes que brillan como meteoros que iluminan el cielo; pero la sabiduría del anciano es como las estrellas filas que lucen siempre iguales, de manera que los marinos puedan confiar en ellas.

-Retén bien estas palabras si quieres captar la verdad de

lo que te voy a decir y no pensar que has trabajado en vano durante toda la noche.

Entonces, bajo las pobladas cejas, sus ojos me miraron fijamente y dijo en voz baja pero firme: "*Encontré el camino de la riqueza cuando decidí que una parte de todo lo que ganaba me tenía que pertenecer. Lo mismo será verdad para ti.*"

Después continuó mirándome y su mirada me atravesó; no añadió nada más.

-¿Eso es todo?-, pregunté.

-¡Fue suficiente para transformar en prestamista de oro a un pastor!, respondió.

-Pero puedo conservar todo lo que gano, ¿no?- dije.

-En absoluto –respondió- ¿No pagas al zapatero? ¿No pagas al sastre? ¿No pagas por la comida? ¿Puedes vivir en Babilonia sin gastar? ¿Qué te queda de todo lo que obtuviste durante el año pasado? ¡Idiota! Pagas a todo el mundo menos a ti. Lelo, trabajas para los otros. Lo mismo daría que fueras un esclavo y trabajaras para tu dueño, que te daría lo que necesitas para comer y vestir.

-Si guardaras la décima parte de lo que ganas en un año, ¿cuánto tendrías en diez años?

Mis conocimientos de cálculo me permitieron responder: "tanto como gano en un año".

El replicó: "lo que dices es una verdad a medias. Cada moneda de oro que ahorras es una esclavo que trabaja para ti. Cada una de las pequeñas monedas que te proporcionará ésta, engendrará otras que también trabajarán para ti. ¡Si te quieres hacer rico, tus ahorros te deben rendir y estos rendimientos rendirte a su vez! Todo esto te ayudará a alcanzar la abundancia que tanto ansías.

-Crees que te pago mal por la larga noche de trabajo –

continuó-, pero en verdad te pago mil veces; sólo hace falta que captes la verdad de lo que te he presentado.

-Una parte de lo que tú ganas es tuyo y lo puedes conservar. No debe ser menos de una décima parte, sea cual sea la cantidad que tú ganes. Puede ser mucho más cuando te lo puedas permitir. Primero págate a ti. No compres al zapatero o al sastre más de lo que puedas pagar con lo que te quede, de manera que tengas lo necesario para la alimentación, la caridad y la devoción a Dios.

-La riqueza, como el árbol, nace de una semilla. La primera moneda que ahorres será la semilla que hará germinar el árbol de tu riqueza. Cuanto antes siembres, antes crecerá el árbol. Cuanto más fielmente riegues y abones tu árbol, antes te refrescarás, satisfecho, bajo su sombra.

Habiendo dicho esto, cogió sus tablillas y se fue.

Reflexioné mucho en lo que me había dicho y me pareció razonable. Así que decidí que lo intentaría. Cada vez que me pagaban, tomaba una moneda de cobre de cada diez y la guardaba. Y por raro que parezca, no me faltaba más dinero que antes. Tras habituarme, casi ni me daba cuenta, pero a menudo estaba tentado de gastar mi tesoro, que empezaba a aumentar, para comprar algunas de las buenas cosas que mostraban los mercaderes, cosas traídas por los camellos y los barcos del país de lo fenicios. Pero me retenía prudentemente.

Doce meses después de la visita de Algamish, este volvió y me dijo: "Hijo mío, ¿te has pagado con la décima parte de lo que has ganado este año?"

Yo respondí orgulloso: "Sí, maestro".

-Bien -respondió contento- ¿qué has hecho con ella?

-Se la he dado a Azmur, el fabricante de ladrillos. Me ha dicho que viajaría por mares lejanos y que compraría joyas raras a los fenicios en Tiro, para luego venderlas aquí a elevados precios, y que compartiríamos las ganancias.

-Se aprende a golpes –gruñó- ¿Cómo has podido confiar en un fabricante de ladrillos sobre una cuestión de joyas? ¿Irías a ver al panadero por un asunto de las estrellas? Seguro que no, si pensaras un poco irías a ver a un astrónomo. Has perdido tus ahorros, mi joven amigo; has cortado tu árbol de la riqueza de raíz. Pero planta otro. Y la próxima vez, si quieres un consejo sobre joyas, ve a ver a un joyero. Si quieres saber la verdad sobre los corderos, ve a ver al pastor. Los consejos son una cosa que se da gratuitamente, pero toma tan sólo los buenos. Quien pide consejo sobre sus ahorros a alguien que no es entendido en la materia habrá de pagar con sus economías el precio de la falsedad de los consejos.

Tras decir esto, partió. Y pasó como predijo, pues los fenicios resultaron ser unos canallas, y habían vendido a Azmur trozos de vidrio sin valor que parecían piedras preciosas. No obstante, como me había indicado Algamish, volví a ahorrar una moneda de cobre de cada diez que ganaba. Ya me había acostumbrado y no me era difícil.

Doce meses más tarde, Algamish volvió a la sala de los escribas y se dirigió a mí. «¿Qué progresos has realizado desde la última vez que te vi?»

-Me he pagado regularmente –repliqué- y he confiado mis ahorros a Ager, el fabricante de escudos, para que compre bronce, y cada cuatro meses me paga los intereses.

-Muy bien. ¿Y qué haces con esos intereses?"

-Me doy un gran festín con miel, buen vino y pastel de especias. También me he comprado una túnica escarlata. Y algún día me compraré un asno joven para poderme pasear.

Al oír eso, Algamish rió: "Te comes los beneficios de tus ahorros. Así, ¿cómo quieres que trabajen para ti? ¿Cómo pueden producir a su vez más beneficios que trabajen para ti? Procúrate primero un ejército de esclavos de oro, y después podrás gozar de los banquetes sin preocupación."

Tras esto, no lo volví a ver en dos años. Cuando regresó, su rostro estaba cubierto de arrugas y tenía los ojos hundidos, ya que se estaba poniendo viejo. Me dijo: "Arkad, ¿ya eres rico, tal como soñabas?"

Y yo respondí: "No, todavía no poseo todo lo que deseo, sólo una parte, pero obtengo beneficios que se van multiplicando."

-¿Y todavía pides consejo a los fabricantes de ladrillos?

-Respecto a la manera de fabricar ladrillos, dan buenos consejos- repliqué.

-Arkad- continuó- has aprendido bien la lección. Primero aprendiste a vivir con menos de lo que ganabas, después, supiste pedir consejo a hombres que fueran competentes gracias a la experiencia adquirida y que quisieran compartirla, y finalmente has aprendido a hacer que tu dinero trabaje para ti. Has aprendido por ti mismo la manera de conseguir dinero, de conservarlo y de hacer uso de él, de modo que eres competente y estás preparado para asumir un puesto de responsabilidad. Yo me hago viejo, mis hijos sólo piensan en gastar y nunca en ganar. Mis negocios son muy grandes y tengo miedo de no poderme encargar de ellos. Si quieres ir a Nipur a encargarte de mis tierras allí, te haré mi socio y repartiremos los beneficios.

Así que fui a Nipur y me encargué de los negocios importantes; y como estaba lleno de ambición y había aprendido las tres reglas de gestión de la riqueza, pude aumentar grandemente el valor de su patrimonio, de manera que cuando el espíritu de Algamish se fue al mundo de las tinieblas, tuve derecho a una parte de sus propiedades, como él había convenido conforme a la ley.

Así habló Arkad, y cuando hubo acabado de contar su historia, uno de los amigos habló.

-Tuviste una gran suerte de que Algamish te hiciera su heredero- dijo.

-Solamente tuve la gran suerte de querer prosperar antes de encontrarlo. ¿Acaso no probé durante cuatro años mi determinación al reservar una décima parte de lo que ganaba? ¿Dirías que tiene suerte el pescador que pasa largos años estudiando el comportamiento de los peces y consigue atraparlos gracias a un cambio del viento, tirando sus redes en el momento justo? La oportunidad es una diosa arrogante que no malgasta el tiempo con los que no están preparados.

-Hiciste prueba de mucha voluntad cuando continuaste después de haber perdido los ahorros de tu primer año. ¡Fuiste extraordinario! -exclamó otro.

-¡Voluntad! -replicó Arkad-. ¡Qué absurdo! ¿Creéis que la voluntad da al hombre la fuerza para levantar un fardo que no puede transportar un camello o que no puede tirar un buey? La voluntad no es más que la determinación inflexible de llevar a cabo lo se ha impuesto.

Cuando yo asumo un trabajo, por pequeño que sea, lo acabo. De otro modo, ¿cómo podría confiar en mí mismo para realizar trabajos importantes? Si me propongo que durante cien días, cada vez que pase por el puente que lleva a la ciudad cogeré una piedra y la tiraré al río, lo haré. Si el séptimo día pasó sin acordarme, no me digo que pasaré el día siguiente, tiraré dos piedras, y será igual. En vez de eso daré la vuelta y tiraré la piedra al río. El vigésimo día no me diré que todo esto es inútil ni me preguntaré de qué sirve tirar piedras al río cada día, «podrías tirar un puñado de piedras y habrías acabado todo». No, no diré eso ni lo haré, cuando me impongo un trabajo lo hago, de manera que procuro no comenzar labores difíciles o imposibles porque me gusta tener tiempo ocioso.

Entonces, otro de los amigos elevó la voz.

-Si lo que dices es cierto -dijo-, y si, como has expuesto, es razonable, entonces todos los hombre podrían hacerlo, y si todos lo hicieran, no habría suficiente riqueza para todo el mundo.

-La riqueza aumenta cada vez que los hombres gastan sus energías -respondió Arkad-. Si un hombre rico se construye un nuevo palacio, ¿se pierde el oro con el que paga? No, el fabricante de ladrillos tiene una parte, el trabajador otra, el artista la suya. Y todos los que trabajan, en la edificación del palacio reciben una parte. Y cuando el palacio está terminado, ¿acaso no tiene el valor de lo que ha costado? ¿Y el terreno sobre el que está construido no adquiere por este hecho más valor? La riqueza crece mágicamente. Ningún hombre puede predecir su límite. ¿Acaso no han levantado los fenicios grandes ciudades en áridas costas gracias a las riquezas traídas por sus barcos mercantes?

-¿Qué nos aconsejas para que nosotros también nos hagamos ricos?- preguntó uno de los amigos -Los años han ido pasando, ya no somos jóvenes y no tenemos dinero ahorrado.

-Os recomiendo que pongáis en práctica los sabios principios de Algamish; y decíos: una parte de todo lo que gano me revierte y la he de conservar. Decidlo cuando os levantéis, al mediodía, por la tarde, cada hora de cada día. Repetidlo hasta que estas palabras resalten como letras de fuego en el cielo. Impregnaos de este concepto. Llenaos de este pensamiento. Tomad la porción que os parezca prudente de lo que ganáis, que no sea menos de la décima parte, y conservadla. Organizad vuestros gastos en concordancia. Pero lo primero es guardar esa parte. Pronto conoceréis la agradable sensación de poseer un tesoro que sólo os pertenece a vosotros, que a medida que aumenta, os estimula. Un nuevo placer de vivir os entusiasmará. Si hacéis mayores esfuerzos, obtendréis más. Si vuestros beneficios crecen, aunque el porcentaje sea el mismo, vuestras ganancias serán mayores, ¿no?. Cuando lleguéis a este punto, aprended a hacer trabajar vuestro oro para vosotros, hacedlo vuestro esclavo. Haced que sus hijos y los hijos de sus hijos trabajen para vosotros. Aseguraos una renta para el futuro, mirad a los ancianos y no olvidéis que vosotros seréis uno de ellos.

Invertid vuestro patrimonio con la mayor cautela para no perderlo. Los intereses de los usureros son irresistibles cantos de sirena que atraen a los imprudentes hacia las rocas de la perdición y el arrepentimiento. Vigilad que vuestra familia no pase necesidad si Dios os llama a su reino. Para asegurarle esta protección, siempre se pueden ir desembolsando pequeñas cantidades a intervalos regulares. El hombre prudente no confía en recibir una gran suma de dinero si no lo ha visto antes. Consultad a los hombres sabios. Buscad el consejo de quienes manejan dinero todos los días. Permitid que os ahorren errores como el que yo cometí. Al confiar mi dinero al juicio de Azmur, el fabricante de ladrillos. Es preferible un pequeño interés seguro a un gran riesgo. Aprovechad la vida mientras estáis en este mundo, no hagáis demasiadas economías. Si la décima parte de lo que ganáis es una cantidad razonable que podéis ahorrar, contentaos con esa porción. A parte de esto, vivid de manera conforme con vuestros ingresos y no os volváis roñosos ni tengáis miedo de gastar. La vida es bella y está llena de placeres buenos que podéis disfrutar.

Tras decir esto, sus amigos le dieron las gracias y se fueron. Algunos permanecían mudos porque no tenían imaginación y no podían comprender, otros sentían rencor porque pensaban que alguien tan rico había podido compartir su dinero con ellos, pero unos terceros tenían un nuevo brillo en la mirada. Habían comprendido que Algamish había vuelto a la sala de los escribas para ver atentamente a un hombre que se estaba trazando un camino hacia la luz. Una vez hubiera encontrado la luz, ya tendría una posición. Sabían que nadie podía ocupar este lugar sin antes haber llegado a comprender todo esto por sí mismo y sin estar dispuesto a aprovechar la ocasión cuando se presentara.

Estos últimos fueron los que, durante los años siguientes, visitaron asiduamente a Arkad, quien los recibía alegremente. Les aconsejó y les dio su sabiduría gratuitamente como gustan de hacer siempre los hombres de larga experiencia. Les ayudó a invertir sus ahorros de manera que les dieran un interés seguro y no fueran malgastados en malas inversiones que no habrían dado beneficio alguno.

El día que tomaron conciencia de la verdad que había sido trasmitida de Algamish a Arkad y de Arkad a ellos, fue un acontecimiento en sus vidas.

Una parte de lo que ganáis revierte en vosotros, conservadla.

3   LOS SIETE MEDIOS DE LLENAR UNA BOLSA VACÍA

PROCLAMACION REAL

Que todos los hombres posean riqueza. Mi gente, el propósito del Rey.

Babilonia, nuestra amada ciudad. Es la más rica del mundo. Posee riquezas en oro indecibles.

Debido a unos cuantos ciudadanos acaudalados, conocedores de las leyes de la fortuna, se han convertido en hombres extremadamente ricos. Puesto que la mayoría del pueblo desconoce estas leyes, ellos permanecen en la pobreza.

Por tanto, que todos mis leales súbditos aprendan estas leyes y sean capaces de adquirir el oro. He de ordenar que la sabiduría de los ricos sea enseñada a mi gente.

Sea de conocimiento que yo, el Rey, he apartado siete días para el estudio devoto de las leyes de la riqueza. Desde el séptimo día de la primera luna, ordeno a todos mis leales súbditos buscar profesores que nombraré en cada zona de la ciudad, que todos y cada uno de ellos compartan equitativamente sus tesoros de sabiduría.

SARGON
Rey de Babilonia

La grandeza de Babilonia persiste a través de los siglos, ha conservado la reputación de haber sido una de las ciudades más prósperas y con tesoros más fabulosos.

No siempre fue así. Las riquezas de Babilonia son el producto de la sabiduría de sus habitantes, que primero tuvieron que aprender la manera de hacerse ricos.

Cuando el buen rey Sargón regresó a Babilonia después de vencer a los elamitas, sus enemigos, se encontró ante una situación grave; el canciller real le explicó las razones de ello.

-Tras varios años de gran riqueza que nuestro pueblo debe a Su Majestad, que ha construido sendos canales de riego y grandes templos para Dios, ahora que las obras se han acabado, el pueblo parece no poder costear sus necesidades.

-Los obreros no tienen trabajo, los comerciantes tienes escasos clientes, los agricultores no pueden vender sus productos, el pueblo no tiene oro suficiente para comprar alimentos.

-¿Pero a dónde ha ido todo el dinero que hemos gastado en esas mejoras?- preguntó el rey.

-Me temo mucho que ha ido a parar a manos de algunos pocos hombres muy ricos de nuestra ciudad -respondió el canciller-. Ha pasado por entre los dedos de la mayoría de nuestras gentes tan rápido como la leche de cabra pasa por el colador. Ahora que la fuente de oro ha dejado de surtir, la mayor parte de los ciudadanos vuelven a poseer nada.

-¿Por qué tan pocos hombres pudieron conseguir todo el oro?- preguntó el rey después de mantenerse dubitativo durante unos instantes.

—Porque sabían cómo hacerlo -respondió el canciller-. No se puede castigar a un hombre porque logra el éxito; tampoco se puede, en buena justicia, cogerle el dinero que ha ganado honradamente para dárselo a los que no han sido capaces de hacer otro tanto.

—¿Pero por qué no pueden todos los hombres aprender a hacer fortuna y así hacerse ricos?

—Vuestra pregunta contiene su propia respuesta, Vuestra Majestad, ¿quién posee la mayor fortuna de la ciudad Babilonia?

—Es cierto, mi buen canciller, es Arkad. Es el hombre más rico de Babilonia, tráemelo mañana.

Al día siguiente, como había ordenado el rey, se presentó ante él Arkad, bien derecho y con la mente despierta a pesar de su avanzada edad.

—¿Poseías algo cuando empezaste?

—Sólo un gran deseo de riqueza. Además de eso, nada.

—Arkad -continuó el rey-, nuestra ciudad se encuentra en una situación muy delicada porque son pocos los hombres que conocen la manera de adquirir riquezas. Esos babilonios monopolizan el dinero mientras la masa de ciudadanos no sabe cómo actuar para conservar una parte del oro que recibe en pago. Deseo que Babilonia sea la ciudad más rica del mundo, y eso significa que debe haber muchos hombres ricos. Tenemos que enseñar a toda la población cómo puede conseguir riquezas. Dime, Arkad, ¿existe un secreto para hacerlo? ¿Puede ser transmitido?.

—Es un asunto práctico, Vuestra Majestad. Todo lo que sabe un hombre puede ser enseñado.

—Arkad —los ojos del rey brillaban—, has dicho justamente las palabras que quería oír. ¿Te ofrecerías para esa gran causa? ¿Enseñarías tu ciencia a un grupo de maestros? Cada uno de ellos podría enseñar a otros hasta que hubiera un número suficiente de educadores para instruir a todos los súbditos capacitados de mi reinado.

—Soy vuestro humilde servidor —dijo Arkad con una reverencia—. Compartiré gustoso toda la ciencia que pueda poseer por el bienestar de mis conciudadanos y la gloria de mi rey. Haced que vuestro buen canciller me organice una clase de cien hombres y yo les enseñaré las siete maneras que han permitido que mi fortuna brotara cuando no había en Babilonia bolsa más vacía que la mía.

Dos semanas más tarde, las cien personas elegidas estaban en la gran sala del Templo del Conocimiento del rey. Estaban sentados en coloreadas alfombras y formaban un semicírculo. Arkad se sentó junto a un pequeño taburete en el que humeaba una lámpara sagrada que desprendía un olor extraño y agradable.

—Mira al hombre más rico de Babilonia —susurró un estudiante al oído de su vecino cuando se levantó Arkad—, no es diferente de nosotros.

—Como leal súbdito de nuestro rey— empezó Arkad—, me encuentro ante vosotros para servirle. Me ha pedido que os transmita mi saber, ya que yo fui, en una época, un joven pobre que deseaba ardientemente poseer riquezas y encontré la forma de conseguirlas. Empecé de la manera más humilde, no tenía más dinero que vosotros para gozar plenamente de la vida, ni más que la mayoría de los ciudadanos de Babilonia.

—El primer lugar donde guardé mis tesoros era una ajada bolsa. Odiaba verla así, vacía e inútil. Deseaba que estuviera abultada y llena, que el oro sonara en su interior. Por eso me esforcé por encontrar las maneras de colmar una bolsa. Encontré siete.

—Os explicaré a vosotros, que os habéis reunido ante mí, estas siete maneras que recomiendo a todos los hombres que quieran conseguir dinero a espuertas. Cada día os explicaré una de las siete, durante siete días. Escuchad atentamente la ciencia que os voy a comunicar; debatid las cuestiones conmigo, discutidlas entre vosotros. Aprended estas lecciones a fondo para que sean la semilla de una riqueza que hará florecer vuestra fortuna. Cada uno debe comenzar a construir sabiamente su fortuna. Cuando ya seáis competentes, y sólo entonces, enseñaréis estas verdades a otros. Os mostraré maneras sencillas de llenar vuestra bolsa. Este es el primer paso que os llevará al templo de la riqueza, ningún hombre puede llegar a él si antes no pone firmemente sus pies en el primer escalón.

-Hoy nos dedicaremos a reflexionar sobre la primera manera.

LA PRIMERA MANERA:

-Empezad a llenar vuestra bolsa.

Arkad se dirigió a un hombre que lo escuchaba con atención desde la segunda fila.

-Mi buen amigo, ¿a qué te dedicas?

-Soy escriba -respondió el hombre-, grabo documentos en tablillas de barro.

-Yo gané las primeras monedas haciendo el mismo trabajo. De manera que tienes las mismas oportunidades de amasar una fortuna que yo-

Después habló a un hombre de rostro moreno que se encontraba más atrás –Dime, por favor, con qué trabajo te ganas el pan. -Soy carnicero -respondió el hombre-. Compro cabras a los granjeros y las sacrifico, vendo la carne a las mujeres y la piel a los fabricantes de sandalias.

-Dado que tienes un trabajo y un salario, tienes las mismas armas que tuve yo para triunfar.

Arkad preguntó a todos cómo se ganaban la vida, procediendo de la misma manera.

-Ya veis, queridos estudiantes- dijo cuando hubo terminado de hacer preguntas-, que hay varios trabajos y oficios que permiten al hombre ganar dinero. Cada uno de ellos es un filón de oro del que el trabajador puede obtener una parte para su propia bolsa gracias a su esfuerzo. Podemos decir que la riqueza es un río de monedas de plata, grandes o pequeñas según vuestra habilidad. ¿No es así?

Todos estuvieron de acuerdo.

-Entonces -continuó Arkad-, si uno de vosotros desea acumular un tesoro propio, ¿no sería cuerdo comenzar usando esta fuente de riqueza que ya conocemos? También todos estuvieron de acuerdo. En ese momento Arkad se volvió hacia un hombre humilde que había declarado ser vendedor de huevos. -¿Qué pasará si tomas una de vuestras cestas y todas las mañanas colocas en ella diez huevos y por la noche retiras nueve?

-Que al final rebalsarán.

-¿Por qué?

-Porque cada día pongo uno más de los que quito.

Arkad se volvió hacia toda la clase, sonriendo.

-¿Hay alguien aquí que tenga la bolsa vacía? preguntó.

Los hombres se miraron divertidos, rieron y finalmente sacudieron sus bolsas, bromeando.

-Bien -continuó Arkad-. Ahora conoceréis el primer método para llenar los bolsillos. Haced justamente lo que he sugerido al vendedor de huevos. De cada diez monedas que ganéis y guardéis en vuestra bolsa, retirad sólo nueve para gastar. Vuestra bolsa empezará a abultarse rápidamente, aumentará el peso de las monedas y sentiréis una agradable sensación cuando la soposéis. Esto os producirá una satisfacción personal. No os burléis de lo que os digo porque os parezca simple. La verdad siempre lo es. Ya os he dicho que os contaría cómo amasé mi fortuna.

Así fueron mis comienzos, yo también he tenido la bolsa vacía y la he maldecido porque no contenía algo con lo que pudiera satisfacer mis deseos. Pero cuando empecé a sacar sólo nueve de cada diez monedas que metía, empezó a abultarse. Lo mismo le ocurrirá a la vuestra.

-Os diré una extraña verdad cuyo principio desconozco. Cuando empecé a gastar sólo las nueve décimas partes de lo que ganaba me arreglé igual de bien que cuando lo ocupaba todo. No tenía menos dinero que antes. Además, con el tiempo, obtenía dinero con más facilidad. Es seguramente una ley de Dios, que hace que, para los que no gastan todo lo que ganan y guardan un parte es más fácil conseguir dinero, tal como el oro no va a parar a manos de quien tiene los bolsillos vacíos.

-¿Qué deseáis con más fuerza? ¿Satisfacer los deseos de cada día, joyas, muebles, mejores ropas, más comida: cosas que desaparecen y olvidamos fácilmente? ¿O bienes sustanciales como el oro, las tierras, los rebaños, las mercancías, los beneficios de las inversiones? Las monedas que tomáis de vuestra bolsas os darán las primeras cosas; las que no retiráis, los segundas bienes que os he enumerado.

-Este es, queridos estudiantes, el primer medio que he descubierto para llenar una bolsa vacía: de cada diez monedas que ganéis, gastad sólo nueve. Discutidlo entre vosotros. Si alguno puede probar que no es cierto, que lo diga mañana cuando nos volvamos a encontrar.

LA SEGUNDA MANERA:

Controlad vuestros gastos.

Algunos de vosotros me habéis preguntado "¿Cómo puede

un hombre guardar la décima parte de lo que gana cuando ni las diez décimas partes son suficientes para pagar sus necesidades más urgentes?"- se dirigió Arkad a los estudiantes el segundo día.

-¿Cuántos de vosotros teníais ayer una fortuna más bien escasa?

-Todos- respondió la clase.

-Y sin embargo no ganáis todos lo mismo. Algunos ganan mucho más que otros. Algunos tienen familias más numerosas que alimentar. Y en cambio, todas las bolsas estaban igual de vacías. Os diré una verdad que concierne a los hombres y a sus hijos: los gastos que llamamos obligatorios siempre crecen en proporción a nuestros ingresos si no hacemos algo para evitarlo. No confundáis los gastos obligatorios con vuestros deseos. Todos vosotros y vuestras familias tenéis más deseos de los que podéis satisfacer. Usáis vuestro dinero para satisfacer, dentro de un límite, estos deseos, pero aún os quedan muchos sin cumplir.

-Todas las personas se debaten contra más deseos de los que puede realizar. ¿Acaso creéis que, gracias a mi riqueza, yo los puedo satisfacer todos? Es una idea falsa. Mi tiempo es limitado, mis fuerzas son finitas, las distancias que puedo recorrer son limitadas, lo que puedo comer, los placeres que puedo sentir son limitados. Os digo esto para que comprendáis que los deseos germinan libremente en el espíritu del hombre cada vez que hay una posibilidad de satisfacerlos, de la misma manera que las malas hierbas crecen en el campo cuando el labrador les deja un espacio. Los deseos son muchos pero los que pueden ser satisfechos, pocos.

-Estudiad atentamente vuestros hábitos de vida. Descubriréis que la mayoría de las necesidades que consideráis como básicas pueden ser minimizadas o suprimidas. Que sea vuestra divisa el apreciar al cien por ciento el valor de cada moneda que gastéis.

-Escribid en una tablilla todas las cosas que causen

gastos. Elegid los gastos que son obligatorios y los que están dentro de los límites de los nueve décimos de vuestros ingresos. Olvidad el resto y consideradlo sin pesar como parte de la variedad de deseos que deben quedar sin satisfacción.

-Estableced una lista de gastos obligatorios. No toquéis la décima parte destinada a engrosar vuestra bolsa, haced que sea vuestro gran deseo y que se vaya cumpliendo poco a poco. Continuad trabajando según el presupuesto, continuad ajustándolo según vuestras necesidades. Que el presupuesto sea vuestro primer instrumento en el control de los gastos de vuestra creciente fortuna.

Entonces, uno de los estudiantes vestido con una túnica roja y dorada se levantó.

-Soy un hombre libre -dijo-. Creo que tengo derecho a gozar de las cosas buenas de la vida. Rechazo la esclavitud de presupuesto que fija la cantidad exacta de lo que puedo gastar, y en qué. Me parece que eso me impedirá gozar de muchos de los placeres de la vida y me hará tan insignificante como un asno que lleva un pesado fardo.

-¿Quién, amigo mío, decidirá tu presupuesto?- Replicó Arkad.

-Yo mismo- protestó el joven.

-En el caso de que un asno decidiera su carga, ¿tú crees que incluiría joyas, alfombras y pesados lingotes de oro? No lo creo, pondría heno, granó y una piel llena de agua para el camino por el desierto. El objetivo del presupuesto es ayudar a aumentar vuestra fortuna; os ayudará a procuraros los bienes necesarios y, en cierta medida, a satisfacer parte de los otros, os hará capaces de cumplir vuestros mayores deseos defendiéndolos de los caprichos fútiles. Coma la luz brillante en una cueva oscura, el presupuesto os muestra los agujeros de vuestra bolsa y os permite taparlos y controlar los gastos en función de metas definidas y más satisfactorias.

-Esta es la segunda manera de conseguir dinero. Presupuestad los gastos de manera que siempre tengáis dinero para pagar los que son inevitables, vuestras distracciones y para satisfacer los deseos aceptables sin gastar más de nueve décimos de vuestros ingresos.

LA TERCERA MANERA:

-Haced que vuestro oro fructifique.

-Supongamos que habéis acumulado una gran fortuna. Que os habéis disciplinado para reservar una décima parte de vuestras ganancias y que habéis controlado vuestros gastos para proteger vuestro tesoro en aumento. Ahora veremos la forma de hacer que vuestro tesoro crezca. El oro guardado dentro de una bolsa contenta al que lo posee y satisface el alma del avaro pero no produce nada. La parte de nuestras ganancias que conservéis no es más que el principio y lo que nos produzca después es lo que amasará nuestras fortunas.

Así habló Arkad a su clase el tercer día:

"¿Cómo podemos hacer que nuestro oro trabaje? La primera vez que invertí dinero, tuve mala suerte porque lo perdí todo. Luego os lo contaré. La primera inversión provechosa que realicé fue un préstamo que hice a un hombre llamado Agar, un fabricante de escudos. Una vez al año compraba pesados cargamentos de bronce importados de mares lejanos y que luego utilizaba para fabricar armamento. Como carecía de capital suficiente para pagar a los mercaderes, lo pedía a los que les sobraba dinero. Era un hombre honrado. Devolvía los préstamos con intereses cuando vendía los escudos. Cada vez que le prestaba dinero, también le prestaba el interés que me había pagado. Entonces, no sólo aumentaba el capital sino que también los intereses. Me satisfacía mucho ver cómo estas cantidades volvían a mi bolsa.

"Queridos estudiantes, os digo que la riqueza de un hombre no está en las monedas que transporta en la bolsa, sino en la fortuna que amasa, el arroyo que fluye continuamente de su fortuna y la va alimentando. Es lo que todos desean. Lo que cualquiera de vosotros anhela: una fuente de ingresos que siga produciendo, estéis trabajando o de viaje.

"He adquirido una gran fortuna, tan grande que se dice que soy muy rico. Los préstamos que le hice a Agar fueron mi primera experiencia en el arte de invertir de forma beneficiosa. Después de esta buena experiencia, aumenté mis préstamos e inversiones a medida que aumentaba mi capital. Cada vez había más fuentes que alimentaban el manantial de oro que fluía hacia mi bolsa y que podía utilizar sabiamente como quisiera.

"Y he aquí que mis modestas ganancias habían engendrado un montón de esclavos que trabajaban y ganaban más oro. Trabajaban para mí igual que sus hijos y los hijos de sus hijos, hasta que, gracias a sus tremendos esfuerzos reuní una fortuna considerable.

"El oro se amasa rápidamente cuando produce unos ingresos importantes, como observaréis en la siguiente historia: un granjero llevó diez monedas de oro a un prestamista cuando nació su primer hijo y le pidió que las prestara hasta que el hijo tuviera veinte años. El prestamista hizo lo que se le pedía y permitió un interés igual a un cuarto de la cantidad cada cuatro años. El granjero le pidió que añadiera el interés al capital porque había reservado el dinero enteramente para su hijo.

"Cuando el chico cumplió veinte años, el granjero acudió a casa del prestamista para preguntar sobre el dinero. El prestamista le explicó que las diez monedas de oro ahora tenían un valor de treinta y una monedas porque gracias al interés compuesto, la cantidad de partida se había acrecentado.

"El granjero estaba muy contento y como su hijo no necesitaba el dinero, lo dejó al prestamista. Cuando el hijo tuvo cincuenta años y el padre ya había muerto, el prestamista devolvió al hijo ciento sesenta y siete monedas. Es decir que, en cincuenta años, el dinero se había multiplicado aproximadamente por diecisiete.

Esta es la tercera manera de llenar la bolsa: hacer producir cada moneda para que se parezca a la imagen de los rebaños en el campo y para que ayude a hacer de estos ingresos el manantial de la riqueza que alimenta constantemente vuestras arcas".

LA CUARTA MANERA:

Proteged vuestros tesoros de cualquier pérdida.

"La mala suerte es un círculo brillante. El oro que contiene una bolsa debe guardarse herméticamente. Si no, desaparece. Es bueno guardar en lugar seguro las sumas pequeñas y aprender a protegerlas antes que Dios nos confíe las más grandes".

Así habló Arkad a su clase el cuarto día:

"Quien posea oro se verá tentado en muchas ocasiones de invertir en cualquier proyecto atractivo. A veces los amigos o familiares impacientes que invierten dinero; hecho que nos puede influir. El primer principio de la inversión consiste en asegurar vuestro capital. ¿Acaso es razonable cegarse por las grandes ganancias si se corre el riesgo de perder el capital? Yo diría que no.

"El castigo por correr este riesgo es una posible pérdida. Estudiad minuciosamente la situación antes de separar parte de vuestro tesoro; cercioraos de que podréis reclamarlo con toda seguridad. No os dejéis arrastrar por los deseos románticos de hacer fortuna fácil.

"Antes de prestar vuestro oro a cualquiera, aseguraos de que el deudor os podrá devolver el dinero y de que goza de un buen nombre. No le hagáis, sin saberlo, un regalo: el tesoro que tanto os ha costado. Antes de invertir vuestro dinero en cualquier terreno, sed conscientes de los peligros que pueden acontecer.

"Mi primera inversión, en aquel momento, fue una tragedia para mí. Confié mis ahorros de un año a un fabricante de ladrillos que se llamaba Azmur, que viajaba por los mares lejanos y por Tiro, y que aceptó comprarme unas extrañas joyas fenicias. Teníamos que vender esas joyas a su vuelta y repartirnos los beneficios. Los fenicios eran unos canallas y vendieron piezas de vidrio coloreado. Perdí mi bien. Hoy, la experiencia impediría que confiara la compra de joyas a un fabricante de ladrillos. Así que os aconsejo, con conocimiento y experiencia, que no confiéis demasiado en vuestra inteligencia y no expongáis vuestros tesoros a posibles trampas de inversión. Es mejor hacer caso a los expertos en el manejo del dinero para hacer que éste produzca. Estos consejos son gratuitos y pueden adquirir rápidamente el mismo valor en oro que la cantidad que se quería invertir. En realidad, este es el valor real si os salva de las pérdidas.

"Esta es la cuarta manera de incrementar vuestra bolsa y es de gran importancia si así evita que se vacíe una vez llena. Proteged vuestro tesoro contra las pérdidas e invertid solamente donde vuestro capital esté seguro o donde podáis reclamarlo cuando así lo deseéis y nunca dejaréis de recibir el interés que os conviene. Consultad a hombres sabios. Pedid consejo a aquellos que tienen experiencia en la gestión rentable del oro. Dejad que su sabiduría proteja vuestro tesoro de inversiones dudosas".

LA QUINTA MANERA:

Haced que vuestra propiedad sea una inversión rentable.

"Si un hombre reserva una novena parte de las ganancias que le permiten vivir y disfrutar de la vida y si una de estas nueve partes puede convertirse en una inversión rentable sin dañarle, entonces sus tesoros crecerán más rápido". Así habló Arkad a su clase en la quinta lección:

"Demasiados babilonios educan a su familia en barrios de mala reputación. Los propietarios son muy exigentes y cobran unos alquileres muy costosos por las habitaciones. Las mujeres no tienen espacio para cultivar las flores que alegran su corazón y el único lugar donde los hijos pueden jugar es en los sucios senderos.

"La familia de un hombre no puede disfrutar plenamente de la vida a no ser que posea un terreno en donde los niños puedan jugar en el campo o donde la mujer pueda cultivar además de flores, sabrosas hierbas para perfumar la comida de su familia.

"El corazón del hombre se llena de alegría si puede comer higos de sus árboles y racimos de uvas de sus viñas. Si posee una casa en un barrio que lo enorgullezca, ello le infunde confianza y le anima a completar todas sus tareas. También recomiendo que todos los hombres tengan un techo que lo proteja tanto a él como a los suyos.

"Cualquier hombre bienintencionado puede poseer una casa. ¿Acaso nuestro rey no ha ensanchado las murallas de Babilonia para que pudiéramos comprar, por una cantidad razonable, muchas tierras inservibles?

"Queridos estudiantes, os digo que los prestamistas tienen en muy buen concepto a los hombres que buscan casa y tierras para su familia. Podéis pedir dinero prestado sin dilación si es con el fin loable de pagar al fabricante de ladrillos o al carpintero, en la medida en que dispongáis de buena parte de la cantidad necesaria.

"Después, cuando hayáis construido el inmueble, podréis pagar al prestamista regularmente igual que hacéis con el propietario. En unos cuantos años habréis devuelto el préstamo, porque cada pago que efectuéis reducirá la deuda del prestamista. Y os alegraréis, tendréis una propiedad en todo derecho y el único pago que realizaréis será el de las tasas reales.

"Y vuestra buena mujer irá al río con más frecuencia para lavar vuestras ropas y cada vez os traerá una piel de cabra llena de agua para regar las plantas. Y el hombre que posea casa propia será bendecido. El costo de su vida se reducirá mucho y hará que pueda destinar gran parte de sus ganancias a los placeres y a satisfacer sus deseos. Ésta es la quinta manera de llenarse la bolsa: poseer una casa propia".

LA SEXTA MANERA:

Asegurar unos ingresos para el futuro.

"La vida de cada hombre va de la infancia a la vejez. Este es el camino de la vida y ningún hombre puede desviarse a menos que Dios lo llame prematuramente al más allá. Por esto, declaro: El hombre es quien debe prever unos ingresos adecuados para su vejez y quien debe preparar a su familia para el tiempo en que ya no esté con ellos para reconfortarlos y satisfacer sus necesidades. Esta lección os enseñará a llenar la bolsa en los momentos en que ya no sea tan fácil para vosotros aprender.

Así se dirigió Arkad a su clase el sexto día:

"El hombre que comprende las leyes de la riqueza y de esta forma obtiene un excedente cada vez mayor, debería pensar en su futuro. Debería planificar algunos ingresos o ahorrar un dinero que le dure muchos años y del que pueda disponer cuando sea el momento.

"Hay distintas formas para que un hombre se procure la necesario para su futuro. Puede buscar un escondrijo y enterrar un tesoro secreto. Pero aunque lo oculte muy hábilmente, este dinero puede convertirse en el botín de los mirones. Por este motivo, no lo recomiendo. Un hombre puede comprar casas y tierras con este fin. Si las escoge juiciosamente en función de su utilidad y de su valor futuro, tendrán un valor que se acrecentará y sus beneficios y su venta le recompensarán según los objetivos que se haya fijado. También puede prestar una pequeña suma de dinero al prestamista y aumentarla a intervalos regulares. Los intereses que el prestamista añada contribuirán ampliamente a aumentar el capital.

"Conozco a un fabricante de sandalias llamado Ausan que me explicó, no hace mucho tiempo, que cada semana, durante ocho años, llevó al prestamista dos monedas. El prestamista le acaba de entregar un estado de cuentas que le ha alegrado mucho. El total de su depósito junto con el interés a una tasa actual de un cuarto de su valor cada cuatro años, le ha producido cuarenta monedas. Le he animado a continuar, demostrándole gracias a mis conocimientos matemáticos, que dentro de doce años sólo depositando semanalmente dos monedas, obtendrá cuatro mil monedas con las que podrá sobrevivir el resto de sus días.

"Seguro que si una contribución regular produce resultados tan provechosos, ningún hombre se puede permitir no asegurarse un tesoro para su vejez y la protección de su familia, sin importar hasta qué punto sus negocios e inversiones actuales son prósperos. Incluso diría más. Creo que algún día habrá hombres que inventarán un plan para protegerse contra la muerte, los hombres sólo pagarán una cantidad mínima regularmente y el importe total constituirá una suma importante que la familia del finado recibirá. Creo que esto es muy aconsejable y lo recomiendo con vehemencia. Actualmente no es posible porque tiene que continuar más allá de la vida de un hombre o de una asociación para funcionar correctamente. Tiene que ser tan estable como el trono real. Creo que algún día existirá un plan como éste y será un gran bendición para muchos hombres, porque hasta el primer pequeño pago pondrá a su disposición una cantidad razonable para la familia del miembro fallecido.

"Como vivimos en el presente y no en los días venideros, tenemos que aprovecharnos de los medios y los métodos actuales para llevar a cabo nuestras metas. Por ello, recomiendo que acumulen bienes para cuando sean viejos de forma sensata y meditada. Pues la desgracia de un hombre incapaz de trabajar para ganarse la vida o de una familia sin cabeza de familia es una tragedia dolorosa.

"Esta es la sexta manera de llenarse la bolsa: preved los ingresos para los días venideros y asegurad así la protección de vuestra familia".

LA SÉPTIMA MANERA:

Aumentad vuestra habilidad para adquirir bienes.

"Queridos estudiantes, hoy voy a hablaros de una de las maneras más relevantes de amasar una fortuna. Pero no os hablaré del oro sino de vosotros, los hombres de vistosas ropas que estáis sentados frente a mí. Voy a hablaros de las cosas de la mente y de la vida de los hombres que trabajan para o contra su éxito. Así habló Arkad a su clase el séptimo día:

"Hace poco tiempo atrás, un joven que buscaba alguien que le prestara dinero me vino a ver. Cuando le pregunté sobre sus necesidades, se quejó de que sus ingresos eran insuficientes para cubrir sus gastos. Le expliqué que en tal caso era un cliente ruin para el prestamista porque no podría devolver el préstamo. Lo que necesitas, -le dije- es ganar más dinero. ¿Qué podrías hacer para aumentar tus ingresos?.

"Todo lo que pueda, respondió. He intentado hablar con mi patrón seis veces durante dos lunas para pedirle un aumento pero no lo he conseguido. No puedo hacer más.

Su simpleza hace reír, pero poseía una gran voluntad de aumentar sus ganancias. Tenía un justo y gran deseo ganar más oro. El deseo debe preceder a la realización. Vuestros deseos tienen que ser fuertes y bien definidos. Los deseos vagos no son más que débiles deseos. El único deseo de ser rico no tiene valor alguno. Un hombre que desea cinco monedas de oro se ve empujado por un deseo tangible que tiene que culminar con urgencia. Una vez que ha aumentado su deseo de guardar en lugar seguro cinco monedas de oro, encontrará la forma de obtener diez monedas, luego veinte y más tarde mil; y de pronto será rico. Si aprende a fijarse un pequeño deseo bien definido, ello lo llevará a fijarse otro más grande. Así es como se construyen las fortunas. Se empieza con cantidades pequeñas y luego se pasa a cantidades más importantes. Así el hombre aprende y se hace más hábil.

"Los deseos tienen que ser pequeños y bien definidos. Si son demasiado numerosos, demasiado complicados o están por encima de las capacidades del hombre que quiere llevarlos a cabo, harán que su objetivo no se cumpla.

"A medida que un hombre se perfecciona en su oficio, su remuneración aumenta. En otros tiempos, cuando era un pobre escriba que grababa en la arcilla por unas cuantas monedas al día, observé que otros trabajadores escribían más que yo y cobraban más. Entonces, decidí que nadie iba a superarme. No tardé mucho tiempo en descubrir el motivo de su gran éxito. Puse más interés en mi trabajo, me concentré más, fui más perseverante y muy pronto pocos hombres podían grabar más tablillas que yo en un día. Poco tiempo después, tuve mi recompensa; no fue necesario ir a ver a mi patrón seis veces para pedirle un aumento.

"Cuantos más conocimientos adquiramos, más dinero ganaremos. El hombre que espera aprender mejor su oficio será recompensado con creces. Si es un artesano puede intentar aprender los métodos y conocer las herramientas más perfeccionadas. Si trabaja en derecho o medicina, podrá consultar e intercambiar opiniones con sus colegas. Si es un mercader, siempre podrá buscar mercancías de mejor calidad que venderá a bajo precio.

"Los negocios de un hombre cambian y prosperan dado que los hombres perspicaces intentan mejorar para ser más útiles. Así que insto a todos los hombres a que progresen y no se queden sin hacer nada, a menos que quieran ser dejados de lado.

"Hay muchas obligaciones que llenan la vida de un hombre de experiencias gratificantes. El hombre que se respeta a sí mismo debe realizar estas cosas y las siguientes:

"**Debe pagar sus deudas lo más rápidamente posible y no debe comprar cosas que no pueda pagar.**

"**Debe solventar las necesidades de su familia para que los suyos lo aprecien.**

"**Debe hacer un testamento para que, si Dios lo llama, sus bienes sean repartidos justa y equitativamente.**

"**Debe ser compasivo con los enfermos o los desafortunados y debe ayudarlos. Debe ser previsor y caritativo con los que quiere.**

"Así que la séptima y última manera de hacer fortuna consiste en cultivar las facultades intelectuales, estudiar e instruirse, actuar respetándose a sí mismo. De esta forma adquiriréis la auto-confianza suficiente para realizar los deseos en que habéis pensado y que habéis escogido.

"Estas son las siete maneras de hacer fortuna, extraídas de un larga y próspera experiencia de la vida, las recomiendo a los que quieran ser ricos.

"Queridos estudiantes, hay más oro en la ciudad de Babilonia de lo que soñéis poseer. Hay oro en abundancia para todos.

"Avanzad y poned en práctica estas verdades; prosperad y haceos ricos, como os corresponde por derecho. Avanzad y enseñad estas verdades a todos los súbditos honrados de Su Majestad que quieren repartirse las grandes riquezas de nuestra bien amada ciudad".

4 LA FORTUNA

«Si un hombre tiene suerte, es imposible predecir el tamaño de su riqueza. Si lo lanzan al Éufrates, saldrá con una perla en la mano»

Todos desean tener suerte, y ese deseo existía tanto en el corazón de los individuos de hace cuatro mil años como en los de nuestros días. Todos esperamos la gracia de la caprichosa fortuna. ¿Existe alguna manera de poder obtener no sólo su atención, sino también su generosidad?

¿Hay alguna manera de atraer la suerte?

Esto es precisamente lo que los habitantes de la antigua Babilonia querían saber y lo que decidieron descubrir. Eran clarividentes y grandes pensadores. Esto explica que su ciudad se convirtiera en la más rica y poderosa en su época.

En aquella lejana época no existían las escuelas. Sin embargo, había un centro de aprendizaje muy práctico entre los edificios rodeados de torres de Babilonia. Este centro tenía tanta importancia como el palacio los jardines colgantes y los templos de Dios. Ustedes constatarán que en los libros de historia este lugar aparece muy poco, probablemente nada, a pesar de que ejerciera una gran influencia en el pensamiento de aquel entonces.

Este edificio era el Templo del Conocimiento. En él, profesores voluntarios explicaban la sabiduría del pasado y se discutían asuntos de interés popular en asambleas abiertas. En su interior, todos los hombres eran iguales. El esclavo más insignificante podía rebatir impunemente las opiniones del príncipe del palacio real.

Uno de los hombres que frecuentaban el Templo del Conocimiento era Arkad, hombre sabio y opulento del que se decía que era el más rico de Babilonia. Existía una sala especial en la que concurrían, casi todas las tardes, un gran número de hombres, viejos y también jóvenes, pero la mayoría de edad madura; y discutían sobre temas interesantes. Podríamos escuchar lo que decían para verificar si sabían cómo atraer la suerte...

El sol acababa de ponerse, semejante a una gran bola de fuego brillante a través de la bruma del desierto polvoriento, cuando Arkad se dirigió hacia su estrado habitual. Unos cuarenta hombres esperaban su llegada, tumbados en pequeñas alfombras colocadas sobre el suelo. Otros llegaban en ese instante.

-¿De qué vamos a hablar esta tarde? preguntó Arkad.

Tras una breve indecisión, un hombre alto, un tejedor, se levantó, como era costumbre, y le dirigió la palabra.

-Me gustaría escuchar algunas opiniones sobre un asunto. Sin embargo, no sé si formularlo porque temo que os pueda parecer ridículo, y a vosotros también, mis queridos amigos-Apremiado por Arkad y los demás, continuó- Hoy he tenido suerte, ya que he encontrado una bolsa que contenía unas monedas de oro. Me gustaría mucho seguir teniendo suerte y como creo que todos los hombres comparten conmigo esta ilusión, sugiero que hablemos ahora sobre cómo atraer la suerte para que así podamos descubrir las formas que podemos emplear para seducirla.

Un tema realmente interesante -comentó Arkad-. Un tema muy válido. Para algunos, la suerte sólo llega por casualidad, como un accidente, y puede caer sobre alguien por azar. Otros creen que la creadora de la buena suerte es la benévola diosa Ishtar, siempre deseosa de recompensar a sus elegidos por medio de generosos presentes. ¿Qué decís vosotros, amigos? ¿Debemos intentar descubrir los medios de atraer la suerte y que seamos nosotros los afortunados?

—¡Sí, sí! Y todas las veces que sea necesario— dijeron los impacientes y cada vez más numerosos oyentes.

—Para empezar— prosiguió Arkad—, escuchemos a todos los que aquí se encuentren que hayan tenido experiencias parecidas a la del tejedor, que hayan encontrado o recibido, sin esfuerzo por su parte, valiosos tesoros o joyas.

Durante un momento de silencio, todos se miraron, esperando que alguien respondiera, pero nadie lo hizo.

—¡Qué! ¿Nadie? —dijo Arkad— Entonces debe de ser realmente raro tener esa suerte. ¿Quién quiere hacer alguna sugerencia sobre cómo continuar con nuestra investigación?

—Yo — contestó un hombre joven y bien vestido mientras se levantaba—. Cuando un hombre habla de suerte, ¿no es normal que piense en las salas de juego? ¿No es precisamente en esos lugares donde hayamos a hombres que pretenden los favores de la diosa y esperan que los bendiga para recibir grandes sumas de dinero?

—No pares— gritó alguien al ver que el joven volvía a sentarse— sigue con tu historia, dinos si la diosa te ha ayudado en las salas de juego. ¿Ha hecho que en los dados aparezca el rojo para que llenes tu bolsa, o ha permitido que salga la cara azul para que el crupier recoja tus monedas que tanto te ha costado ganar?

—No me importa admitir que ella no pareció darse cuenta de que yo estaba allí— contestó el joven sumándose a las risas de los demás— ¿Y vos? ¿La encontrasteis esperando para hacer que los dados rodasen a vuestro favor? Estamos deseosos de escuchar y de aprender.

—Un buen principio— interrumpió Arkad— Estamos aquí para examinar todas las aristas de cada cuestión. Ignorar las salas de juego sería como olvidar un instinto común en casi todos los hombres: la tentación de arriesgar una pequeña cantidad de dinero esperando conseguir mucho.

—Eso me recuerda las carreras de caballos de ayer —gritó uno de los asistentes—. Si la diosa frecuenta las salas de juego, seguramente no dejará de lado las carreras, con esos carros dorados y caballos espumadores. Es un gran espectáculo. Decidnos sinceramente, Arkad, ¿ayer la diosa no os murmuró que apostarais a los caballos grises de Nínive? Yo estaba justo detrás de vos, y no daba crédito a mis oídos cuando os escuché apostar a los grises. Sabéis tan bien como nosotros que no existe ningún tronco en toda Asiria capaz de llegar antes a la meta que nuestras queridas yeguas en una carrera honesta. ¿Acaso la diosa os dijo al oído que apostarais a los grises, porque en la última curva el caballo negro del interior tropezaría y, de esa forma, molestaría a nuestras yeguas y provocaría que los grises ganaran la carrera y consiguieran una victoria que no habían merecido?

Arkad sonrió con indulgencia.

—¿Por qué pensamos que la diosa de la fortuna se interesaría por la apuesta de cualquiera en una carrera de caballos? Yo la veo como una diosa de amor y de dignidad a la que le gusta colaborar con los necesitados y recompensar a los que lo merecen. No la busco en las salas de juego ni en las carreras donde se pierde más oro del que se gana, sino en otros lugares donde las acciones de los hombres son más valerosas y merecen recibir una recompensa.

—Al cultivador, al honrado comerciante, a los hombres de cualquier ocupación se les presentan ocasiones para sacar provecho tras el esfuerzo y las transacciones realizadas. Quizás no siempre se reciba una recompensa, porque el juicio no sea el más adecuado o porque el tiempo y el viento a veces hacen fracasar los esfuerzos. Pero si se es persistente, normalmente se puede esperar realizar un beneficio, pues tendrá mayores posibilidades de que el beneficio vaya hacia uno. Pero si un hombre arriesga en el juego —continuó Arkad— ocurre exactamente al revés, porque las posibilidades de ganar siempre favorecen al propietario del lugar. El juego está hecho para que el propietario que explota el negocio consiga beneficios. Es su comercio y prevé realizar grandes provechos de las monedas que tuestan los jugadores. Pocos jugadores son conscientes de que sus posibilidades son inciertas, mientras que las del propietario están garantizados. Examinemos, por ejemplo, las apuestas a los dados. Cuando se lanzan, siempre apostamos sobre la caza que quedará a la vista. Si es la roja, el jefe de mesa nos paga cuatro veces lo que hemos apostado, pero si aparece una de las otras cinco caras, perdemos nuestra apuesta. Por lo tanto, los cálculos demuestran que por cada dado lanzado, tenemos cinco posibilidades de perder, pero, como el rojo paga cuatro por uno, tenemos cuatro posibilidades de ganar. En una noche, el jefe de mesa puede esperar guardar una moneda de cada cinco apostadas. ¿Se puede esperar ganar de otra forma que no sea ocasional cuando las posibilidades están organizadas para que el jugador pierda la quinta parte de lo que juega?

-Pero a veces hay hombres que ganan grandes sumas- replicó de forma espontánea uno de los asistentes.

-Es cierto, eso ocurre- continuó Arkad- Me doy cuenta de ello, y me pregunto si el dinero que se gana así, aporta beneficios permanentes a los que la fortuna les sonríe de esta manera. Conozco a muchos hombres de Babilonia que han triunfado en los negocios, pero soy incapaz de nombrar a uno sólo que haya triunfado recurriendo a esa fuente. Vosotros que esta tarde estáis reunidos aquí, conocéis a muchos ciudadanos ricos. Sería interesante saber cuántos han conseguido su fortuna en las salas de juego. ¿Qué os parece si cada uno dice lo que sabe?

Se hizo un largo silencio.

-¿Se incluye a los dueños de las casas de juego?- aventuró uno de los presentes.

-Si no podéis pensar en nadie más -respondió Arkad-, si no se os ocurre ningún nombre, ¿por qué no habláis de vosotros mismos? ¿Hay alguno entre vosotros que gane regularmente en las apuestas y dude en aconsejar esta fuente de sustento?

Entre risas, se oyó que en la parte de atrás algunos refunfuñaban.

-Parece que nosotros no buscamos la suerte en estos lugares cuando la diosa los frecuenta-continuó-. Entonces exploremos otros lugares. Tampoco hemos encontrado sacos de monedas perdidos ni hemos visto a la diosa en las salas de juego. En cuanto a las carreras, debo confesaros que he perdido mucho más dinero del que he ganado. Ahora, analicemos detalladamente nuestras profesiones y nuestros negocios. ¿Acaso no es normal que cuando hacemos un buen negocio, no lo consideramos como algo fortuito, sino como la justa recompensa por nuestros esfuerzos? A veces pienso que ignoramos los presentes de la diosa. Quizá nos ayuda cuando no apreciamos su generosidad. ¿Quién puede hablar del tema?

Dicho esto, un comerciante entrado en años se levantó alisando sus blancas vestimentas.

-Con vuestro permiso, honorable Arkad y mis queridos amigos, quiero haceros una sugerencia. Si, como habéis dicho, nosotros atribuimos nuestros éxitos profesionales a nuestra habilidad, a nuestro propio empeño. ¿Por qué no considerar los éxitos que casi hemos tenido, pero que se nos han escapado, como eventos que habrían sido muy provechosos? Habrían sido raros ejemplos de fortuna si se hubieran realizado. No podemos considerarlos como recompensas justas, porque no se han cumplido. Probablemente aquí hay hombres que pueden contar este tipo de situaciones.

-Esta es una reflexión sabia- comentó Arkad-. ¿Quién de entre vosotros ha tenido la fortuna al alcance de la mano y la ha visto esfumarse en seguida? Se alzaron varias manos; entre ellas, la del comerciante. Arkad le hizo un ademán para que hablara.

-Ya que has sido tú el que has sugerido esta discusión, nos gustaría escucharte en primer lugar.

-Con gusto os contaré una experiencia vivida que servirá

de ilustración para demostrar hasta qué punto la suerte puede acercarse a un hombre y cómo éste puede dejar que se le escape de las manos, a pesar suyo. Hace varios años, cuando era joven recién casado y empezaba a ganarme bien la vida, mi padre vino a verme y me indicó que tenía que hacer una inversión urgentemente. El hijo de uno de sus buenos amigos había descubierto una zona de tierra árida no lejos de las murallas de nuestra ciudad. Estaba situada sobre el canal donde el agua no llegaba. El hijo del amigo de mi padre ideó un plan para comprar esta tierra y construir en ella tres grandes ruedas que, accionadas por unos bueyes, consiguieran traer agua y dar vida al suelo eriazo. Una vez realizado esto, planificó dividir la tierra y vender las partes a los ciudadanos para hacer jardines.

-El hijo del amigo de mi padre no poseía suficiente oro para llevar a cabo tal empresa. Era un hombre joven que ganaba un buen sueldo, como yo. Su padre, como el mío, era un hombre que dirigía una gran familia y con pocos recursos. Por eso, decidió que un grupo de hombres se interesarán por su campaña. El grupo debía estar formado por doce personas con buenas ganancias y que decidieran invertir la décima parte de sus beneficios en el negocio hasta que la tierra estuviera lista para la venta. Entonces, todos compartirían en partes proporcionales los beneficios, según la inversión que hubieran realizado.

-Hijo mío- me dijo mi padre-, ahora eres un hombre joven. Deseo profundamente que empieces a hacer adquisiciones que te permitan un cierto bienestar y el respeto de los demás. Deseo que puedas sacar provecho de mis errores pasados.

-Eso me gustaría mucho, padre- contesté.

-Entonces te aconsejo lo siguiente: haz lo que yo hubiera tenido que hacer a tu edad. Guarda la décima parte de tus beneficios para hacer inversiones. Con la décima parte de tus beneficios y lo que te proporcionarán, podrás, antes de tener mi edad, acumular una gran suma.

-Padre, usted habla con sabiduría. Deseo fervientemente

poseer riquezas, pero ocupo mis gastos en muchas cosas y no sé si hacer lo que me aconseja. Soy joven. Me queda mucho tiempo.

-Yo pensaba igual a tu edad, pero ahora han pasado varios años y todavía no he empezado a acumular bienes.

-Vivimos en una época diferente, padre. No cometeré los mismos errores que usted.

-Se te presenta una oportunidad única, hijo mío. Es una oportunidad que puede hacerte rico. Te lo suplico, no tardes. Ve a ver mañana al hijo de mi amigo y cierra con el trato de invertir en ese negocio el diez por ciento de lo que ganas. Ve sin dilación antes de que pierdas esta ventana que hoy se te abre pronto se cerrará. No esperes.

-A pesar de la opinión de mi padre, dudé. Los mercaderes del Este acababan de traer ropa de tal riqueza y belleza que mi mujer y yo ya habíamos decidido que compraríamos al menos una pieza cada uno. Si hubiera aceptado invertir la décima parte de mis ganancias en esa empresa, hubiéramos tenido que privarnos de esas vestimentas y de otros placeres que deseábamos. No quise pronunciarme hasta que fuera demasiado tarde; fue una mala idea. La empresa resultó más fructífera de lo que se hubiera podido predecir. Esta es mi historia y muestra cómo permití que la fortuna huyera.

-En esta historia vemos que la suerte espera y llega al hombre que aprovecha la oportunidad-comentó un hombre del desierto de tez morena- Siempre tiene que haber un primer momento en el que se adquieren bienes. Puede ser unas monedas de oro o de plata que un hombre consigue de sus ganancias por su primera inversión. Yo mismo poseo varios rebaños. Empecé a comprar animales cuando era un niño, cambiando un joven ternero por una moneda de plata. Este gesto, que simbolizaba el principio de mi riqueza, adquirió gran importancia para mí. Toda la suerte que un hombre necesita debe confluir en la primera adquisición de bienes. Para todos los hombres, este primer paso es el más importante, porque hace que los individuos que ganan su dinero a partir de su propia labor pasen a ser hombres que consiguen dividendos de su oro. Por suerte, algunos hombres aprovechan la ocasión cuando aún son jóvenes y, de esa manera, tienen más éxito financiero que los que aprovechan la oportunidad más tarde o que los hombres desafortunados, como el padre de este comerciante, que no la consiguen jamás.

-Si nuestro amigo comerciante hubiera dado este primer paso de joven, cuando se le presentó la oportunidad, ahora poseería una gran fortuna. Si la suerte de nuestro amigo tejedor le hubiera determinado a dar ese paso por aquel entonces, probablemente ese hubiera sido el primer paso de una suerte mayor.

-A mí también me gustaría hablar- dijo un extranjero, levantándose- Soy sirio. No hablo muy bien vuestro idioma. Me gustaría calificar de alguna manera a este amigo, el comerciante. Quizá penséis que no soy educado, ya que deseo llamarlo de esa forma. Mas, desgraciadamente, no conozco cómo se dice en vuestro idioma y si lo digo en sirio, no me entenderéis. Entonces, decidme, por favor, ¿cómo calificáis a un hombre que tarda en cumplir las cosas que le convienen?

-Contemporizador- gritó uno de los asistentes.

-Eso es- afirmó el sirio, mientras agitaba las manos, visiblemente excitado- No acepta la ocasión cuando esta se presenta. Espera. Dice que está muy ocupado. Hasta la próxima, ya te volveré a ver... La oportunidad no espera a la gente lenta y piensa que si un hombre desea tener suerte, reaccionará con agilidad. Los hombres que no reaccionan con rapidez cuando se presenta la ocasión son grandes contemporizadores, como nuestro amigo comerciante.

El comerciante se levantó y saludó con naturalidad como contestación a las risas.

-Te admiro, extranjero. Entras en nuestro centro y no dudas en decir la verdad.

Y ahora escuchemos otra historia. ¿Quién tiene otra experiencia que compartir?- preguntó Arkad.

-Yo tengo una- contestó un hombre de mediana edad, vestido con una túnica roja- Soy comprador de animales, sobre todo de camellos y caballos. Algunas veces, compro también ovejas y cabras. La historia que voy a contaros muestra cómo la fortuna vino en el momento que menos la esperaba. Quizá sea por eso que la dejé escapar. Podréis sacar vuestras propias conclusiones cuando os lo relate.

-Al volver a la ciudad una tarde, tras un viaje agotador de diez días en busca de camellos, me molestó sobremanera encontrar las puertas de la ciudad cerradas al cal y canto. Mientras mis esclavos montaban nuestra tienda para pasar la noche que preveíamos escasa en comida y agua, un viejo granjero que, como nosotros, se encontraba retenido en el exterior, se acercó.

-Honorable señor- dijo al dirigirse a mí- parecéis un comprador de ganado. Si es así, me gustaría venderos el excelente rebaño de ovejas que traemos. Lamentablemente, mi mujer está muy enferma, tiene fiebre y tengo que volver cuanto antes a mi hogar. Si me compráis las ovejas, mis esclavos y yo podremos hacer el viaje de vuelta sobre los camellos sin perder más tiempo.

-Estaba tan oscuro que no podía ver su rebaño, pero por los balidos supe que era grande. Estaba contento de hacer un negocio con él, ya que había perdido diez días buscando camellos que no había podido encontrar. Me pidió un precio muy razonable porque estaba ansioso. Acepté, pues sabía que mis esclavos podrían franquear las puertas de la ciudad con el rebaño por la mañana, venderlo, y conseguir un buen provecho. Una vez cerrado el trato, llamé a mis esclavos y les ordené que trajeran antorchas para poder ver el rebaño que, según el granjero, estaba compuesto de novecientas ovejas. No quiero aburriros describiendo las dificultades que tuvimos para intentar contar a unas ovejas tan sedientas, cansadas y agitadas. La tarea parecía imposible. Entonces, informé al granjero que las contaría a la luz del día y le pagaría en ese momento.

-Por favor, honorable señor- rogó el granjero -Pagadme sólo dos tercios del precio esta noche, para que pueda ponerme en marcha. Dejaré a mi esclavo más inteligente e instruido para que os ayude a contar las ovejas por la mañana. Es de fiar, os podrá pagar el saldo.

-Pero yo era testarudo y rechacé efectuar el pago esa noche. A la mañana siguiente, antes de que me despertara, las puertas de la ciudad se abrieron y cuatro compradores de rebaños se lanzaron a la búsqueda de ovejas. Estaban impacientes y aceptaron de buen grado pagar el elevado precio, porque la ciudad estaba sitiada y escaseaba la comida. El viejo granjero recibió casi el triple del precio que a mí me había ofrecido por su ganado. Era una oportunidad única que dejé escapar.

-Esta es una historia extraordinaria -comentó Arkad- ¿Qué os sugiere?

-Que hay que pagar inmediatamente cuando estamos convencidos de que nuestro negocio es bueno- sugirió un venerable fabricante de sillas de montar -Si el negocio es bueno, tenéis que protegeros tanto de vuestra propia debilidad como de cualquier hombre. Nosotros, mortales, somos caprichosos. Y, por desgracia, solemos cambiar de idea con mayor facilidad cuando tenemos razón que cuando nos equivocamos, que sin duda es cuando más testarudos nos mostramos. Cuando tenemos razón, tendemos a vacilar y a dejar que la ocasión se escabulla. Mi primera idea es siempre la acertada. Sin embargo, siempre me cuesta forzarme a hacer deprisa y corriendo un negocio una vez que lo he decidido. Entonces, para protegerme de mi propia debilidad, doy un depósito al instante. Esto me impide que más tarde me arrepienta de haber dejado escapar buenas ocasiones.

-Gracias. Me gustaría volver a hablar- El sirio estaba otra vez de pie- Estas historias se parecen. Todas las veces la suerte se va por la misma razón. Todas las veces, trae al contemporizador un plan bueno. En todas las ocasiones, dudan y no dicen "es una buena ocasión, hay que reaccionar con rapidez" ¿Cómo pueden tener éxito de esta forma?

-Tus palabras son sabias, amigo -respondió el comprador- La suerte se ha alejado del contemporizador las dos veces. Pero eso no es nada extraordinario. Todos los hombres tienen la manía de dejar las cosas para después. Deseamos riquezas, pero ¿cuántas veces, cuando se presenta la ocasión, esa manía de contemporizar nos incita a retrasar nuestra decisión? Al ceder a esa manía, nos convertimos en nuestro peor enemigo. Cuando era más joven, no conocía esa palabra que tanto le gusta a nuestro amigo de Siria. Al principio, pensaba que se perdían negocios ventajosos por falta de juicio. Más tarde, creí que era una cuestión de cabezonería. Finalmente, he reconocido de qué se trata: una costumbre de retrasar inútilmente la rápida decisión, una acción necesaria y decisiva. Realmente detesté esta costumbre cuando descubrí su verdadero carácter. Con la amargura de un asno salvaje atado a un carro, he cortado las ataduras de esta costumbre y he trabajado para tener éxito.

-Gracias. Me gustaría hacer una pregunta al comerciante- dijo el sirio- Su vestimenta no es la de un pobre. Habla como un hombre que tiene éxito. Decidnos, ¿sucumbís ante la manía de contemporizar?

-Al igual que nuestro amigo comprador, yo también he

reconocido y conquistado la costumbre de contemporizar- respondió el comerciante- Para mí, ha resultado un enemigo temible, siempre al acecho y que esperaba el momento propicio para contrariar mis realizaciones. La historia que he narrado es sólo uno de los abundantes ejemplos que podría contar para mostraros cómo he desaprovechado buenas oportunidades El enemigo se puede controlar fácilmente una vez se le reconoce. Ningún hombre permite de forma voluntaria que un ladrón le robe sus reservas de grano. Como tampoco ningún hombre permite de buen grado que un enemigo le robe la clientela para su propio beneficio. Cuando un día comprendí que la contemporización era mi peor enemigo, la vencí con determinación. Así, todos los hombres deben dominar su tendencia a contemporizar antes de poder pensar en compartir los ricos tesoros de Babilonia.

-¿Qué opina usted, Arkad? Usted es el hombre más rico de Babilonia y muchos sostienen que también es el mas afortunado. ¿Está de acuerdo conmigo en que ningún hombre puede conseguir un éxito total mientras no haya liquidado por completo su manía de contemporizar?

-Eso es cierto- admitió Arkad- Durante mi larga vida, he conocido a hombres que han recorrido las largas avenidas de la ciencia y de los conocimientos que llevan el éxito en la vida. A todos se les han presentado buenas oportunidades. Algunos las aprovecharon inmediatamente y pudieron, de esta manera, satisfacer sus más profundos deseos; pero muchos dudaron y se echaron atrás.

Arkad se giró hacia el tejedor.

-Ya que has sido tú el que nos has sugerido un debate sobre la suerte, dinos lo que opinas al respecto.

-Veo la suerte bajo un nuevo prisma. Creía que era algo deseable que pudiera llegar a cualquier hombre sin que éste realizara esfuerzo alguno. Ahora soy consciente de que no se trata de un acontecimiento que uno puede provocar. He aprendido, gracias a nuestra discusión, que para atraer la suerte, es preciso aprovechar de inmediato las ocasiones que se presentan. Por eso, en el futuro, me esforzaré en sacar el máximo partido posible de las ocasiones que se me presenten.

-Has entendido muy bien las verdades a las que hemos llegado con nuestra discusión-respondió Arkad- La suerte toma a menudo la forma de una oportunidad, pero pocas veces nos viene de otra manera. Nuestro amigo comerciante habría tenido mucha suerte si hubiera aceptado la ocasión que la diosa le brindaba. Nuestro amigo comprador, también habría podido aprovechar su suerte si hubiera completado la compra del rebaño y lo habría vendido consiguiendo un gran beneficio. Hemos seguido con esta discusión para descubrir los medios necesarios para que la suerte nos sonría. Creo que vamos bien encaminados. En las dos historias hemos visto cómo la suerte toma la forma de una oportunidad. De todo esto se desprende la verdad, verdad que por muchas historias parecidas que contáramos no cambiaría: la suerte <u>puede sonreíros si aprovecháis las ocasiones que se presentan</u>. Los que están impacientes por aprovechar las ocasiones que se les presentan para sacarles el máximo provecho posible atraen la atención de la buena diosa. Siempre se apresura en ayudar a los que son de su agrado. Le gustan sobre todo los hombres de acción.

La acción te conducirá hacia el éxito que deseas. A los hombres de acción les sonríe la buena fortuna.

5 LAS CINCO LEYES DEL ORO

-Si pudieras escoger entre una bolsa llena de oro y una tablilla de arcilla donde estuvieran grabadas palabras llenas de sabiduría, ¿qué escogerías?

Arrimados en las vacilantes llamas de una hoguera alimentada con arbustos del desierto, los morenos rostros de los oyentes brillaban, animados por el interés.

-El ORO, el ORO- respondieron a coro los veintisiete asistentes. El viejo Kalabab, que había previsto esta respuesta, sonrió.

-¡Ahg! -continuó, alzando la mano-. Oíd a los perros salvajes a lo lejos, en la noche, aúllan y gimen porque el hambre les corroe las entrañas. Pero dadles comida y observad lo que hacen. Se pelean y se pavonean. Y después siguen peleándose y pavoneándose, sin preocuparse por el futuro.

-Exactamente igual que los hijos de los hombres. Dadles a elegir entre el oro y la sabiduría, ¿qué hacen? Ignoran la sabiduría y malgastan el oro. Al día siguiente, gimen porque ya no tienen oro. El oro está reservado a aquellos que conocen sus leyes y las obedecen.

Kalabab cubrió sus delgadas piernas con la túnica blanca, pues la noche era fría y el viento soplaba con fuerza.

-Porque me habéis servido fielmente durante nuestro largo viaje, porque habéis cuidado bien de mis camellos, porque habéis trabajado duro sin quejaros a través de las arenas del desierto y porque os habéis enfrentado con valentía a los rateros que han intentado despojarme de mis bienes, esta noche voy a contaros la historia de las cinco leyes del oro, una historia como jamás habéis oído. ¡Escuchad, escuchad! Prestad mucha atención a mis palabras para comprender su significado y tenerlas en cuenta en el futuro si deseáis poseer mucha fortuna.

Hizo una pausa impresionante. Las estrellas brillaban en la bóveda celeste. Detrás del grupo se distinguían las descoloridas tiendas que habían sujetado fuertemente, en resguardo de posibles tormentas de arena. Al lado de las tiendas, los fardos de mercancías recubiertos de pieles estaban correctamente apilados. Cerca de allí, algunos camellos tumbados en la arena rumiaban satisfechos, mientras que otros roncaban, emitiendo un sonido grave.

-Ya nos has relatado varias historias interesantes, Kalabab -dijo en voz alta el jefe de la caravana-. En ti vemos la sabiduría que nos guiará cuando tengamos que dejar de servirte.

-Os he contado mis aventuras en tierras lejanas y extranjeras, pero esta noche voy a hablaros de la sabiduría de Arkad, el hombre sabio que es muy rico.

-Hemos oído hablar mucho de él -reconoció el jefe de la caravana-, pues era el hombre más rico que jamás haya vivido en Babilonia.

-Era el hombre más acaudalado, porque usaba el oro con sabiduría, más de lo que cualquier otra persona lo hizo antes. Esta noche voy a hablaros de su gran sabiduría tal como Nomasir, su hijo, me habló de ella hace muchos años en Nínive, cuando yo no era más que un joven.

-Mi maestro y yo nos habíamos quedado hasta bien entrada la noche en el palacio de Nomasir. Yo había ayudado a mi maestro a llevar los grandes rollos de suntuosas alfombras que debíamos mostrar a Nomasir para que éste hiciera su elección. Finalmente, quedó muy conforme y nos invitó a sentarnos con él y beber un vino exótico y perfumado que recalentaba el estómago, bebida a la que yo no estaba acostumbrada. ,Entonces nos contó la historia de la gran sabiduría de Arkad, su padre, la misma que voy a contaros.

-Como sabéis, según la costumbre de Babilonia, los hijos de los ricos viven con sus padres a la espera de recibir su herencia. Arkad no aprobaba esta idea. Así pues, cuando Nomasir tuvo derecho a su herencia, le dijo al joven: "Hijo mío, deseo heredarte mis bienes. Sin embargo, debes demostrar que eres capaz de administrarlos con sabiduría.

Por tanto, quiero que recorras el mundo y que demuestres tu capacidad de conseguir oro y de hacerte respetar. Y para que empieces con buen pie, te daré dos cosas que yo no tenía cuando empecé; siendo un joven pobre, mi fortuna. En primer lugar, te doy este saco de oro. Si lo utilizas con sabiduría, construirás las bases de tu futuro éxito. También te doy esta tablilla de arcilla donde están grabadas las cinco leyes del oro. Sólo serás eficaz y seguro si las pones en práctica en tus propios actos. Dentro de diez años, volverás a casa de tu padre y darás cuenta de tus actos. Si has demostrado tu valor, entonces heredarás mis bienes. De no ser así, los daré a los sacerdotes para que recen por mi alma y pueda ganar la gracia de Dios".

-Así pues, Nomasir partió para vivir sus propias experiencias, llevándose consigo el saco de oro, la tablilla cuidadosamente envuelta en seda, su esclavo y caballos, sobre los que montaron.

-Los diez años pasaron rápidamente y Nomasir, como habían convenido, volvió a casa de su padre, quien organizó un gran festín en su honor, festín al cual estaban invitados varios amigos y parientes. Terminada la cena, el padre y la madre se instalaron en sus asientos ubicados en la gran sala, semejantes a dos tronos, y Nomasir se situó frente a ellos para dar cuenta de sus actos tal como había prometido a su padre.

-Era de noche. En la sala flotaba el humo de las lámparas de aceite que alumbraban débilmente la estancia. Los esclavos vestidos con chaquetones blancos y túnicas batían el húmedo aire con largas hojas de palma. Era una escena solemne. Impacientes por escucharle, la mujer de Nomasir y sus dos jóvenes hijos, amigos y otros miembros de la familia, se sentaron sobre las alfombras detrás de él.

-Padre- empezó con deferencia- me inclino ante vuestra sabiduría. Hace diez años, cuando yo me encontraba en el umbral de la edad adulta, me ordenasteis que partiera y me convirtiera en hombre entre los hombres, en lugar de seguir siendo el simple candidato a vuestra fortuna. Me disteis mucho oro. Me disteis mucha de vuestra sabiduría.

Desgraciadamente, debo admitir, muy a pesar mío, que administré muy mal el oro que me habíais confiado. Se escurrió entre mis dedos, ciertamente a causa de mi inexperiencia, como una liebre salvaje que se salva a la primera oportunidad que le ofrece el joven cazador que la ha capturado.

-El padre sonrió con indulgencia- Continúa, hijo mío, tu historia me interesa hasta el mínimo detalle.

-Decidí ir a Nínive, porque era una ciudad próspera, con la esperanza de poder encontrar allí buenas oportunidades. Me uní a una caravana e hice numerosos amigos. Dos hombres, conocidos por poseer el caballo blanco más hermoso, tan rápido como el viento, formaban parte de la caravana. Durante el viaje, me confiaron que en Nínive había un hombre que poseía un caballo tan rápido que jamás había sido superado en ninguna carrera. Su propietario estaba convencido de que ningún caballo en vida podía correr más deprisa. Estaba dispuesto a apostar cualquier cantidad, por muy elevada que fuera, a que su caballo podía superar a cualquier otro caballo en toda Babilonia. Comparado con su caballo, dijeron mis amigos, no era más que un pobre asno, fácil de vencer. Me ofrecieron, como gran favor, la oportunidad de unirme a ellos en la apuesta. Yo estaba entusiasmado por aquel proyecto tan emocionante. Nuestro caballo perdió y yo perdí gran parte de mi oro. -El padre rió- Más tarde descubrí que era un plan fraudulento organizado por aquellos hombres, y que viajaban constantemente en caravanas en busca de nuevas víctimas. Como podéis suponer, el hombre de Nínive era su cómplice y compartía con ellos las apuestas que ganaba. Esta trampa fue mi primera lección de desconfianza.

-Pronto recibiría otra, tan amarga como la primera. En la caravana, había un joven con el cual me unía la amistad. Era hijo de padres ricos como yo y se dirigía a Nínive para conseguir una situación aceptable. Poco tiempo después de nuestra llegada, me dijo que un rico mercader había muerto y que su tienda, su valiosa mercancía y su clientela estaban a nuestro alcance por un precio más que razonable. Diciéndome que podríamos ser socios a partes iguales, pero que primero tenía que volver a Babilonia para depositar su dinero en un lugar seguro, me convenció para que comprara la mercancía con mi oro. Retrasó su viaje a Babilonia, y resultó ser un comprador poco prudente y malgastador. Finalmente me deshice de él, pero el negocio había empeorado hasta tal punto que ya no quedaba casi nada aparte de mercancías invendibles y yo no tenía más oro para comprar otras. Malvendí lo que quedaba a un israelita por una suma ridícula.

-Los días que siguieron fueron amargos, padre. Busqué trabajo pero no encontré ninguno, pues no tenía un oficio ni una profesión que me hubieran permitido ganar dinero. Vendí mis caballos. Vendí a mi esclavo. Vendí mis ropas de recambio para comprar algo que llevarme a la boca y un lugar donde pernoctar, pero el hambre se hacía sentir cada vez más. Durante aquellos días de miseria, recordé vuestra confianza en mí, padre. Me habíais enviado a la aventura para que me convirtiera en un hombre, y estaba decidido a conseguirlo. -La madre ocultó su rostro y lloró tiernamente.

-En aquel momento me acordé de la tablilla que me habíais dado y en la que habíais grabado las cinco leyes del oro. Entonces leí con mucha atención vuestras palabras de sabiduría y comprendí que si primero hubiera buscado la sabiduría, no hubiera perdido todo mi oro. Memoricé todas las leyes y decidí que cuando la fortuna me volviera a sonreír, me dejaría guiar por la sabiduría de la edad y no por una inexperta juventud.

-En beneficio de los que están aquí sentados, voy a leer las palabras de sabiduría que mi padre hizo grabar en la tablilla de arcilla que me dio hace diez años.

LAS CINCO LEYES DE ORO

"**I**. El oro acude fácilmente, en cantidades siempre mayores importantes, a quien reserva no menos de una décima parte de sus ganancias para crear un bien en previsión de su futuro y el de su familia.

"**II**. El oro trabaja con diligencia y de forma rentable para el poseedor sabio que le encuentra un uso provechoso, multiplicándose incluso como los rebaños en los campos.

"**III**. El oro permanece bajo la protección del poseedor prudente que lo invierte según los consejos de los sabios.

"**IV** El oro escapa al hombre que invierte sin objetivo en empresas que no le son familiares o que no son aprobadas por aquellos que conocen la forma de utilizar el oro.

"**V**. El oro huye del hombre que lo fuerza en ganancias imposibles, que sigue el seductor consejo de defraudadores y estafadores o que seña de su propia inexperiencia y de sus románticas intenciones de inversión".

-Estas son las cinco leyes del oro tal como mi padre las escribió. Afirmo que son mucho más valiosas que el oro mismo.

-Os he hablado de la enorme pobreza y de la desesperación a las que me había conducido mi inexperiencia- de nuevo miró a su padre-. Sin embargo, no hay mal que dure cien años. El fin de mis desventuras llegó cuando encontré un empleo como capataz de un grupo de esclavos que trabajaban en la construcción de la nueva muralla que tenía que rodear la ciudad. Como conocía la primera ley del oro, pude aprovechar esta oportunidad. Reservé una pieza de cobre de mis primeras ganancias, sumando otra siempre que me era posible hasta conseguir una moneda de plata. Era un proceso lento, puesto que tenía que satisfacer mis necesidades. Admito que gastaba con reparo porque estaba decidido a ganar tanto oro como me habíais dado, padre, y antes de que hubieran transcurrido los diez años.

-Un día, el jefe de los esclavos, del cual me había hecho bastante amigo, me dijo: "Sois un joven ahorrador que no gasta a diestro y siniestro todo lo que gana. ¿Tenéis oro reservado que no produce?"

-Sí.- le contesté- Mi mayor deseo consiste en acumular oro para reemplazar el que mi padre me dio y que perdí.

-Es una ambición muy noble, ¿y sabíais que el oro que habéis ahorrado puede trabajar por vos y haceros ganar todavía más oro?

-¡Ay! Mi experiencia ha sido muy dura, porque todo el oro de mi padre ha desaparecido y tengo miedo de que suceda lo mismo con el mío.

Si confiáis en mí, os daré un provechoso consejo respecto a la forma de utilizar el oro -replicó él-. Dentro de un año, la muralla que rodeará la ciudad estará terminada y dispuesta a acoger las grandes puertas centrales de bronce destinadas a proteger la ciudad contra los enemigos del rey. En todo Nínive no hay el metal suficiente para fabricar estas puertas y el rey no ha pensado en conseguirlo. Este es mi plan: varios de nosotros vamos a reunir nuestro oro para enviar una caravana a las lejanas minas de cobre y de estaño para traer a Nínive el metal necesario para fabricar las puertas. Cuando el rey ordene que se hagan las puertas, nosotros seremos los únicos que podremos proporcionar el metal y nos pagará un buen precio. Si el rey no nos compra, siempre podremos revender el metal a un precio razonable.

-En esta oferta reconocí una oportunidad y, fiel a la tercera ley, invertí mis ahorros, siguiendo el consejo de hombres sabios. Tampoco sufrí decepción alguna... Nuestros fondos comunes fueron un éxito y mi cantidad de oro aumentó considerablemente gracias a esta transacción.

Con el tiempo, me aceptaron como miembro del mismo grupo de inversores para otros emprendimientos. Aquellos hombres eran sabios a la hora de administrar provechosamente el oro. Estudiaban cuidadosamente todos los planes presentados antes de pasar a ejecutarlos. No se arriesgaban a perder su capital o a estancarlo en inversiones no rentables que no hubieran permitido recuperar el oro. Empresas insensatas como la carrera de caballos y la asociación de la que había formado parte por culpa de mi experiencia ni siquiera habrían merecido su consideración. Ellos habrían detectado los peligros de esas empresas al instante. Gracias a mi asociación con aquellos hombres, aprendí a invertir mi oro con seguridad, para que me produjera beneficios. Con el paso de los años, mi tesoro aumentaba más deprisa cada vez. No sólo he ganado lo que había perdido, sino que he traído mucho más.

-A lo largo de mis desgracias, mis intentos y mis logros, he puesto a prueba la sabiduría de las cinco leyes del oro repetidamente, padre, y éstas se han revelado justas en cada oportunidad. Para aquel que no conoce las cinco leyes del oro, el oro no acude a él y se gasta rápidamente. Pero para aquel que sigue las cinco leyes, el oro acude a él y trabaja como un fiel esclavo.

-Nomasir dejó de hablar e hizo una señal a un esclavo que se encontraba al fondo de la sala. El esclavo trajo, de uno en uno, tres pesados sacos de cuero. Nomasir tomó uno de los sacos y lo colocó en el suelo frente a su padre dirigiéndose a él una vez más:

-Me habíais dado un saco de oro, de oro de Babilonia. Para reemplazarlo, os devuelvo un saco de oro de Nínive del mismo peso. Todo el mundo estará de acuerdo en que es un intercambio justo. Me habíais dado una tablilla de arcilla con sabiduría grabada en ella. A cambio, os doy dos sacos de oro.»

-Diciendo esto, tomó los otros dos sacos de manos del esclavo y, como el primero, los colocó delante de su padre-. Esto es para demostraros, padre, que considero mucho más valiosa vuestra sabiduría que vuestro oro. Pero ¿quién puede medir en sacos de oro el valor de la sabiduría? Sin sabiduría, aquellos que poseen oro lo pierden rápidamente, pero gracias a la sabiduría, aquellos que no tienen oro pueden conseguirlo, tal como demuestran estos tres sacos. Es una gran satisfacción para mí, padre, poder estar frente a vos y deciros que gracias a vuestra sabiduría he podido llegar a ser rico y respetado por los hombres-. El padre colocó su mano sobre la cabeza de Nomasir con gran afecto

-Has aprendido bien la lección y, verdaderamente, soy

muy afortunado de tener un hijo al que confiar mi riqueza.

Terminado el relato, Kalabab permaneció callado, observando a sus oyentes con aire crítico.

-¿Qué pensáis de la historia de Nomasir? -continuó-. ¿Quién de entre vosotros puede acudir a su padre o a su suegro y dar cuenta de la buena administración de sus ingresos? ¿Qué pensarían esos venerables hombres si les dijerais: "He viajado y aprendido mucho, he trabajado mucho y he ganado mucho pero, ¡ay!, tengo poco oro. He gastado parte de él con sabiduría, otra parte alocadamente y también he perdido otra por imprudencia?"

-¿Todavía creéis que la suerte es la responsable de que algunos hombres posean mucho oro y de que otros no tengan? En ese caso, os equivocáis.

-Los hombres tienen mucho oro cuando conocen las cinco leyes del oro y las respetan.

-Gracias al hecho de haber aprendido las cinco leyes en mi juventud y de haberlas seguido, me he convertido en un mercader acaudalado. No he hecho fortuna por una extraña magia.

-La riqueza que se adquiere rápidamente desaparece rápidamente también.

-La riqueza que permanece para proporcionar alegría y satisfacción a su poseedor, aumenta en forma gradual porque es una criatura nacida del conocimiento y de la determinación.

-Adquirir bienes constituye una carga sin importancia para el hombre prudente. Transportar la carga año tras año con inteligencia permite llegar al objetivo final.

-A aquellos que respetan las cinco leyes del oro, se les ofrece una rica recompensa.

-Cada una de las cinco leyes es rica en significado y, si no habéis comprendido su sentido durante mi relato, voy a repetíroslas ahora. Me las sé de memoria porque, siendo joven, pude constatar su valor y no me hubiera sentido satisfecho mientras no las hubiera memorizado.

La primera ley del oro:

El oro acude fácilmente, en cantidades siempre más importantes, al hombre que reserva no menos de una décima parte de sus ganancias para crear un bien en previsión de su futuro y del de su familia.

El hombre que sólo reserva la décima parte de sus ganancias de forma regular y la invierte con sabiduría, seguramente creará una inversión valiosa que le procurará unos ingresos para el futuro y una mayor seguridad para su familia si llegara el caso de que Dios le volviera a llamar hacia el mundo venidero. Esta ley dice que el oro siempre acude libremente a un hombre así. Yo puedo confirmarlo basándome en mi propia vida. Cuanto más oro acumulo, más oro acude a mí rápidamente y en cantidades crecientes. El oro que ahorro proporciona más, igual que lo hará el vuestro, y estas ganancias proporcionan otras ganancias; así funciona la primera ley.

La segunda ley del oro:

El oro trabaja con diligencia y de forma rentable para el poseedor sabio que le encuentra un uso provechoso, multiplicándose incluso como los rebaños en los campos.

Verdaderamente, el oro es un trabajador voluntarioso. Siempre está impaciente por multiplicarse cuando se presenta la ocasión. A todos los hombres que tienen un tesoro de oro reservado, se les presenta una oportunidad, permitiéndoles aprovecharla. Con los años, el oro se multiplica de manera sorprendente.

La tercera ley del oro:

El oro permanece bajo la protección del poseedor prudente que lo invierte según los consejos de hombres sabios.

El oro se aferra al poseedor prudente, aunque se trate de un poseedor despreocupado. El hombre que busca la opinión de hombres sabios en la forma de negociar con oro, aprende rápidamente a no arriesgar su tesoro y a preservarlo y verlo aumentar gozosamente.

La cuarta ley del oro:

El oro escapa al hombre que invierte sin objetivo en emprendimientos que no le son familiares o que no son aprobadas por aquellos que conocen la forma de utilizar el oro.

Para el hombre que tiene oro, pero que no tiene experiencia en los negocios, muchas inversiones parecen provechosas. A menudo, estas inversiones comportan un riesgo, y los hombres sabios que las estudian demuestran prontamente que son muy poco rentables. Así, el poseedor de oro inexperto que se fía de su propio juicio y que invierte en una empresa con la que no está familiarizado descubre a menudo que su juicio es incorrecto y paga su inexperiencia con parte de su tesoro. Sabio es quien invierte sus tesoros según los consejos de hombres expertos en el arte de administrar el oro.

La quinta ley del oro:

El oro huyó del hombre que lo fuerza en ganancias imposibles, que sigue el seductor consejo de defraudadores y estafadores o que se fía de su propia inexperiencia y de sus románticas intenciones de inversión.

El nuevo poseedor de oro siempre se encontrará con proposiciones estrambóticas que son tan emocionantes como la aventura. Éstas dan la impresión de proporcionar unos poderes mágicos a su tesoro que lo hacen capaz de conseguir ganancias imposibles. Pero, verdaderamente, desconfiad; los hombres sabios conocen bien las trampas que se ocultan tras cada plan que pretende enriquecer de forma repentina. Recordad a los hombres ricos de Nínive que no se arriesgaban a perder su capital ni a estancarlo en inversiones no rentables.

-Aquí termina mi historia de las cinco leyes del oro. Al contárosla, os he revelado los secretos de mi propio éxito. Sin embargo, no se trata de secretos, sino de grandes verdades que todos los hombres deben aprender primero y seguir después si desean escapar de la masa que, como los perros salvajes, se preocupa todos los días por su ración de pan.

-Mañana entraremos en Babilonia. ¡Observad con atención! ¡Mirad la llama eterna que arde en lo alto del Templo de Bel! Ya vemos la ciudad dorada. Mañana, cada uno de vosotros tendrá oro, el oro que tanto os habéis ganado con vuestros fieles servicios.

-Dentro de diez años, contando desde esta noche, ¿qué podréis decir de este oro? Entre vosotros hay hombres que, como Nomasir, utilizarán una parte de su oro para comenzar a acumular bienes y, por consiguiente, guiados por la sabiduría de Arkad, dentro de diez años, no cabe duda alguna, serán ricos y respetados por los hombres, como el hijo de Arkad.

-Nuestros actos sabios nos acompañan a lo largo de la vida para servirnos y ayudarnos. Así, probablemente, nuestros actos imprudentes nos persiguen para atormentarnos. Por desgracia, no se pueden olvidar. Los primeros de los tormentos que nos persiguen son los recuerdos de cosas que tendríamos que haber hecho, oportunidades que se nos ofrecieron pero que no aprovechamos.

-Los tesoros de Babilonia son tan importantes, que ningún hombre es capaz de calcular su valor en piezas de oro. Todos los años adquieren mayor valor. Como los tesoros de todos los países, constituyen una recompensa, la rica recompensa que espera a los hombres resueltos, decididos a conseguir la parte que merecen.

-La fuerza de vuestros propios deseos contiene un poder mágico. Conducid este poder gracias al conocimiento de las cinco leyes del oro y tendréis vuestra parte de los tesoros de Babilonia.

6 EL PRESTAMISTA DE ORO DE BABILONIA

¡Cincuenta monedas de oro! El fabricante de lanzas de la vieja Babilonia nunca había llevado tanto oro en su bolsa de cuero. Volvía feliz caminando a grandes zancadas por el camino real del palacio. El oro tintineaba alegremente en la bolsa que colgaba de su cinturón y se movía con un suave vaivén cada vez que daba un paso, era la música más dulce que hubiera escuchado jamás.

¡Cincuenta monedas de oro! Le costaba creer en su buena suerte. ¡Cuánto poder había en esas piezas que resonaban! Podrían procurarle todo lo que quisiera: una casa enorme, tierras, un rebaño, camellos, caballos, carros, todo.

¿Qué haría con ellas? Aquella noche, mientras tomaba una calle transversal y apresuraba su paso hacia la casa de su hermana, no podía pensar en otra cosa más que en esas pesadas y brillantes monedas que ahora le pertenecían.

Unos días más tarde, al ponerse el sol, Rodan entró perplejo en la tienda de Maton, prestamista de oro y mercader de joyas y telas exóticas. Sin fijarse en los atractivos artículos que estaban ingeniosamente dispuestos a ambos lados, cruzó la tienda y se dirigió a las habitaciones de la parte posterior. Encontró al hombre que buscaba, Maton, tendido en una alfombra y saboreando la comida que le había servido su esclavo negro.

-Me gustaría pediros consejo por cuanto no sé qué hacer.

Rodan estaba de pie con las piernas abiertas y por debajo de la chaqueta de cuero entreabierta se adivinaba su pecho velludo. La figura delgada y pálida de Maton le sonrió y le saludó con afabilidad.

-¿Qué necedades habrás cometido para venir a pedir los favores del prestamista de oro? ¿Has tenido mala suerte en el juego? ¿Acaso alguna mujer te ha desplumado hábilmente? Desde que te conozco, nunca has solicitado de mi para resolver tus asuntos.

-No, no, nada de eso. No busco oro. Vengo porque espero que puedas darme un sabio consejo.

-¡Escuchad, escuchad lo que dice este hombre! Nadie viene a ver al prestamista de oro para que le dé un consejo. Mis oídos me están jugando una mala pasada.

-Oyen correctamente.

-¿Cómo es posible? Rodan, el fabricante de lanzas, es más astuto que nadie. Por eso visita a Maton, no para pedirle que le preste oro, sino para pedirle consejo. Hay muchos que vienen a pedirme oro para pagar sus caprichos pero no quieren que los aconseje. Pero, ¿quién mejor que el prestamista para aconsejar a los muchos hombres que acuden a él? Comerás conmigo, Rodan -continuó diciendo-. Esta noche, tú serás mi invitado. ¡Ando! -ordenó a su esclavo negro-, extiende una alfombra para mi amigo Rodan, el fabricante de lanzas, que ha venido para que le aconseje. Será mi invitado de honor. Tráele mucha comida y el mejor vino para que se complazca en beber. Ahora, dime qué es lo que te acongoja.

-Se trata del regalo del rey.

-¿El regalo del rey? ¿El rey te ha hecho un regalo que te causa problemas? ¿Qué clase de regalo?

-Me dio cincuenta monedas de oro porque le gustó mucho el diseño de las nuevas lanzas de la guardia real y ahora estoy muy apurado. A cualquier hora del día me siento acosado por personas que querrían compartirlas conmigo.

-Es natural, hay muchos hombres que querrían tener más oro del que tienen y, que aquellos que lo obtienen fácilmente lo compartieran con ellos. Pero, ¿no puedes decirles que no? ¿No eres lo bastante fuerte como para defenderte?

-Hay muchos días que puedo decir que no pero otras veces es más fácil decir que sí. ¿Puede alguien negarse a compartir este dinero con su hermana a la que se siente muy unido?

—Seguramente tu hermana no querrá privarte de la alegría de tu recompensa.

—Pero es por amor a su marido Araman, a quien ella desea ver convertido en un rico mercader. Cree que nunca ha tenido suerte y quiere que le preste el oro para que pueda convertirse en un próspero mercader y después devolverme el dinero con los beneficios.

—Amigo mío —prosiguió Maton—. Este asunto que quieres discutir es muy interesante. El oro da a quien lo posee una gran responsabilidad y cambia su posición social frente a los compañeros. Despierta el temor a perderlo o a ser engañado. Produce una sensación de poder y permite hacer el bien. Pero, en otras ocasiones, las buenas intenciones pueden causar problemas.

—¿Has oído hablar alguna vez del granjero de Nínive que era capaz de entender el lenguaje de los animales? No es el tipo de fábula que a los hombres les gusta contar en casa del herrero. Te la voy a contar para que aprendas que en la acción de tomar prestado o de prestar, hay algo más que el paso del oro de una mano a otra.

—El granjero, que entendía lo que decían los animales entre ellos, todas las noches se detenía sólo para escuchar lo que hablaban. Una noche oyó al buey quejarse al asno de la dureza de su destino: "Arrastro el arado desde la mañana hasta la noche. Poco importa que haga calor, que esté cansado o que la yunta me irrite el pescuezo, igualmente tengo que trabajar. En cambio, tú eres una criatura hecha para el ocio. Decorado con una manta de colores, no tienes otra cosa que hacer que llevar a nuestro amo adonde desee ir. Cuando no va a ninguna parte, descansas y paces durante el día entero".

—El asno, a pesar de sus peligrosos cascos, era de naturaleza buena y simpatizaba con el buey. «Amigo mío, respondió, trabajas mucho y me gustaría aliviar tu suerte. Así que te contaré cómo puedes tener un día de descanso. Por la mañana, cuando venga a buscarte el esclavo para la labranza, tiéndete en el suelo y empieza a mugir sin cesar para que diga que estás enfermo y que no puedes trabajar. El buey siguió el consejo del asno y, a la mañana siguiente, el esclavo se dirigió a la granja y le dijo al granjero que el buey estaba enfermo y que no podía arrastrar el arado.

-En este caso, dijo el granjero, unce al asno pues de alguna manera hay que labrar la tierra.

-Durante todo el día el asno, que solamente había querido ayudar a su amigo, se vio forzado a hacer el trabajo del buey. Por la noche, cuando lo desengancharon del arado, tenía el corazón afligido, las piernas cansadas y le dolía el cuello, porque la yunta se lo había irritado.

-El granjero se acercó al corral para escuchar. El buey empezó primero.

-Eres un buen amigo. Gracias a tu sabio consejo, he disfrutado de un día de descanso.

-En cambio yo, replicó el asno, soy un corazón compasivo que empieza por ayudar a un amigo y termina por hacer su trabajo. A partir de ahora, tú arrastrarás tu propio arado, porque he oído que el amo decía al esclavo que fuera a buscar al carnicero si todavía seguías enfermo. Espero que lo haga porque eres un compañero perezoso.

-Nunca más se hablaron. Allí terminó su fraternidad.

-Rodar, ¿puedes explicarme la moraleja de esta fábula?

-Es una buena fábula -respondió Rodar-, pero yo no veo la moraleja.

-No pensaba que fueras a descubrirla. Pero hay una y es muy simple: si quieres ayudar a tu amigo, hazlo de forma que luego no recaigan sobre ti sus responsabilidades.

-No se me había ocurrido. Es una moraleja muy sabia. No deseo cargar con las responsabilidades de mi hermana y de su marido. Pero dime, tú que prestas dinero a tanta gente: ¿acaso los que te piden dinero prestado no te lo devuelven?

—Maton sonrió con el gesto que permite la experiencia. ¿Acaso sería un buen préstamo si no me lo devolvieran? ¿No crees que el prestamista tiene que ser lo suficientemente listo como para juzgar con precaución si el oro que presta será de utilidad para el que lo pide prestado y después le será devuelto, o si el oro se desperdiciará vanamente y dejará al que lo ha pedido abrumado por una deuda que nunca podrá solventar?

—Voy a enseñarte las monedas que tengo en mi cofre y voy a dejar que te cuenten algunas historias-. Llevó a la habitación un cofre tan largo como su brazo, cubierto con piel de cerdo roja y adornado con figuritas de bronce. Lo depositó en el suelo y se agachó delante de él, con las dos manos colocadas encima de la tapa.

—Exijo una garantía de cada persona a quien presto dinero y la dejo en el cofre hasta que me devuelven el dinero. Cuando lo hacen, se la devuelvo, pero si no lo hacen, este depósito me recordará siempre a quien me ha traicionado. El cofre me demuestra que lo más seguro es prestar dinero a aquellos cuyas posesiones tienen más valor que el oro que desean que les preste. Tienen tierras, joyas, camellos u otros objetos que se pueden vender como pago del préstamo. Algunas de las prendas que me dan tienen más valor que el préstamo. Con otras, prometen entregarme una parte de sus propiedades como pago si no lo devuelven. Gracias a esta clase de préstamos, me aseguro de que me devolverán el oro con intereses, ya que el préstamo se basa en el valor de las propiedades.

—Hay otra categoría de personas que piden prestado: los que pueden ganar dinero. Son como tú, trabajan o sirven y se les recompensa. Cuentan con unos ingresos, son honestos y no tienen mala suerte. Sé que ellos también pueden devolver el oro que les presto y los intereses a los que tengo derecho. Estos préstamos se basan en el esfuerzo.

—Los otros son los que no poseen propiedades ni tampoco ganan dinero. La vida es dura y siempre habrá gente que no podrá adaptarse. Mi cofre podría reprocharme más tarde que les prestara dinero, aunque sea menos que un céntimo, a menos que buenos amigos del que me ha pedido el dinero me garantizaran su devolución.

-Maton soltó el cerrojo y abrió la tapa. Rodan se acercó a mirar con curiosidad. Había un collar de bronce encima de una tela de color escarlata. Maton tomó la joya y la acarició con cariño.

-Esta prenda siempre estará en mi cofre porque su propietario está muerto. La conservo cuidadosamente y me acuerdo mucho de él porque era un buen amigo. Hicimos muy buenos negocios juntos hasta que trajo a una mujer del Este, que no se parecía en nada a nuestras mujeres, y la desposó. Una criatura deslumbrante. Malgastó todo su oro para colmar todos los deseos de ella. Cuando ya no le quedaban más recursos, acudió a mí, angustiado. Le aconsejé. Le dije que le ayudaría una vez más a dirigir sus negocios. Juró que retomaría las riendas de sus asuntos. Pero no ocurrió así. Durante una pelea, aquella mujer le hundió un cuchillo en el corazón, de igual manera que él le había desafiado a que hiciera.

-¿Y ella...? -preguntó Rodan.

-Sí, este collar era suyo.

-Maton cogió la bella tela color escarlata. Presa de amargos remordimientos, se lanzó al Éufrates. Nunca me devolverán estos dos préstamos. -El cofre te explica, Rodan, que los que piden dinero prestado y son muy apasionados, constituyen un gran riesgo para el prestamista de oro.

-Ahora te voy a contar otra historia diferente.

-Buscó un anillo esculpido en un hueso de buey.

-Esta joya es propiedad de un granjero. Yo compro las alfombras que sus mujeres tejen. Los saltamontes devastaron sus cosechas y sus trabajadores no tenían qué comer. Le ayudé y, a la cosecha siguiente, me devolvió el dinero. Más tarde volvió a visitarme y me dijo que un viajante le había hablado de unas extrañas cabras que había en unas lejanas tierras. Tenían el pelo tan suave y fino que sus mujeres podrían tejer las alfombras más bellas que se hubieran visto jamás en Babilonia. Quería poseer ese rebaño pero no tenía dinero. Así que le presté el oro necesario para el viaje y la compra de las cabras. Ahora ya tiene su rebaño y el año que viene, voy a sorprender a los amos de Babilonia con las alfombras más caras que nunca hayan tenido la oportunidad de comprar. Pronto le devolveré el anillo. Insiste en devolverme el dinero rápidamente.

-¿Acaso hay personas que piden dinero prestado que hacen esto?- inquirió Rodan.

-Si me piden dinero con el fin de ganarlo, lo adivino y acepto prestarlo. Pero si lo hacen para pagarse sus caprichos, te advierto que seas prudente si quieres recobrarlo.

-Cuéntame la historia de esta joya- pidió Rodan, mientras tomaba con sus manos un brazalete de oro incrustado de extraordinarias piedras.

-Te interesan las mujeres, amigo mío- bromeó Maton.

-Soy bastante más joven que tú- replicó Rodan.

-De acuerdo, pero esta vez te imaginas un romance donde no lo hay. La propietaria es gorda y está arrugada y habla tanto para decir tan poco que me enfurece. Antaño tenía mucho dinero y su hijo y ella eran buenos clientes, pero les cayeron desgracias. Le hubiera gustado hacer un mercader de su hijo. Un día vino a mi casa y me pidió prestado para que su hijo pudiera asociarse con el propietario de una caravana que viajaba con sus camellos y trocaba en una ciudad lo que compraba en otra. El hombre demostró ser un canalla, porque dejó al pobre chico en una ciudad lejana sin dinero y sin amigos, tras abandonarlo mientras dormía. Quizá cuando sea adulto, me devolverá el dinero. Desde entonces, no recibo ningún interés por el préstamo, sólo palabras vanas. Pero reconozco que las joyas valen el préstamo.

—¿Y esta mujer, te pidió algún consejo sobre este préstamo?

Al contrario, se imaginó que su hijo era un hombre poderoso y rico de Babilonia. Sugerirle lo contrario la hubiera enojado. Solamente tuve derecho a una reprimenda. Sabía que corría un riesgo, dado que su hijo era inexperto, pero como ella ofrecía la garantía, no pude negarle el préstamo.

-Esto- continuó Maton mientras agitaba un pedazo de cuerda anudado -pertenece a Nebatur, el comerciante de camellos. Cuando compra un rebaño que cuesta más de lo que él tiene, me trae este nudo y yo le hago un préstamo según sus necesidades. Es un comerciante muy astuto. Confío en su juicio y puedo prestarle dinero con confianza. Muchos otros mercaderes de Babilonia también gozan de mi confianza porque su conducta es honrada. Los objetos que me entregan en depósito entran y salen regularmente del cofre. Los buenos mercaderes forman un activo en nuestra ciudad y para mí, es beneficioso ayudarles a mantener vivo el comercio para que Babilonia sea próspera.

Maton tomó un escarabajo esculpido en una turquesa y lo lanzó desdeñosamente al suelo.

-Es un insecto de Egipto. Al joven que posee esta piedra no le importa demasiado que algún día yo recupere el oro. Cuando se lo reclamo, me responde: "¿cómo puedo devolverte el dinero si la desgracia se cierne sobre mí? ¡Tienes a otros!"

—¿Qué puedo hacer? El objeto pertenece a su padre, un hombre de valor pero que no es rico y que empeñó sus tierras y su rebaño para ayudar a su hijo en sus emprendimientos.

-Al principio el joven tuvo éxito y luego se puso demasiado ansioso por enriquecerse. Por culpa de su inexperiencia, sus tentativas se fueron al traste. Los jóvenes son ambiciosos. Les gustaría conseguir las riquezas rápidamente y las cosas deseables que aporta.

Para asegurarse una fortuna rápida, piden dinero prestado imprudentemente. Como es su primera experiencia, no pueden comprender que una deuda que no sea devuelta es como un agujero profundo al que podemos descender rápidamente y en el que podemos debatirnos en vano durante mucho tiempo. Es un agujero de penas y lamentos donde la luz del sol se ensombrece y la noche perturba un sueño agitado. Pero no desaconsejo que se preste dinero. Animo a que se haga. Lo recomiendo en el caso de que se haga con un fin loable. Yo mismo tuve mi primer gran éxito como mercader con dinero prestado. Pero, ¿qué debe hacer un prestamista en un caso así? El joven ha perdido la esperanza y no hace nada. Se ha desanimado. No se esfuerza por devolver el dinero. Y yo no quiero despojar a su padre de sus tierras y de su ganado.

-Me has contado muchas historias interesantes pero no has contestado a mi pregunta. ¿Debo o no debo prestar las cincuenta monedas de oro a mi hermana y a su marido? ¡Tienen tanto valor para mí!

-Tu hermana es una mujer valiente y la tengo en alta estima. Si su marido viniera a verme para pedirme cincuenta monedas de oro, le preguntaría para qué iba a emplearlas. Si me contestara que quiere hacerse mercader como yo y tener una tienda de joyas y de muebles, le diría: "¿conoces este oficio? ¿sabes dónde se puede comprar barato?". ¿Acaso podría responder afirmativamente a todas estas preguntas?

-No, no podría- admitió Rodan-. Me ayudó mucho a fabricar lanzas y también ayudó en otras tiendas.

-Entonces, le diría que su objetivo no es realista. Los mercaderes tienen que aprender su oficio. Su ambición, más que loable, es ilógica y, por lo tanto, no le prestaría dinero. Ahora, supongamos que dice: "Sí, ayudé mucho a los mercaderes. Sé cómo ir a Esmirna para comprar a bajo precio las alfombras que las mujeres tejen. Además, conozco a los ricos de Babilonia a quienes puedo vender y así obtener suculentos ingresos".

—Entonces, le diría: "Tu objetivo es sensato y tu ambición digna. Me alegraré de prestarte las cincuenta monedas de oro si me aseguras que las retornarás".

—Pero si dijera: "Lo único que os puedo asegurar es que soy un hombre de honor y que os devolveré el dinero", entonces le respondería que cada moneda de oro es muy valiosa para mí. Si los ladrones le quitan el dinero de camino a Esmirna o le arrebatan las alfombras a la vuelta, no tendrá cómo pagarme y habré perdido mi oro.

—Como ves, Rodan, el oro es la mercancía del prestamista. Es fácil prestarlo. Si se da con imprudencia, es difícil de recuperar. Una promesa es un riesgo que un prestamista prudente deshecha, y prefiere la garantía de una devolución asegurada. Es bueno ayudar a los que lo necesitan, a los que no tienen suerte. Está bien ayudar a los que empiezan para que prosperen y se conviertan en buenos ciudadanos. Pero la ayuda debe ser sensata, porque si no, igual que el asno de la granja deseoso de ayudar, cargaremos con un peso que pertenece a otro.

—Sigo alejándome de tu pregunta, Rodan, pero escucha mi respuesta: guarda tus cincuenta monedas de oro. Son la justa recompensa de tu trabajo y nadie puede obligarte a compartirlas, a menos que lo desees. Si quisieras prestarlas para que te dieran más oro, deberías hacerlo con precaución y en distintos sitios. No me gusta ni el oro que duerme ni tampoco los grandes riesgos.

—¿Cuántos años has trabajado como fabricante de lanzas?

—Tres años.

—¿Además del regalo del rey, cuánto dinero has guardado?

—Tres monedas de oro.

—¿O sea, que cada año que has trabajado, te has privado de cosas buenas para ahorrar una moneda de entre tus ganancias?

—Claro.

-Entonces, ¿quizás privándote de las cosas buenas podrías ahorrar cincuenta monedas de oro en cincuenta años?

-Sería el fruto de toda una vida.

-¿Y crees que tu hermana arriesgaría los ahorros de tus cincuenta años de trabajo para que su marido diera los primeros pasos como mercader?

-No, visto de esta manera, no.

-Entonces, ve a verla y dile que has estado tres años trabajando todos los días de la mañana a la noche, excepto en los días de ayuno y te has privado de muchas cosas que deseabas ardientemente. Por cada año de trabajo y de abnegación, has conseguido una moneda de oro. Dile: "Eres mi hermana predilecta y deseo que tu marido emprenda un negocio donde pueda prosperar mucho. Si puede presentarme un plan que a mi amigo Maton le parezca sensato y realista, entonces le prestaré gustosamente mis ahorros de un año entero para que tenga la oportunidad de demostrar que puede tener éxito". Haz lo que te digo y, si tiene talento para triunfar, tendrá que demostrarlo. Si falla, no te deberá más que lo que espera devolverte algún día.

-Soy prestamista de oro porque tengo más oro del que me hace falta para comerciar. Deseo que mi excedente de oro trabaje para los demás y así me aporte más oro. No me quiero arriesgar a perder mi oro porque he trabajado mucho y me he privado de muchas cosas para ahorrarlo. Así que no voy a prestarlo a quien no merezca mi confianza y me asegure que me será devuelto. Tampoco lo prestaré si no estoy convencido que los intereses de este préstamo me serán devueltos con prontitud.

-Te he contado, Rodan, algunos secretos de mi cofre. Estos secretos te han revelado las debilidades de los hombres y su ansiedad por pedir dinero prestado aunque no siempre tengan los medios seguros para devolverlo. Con estos ejemplos, te darás cuenta de que, muchas veces, la gran esperanza de estos hombres sería adquirir grandes ganancias si tuvieran dinero y que simplemente se trata de falsas esperanzas porque no tienen ni la habilidad ni la experiencia necesarias para realizarlas.

-Ahora tú, Rodan, posees el oro que podría producirte más oro. Estás muy cerca de convertirte, como yo, en un prestamista de oro. Si conservas tu tesoro, te aportará generosos intereses; será una fuente abundante de placeres y será provechoso para el resto de tu vida. Pero si lo dejas escapar, será una fuente tan constante de penas y lamentos que nunca lo olvidarás.

-¿Qué es lo que más deseas para el oro que contiene tu bolsa de cuero?

-Guardarlo en un lugar seguro.

-Has hablado con sensatez- respondió Maton en tono de aprobación. Tu primer deseo es la seguridad. ¿Crees que bajo la custodia de tu cuñado estará seguro y al abrigo de cualquier pérdida?

-Me temo que no, porque no es prudente en su forma de guardar el oro.

-Entonces, no te dejes influir por los estúpidos sentimientos hacia cualquier persona que te llevan a confiar tu bien. Si quieres ayudar a tu familia o a tus amigos, encuentra otros medios que no sean arriesgarte a perder tu tesoro. No olvides que el oro escapa inesperadamente a los que no saben guardarlo. Ya sea por extravagancia o dejando que los otros lo pierdan por ti.

-Después de la seguridad, ¿qué es lo que más deseas para tu tesoro?

-Que me produzca más oro.

-Vuelves a hablar con sensatez. Tu oro tiene que darte ganancias y crecer. El dinero que se presta sabiamente puede incluso duplicarse antes de que te hagas viejo. Si te arriesgas a perder tu dinero, también te arriesgas a perder todo lo que te pueda reportar. De modo que no debes dejarte influir por los planes fantásticos de hombres imprudentes que piensan que saben la forma de hacer que tu oro produzca ganancias extraordinarias. Son planes forjados por soñadores inexpertos que no conocen las leyes seguras y fiables del comercio. Sé conservador en cuanto a las ganancias que el oro pueda producirte y en cuanto a lo que puedes ganar y así saca partido de tu tesoro. Invertir el oro contra una promesa de ganancias usureras es ir a perderlo.

-Intenta asociarte con hombres hábiles y emprender negocios cuyo éxito esté asegurado, para que tu tesoro salga ganando y esté en lugar seguro gracias a vuestra astucia y experiencia. De esta forma, evitarás las desgracias que acompañan a la mayoría de los hijos de los hombres a quienes Dios confía el oro.

Cuando Rodan quiso agradecerle su sabio consejo, éste no le escuchó y dijo: "El regalo del rey te procurará mucha sabiduría. Si guardas las cincuenta monedas de oro, tendrás que ser discreto. Tendrás tentaciones de invertir en muchos proyectos. Te darán muchos consejos. Tendrás muchas oportunidades de obtener grandes beneficios. Antes de prestar ninguna moneda de oro, tienes que asegurarte de que te será devuelta. Si quieres más consejos, vuelve a visitarme. Te los daré gustosamente".

-Antes de irte, lee lo que grabé en la tapa del cofre. Se puede aplicar tanto al prestamista como al que pide el dinero prestado:

"Más vale un poco de precaución que mucho de lamentar".

7 LAS MURALLAS DE BABILONIA

El viejo Banzar, guerrero feroz en otros tiempos, hacía guardia en la pasarela que llevaba a la parte más alta de las murallas de Babilonia. A lo lejos, valerosos soldados defendían la entrada a las murallas. La supervivencia de la gran ciudad y de sus centenares de miles de habitantes dependía de ellos.

De más allá de las murallas llegaban el fragor de los ejércitos que combatían, los gritos de los hombres, los cascos de miles de caballos, el ensordecedor ruido de los arietes que golpeaban las puertas de bronce.

Los lanceros estaban en alerta constante, preparados para impedir la entrada en la ciudad en el caso de que las puertas cedieran. No eran numerosos, los ejércitos principales estaban lejos, hacia el Este, acompañando al rey, que dirigía una campaña contra los elamitas. No habían previsto que pudieran ser atacados durante esta ausencia y las fuerzas defensoras eran escasas. Cuando nadie se lo esperaba, del Norte los enormes ejércitos asirios llegaron. Las murallas deberían soportar el ataque, si no, sería el fin de Babilonia.

Alrededor de Banzar, con expresión espantada se agrupaban numerosos ciudadanos que se informaban ansiosamente sobre la evolución de los combates. Miraban aterrorizados la hilera de soldados muertos o heridos que eran transportados o que bajaban de la pasarela.

Tras haber rodeado la ciudad durante tres días, el asalto estaba llegando al momento crucial, el enemigo había concentrado sus fuerzas en aquella parte de la muralla y en aquella puerta. Las defensas, situadas en la parte superior de la muralla, mantenían a raya a los adversarios que intentaban escalar las paredes de la muralla mediante plataformas o escaleras echándoles aceite hirviendo o tirando lanzas a los que conseguían llegar hasta lo más alto. Los enemigos respondían, disponiendo una línea de arqueros que proyectaban una lluvia de flechas contra los babilonios.

El viejo Banzar ocupaba un puesto elevado, desde donde podía ver muy bien todo lo que ocurría. Se encontraba muy cerca del centro de los combates y era el primero en percibir los ataques frenéticos del enemigo.

Un comerciante de edad avanzada se le acercó:

-Decidme, por favor, no podrán entrar, ¿verdad?- suplicó juntando las dos manos- Mis hijos están acompañando a nuestro buen rey, no hay nadie para proteger a mi anciana esposa. Robarán todas nuestras posesiones, tomarán todas nuestras reservas. Nosotros ya somos viejos, demasiado para poder servir como esclavos, nos moráremos de hambre. Pereceremos. Decidme que no podrán entrar en la ciudad.

-Cálmate, buen comerciante- respondió el guardia- Las murallas de Babilonia son fuertes. Vuelve al bazar y di a tu mujer que las murallas os protegerán a vosotros y a vuestros bienes tanto como a los ricos tesoros del rey. Permanece cerca de la muralla para que no te alcance una flecha.

Una mujer con un bebé en brazos ocupó el lugar del hombre que se retiraba.

-Sargento, ¿Qué noticias hay del combate? Decidme la verdad para que pueda tranquilizar a mi pobre esposo. Está en cama con una gran fiebre producida por sus terribles heridas. Pero insiste en protegerme con su armadura y su lanza, porque estoy preñada. Dice que la venganza del enemigo sería terrible en el caso de que entrara.

-Tienes buen corazón porque eres madre, y lo volverás a ser. Las murallas de Babilonia te protegerán a ti y a tus hijos. Son altas y sólidas, ¿no oyes los gritos de nuestros valientes defensores que tiran calderos de aceite hir viendo a los que intentan escalar los muros?

-Sí, y también oigo el bramido de los arietes que chocan contra nuestras puertas.

-Vuelve con tu marido, dile que las puertas resistirán el embate de los arietes. Dile también que les espera una lanza a los que escalan las murallas. Ve con cuidado y date prisa en llegar a los edificios, donde estarás más segura.

Banzar se apartó para dejar vía libre a los refuerzos armados, cuando pasaban muy cerca de él con su pesada marcha y los escudos de bronce que tintineaban, una niña tiró del cinturón a Banzar.

-Decidme por favor, soldado, ¿Estamos seguros? preguntó- Oigo ruidos terribles, veo hombres que sangran. ¡Tengo tanto miedo! ¿Qué será de nuestra familia, mi madre, mi hermanito y el bebé?

El viejo militar tuvo que cerrar los ojos y levantar la barbilla mientras alzaba a la niña. -No tengas miedo, pequeña- le dijo- Las murallas de Babilonia os protegerán a ti, a tu madre, a tu hermanito y al bebé. La buena reina Semiramis hace cien años las hizo construir para proteger a gente como tú. Vuelve y di a tu madre, a tu hermanito y al bebé que las murallas de Babilonia los protegerán y que no tienen de qué temer.

Todos los días, el viejo Banzar permanecía en su puesto y observaba cómo los recién llegados subían a la pasarela y combatían hasta que, heridos o muertos, los bajaban. A su alrededor, una muchedumbre de ciudadanos atemorizados y ansiosos quería saber si las murallas aguantarían. Él daba a todos la misma respuesta con la dignidad del viejo soldado: "Las murallas de Babilonia os protegerán".

Durante tres semanas y cinco días continuó el ataque con renovada violencia. Cada día la mandíbula de Banzar se crispaba más y más, pues el paso, lleno de sangre de los numerosos heridos, se había convertido en un lodazal por el flujo interminable de hombres que subían y bajaban tambaleantes. Todos los días, los atacantes masacrados se amontonaban en pilas ante las muralla; todas las noches, sus camaradas los transportaban y enterraban. Para la quinta noche de la última semana el clamor disminuyó.

Los primeros rayos de sol iluminaron la llanura, cubierta de grandes nubes de polvo que levantaban los ejércitos en retirada. Un inmenso grito se alzó entre los defensores. No había duda sobre lo que quería decir. Fue repetido por las tropas que esperaban detrás de las murallas, por los ciudadanos en las calles, barrió la ciudad con la violencia de una tempestad.

La gente salió precipitadamente de sus hogares. Una muchedumbre delirante llenó las calles, los sentimientos de miedo reprimidos durante semanas se transformaron en un grito de alegría salvaje. De lo alto de la gran torre de Bel salieron las llamas de la victoria, una columna de humo azul se alzó en el cielo para llevar bien lejos su mensaje. Una vez más, las murallas de Babilonia habían repelido a un enemigo poderoso y feroz, dispuesto a saquear sus ricos tesoros y a dominar a sus ciudadanos y reducirlos a la esclavitud.

La ciudad de Babilonia sobrevivió varios siglos porque estaba completamente protegida. De otra manera, no lo habría conseguido.

Las murallas de Babilonia ilustran bien las necesidades del hombre y su deseo de estar protegido. Este deseo es inherente a la raza humana, hoy en día es tan fuerte como en la antigüedad, pero nosotros hemos imaginado más amplios y mejores planes para alcanzar este fin.

Hoy, apostados tras los muros inexpugnables de los seguros, las cuentas bancarias y las inversiones fiables, podemos protegernos de las tragedias inesperadas que pueden surgir en cualquier momento. No podemos permitirnos vivir sin estar protegidos adecuadamente.

8 EL TRATANTE DE CAMELLOS DE BABILONIA

Cuanto más nos amenaza el hambre, más activo se vuelve nuestro cerebro y más sensibles nos volvemos al olor de los alimentos.

Tarkad, el hijo de Azore, ciertamente pensaba así. Tan sólo había comido dos pequeños higos de una rama que salía más allá del muro de un jardín, y no había podido coger más, antes de que una enfadada mujer apareciera y lo echara. Sus gritos agudos aún resonaban en sus oídos cuando atravesaba la plaza del mercado. Esos ruidos horribles le ayudaron a tener quietos los dedos, tentados siempre de coger alguna fruta de las cestas de las mujeres del mercado.

Nunca hasta entonces se había dado cuenta de la gran cantidad de comida que llegaba al mercado de Babilonia y lo bien que olía. Tras dejar el mercado, atravesó la plaza en dirección a la posada, ante la que se paseó arriba y abajo. Tal vez encontrara a alguien que le pudiera dejar una moneda de cobre, con la que podría pedir una copiosa comida y arrancar así una sonrisa al austero dueño de la posada. Si no tenía esa moneda, sabía muy bien que no sería bienvenido.

Distraído como estaba, se encontró sin esperarlo, cara a cara, con el hombre al que más deseaba evitar, Dabasir, el largo y huesudo tratante de camellos. De todos los amigos o conocidos a los que había pedido pequeñas sumas de dinero, Dabasir era el que lo hacía sentirse más molesto, pues no había cumplido la promesa de reembolsarle rápidamente lo debido. El rostro de Dabasir se iluminó al ver a Tarkad:

-Ajá, Tarkad, justo a quien buscaba, tal vez pueda devolverme las dos monedas de cobre que le dejé hace una luna, y también la de plata que le había dejado antes. ¡Qué suerte! Hoy mismo podré usar esas monedas. ¿Qué me dices, muchacho?

Tarkad empezó a balbucear y enrojeció. Su estómago vacío no le ayudaba a tener la cara dura de discutir con

Dabasir.

-Lo siento, lo siento mucho- murmuró débilmente- pero hoy no tengo las dos monedas de cobre ni la de plata que te debo.

-Pues encuéntralas- insistió Dabasir- Seguro que puedes encontrar un par de monedas de cobre y una de plata para pagar la generosidad de un viejo amigo de tu padre que te ha ayudado cuando más lo necesitabas.

-No te puedo pagar por culpa de la mala suerte.

-¿La mala suerte? ¿Culparás a Dios de tu propia debilidad? La mala suerte persigue a los hombres que piensan más en pedir que en dejar. Muchacho, ven conmigo mientras como, tengo hambre y te quiero relatar una historia.

Tarkad retrocedió ante la brutal franqueza de Dabasir, pero al menos era una invitación para entrar en un sitio donde se comía. Dabasir lo empujó hasta un rincón de la sala donde se sentaron sobre unas pequeñas alfombras. Cuando Kauskor, el propietario, apareció sonriente, Dabasir se dirigió a él con su habitual gran familiaridad:

-Lagarto del desierto, tráeme una pierna de cabra muy hecha y con mucha salsa, pan y cantidad de verduras, que tengo mucha hambre y necesito mucha comida. No olvides a mi amigo, tráele una jarra de agua, y que sea fresca, pues el día es caluroso.

El corazón de Tarkas parecía desfallecer. Se tenía que sentar allí a beber agua y ver cómo aquel hombre devoraba una pierna entera de cabra. No hablaba. No se le ocurría nada que decir.

Dabasir en cambio, no sabía qué era el silencio. Sonriendo y saludando con la mano a todos los demás clientes, a los cuales conocía, continuó:

-He oído decir a un viajero que acaba de llegar de Urfa que un hombre rico de allí posee una piedra tan fina que se puede ver a través de ella. La coloca en las ventanas de su casa para impedir que la lluvia entre. Por lo que me ha dicho el viajero, es amarilla y le permitieron mirar a través de ella de manera que el mundo exterior le pareció extraño y diferente de lo que es en realidad. ¿Tú que piensas, Tarkad? ¿Crees que un hombre puede ver el mundo de un color diferente del que tiene en realidad?

No sabría decirlo- respondió el joven mucho más interesado por la pierna de cabra que estaba delante de Dabasir.

-Pues yo sé que es cierto, ya que he visto con mis propios ojos el mundo de un color diferente del que en realidad tiene, y la historia que te contaré trata de cómo llegué a volverlo a ver nuevamente de su verdadero color.

-Dabasir va a contar una historia- murmuró alguien de una mesa vecina a su compañero, y acercó su alfombra hacia ellos. Los demás comensales cogieron su comida y se agruparon en un semicírculo. Comían ruidosamente al oído de Tarkad, lo tocaban con los huesos de la carne, él era el único que no tenía comida. Dabasir no le propuso que compartiera con él la pierna de cabra ni le ofreció el trozo de pan duro que se había caído al suelo.

-La historia que te voy a contar -empezó Dabasir, deteniéndose para poder llevarse a la boca un buen trozo de carne- relata mi juventud y cómo llegué a ser tratante de camellos. ¿Alguno de vosotros sabe que yo fui en un tiempo esclavo en Asiría?

Un murmullo de sorpresa recorrió el auditorio y Dabasir lo escuchó con satisfacción.

-Cuando era joven- continuó después de otro goloso ataque a la pierna de cabra- aprendí el oficio de mi padre, la fabricación de sillas de montar. Trabajé con él en la tienda hasta que me casé. Como era joven e inexperto, ganaba poco, justo lo necesario para cubrir modestamente las necesidades de mi excelente esposa. Estaba ansioso de obtener buenas cosas que no me podía permitir. Rápidamente me di cuenta de que los propietarios de las tiendas me daban crédito aunque no pudiera pagarles a tiempo. Yo no sabía que el que gasta más de lo que gana siembra los vientos de la inútil indulgencia y cosecha tempestades de problemas y humillaciones. Así sucumbí a los caprichos y, sin tener el dinero necesario, me compré bellas ropas y objetos de lujo para nuestra casa y para mi esposa. Fui pagando como pude y, durante un cierto tiempo todo fue bien. Pero un día descubrí que con lo que ganaba no tenía suficiente para pagar mis deudas y vivir. Mis acreedores me empezaron a perseguir para que pagara mis extravagantes compras y mi vida se volvió miserable. Pedía prestado a mis amigos, pero tampoco lo podía devolver; las cosas iban de mal en peor. Mi mujer volvió con su padre y yo decidí irme de Babilonia a otra ciudad donde un joven pudiera tener más oportunidades.

-Durante dos años conocí una vida agitada y sin éxitos, siempre viajando con las caravanas de los mercaderes. Después pasé a un grupo de simpáticos ladrones que recorrían el desierto en busca de caravanas no armadas. Tales acciones no eran dignas del hijo de mi padre, pero veía el mundo a través de una piedra coloreada y no me daba cuenta de hasta qué punto me había rebajado.

-Tuvimos éxito en nuestro primer viaje al capturar un rico cargamento de oro, seda y mercancías de gran valor. Llevamos este botín a Ginir y allí lo derrochamos. La segunda vez no tuvimos tanta suerte. Después de haber efectuado el robo, fuimos atacados por los guerreros de un jefe indígena al que pagaban las caravanas para que las protegiera. Mataron a nuestros dos jefes y los que quedamos fuimos trasladados a Damasco, despojados de nuestras ropas y vendidos como esclavos. Yo fui adquirido por dos monedas de plata por un jefe del desierto sirio, con los cabellos rapados y vestido solamente con algunos trozos de tela. No era diferente de los otros esclavos.

Como yo era un joven despreocupado, pensaba que aquello no era más que una aventura hasta que mi amo me llevó ante sus cuatro mujeres y me dijo que me tendrían como eunuco. En ese momento entendí de verdad mi situación. Esos hombres del desierto eran salvajes y guerreros, yo estaba sujeto a la voluntad de ellos, desprovisto de armas y sin esperanza de huir.

-Me encontraba de pie, espantado por las cuatro mujeres que me examinaban. Me preguntaba si podría esperar alguna compasión de parte de ellas. Sira, la primera mujer, era más vieja que las otras y me miraba impasible. Me aparté de ella sin esperar algo de su parte. La siguiente, de una belleza despreciativa, me miraba con tanta indiferencia como si fuera un gusano en la tierra. Las dos más jóvenes reían como si aquello fuese una broma divertida.

-El tiempo que esperé su veredicto me pareció un siglo, cada una parecía dejar la decisión final a las demás. Finalmente, Sira habló con una voz gélida.

-Tenemos muchos eunucos, pero sólo unos pocos guardianes de camellos, y además no sirven para nada, hoy mismo he de ir a ver a mi madre enferma y no tengo ningún esclavo en el que pueda confiar para ocuparse de mi camello. Pregunta a este esclavo si sabe conducir uno.

-Entonces mi amo me preguntó: "¿Qué sabes de camellos?". Luchando por esconder mi entusiasmo, respondí: "Sé hacer que se arrodillen, los sé cargar, y los sé conducir durante largos viajes sin cansarme. Y si es necesario, puedo reparar sus arneses."

-"El esclavo sabe bastante, observó mi amo. Si ese es tu deseo, Sira, haz de este hombre tu camellero."

-Así fui dado a Sira y ese mismo día la conduje tras un largo viaje en camello al lado de su madre enferma. Aproveché la ocasión para agradecerle su intervención y decirle que no era esclavo de nacimiento, sino hijo de un hombre libre, un honorable fabricante de sillas de Babilonia. También le conté mi historia. Sus comentarios me desconcertaron, y más tarde reflexioné largamente sobre lo que me había dicho.

-"¿Como puedes llamarte a ti mismo hombre libre, me dijo, cuando tu debilidad te ha llevado a esta situación? Si un hombre tiene alma de esclavo, ¿no se convertirá en uno, sin importar su cuna, tal como el agua busca su nivel? Y si alguien tiene alma de hombre libre, ¿no se hará respetar y honrar en su ciudad aunque no lo haya acompañado la suerte?".

-Durante un año fui esclavo y viví con esclavos, pero no podía convertirme en uno de ellos. Un día Sira me preguntó: "¿Por qué te quedas solo en tu tienda por la noche, cuando los otros esclavos se juntan en agradable compañía?".

-A ello respondí: "Pensé en lo que me dijisteis. Me pregunté si tenía alma de esclavo. No puedo unirme a ellos, por eso me mantengo al margen."

-Yo también me mantengo al margen- me confió. Yo tenía una gran dote, por eso mi señor se casó conmigo. Pero no me desea y lo que toda mujer desea más ardientemente es ser deseada. Por eso, y como soy estéril y no tengo hijos, me he de mantener al margen. Si yo fuera un hombre, preferiría la muerte antes de ser esclavo, pero las leyes de nuestra tribu hacen de las mujeres verdaderas esclavas.

-¿Qué pensáis de mí ahora, que tengo alma de hombre libre o de esclavo?- le pregunté repentinamente.

-¿Quieres devolver las deudas que contrajiste en Babilonia?-, replicó ella.

-Sí que lo quiero, pero no veo cómo podría lograrlo.

-Si dejas que los años pasen sin preocuparte y sin hacer esfuerzo alguno para devolver ese dinero, entonces times alma de esclavo. No puede ser de otra manera si un hombre no se respeta a sí mismo; nadie se puede respetar si no paga las deudas que ha contraído.

-Pero ¿qué puedo hacer si soy esclavo en Siria?

-Sé esclavo en Siria ya que eres un ser débil.

-No soy un ser débil- contesté.

-Entonces, pruébalo.

-¿Cómo?

-¿Acaso tu rey no lucha contra sus enemigos con todas las fuerzas que tiene y de todas las maneras que puede? Tus deudas son tus enemigos, te hicieron huir de Babilonia. Dejaste que se acumularan y se hicieron demasiado grandes para ti. Si las hubieras combatido como un hombre, las habrías derrotado y hubieras sido una persona honrada por los de tu ciudad. Mas no tuviste valor para hacerlo; y mírate, tu orgullo te ha dejado y has ido de desgracia en desgracia hasta que has terminado de esclavo en Siria.

-Pensé mucho en estas desagradables acusaciones y desarrollé diversas teorías exculpatorias para probarme que en mi interior no era un esclavo, pero no tuve oportunidad de utilizarlas. Tres días más tarde, la sirvienta de Sira me vino a buscar para conducirme ante mi ama.

-Mi madre ha vuelto a caer muy enferma- dijo-. Unce los dos mejores camellos de mi marido, átales odres llenas de agua y carga las alforjas para un largo viaje. La criada te dará la comida en la tienda de cocina.

-Cargué los camellos, preguntándome la razón de tanta comida que me daba la criada, pues la casa de la madre de mi ama estaba a menos de una jornada de viaje. La sirvienta montó en el segundo camello y yo conduje el de Sira. Cuando llegamos a la casa de su madre, empezaba a hacerse de noche. Sira despidió a la criada y me dijo: "Dabasir, ¿tienes alma de hombre libre o de esclavo?"

-Alma de hombre libre- respondí.

-Ahora tienes la oportunidad de probarlo. Tu amo ha bebido mucho y sus hombres están embotados. Coge los camellos y huye. En ese saco tienes vestidos de tu amo para disfrazarte. Yo diré que has robado los camellos y que has escapado mientras visitaba a mi madre enferma.

-Tenéis alma de reina, -le dije- me gustaría poder haceros feliz.

-No espera la felicidad a la mujer que huye de su marido para buscarla en tierras lejanas entre extranjeros. Toma tu propio camino y que te proteja Dios del desierto, pues la ruta es larga, sin comida ni agua.

-Sin necesidad de que me lo dijeran dos veces, le agradecí calurosamente y me fui en medio de la noche. No conocía aquel extraño país y sólo tenía una vaga idea de la dirección que había de seguir para llegar a Babilonia, pero me adentré valientemente en el desierto hacia las colinas. Iba montado en un camello y aviaba al otro. Viajé durante toda la noche y el día siguiente lleno de ansiedad, conocedor de la suerte reservada a los esclavos que roban la propiedad de sus amos e intentan huir. Hacia el final de la tarde llegué a un país árido, tan inhabitable como el desierto. Las agudas piedras herían las patas de mis fieles camellos, que lentamente y con gran esfuerzo elegían la ruta. No encontré hombre ni bestia y pude comprender con facilidad por qué evitaban aquella inhóspita tierra.

-A partir de entonces, el viaje fue como pocos hombres pueden contar haber tenido. Día tras día avanzamos lentamente. El calor del sol era despiadado. Ya no teníamos agua ni comida. Al final del noveno día, resbalé de mi montura con el sentimiento de que era demasiado débil para volver a montar y que con toda seguridad moriría en aquel país deshabitado. Me tendí en el suelo y dormí. Sólo me desperté con las primeras luces del alba. Me senté y miré a mi alrededor, había un nuevo frescor en el aire de la mañana, mis camellos estaban tumbados cerca de allí, ante mí se extendía un vasto país cubierto de rocas y arena. Nada indicaba que hubiera algo que pudieran beber o comer un hombre o un camello.

-¿Debería enfrentarme con mi fin en aquella tranquila paz? Mi mente estaba más clara de lo que nunca había estado. Mi cuerpo parecía carecer ya de importancia. Con los labios resecos y sangrantes, el estómago vacío, la lengua áspera e inflada, ya no sentía el molesto dolor del día anterior. Medía la inmensidad descorazonadora del desierto y una vez más me pregunté si tenía alma de hombre libre o de esclavo.

-Entonces, con la rapidez del rayo comprendí que si tenía alma de esclavo me tumbaría en la arena y moriría, un final digno de un esclavo fugitivo. Pero que si tenía alma de hombre libre, ¿qué sucedería? Debería encontrar el camino hacia Babilonia, devolver el dinero a los que habían confiado en mí, hacer feliz a mi mujer, que me amaba de verdad y llevar la satisfacción y la paz a mis padres.

-"Tus deudas son tus enemigos y te han hecho huir de Babilonia", había dicho Sira. Sí, era cierto, ¿por qué no me había mantenido firme como un hombre? ¿Por qué había permitido que mi mujer volviera con su padre?

-Entonces algo extraño ocurrió. El mundo entero me pareció ser de un color diferente, como si hasta ese momento lo hubiera visto a través de una piedra coloreada que de pronto hubiera desparecido. Por fin comprendí cuáles eran los verdaderos valores de la vida.

-¡Morir en el desierto! ¡Jamás! Gracias a una nueva visión se me aparecieron todas las cosas que tenía que hacer. Primero, volvería a Babilonia y daría la cara ante todos con los que había contraído deudas. Les diría que tras años de errar y de desgracias, había vuelto para pagar mis deudas tan rápido como Dios me lo permita. Después construiría un hogar para mi mujer y me convertiría en un ciudadano del que mis padres estarían orgullosos.

-Mis deudas son mis enemigos, pero los hombres que me han prestado dinero son mis amigos, pues han tenido confianza y han creído en mí.

-Me tambaleaba sobre mis debilitadas piernas. ¿Qué significaba el hambre? ¿Qué significaba la sed? Sólo eran obstáculos en el camino a Babilonia. Surgía en mí el alma de un nuevo hombre que iba a conquistar a sus enemigos y a recompensar a sus amigos. Me estremecí ante la idea del magno proyecto. Los vidriosos ojos de los camellos se iluminaron de nuevo al oír mi voz ronca. Se levantaron con gran esfuerzo, después de varios intentos. Con una conmovedora perseverancia se dirigieron hacia el Norte, donde algo me decía que encontraríamos la ciudad.

-Encontramos agua, atravesamos un país fértil donde crecían la hierba y los frutales. Encontramos el camino a Babilonia porque el alma de un hombre libre mira la vida como una serie de problemas que resolver, y los resuelve, mientras que el alma de un esclavo gimotea "¿Qué puedo hacer yo, que sólo soy un esclavo?".

-¿Y a ti, Tarkad? ¿El estómago vacío hace que tu mente sea más clara? ¿Ya has tomado el camino que lleva hacia el auto-respeto? ¿Ves el mundo de su color verdadero? ¿Deseas pagar tus deudas justas, sean las que sean, y convertirte en un hombre respetado en Babilonia?

Las lágrimas acudieron a los ojos del joven, que se arrodilló rápidamente.

-Me has mostrado el camino -dijo- Ahora sé cómo encontrar en mi interior el alma del hombre libre.

-¿Pero qué pasó cuando regresaste? Preguntó, interesado, un oyente.

-Cuando hay determinación, se encuentran los medios -respondió Dabasir-. Yo estaba decidido, por eso me puse en camino para encontrar los medios. Primero visité a todos los hombres con los que tenía una deuda y les supliqué que fueran indulgentes hasta que pudiera ganar el dinero con el que les pagaría. La mayoría me acogieron con alegría, algunos me insultaron, pero otros me ofrecieron su ayuda. Uno de ellos me dio justamente la ayuda que necesitaba. Era Maton, el prestamista de oro. Al saber que había sido camellero en Siria, me envió a ver al viejo Nebatur, el tratante de camellos al que nuestro buen rey había encargado que comprara varias manadas de camellos para una gran travesía. Con él puse en práctica mis conocimientos sobre camellos y de a poco pude ir devolviendo cada moneda de cobre o plata. De manera que al final pude caminar con la cabeza bien alta y sentir que era honorable entre los hombres.

Dabasir se inclinó de nuevo sobre su comida. -¡Eh, Kausbor, caracol! -gritó lo bastante fuerte para que le oyeran en la cocina- La comida está fría. Tráeme más carne recién asada. Dale también un buen trozo a Tarkad, el hijo de mi viejo amigo, que tiene hambre y que comerá conmigo.

Así se acabó la historia de Dabasir, el tratante de camellos de la antigua Babilonia. Encontró su camino cuando entendió una gran verdad que ya habían descubierto y aplicado hombres sabios desde mucho antes de esa época.

Esta verdad había ayudado a muchos hombres a superar las dificultades hasta llegar al éxito; y seguiría ayudando a todos quienes comprendieran su fuerza mágica. Cualquiera que lea estas líneas la poseerá.

Cuando hay determinación, se encuentran los medios.

9 LAS TABLILLAS DE BARRO DE BABILONIA

St. Swithin's College // Nottingan University // Newark-on-Trent // Nottingham

21 de octubre de 1934

Sr. Profesor Franklin Caldwell // Expedición Científica Británica // Hillah, Mesopotamia

Querido profesor:

Las cinco tablillas de barro que desenterró durante sus recientes excavaciones en la ruinas de Babilonia han arribado en el mismo barco que su carta. Me han fascinado y he pasado numerosas y placenteras horas traduciendo sus inscripciones. Tendría que haber contestado su carta con más prontitud pero he esperado hasta completar las transcripciones adjuntas.

Las tablillas han llegado a su destino sin daño gracias al excelente embalaje y al precavido uso de sistemas de conservación.

Quedará tan asombrado de la historia que relatan como nosotros, los del laboratorio. Uno espera que un pasado tan lejano y oscuro esté lleno de romance y aventura, ya sabe, algo así como «Las mil y una noches». Y luego se da cuenta de que los problemas del mundo antiguo, de hace cinco mil años, no son tan diferentes de los actuales, como se puede constatar con la lectura de estos textos que cuentan las vicisitudes sufridas para pagar sus deudas un personaje llamado Dabasir.

¿Sabe? Es curioso, pero, como dicen mis estudiantes, estas viejas inscripciones me pillan fuera de juego. Como profesor universitario, se supone que soy una persona que piensa y que tiene conocimientos sobre la mayoría de los temas. Y ahora llega un individuo salido de las polvorientas ruinas de Babilonia que nos da un método del que nunca había oído hablar, para pagar las deudas al tiempo que consigues más dinero.

Debo decir que esta es una idea que me agrada, y sería interesante probar si funciona igual de bien en nuestros días que en la antigua Babilonia. Mi mujer y yo proyectamos aplicarla a las cuestiones económicas que, en nuestro caso, necesitan evidentes mejorías.

Le deseo la mejor de las suertes en su valerosa empresa y espero con ansias una nueva oportunidad de ayudarlo.

Afectuosamente suyo,

Alfred H. Shrewsbury

Departamento de Arqueología

Tablilla Nº 1

Esta noche de luna llena, yo, Dabasir, que acabo de salir de la esclavitud en Siria, decidido a pagar todas mis deudas y convertirme en un hombre rico y digno del respeto en mi ciudad natal de Babilonia, grabo en barro este reporte permanente de mis negocios para que me guíe y me ayude a cumplir mis mayores anhelos.

Siguiendo el consejo de mi sabio amigo Maton, el prestamista de oro, he decidido seguir el plan preciso que permite, por lo visto, a los hombres honorables liberarse de sus deudas y vivir en la riqueza y en el respeto a sí mismos.

Este plan incluye tres objetivos que son mi esperanza y mi deseo.

Primero, el plan me permitirá disfrutar de una cierta prosperidad.

Así, apartaré la décima parte de lo que gane y será un bien que conservaré. Maton habla sabiamente cuando dice: «El hombre que guarda en su bolsa el oro que no necesita gastar es bueno para con su familia y leal a su rey». «El hombre que sólo tiene unas cuantas monedas de cobre en su bolsa es insensible respecto a su familia y a su rey». «Pero el hombre que no tiene nada en sus bolsa es cruel con su familia y desleal a su rey, pues su corazón es amargo».

El hombre que desea triunfar debe tener en su bolsa dinero para poder hacerlo tintinear; y en su corazón amor para su familia y lealtad para con su rey.

En segundo lugar el plan prevé que cubra mis necesidades y las de mi mujer, que ha vuelto lealmente conmigo de la casa de su padre. Ya que Maton dice que quien cuida a la esposa fiel, tiene el corazón lleno de respeto a sí mismo y gana fuerza y determinación para sus proyectos. Por lo tanto, usaré siete décimos de lo que gane en comprar una casa, ropas, comida, y una suma que dedicaremos a otros gastos, de modo que nuestras vidas no estén exentas de placeres y satisfacciones. Pero Maton me ha recomendado que cuide de no gastar en estos honorables conceptos más que los siete décimos de lo que gano. El éxito del plan reposa en esta recomendación; hemos de vivir con esa porción y nunca tomar o comprar más de lo que podamos pagar con ella.

Tablilla N° 2

En tercer lugar, el plan prevé que pague mis deudas con lo que gane.

Cada luna, las dos décimas partes de mis ganancias serán divididas justa y honorablemente entre todos los que, habiendo confiado en mí, me han dejado oro; y llegará el momento en que todas mis deudas serán liquidadas. Para dar fe de ello, grabo aquí el nombre de todos los hombres con los que estoy en deuda y la cantidad justa de lo que les debo:

Farra el tejedor, 2 monedas de plata, 6 de cobre.

Sinjar el fabricante de colchones, 1 moneda de plata.

Ahmar, mi amigo, 4 monedas de plata, 7 de cobre.

Akamir, mi amigo, 1 moneda de plata, 3 de cobre.

Diebeker, amigo de mi padre, 4 monedas de plata, 1 de cobre.

Alkahad, el dueño de la casa, 14 monedas de plata.

Maton el prestamista de oro, 9 monedas de plata.

Birejik el agricultor, 1 moneda de plata, 7 de cobre.

(A partir de aquí la placa está gastada, el texto es indescifrable)

Tablilla N° 3

Debo a todos estos acreedores la suma de diecinueve monedas de plata y ciento cuarenta y una de cobre. Como debía esta suma y no veía forma de pagarlas, en mi locura, permití que mi mujer volviera a la casa de su padre y abandoné mi ciudad natal buscando en otro lugar un bienestar fácil, para sólo encontrar el desastre y ser vendido vergonzosamente como esclavo.

Ahora que Maton me ha enseñado cómo puedo ir devolviendo mis deudas en pequeñas cantidades que tomaré de lo que gane, veo hasta qué punto estaba errado cuando escapé de las consecuencias de mi extravagancia.

He visitado a mis acreedores y les he explicado que no tenía recursos para pagarles salvo mi capacidad de trabajar, y que tenía la intención de dedicar dos décimas partes de lo que ganara para liquidar mis deudas de modo justo y honorable. Que no podía pagar más que eso y que si eran pacientes, llegaría el día en que habría cumplido enteramente las obligaciones contraídas.

Ahmar, a quien creía mi mejor amigo, me insultó duramente y me fui de su casa humillado; Bijerik, el agricultor, pidió ser el primero en cobrar, pues tenía gran necesidad de ayuda. Alkahad, el propietario de la casa, me advirtió de que si no arreglaba mi cuenta pronto, me causaría problemas.

Todos los demás aceptaron gustosos mi proposición y estoy más determinado que nunca a pagar mis justas deudas, pues me he convencido de que es más fácil pagarlas que evitarlas.

Trataré con imparcialidad a todos mis acreedores, aunque no pueda satisfacer las necesidades y demandas de algunos de ellos.

Tablilla N° 4

Vuelve a ser luna llena. He trabajado duro y con la mente liberada. Mi buena esposa me ha apoyado en el proyecto de pagar a mis acreedores. Gracias a nuestra sabia decisión, durante la pasada luna he ganado la suma de diecinueve monedas de plata, al comprar unos robustos camellos para Nebatur. He repartido la ganancia según el plan, guardando una décima parte para ahorrarla, compartiendo siete décimos con mi buena esposa para nuestras necesidades y las dos décimas partes restantes las dividí entre mis acreedores de manera tan ecuánime como he podido en monedas de cobre.

No he visto a Ahmar, pero he dado las monedas de cobre a su mujer. Bijerik ha estado tan contento que me habría besado la mano. Tan sólo el viejo Alkahad ha gruñido y me ha dicho que le debía pagar más de prisa, a lo que he replicado que sólo podría pagarle si estaba bien alimentado y tranquilo. Todos los demás han alabado mis esfuerzos y me han dado las gracias.

Así, mi deuda ha disminuido en cuatro monedas de plata en una luna, y ahora poseo casi dos monedas más, que nadie puede reclamarme. Me siento más ligero de lo que lo había estado en mucho tiempo.

La luna llena brilla una vez más, he trabajado duro pero con resultados pobres. Sólo he podido comprar unos pocos camellos y he ganado once monedas de plata. Sin embargo, mi mujer y yo nos hemos atenido al plan, aunque no nos hayamos comprado nuevos vestidos y sólo hayamos comido un poco de sémola. He vuelto a guardar la décima parte y hemos vivido con las siete décimas. Me he sorprendido cuando Ahmar ha alabado mi pago aunque era mínimo, lo mismo que Birejik. Alkahad se ha enfadado, pero cuando le he dicho que me devolviera su parte si no la quería, la aceptó. Los otros han estado contentos, como antes.

Vuelve a brillar la luna llena y grande es mi dicha. Descubrí una buena manada de camellos y compré algunos robustos, mis ganancias han sido de cuarenta y dos monedas de plata. Esta luna, mi mujer y yo nos hemos comprado sandalias y ropas que necesitábamos hace tiempo. También hemos comido carne y aves. Hemos pagado más de ocho monedas de plata a nuestros acreedores, ni Alkahad protestó.

El plan es formidable, nos libera de las deudas y nos permite crear un tesoro que es tan sólo nuestro.

Ya hace tres lunas que empecé a grabar esta tablilla. Cada una de ellas me he quedado con una décima parte de lo que había ganado. Cada una, mi buena esposa y yo hemos vivido con las siete décimas partes, incluso cuando resultaba difícil. Cada luna he pagado a mis acreedores las dos décimas partes. Ahora guardo en mi bolsa veintiuna monedas de plata que son mías. Eso me permite andar con la cabeza alta y caminar con orgullo junto a mis pares.

Mi mujer puede cuidar bien de la casa y va bien vestida. Somos felices de vivir juntos.

Este plan tiene un inmenso valor. ¿No ha hecho de un antiguo esclavo un hombre honorable?

Tablilla N° 5

Brilla de nuevo la luna llena y recuerdo que ya hace mucho tiempo que grabé mi primera tablilla. Doce lunas van ya. Pero no por eso desatenderé el informe, ya que hoy mismo he pagado mi última deuda. Hoy, mi buena esposa y yo festejamos el triunfo que nos ha proporcionado nuestra determinación.

Durante mi última visita a mis acreedores, ocurrieron algunas cosas de las que me acordaré durante mucho tiempo. Ahmar me suplicó que perdonara su feas palabras y me dijo que, más que todo, deseaba especialmente mi amistad. Al final, el viejo Alkahad no es tan malo, pues me dijo: "Antes eras como un trozo de barro blando que podía ser apretado y moldeado por cualquier mano, pero ahora eres como una moneda de cobre que se puede sostener sobre su canto. Si necesitas plata o oro, ven a verme en cualquier momento". No es el único que me respeta, muchos otros me hablan con deferencia. Mi buena mujer me mira con aquel brillo en los ojos que hace que un hombre se sienta seguro.

Pero ha sido el plan el que me ha dado el éxito, me ha hecho capaz de devolver el dinero de mis deudas y ha hecho tintinear el oro y la plata en mi bolsa. Lo recomiendo a los que quieran prosperar. Pues, si ha conseguido que un esclavo pagara sus deudas, ¿no ayudará a un hombre a encontrar su libertad? Y yo no lo he abandonado pues estoy convencido de que, si lo sigo, me hará un hombre rico.

St. Swithin's College // Nottingan University // Newark-on-Trent // Nottingham

7 de noviembre de 1936

Sr. Profesor Franklin Caldwell // Expedición Científica Británica // Hillah, Mesopotamia

Querido profesor:

Si en el transcurso de sus próximas excavaciones en la ruinas de Babilonia encuentra el fantasma de un viejo ciudadano, un tratante de camellos llamado Dabasir, hágame un favor: dígale que aquellos galimatías que escribió en unas tablillas de barro hace muchísimo tiempo le han valido la gratitud eterna de ciertas personas de una facultad en Inglaterra.

Seguramente se acordará UD. de mi carta de hace un año, en la que le decía que mi mujer y yo teníamos la intención de seguir su plan para liberarnos de nuestras deudas y, al mismo tiempo, tener algo de dinero en nuestros bolsillos. Habrá adivinado que estas deudas nos avergonzaban desesperadamente, por más que las tratáramos de esconder frente a nuestros amigos.

Desde hacía años estábamos terriblemente humillados por ciertas deudas e intranquilos hasta la enfermedad por miedo de que algún comerciante desatara un escándalo que nos habría obligado con toda seguridad a dejar la facultad. Gastábamos cada chelín de nuestros ingresos, que era apenas suficiente para mantenernos a flote. Nos veíamos obligados a ir a comprar allí donde nos dieran crédito, sin importarnos si los precios eran más elevados.

La situación fue empeorando en un círculo vicioso que, en vez de mejorar, se agravó. Nuestros esfuerzos se hicieron desesperados, no podíamos mudarnos a un sitio más barato porque aún debíamos alquileres al propietario. Parecía que no podríamos hacer nada para mejorar nuestra situación.

Entonces apareció su nuevo amigo, el viejo tratante de

camellos de Babilonia, con un plan capaz de realizar justo lo que nosotros deseábamos cumplir. Nos animó amablemente a seguir su sistema. Hicimos una lista de todas las deudas que teníamos, y yo se la mostré a todos nuestros acreedores.

Les expliqué que, tal como iban las cosa, era imposible que les pagara. Ellos mismos podían constatarlo mirando los números. Entonces les dije que la única manera que yo veía de poderles pagar todo era apartando el veinte por ciento de mis ingresos mensuales, dividiéndolo equitativamente entre ellos y así devolverles lo que les debía en dos años o algo más que eso. Durante este intervalo haríamos todas nuestras compras al contado.

Todos fueron verdaderamente correctos; nuestro tendero, un viejo razonable, aceptó esta manera de que le cancelemos la deuda. «Si pagan al contado todo lo que compran y van pagando lo que deben poco a poco, es mejor que si no me pagan nada». Pues no le habíamos pagado desde hacía tres años.

Finalmente guardé en lugar seguro una lista con sus nombres y una carta en la que, de mutuo acuerdo, les pedía que no nos importunaran mientras fuéramos desembolsando el veinte por ciento de nuestros ingresos. Comenzamos a idear sistemas para lograr vivir con el setenta por ciento de lo que ganábamos. Y estábamos decididos a ahorrar el diez por ciento restante para hacerlo tintinear en nuestros bolsas; la idea de la plata, y posiblemente la del oro, eran de las más seductoras.

Este cambio en nuestra vida fue toda una aventura, aprendimos a disfrutar calculando y evaluando cómo vivir cómodamente con el setenta por ciento que nos quedaba. Empezamos por el alquiler y nos arreglamos para obtener una buena reducción. Después examinamos nuestras marcas favoritas de té y otros insumos y quedamos gratamente sorprendidos al ver que podíamos encontrar mejor calidad a precios más bajos.

Es demasiado largo para contarlo por carta pero, de todas formas, no ha resultado ser tan tedioso. Nos acomodamos a esta nueva situación con el mejor de los humores. ¡Qué alivio fue corroborar que nuestros asuntos económicos ya no se encontraban en un estado que nos hiciera sufrir por las viejas cuentas impagadas!

No obstante, no olvidaré hablarle del diez por ciento que estábamos obligados a hacer sonar en nuestras bolsas. Pues bien, sólo lo hicimos sonar durante un cierto tiempo, no demasiado. ¿Sabe? Esa es la parte divertida, es fantástico comenzar a acumular dinero que uno no quiere gastar, se siente más placer gestionando una cantidad así que gastándola.

Después de haberla hecho sonar para nuestro solaz le encontramos una utilidad más provechosa: elegimos un plan de inversiones que podíamos pagar con este diez por ciento todos los meses. Esta decisión se ha manifestado como la más provechosa de nuestra regeneración y es la primera cosa que pagamos con mi nómina.

Saber que nuestros ahorros crecen sin cesar es un sentimiento muy enriquecedor. De aquí hasta que se acabe mi carrera académica, estos ahorros deberán constituir una suma suficiente para que sus rentas nos basten a partir de ese momento.

Y todo con el mismo salario. Es difícil de creer, pero cierto. Pagamos nuestras deudas gradualmente al mismo tiempo que nuestros ahorros aumentan. Además, ahora nos arreglamos mejor que antes en el campo económico. ¿Quién habría dicho que había tanta diferencia entre seguir un plan y dejarse llevar?

A finales del próximo año, cuando hayamos pagado todas nuestras facturas, podremos invertir más y ahorrar para poder viajar. Estamos decididos a que nuestros gastos corrientes no superen el setenta por ciento de nuestros ingresos.

Ahora puede UD. entender por qué nos gustaría expresar nuestro agradecimiento personal a ese personaje cuyo plan nos ha salvado de ese «infierno en la tierra». El lo conocía, había pasado por todo eso, quería que otros sacaran provecho de sus amargas experiencias. Por ello pasó largas horas grabando su mensaje en la arcilla.

Tenía un concepto auténtico para ofrecer a sus compañeros de sufrimientos, un mensaje tan importante que, al cabo de cinco mil años, ha salido de las ruinas de Babilonia tan vivo y verdadero como el día en que fue enterrado.

Afectuosamente suyo,

Alfred H. Shrewsbury

Departamento de Arqueología

10 UN RESUMEN HISTÓRICO DE BABILONIA

No ha habido, en el curso de la historia, una ciudad más atractiva que Babilonia. Su nombre evoca visiones de riqueza y esplendor y sus tesoros de oro y joyas eran espléndidos. Podríamos pensar que una ciudad así tenía un emplazamiento maravilloso, rodeada de ricos recursos naturales como bosques o minas en un exuberante clima tropical. Mas no era el caso. Se extendía a lo largo del curso de los ríos Tigris y Éufrates en un valle árido y plano. No había bosques, minas, ni siquiera piedras para la construcción. No estaba en una vía comercial natural y las lluvias eran insuficientes para la agricultura.

Babilonia es un ejemplo de la capacidad del hombre para alcanzar grandes objetivos usando los recursos que tiene a su disposición. Todos los medios habían sido desarrollados por el hombre, todas las riquezas resultaban del trabajo humano.

Babilonia poseía tan sólo dos recursos naturales: una tierra fértil y el agua del río. Gracias a una de las más grandes realizaciones técnicas de todos los tiempos, los ingenieros babilonios desviaron el cauce del río mediante diques e inmensos canales de irrigación. Los canales atravesaban todos los parajes del árido valle para llevar agua al suelo fértil. Estas obras constituyen uno de los primeros trabajos de ingeniería de la historia y el sistema de regadío permitió que las cosechas fueran más abundantes de lo que nunca habían sido.

Afortunadamente, Babilonia fue gobernada durante su larga existencia por sucesivas líneas de reyes que sólo se dedicaron ocasionalmente a las conquistas y los saqueos. Aunque la ciudad se embarcó en diversas batallas, estas fueron locales o eran para defenderse de los ambiciosos conquistadores llegados de otros países que codiciaban sus fabulosos tesoros. Los extraordinarios dirigentes de Babilonia pasaron a la historia a causa de su sabiduría, audacia y rectitud. Babilonia no dio orgullosas monarquías que querían conquistar el mundo conocido y forzar a las naciones a subyugarse. Babilonia ya no existe como ciudad. Cuando las fuerzas humanas que construyeron y mantuvieron la ciudad durante miles de años desaparecieron, se convirtió rápidamente en una ruina desierta. Estaba situada en Asia, a unos mil kilómetros del canal de Suez, justo al norte del Golfo Pérsico. Su latitud es cercana a los treinta grados sobre el ecuador, parecida a la de Yuma, Arizona, y poseía un clima semejante al de esta ciudad, caliente y seco.

El valle del Éufrates, en otro tiempo populosa región agrícola, es hoy una llanura árida barrida por el viento. Las escasas hierbas y los arbustos del desierto luchan contra la arena llevada por el viento. Los fértiles campos, las grandes ciudades y las largas caravanas de los ricos comerciantes se han esfumado. Las tribus árabes nómadas son los únicos habitantes del valle desde la era cristiana y subsisten gracias a sus pequeños rebaños.

La región está salpicada de colinas. Al menos durante siglos fueron consideradas como tales, pero los fragmentos de alfarería y ladrillos gastados por las ocasionales lluvias llamaron finalmente la atención de los arqueólogos. Se organizaron campañas para realizar excavaciones financiadas por museos europeos y americanos. Los picos y las palas demostraron rápidamente que aquellas colinas eran ciudades antiguas, o más bien «tumbas de ciudades».

Babilonia es una de ellas, los vientos habían esparcido sobre ella el polvo del desierto durante veinte siglos. Las murallas, originalmente construidas de ladrillo, se habían desintegrado y habían vuelto a la tierra. Así es hoy en día la rica ciudad de Babilonia: un montón de tierra olvidado hace tanto tiempo, que nadie conocía su nombre hasta que se retiraron los escombros acumulados durante siglos en las calles, los templos y palacios.

Algunos científicos consideran que las civilizaciones babilónica y las de las otras ciudades del valle son las más antiguas de las que se tiene conocimiento. Se han demostrado fehacientemente algunas fechas que se remontan hasta los 8.000 años de antigüedad. En las ruinas de Babilonia se descubrieron descripciones de un eclipse solar, los astrónomos modernos calcularon fácilmente cuándo hubo un eclipse visible en Babilonia y pudieron, así, establecer la relación entre su calendario y el nuestro.

Así se pudo calcular que hace 8.000 años, los sumerios que ocupaban Babilonia vivían en ciudades fortificadas. No se puede calcular desde cuándo existían dichas ciudades. Sus habitantes no eran simples bárbaros que vivían en el interior de unas murallas protectoras, sino personas cultas e inteligentes. Tanto como puede remontarse en el pasado la historia escrita, fueron los primeros ingenieros, astrónomos, matemáticos, financieros, y el primer pueblo que poseyó una lengua escrita.

Ya hemos hablado de los sistemas de irrigación que transformaron el árido valle en un vergel cultivado. Los vestigios de los canales aún son visibles, aunque la mayoría están llenos de arena. Algunos de ellos eran tan grandes que, cuando no llevaban agua, una docena de caballos podían galopar de frente en su interior. Se los compara en amplitud con los canales más anchos de Colorado y Utah. Además de regar la tierra, los ingenieros babilonios llevaron a cabo otro proyecto igualmente vasto: recuperar una inmensa región pantanosa en la desembocadura del Éufrates por medio de un sistema de drenaje y hacerla cultivable.

Heródoto, historiador y viajero griego, visitó Babilonia tal como era durante su apogeo y nos dejó la única descripción conocida hecha por un foráneo. Sus escritos presentan una pintoresca descripción de la ciudad y algunas de las extrañas costumbres de sus habitantes. Menciona la fertilidad notable de la tierra y las abundantes cosechas de trigo y cebada.

La gloria de Babilonia se ha apagado, mas su sabiduría ha sido preservada para nosotros gracias a los archivos. En aquellos lejanos tiempos, el papel no había sido todavía inventado, y en su lugar, la gente grababa laboriosamente sus escritos en tablillas de arcilla húmeda. Cuando las acababan, las cocían y quedaban firmes. Medían aproximadamente seis por ocho pulgadas y el espesor era de una pulgada. Utilizaban estas tablillas de barro, como se les llama comúnmente, como nosotros las modernas formas de escritura. Se grababan leyes del país, leyendas, poesía, historia, transcripciones de decretos reales, títulos de propiedad, billetes e incluso cartas que eran enviadas mediante mensajeros hacia lejanas ciudades. Gracias a estas tablillas hemos podido conocer asuntos íntimos de la sociedad. Una tablilla que seguramente provenía de los archivos del almacenero del país cuenta, por ejemplo, que un cliente llevó una vaca y la cambió por siete sacos de trigo, tres entregados en el mismo momento y los otros cuatro a conveniencia del cliente.

Los arqueólogos recuperaron bibliotecas enteras de estas tablillas, millares de ellas, protegidas por los escombros de las ciudades.

Los inmensos muros que rodeaban la ciudad constituían una de las extraordinarias maravillas de Babilonia. Los antiguos las consideraron comparables a las pirámides de Egipto y las situaron entre las siete maravillas del mundo. El mérito de la construcción de las primeras murallas es atribuible a la reina Semiramis, pero los arqueólogos modernos no han podido encontrar señales de estas primeras construcciones, ni establecer su altura exacta. Por los escritos de los antiguos, se cree que medían entre unos cincuenta y sesenta pies en la parte exterior, que estaban hechas de ladrillos cocidos y además protegidas por un foso de agua profundo.

Las murallas más recientes y célebres fueron construidas unos 600 años antes de Cristo por el rey Nabopolasar, quien proyectó una construcción tan grandiosa que no pudo vivir para ver el final de la obra. Fue su hijo, Nabucodonosor, cuyo nombre aparece en la Biblia, quien las terminó.

La altura y longitud de estas murallas más recientes nos dejan sin habla. Una autoridad digna de confianza informó que debieron de tener alrededor de cincuenta y dos metros, es decir la altura de un edificio moderno de quince pisos. Se estima que la longitud total era de entre quince y diecisiete kilómetros y la anchura era tal, que en su parte superior podía correr un carro tirado por seis caballos. No queda prácticamente nada de esta colosal estructura excepto una parte de los cimientos y el foso. Además de los destrozos de la naturaleza, los árabes se llevaron los ladrillos para construir en otras zonas.

Uno tras otro, los ejércitos victoriosos de casi todos los conquistadores de ese periodo de guerras invasoras, se enfrentaron contra las murallas de Babilonia. Una multitud de reyes asedió Babilonia, pero fue todo en vano. Los ejércitos invasores de aquel tiempo no eran despreciables y los historiadores hablan de fuerzas de 10.000 caballeros, 25.000 carros y de 1.200 regimientos de infantes de 1.000 hombres cada uno. A menudo necesitaban dos o tres años de preparación para reunir el material de guerra y los depósitos de vituallas a lo largo de la línea de marcha propuesta.

La ciudad de Babilonia estaba organizada casi como una ciudad moderna. Había calles y tiendas, vendedores ambulantes qué ofrecían sus mercancías en los barrios residenciales, sacerdotes que oficiaban en magníficos templos. Una muralla aislaba los palacios reales en el interior de la ciudad. Dicen que estas eran más altas que las de la ciudad.

Los babilonios eran artesanos hábiles que trabajaban en la escultura, la pintura, el tejido, el oro y fabricaban armas de metal y maquinaria agrícola. Los joyeros creaban piezas de exquisito gusto y algunas muestras que han sido recuperadas de las tumbas de ciudadanos ricos se exponen en museos de todo el mundo.

En una muy lejana época, cuando el resto del mundo cortaba árboles con hachas de piedra o cazaba y luchaba con lanzas y flechas con punta de piedra, los babilonios ya usaban hachas, lanzas y flechas de metal. Eran inteligentes financieros y comerciantes. Por lo que sabemos, fueron los inventores del dinero como moneda de cambio, de los billetes y de los títulos de propiedad escritos.

Babilonia no fue conquistada por sus enemigos hasta cerca de 540 años A.E.C. Pero tampoco entonces fueron tomadas sus murallas. La historia de la caída de Babilonia es de lo más extraordinario. Ciro, uno de los grandes conquistadores de la época, proyectaba atacar la ciudad y tomar las murallas insondables. Los consejeros de Nabónidus, rey de Babilonia, le persuadieron para que fuera ante Ciro y librara batalla sin esperar a que la ciudad estuviera asediada. El ejército babilónico, tras derrotas consecutivas, se alejó de la ciudad. Ciro entró por las puertas abiertas de la ciudad, que no ofreció resistencia.

El poder y el prestigio de Babilonia fue gradualmente declinando hasta que, al cabo de unos siglos, fue abandonada, dejada a merced de vientos y tormentas que la devolvieron al desierto sobre el que se había erigido en su origen. Babilonia había caído para nunca volverse a levantar, pero debemos mucho a su civilización.

Los babilónicos se han reducido al polvo, junto a las orgullosas paredes de sus templos, pero su sabiduría aún perdura.

www.bnpublishing.com

Te Recomendamos los libros y audio cds:

Piense y Hagase Rico por Napoleon Hill

Como el hombre piensa asi es su vida por James Allen

www.bnpublishing.com

www.bnpublishing.com

www.bnpublishing.com

www.ingramcontent.com/pod-product-compliance
Lightning Source LLC
Chambersburg PA
CBHW020937180426
43194CB00038B/219